U0955449

新闻传播学学术前沿书系
ACADEMIC FRONTIER
SERIES OF MEDIA STUDIES

文化产业视域下中国传媒企业研究

——基于知音传媒集团的个案分析

蒋海军◎著

经济日报出版社
北 京

图书在版编目 (CIP) 数据

文化产业视域下中国传媒企业研究：基于知音传媒集团的个案分析 / 蒋海军著 . —北京：经济日报出版社，2025. 8

ISBN 978-7-5196-1238-2

Ⅰ . ①文… Ⅱ . ①蒋… Ⅲ . ①传播媒介 - 产业发展 - 案例 - 中国 Ⅳ . ① G219.2

中国版本图书馆 CIP 数据核字（2022）第 237487 号

文化产业视域下中国传媒企业研究——基于知音传媒集团的个案分析

WENHUA CHANYE SHIYUXIA ZHONGGUO CHUANMEI QIYE YANJIU——JIYU ZHIYIN CHUANMEI JITUAN DE GEAN FENXI

蒋海军　著

出　　版：经济日报出版社
地　　址：北京市西城区白纸坊东街 2 号院 6 号楼 710（邮编 100054）
经　　销：全国各地新华书店
印　　刷：三河市国英印务有限公司
开　　本：710 mm × 1000 mm　1/16
印　　张：20.25
字　　数：280 千字
版　　次：2025 年 8 月第 1 版
印　　次：2025 年 8 月第 1 次
定　　价：88.00 元

本社网址：www. edpbook. com. cn，微信公众号：经济日报出版社
请选用正版图书，采购、销售盗版图书属违法行为

本书如有印装质量问题，由我社事业发展中心负责调换，联系电话：（010）63538621

序一

黄永林

蒋海军同志的博士学位论文《文化产业视域下中国传媒企业研究——基于知音传媒集团的个案分析》即将付梓，他来函约我写一篇序。作为这篇博士论文的指导教师，我感到非常欣喜，首先祝贺这部著作出版！

海军是2012年通过参加博士选拔考试被择优录取到华中师范大学国家文化产业中心攻读文化资源与文化产业研究方向博士学位的。此前，他已具有十年的教师和期刊编辑工作经历，据他原工作单位的领导介绍，他在工作上能够严格要求自己，吃苦耐劳、勤奋好学，具有大局意识和团队协作精神，能够创造性地开展工作，成绩显著，受到各方好评。在攻读博士学位期间，他除了认真学习书本上的专业理论和研究方法外，还积极参加导师主持的国家级、省部级重大和重点社科项目研究、国内外学术交流活动，参与《中国文化产业发展报告》《武汉文化创意产业蓝皮书》《中国期刊年鉴》的编撰工作，发表科研论文近20篇，其中核心期刊5篇，译著1部。

为了写这篇序，我再次认真读了全文，发现作者在原博士论文的基础上进行了进一步的修改和完善，材料更典型、数据更精准、分析更透彻、结论更科学、创新更充分。在重新研读这部著作的过程中，也引发了我对中国文化企业发展中的诸多关系问题的进一步思考。

第一，社会效益与经济效益的关系

中国的文化企业必须坚持社会主义先进文化前进方向，坚持把社会效益放在首位、社会效益和经济效益相统一，这是社会主义市场经济条件下文化产品的意识形态属性和商品属性所决定的，是文化企业实现持续、健康、快速发展的重要保证。为人民群众提供更丰富多样的精神文化产品，是我国发展文化事业和文化产业的根本目的。没有良好的社会效益，文化企业就没有存在的现实必要；没有较好的经济效益，文化企业就没有发展的客观基础。文化企业只有在为人民群众提供丰富多样的精神文化产品中获得更好的经济效益，才能真正体现社会效益和经济效益相统一的意义。只讲社会效益不讲经济效益的文化生产和服务只能算作文化事业，而绝不是真正的文化产业。

第二，改革创新与聚焦主业的关系

改革创新是中国文化企业发展的必由之路，改革是企业发展的不竭动力，创新是企业发展的活力所在。企业的核心竞争力在于由主业形成的核心产业和产品。改革创新是一个动态的发展过程，而聚焦主业则是一个相对稳定的发展战略。在改革创新的大背景下，很多企业都十分重视抓改革：抓观念创新，通过破除旧的思想观念，树立新的思想观念，为企业发展提供先导；抓战略创新，通过解决企业发展目标问题，为企业发展提供方向；抓体制机制改革，通过建立现代企业制度推行公司化改革，不断完善公司治理，建立市场化经营机制，提升企业营运绩效；抓制度改革，特别是深化劳动、人事、分配制度改革，增强企业活力；抓技术创新，提高企业的核心竞争力；等等。这些年，各种改革创新措施频出，并取得了比较好的效果。但在改革创新过程中，有些企业把重点放在了企业发展战略的调整上，为跟风赶潮，不断改变企业发展目标和方向，导致发展方向不明晰、功能定位不明确、主导产业不突出。一个企业要在激烈的市场竞争中长远地立于不败之地，必须有明确而稳定的战略规划，必须坚持突出主业，形成具有强大竞争力的核心产业和拳头产品。要充分发挥企业自身优势，坚持“做强主业”和“做大产业”相结合，突出主业、主动谋划、科学配置资源，积极推动资源向主业集中，产业向主业聚焦发展，切实增强企业的核心竞争力。

第三，内容为王与科技驱动的关系

“内容为王”是文化企业安身立命之本和基本生存法则。在强调科技驱动和追逐经济效益的背景下，部分文化企业因为不再以“内容为王”，而是倾心于技术驱动下的炫技和满足感官刺激的高科技产品，导致内容同质化产品的大量出现，使其生产的文化产品失去了核心竞争力。尽管在多元化的全媒体时代，民众获取文化产品的渠道和欣赏习惯发生了变化，但是他们对优质内容的追求并没有改变，“内容为王”依然是推动文化企业发展的关键。随着5G、云计算、大数据、人工智能、区块链等技术的发展，科技赋予了文化更多的表达和呈现形式，依托优秀传统文化资源，现代科技为人们提供了丰富多彩、品质更高的文化产品。科技极大程度地唤醒了人们对文化的求知欲望，激活了文化消费市场的潜力，从而让文化的影响力进一步扩大。科技与文化融合的“内容 + 科技”理念已经成为文化企业发展的新趋势。构筑技术平台，实现“内容 + 平台”，通过技术平台的改造，实现内容与平台的融合；打造终端平台，实现“内容 + 技术”，充分运用数据挖掘技术，分析受众需求与兴趣点，以便更精准地推送产品，达到内容上的超前创新；创设交互场景，实现“内容 + 应用”，通过创设交互场景，实现受众与平台之间的高度联通，让受众通过不同的场景享受到不同的服务，促使媒体成功地将内容与应用相结合。值得注意的是，在文化与科技的融合之路上，创新也要把握好度，做好对文化资源的正确挖掘和解读，不能只为了追求炫酷新潮的表达方式，忽略了文化的本源和内涵。只有把握好文化命脉，不让科技喧宾夺主，文化才能借助科技的翅膀飞得更高、更远。

第四，领导作用与集体力量的关系

在文化企业中，企业领导具有举足轻重的作用，优秀的文化企业管理者首要的责任就是把好方向、定好战略、做好决策。优秀的文化企业管理者必须根据当前文化和产业的发展情况及未来的发展趋势，从国家战略和企业发展全局角度为企业谋划发展、勾勒蓝图、确定前进方向。优秀的文化企业管理者的重要职责是发现人才、培养人才、用好人才。人才是企业的核心，是企业的第一生产力，企业必须坚持以人为本。他们要有伯乐的眼光，能够找到千里马，知人善用。通过制定有效的人才制度，凝聚人才和激励人才，建立多层次的能战斗、有创新精神的高素质人才队伍，增强企业的凝聚力和战斗力。

优秀的文化企业管理者必须政治立场坚定、文化素质高、精力充沛、乐于吃苦奉献；必须心胸开阔、有全局观、谦逊执着、办事公平、能干会干、敢担当、懂管理；必须有人文情怀，有包容心，有反思和批判精神。只有具备这样的素质和品行的人，才能担任文化企业掌舵人，担当起引领事业发展的重任。

企业管理的真谛是调动员工的积极性。建立良好的企业文化，营造积极做事、创新、谋发展的氛围是企业发展的原动力。企业员工作为现代企业运行和发展的重要组成部分，是企业创造效益、提升发展质量、实现企业发展目标的根本依靠；企业是员工施展才华、实现价值的重要平台。要建立员工成长和企业发展相互促进、互利共赢的和谐文化，把公司打造成为员工赋能的平台。企业领导要充分信任员工、尊重员工和依靠员工，主动了解他们的思想和生活，善于发现他们的长处与短处，把员工放在正确的环境中、用在合适的地方、给予适当的工作，帮助他们去展现自己的才能，让他们感受到企业的温暖，增强组织的向心力，不断提高员工的工作积极性，让每个人都能发挥最大的潜能，让所有团队成员在最优配置下高效工作。

综上所述，一家文化企业的发展，只有解决好价值取向、战略定位、产业动力和发展活力等重大问题，才有可能实现可持续、高效率和高质量发展。只有处理好社会效益与经济效益的关系，才能有正确的价值取向与目标追求；只有处理好改革创新与聚焦主业的关系，才能明确企业的发展战略和发展方向，实现可持续发展；只有处理好内容为王与科技驱动的关系，才能解决人文与技术的关系问题，真正实现文化与科技的深度融合；只有处理好领导作用与集体力量的关系，才能充分发挥企业领导与员工的作用，有效增强企业的凝聚力和战斗力。当然，发展好文化企业要做的远远不止这些，但从整体来看这些是最基本、最重要的。以上一孔之见，希望起到抛砖引玉的作用。

（黄永林，华中师范大学原副校长，现任华中师范大学国家文化产业研究中心主任，教授，博士生导师，中国新文学学会会长，中国民俗学会副会长）

序二

赵宇飞

蒋海军博士的论著《文化产业视域下中国传媒企业研究——基于知音传媒集团的个案分析》改定即将付梓。这是一部借"《知音》现象"这一不同寻常的火光烛照中国期刊传媒产业一段不平凡的发展历程的优秀之作，还可以当作视角独特的"期刊史"来阅读。该书资料丰富、议论精当，使人耳目一新。

在中国期刊界，"《知音》现象"数十年来都保持着热度。这一方面是因为《知音》杂志是真正面向市场的一本大众刊物，受到千百万读者的喜爱，发行量在非文选文摘类的原创性期刊中遥遥领先，另一方面则是"知音体"的独特写作风格为《知音》的目标读者所喜爱和欢迎。此外，一本刊物从3万元起家成长为一家国有大型文化传媒企业集团，拥有10余种期刊，3种报纸，13家子（分）公司，1所高等职业教育学院，员工总数1600余人，总资产达数10亿元，形成以书报刊出版、高等职业教育、幼儿教育、现代物业、家政服务和会展影视等主要产业的发展格局知音传媒集团创造了多项中国期刊发展史上的奇迹，被同行和社会各界誉为"《知音》现象"。

作者本科毕业便在"知音之城"武汉从事期刊编辑工作，入校攻读博士就以《知音》为研究对象，通过深入的观察和思考，来研究和剖析知音传媒集团文化产业发展的成功"秘诀"。

作为长期从事期刊工作的"期刊人"，因为期刊之缘，我与作者一见如故，很喜欢这位年轻人对期刊的热爱之情、钻研劲头和执着守望。他这部深受好评，当年被华中师范大学评为全校优秀博士论文的作品，我读后发现以下三个特点：

一、视角独特，立意深远

从最早的传教士在中国创办的综合期刊，到后来的四大权威文艺杂志，大都受到了研究者和学术界的高度关注，当代大众期刊却鲜有人研究，尤其是改革开放后通过市场化发展起来的消费类报刊。众所周知，20 世纪 80 年代初期，在武汉创办的《今古传奇》《知音》等大众期刊异军突起，在一定程度上代表了中国当代大众期刊的发展面貌。

蒋海军的论著以独特的视角，敏锐地选择了知音传媒集团发展史作为研究对象，客观、真实、全面地展示了当时一群解放思想、实事求是的文化人，面对大众的精神需求，充分利用媒介平台，整合力量，创新内容形式，不遗余力地讲好中国式情感故事。

境界决定高度，高度决定视野。在独特的选题背后，作者并非简单地罗列该集团发展历程，而是在纷繁复杂的信息叙述背后，把研究着力点放在促进中国期刊文化产业发展的维度上，深入研究和揭示中国文化产业视域下如何实现期刊社会效益和经济效益相统一、做大做强期刊业的方法和路径。

二、立足田野，论述精当

作者深入知音集团，零距离接触《知音》的人和事，小心翼翼地翻阅三十多年来的每一本刊物，从有意义的细节出发，通过观察、研究和思考，力图打破很多论文撰写“从文本到文本”的僵化模式，从鲜活的细节入手来探讨期刊的时代历程，这种做学问的精神值得称赞。

中国是期刊大国，但还不是期刊强国。一方面，期刊产业总体不够发达，超越国界和民族、具有强大国际影响力的期刊屈指可数，也缺乏期刊研究方面的高端智库，中国的声音还很难通过期刊广泛、有效地向国际社会传播。另一方面，美国等西方国家的世界级杂志经由各种方式和渠道进入我们的期刊市场，无论站在国家文化软实力的高度还是立足中国期刊业的自身发展，我们都必须以更开放的眼光、更敏锐的市场意识、更坚定的担当进取为做大做强中国期刊产业去求真务实、开拓创新。

从论著中我们看到，该集团的发展史就像一部电视连续剧一样展开，生动鲜活的人物、风起云涌的事件，多维度、多视角连缀起来，相互求证，就像一部生动的传媒企业奋斗史。

三、证据客观，全息观照

全书运用现代人文学科的文化语境，使论文得到多角度、立体化的呈现。

通过多重媒介，获取视、听、文字等多种信息，以立体聚焦的方式让文化发生的第一现场纤毫毕现。

书中对历史文献的运用很到位。难能可贵的是，还运用了一定数量的口传叙事资料，并对国内外同类期刊发展经验进行了比较研究，归纳允当、议论得体。此著虽然集中论述知音传媒集团，实则可以借此反映当代优秀期刊传媒集团之总貌。

中国期刊是一座资源丰富的矿藏，是一片尚待开垦的地域。蒋海军论著付梓之时，我对他在期刊研究道路上的披荆斩棘之举感到欣喜，并表示诚挚的祝贺！

（赵宇飞　中国期刊协会第五届理事会副会长、党刊分会首任会长、贵州日报报业集团、当代贵州期刊传媒集团原党委书记、社长、董事长）

前言

中国大众期刊自20世纪80年代以来发展迅速，成为我国期刊界市场化、产业化程度最高的期刊类型之一。改革开放四十多年来，中国期刊小而分散的状况依然没有彻底改变，集中度低、泛专业化的特点使得中国期刊在国际期刊市场尚未能占有一席之地。在经济全球化和媒体融合的大背景下，大众期刊如何实现自主发展，增强传播力、影响力和公信力，实现与新媒体的融合发展，已经成为政界、学界和业界共同关注的话题。从世界传统媒体产业发展趋势来看，全球期刊产业面临着两大趋势，一是从期刊传播时代向整合营销传播时代过渡，二是由传统纸媒向数字化转型。中国已经进入高质量发展阶段，建设文化强国已经成为国家战略，文化产业将成为国家的支柱性产业，为中国的经济和文化发展带来新的机遇。期刊是大众传媒的重要组成部分，和报业、广电等传媒并驾齐驱。传媒业也是中国文化产业的核心领域。中国期刊传媒产业尚处于萌芽生长阶段，随着大众期刊整体转企改制和媒体融合发展向纵深推进，期刊开始从小而散的状态向集约化、规模化发展转变，转企的期刊纷纷从传统媒体企业向新媒体公司转变，按照产业发展规律和媒体融合发展趋势，期刊产业将进行重塑。

作为中国大众期刊的翘楚，《知音》从最初的一本期刊发展成为综合性多元发展的大型传媒集团，在瞬息万变的市场背景和数字化时代带来的挑战下，《知音》与时俱进，在战略演变中推进融合发展，积极整合营销时代和数字化阅读时代的需求，通过互联网思维拓展产业布局，不断推进转型升级。作为一个较有影响力的大众期刊传媒集团，《知音》在业界创造了“知音模式”“知音速度”“知音漫客”等，《知音》成为我国大众期刊竞相学习和效仿的榜样，也是传媒产业研究的一个经典案例。本书在借鉴既有研究成果的基础上，对知音传媒集团进行实地深入考察和全面调查，援引历史学、文化产业学、叙事学、传播学、经济学和管理学等学科理论，基于当前学界对《知音》的研究还停留在业务论、经验论、视觉论和文本论等单向维度，本书将

《知音》作为一个整体研究对象，在文化产业视域下进行全方位的研究，并在时代背景下，透过知音传媒所取得的成就聚焦期刊的内容、发展战略和企业文化，深度解析“《知音》现象”成因及其背景和战略转型，这不仅对《知音》发展具有重要意义，也对我国大众期刊传媒和文化产业的发展具有典型的学术意义和现实意义。

本书主要分为三个部分，第一部分包括第一章和第二章，通过理论和文献梳理、历时性和共时性相结合的研究方法，阐述文化产业、文化现象等基本概念及《知音》的发展史。

第一章为绪论部分。主要阐述了选题背景和研究价值，综述已有的国内外相关研究文献，阐述本研究的理论基础、需要解决的问题、研究的思路、预期的创新点和未来的展望等。

第二章探讨知音传媒的品牌特征、发展历程和发展背景。从历史角度和环境生态角度对于“《知音》现象”做出解读，并提出《知音》不仅仅是一本期刊，其背后承载着更多的内涵。

第二部分包括第三章到第六章，通过实证研究和业态考察的方式，具体剖析《知音》发展模式，从内容的选择、形式的创新、市场的开拓和体制机制的改革等方面进行深入探析。

第三章是解析知音传媒的形象塑造。“内容为王”一直是知音传媒坚持的发展战略，而如何打造媒体形象，该章从品牌定位、栏目、封面、“知音体”的形式创新等方面进行了详细阐述。

第四章主要回顾了知音传媒的市场开拓，从知音传媒经营发展的品牌定位、发行定位和广告的创新等角度，解读了其市场化和产业化的发展路径。

第五章主要阐述了知音传媒的体制改革和集团治理，探讨了知音传媒如何建设健全高效的体制机制，与时俱进，及时调整发展战略，以适应时代发展和市场需求。

第六章主要从企业文化角度，探讨了知音的企业环境、团队特点、价值观和企业文化网络，从而得出优秀企业文化对于企业成长和壮大的作用。

第三部分主要是第七章，即对“《知音》现象”的思考，也是本书的结论部分。通过对我国大众期刊面临的国内国际环境的分析，以及借鉴国内外优秀期刊发展经验，提出知音传媒要加强顶层设计、继续深化改革，加快媒体融合和加快打造平台型媒体等建议。

目　录

CONTENTS

第一章　绪论

改革开放以来，我国文化产业得到了快速发展，正逐渐成为国家支柱性产业。作为文化产业重要组成部分和核心领域的传媒产业，40多年来为我国文化事业和文化产业发展发挥了重要作用。特别是随着文化体制改革不断推进，一大批拥有良好社会效益和经济效益的大众传媒品牌不断涌现，它们所具备的获取信息和传递信息的文化传承功能，传播前人的知识与经验，记录着时代的脉搏，“为改革开放提供了精神动力、智力支持、思想保证和良好的社会舆论环境”①。就期刊而言，改革开放以来很多期刊通过面向大众、面向市场，取得了不俗的社会效益和经济效益，涌现出了一批大型的期刊传媒产业集团和深受读者欢迎的大众传媒品牌。

传媒产业是我国文化产业的主力军，总体发展势头良好，但传统媒体在信息时代面临着数字化转型和商业模式创新的严峻挑战。因此，研究大众传媒期刊企业创业史，总结发展经验，阐述其背后的文化现象，探索传统媒体产业的融合和再生是文化产业领域非常有价值的课题。为了后续研究的顺利进行，应该在明确选题缘起和意义的基础上对大众传媒产业相关概念进行辨析，探究文化创意产业在不同语境中的含义。作为个案分析，本书主要从文化产业发展视角切入，继而明确本书研究的对象、范围、内容与思路方法，为整个研究奠定基础，以便对研究对象进行庖丁解牛式的剖析。

第一节　选题缘由和研究意义

一、问题的提出

改革开放以来我国总体经济实力得到了迅速提升，2015年，我国人均

① 张伯海．期刊思考录［M］．天津：天津人民出版社，1996：52.

GDP已经接近8000美元，步入了文化消费快速增长期。消费者对文化产品的需求日益增长，文化创意产业在国家发展中的地位不断提高，并日益成为增加就业和提高国民收入的重要引擎。在日本、美国等发达国家和地区，其文化创意产业的规模已经超过传统工业、农业、建筑业和交通业，成为国家GDP的重要来源。作为文化产业重要组成部分的传媒出版产业，西方国家也早已形成了比较成熟的产业链、消费群体和市场，成为国家支柱性产业。

党的十七大明确提出了要"推动社会主义文化大发展大繁荣"的战略任务。2010年3月，国家新闻出版总署（现国家新闻出版署）明确指出，今后10年新闻出版业发展目标是建设新闻出版强国。2011年，党的十七届六中全会研究部署了深化文化体制改革。2012年，党的十八大报告强调，要将文化产业打造成国民经济支柱性产业。文化创意产业与实体经济一样，已经成为国民经济中一个不可或缺的组成部分。2014年8月18日，中央全面深化改革领导委员会第四次会议审议通过的《关于推动传统媒体和新兴媒体融合发展的指导意见》，强调推动传统媒体和新兴媒体融合发展，推动传统媒体和新兴媒体在内容、渠道、平台、经营、管理等方面的深度融合，着力打造一批形态多样、手段先进、具有竞争力的新型主流媒体，建成几家拥有强大实力和传播力、公信力、影响力的新型媒体集团，形成立体多样、融合发展的现代传播体系。① 这个目标的实现，则必须通过推动内容形式、体制机制和传播手段三方面的文化创新，解放和发展文化生产力，打造传媒产业品牌。

2015年是世界期刊诞生350周年，中文期刊诞生200周年，也是国家《关于推动传统媒体和新兴媒体融合发展的指导意见》贯彻落实的第一年。期刊界抢抓历史机遇、扩大行业影响、加强融合创新、促进转型发展。中文期刊200年来的发展，特别是改革开放以来的发展波澜壮阔、跌宕起伏、艰难前行。无数期刊人用专业和生命书写着中国发展篇章，记录和影响着中国乃至世界的政治、经济、文化与社会。

林语堂先生认为"期刊是一个国家文化进步最好的迹象"。其从诞生之日起就代表着一种智慧的活动，与广播、电视等传统媒体一起坚守良知、传承文明、匡时济世，即"为受过教育的公众服务，监视最重要的潮流和国内外

① 新华社.推动传统媒体和新兴媒体融合发展的指导意见审议通过［EB/OL］.［2014-08-21］. http://culture.people.com.cn/n/2014/0821/c172318-25511854.html.

形势，介绍或提倡新的文艺运动，不断地指导当前的思想和矫正它的错误”。期刊和报纸被誉为现代社会的“第四种权利”。20世纪80年代初，我国期刊业出现了改革开放后的第一次发展浪潮，《读者》《知音》《家庭》《女友》等大众生活类期刊迅速崛起，通过灵活的市场化运作，在经营上取得了较大的突破，至今依然是我国大众期刊界的主要力量。相关部门陆续出台了一系列文化体制改革的利好政策，有力推动了我国期刊管理体制的改革和发展，取得了一定成效。然而由于我国大众期刊长期处于同质化严重、品牌意识不强、产品单一及产业化程度低等问题，加之互联网信息时代的到来，期刊小而散的作坊式局面难以应对信息化全媒体和全球化的冲击，传统纸质期刊传媒面临着生死存亡的局面。我国期刊分散在5000多家出版单位，集团化程度很低，期刊集团的规模和实力较小，品牌期刊较少，完全市场化并实现盈利的期刊不足5%，尚未出现真正的跨国期刊传媒集团，与美国、英国、日本等期刊强国和地区相比还有很大的差距。

作为我国纪实类发行量最大的大众品牌期刊，《知音》杂志是我国改革开放40多年来适应文化产业发展和大众审美需求变迁最成功的范例之一。从3万块钱起家，1本期刊开始，30多年的艰苦创业发展到今天拥有10本期刊、3家报纸、1所学校和10多个子公司，涉及期刊出版、新媒体运行、广告经营、书刊发行、印刷排版、物业开发、高等职业教育、展览、文化旅游等领域，形成了产业链齐全的多元化、规模化发展格局。从一本期刊成长为我国最大的大众期刊文化传媒集团之一，经济效益在国内所有期刊中连续多年排名第一。它的办刊宗旨、经营理念、经营方式战略演进及产业化、多元化、集团化的融合发展历程等诸多方面都非常值得总结、分析和研究，知音传媒也受到了市场以及期刊研究者和文化产业界越来越多的关注。《知音》30多年长盛不衰，并在传媒、文化和创意产业等各个领域取得了经济效益与社会效益的双重成就。知音传媒集团的发展是我国改革开放以文化体制改革的优秀成果，也是一代中国人用梦想创造奇迹的传奇，成立的30多年间它创造了多个第一，担当全国文化体制改革先锋，因此一直备受社会各界的关注，业界把这种状态称之为“《知音》现象”①。《知音》在坚守和融合中不断采取新的发展战略。放眼未来，在这个内容、速度一并为王的时代，超越传统媒体思

① 叶铁桥．知音：敢领风气之先［N］．中国青年报，2012-08-17（05）．

维，积极用互联网思维拓展产业布局，实施跨媒体产业链运行机制，融合互联网、影视、展会等平台资源，打造新媒体集团和全媒体产业链，在传统媒体顺应时代变迁差异化发展的浪潮中不断创造新的发展奇迹。

《知音》一直以来是期刊界和文化产业界研究的热点，其意义已经远远超过一本期刊本身，这种现象与当代社会文化、经济、政治等密不可分，给我们很多思考的余地：《知音》既扎根于中国的传统文化又生存在中国当代社会语境中。她见证着社会的转型和时代变迁，又坚守着国人的传统信仰，平静地诉说着中国普通家庭的故事，始终如一地散发着人文气息，抚慰着每一颗渴求安宁的心灵。“《知音》现象”成为社会热点的背后，是来自意识形态、文化、市场等多方交织和制衡的结果，蕴含了复杂的文化属性。知音传媒发展之于大众文化的意义、知音传媒的文化产业运作、《知音》创业团队与知音传媒发展的关系及文化产业集团的治理问题等成为我们关注的焦点。从传播学的角度也有人会问，《知音》究竟在诉说什么，用什么方式在诉说，为谁而说，《知音》为我们保留了什么又塑造了什么？由此可见，《知音》绝对不仅仅是一本普通的大众期刊，它甚至可以看作是20世纪80年代以来中国文化创意产业发展中的一个象征性寓言。而目前社会各界对知音的高度关注和各种争议、阐述也足以说明“《知音》现象”已经成为颇具文化象征意义的符号。解读“《知音》现象”或许有助于我们理解改革开放以来中国大众期刊传媒发展和文化消费的变迁，这既是知音作为一个文化现象的丰富性所在，也在一定程度上反映了改革开放以来大众文化和文化产业的发展历程。

本书在文化产业观照下将知音传媒作为研究对象，或许是一个趣味性和挑战性并存的课题。知音的系列期刊、红遍中国的“知音体”所引发的争议、《知音》的重大题材宣传、知音传媒集团的文化产业链、新闻媒介的相关报道与评论以及社会各方的反响等，汇聚在当代各种文化力量诡异交织的平台之上，构成了“《知音》现象”这样一道独特的文化景观。“《知音》现象”在三十多年的变化发展中，无不呈现出丰富而复杂的文化内涵。知音，本是发生在武汉的一个古老而温馨的民间传说，而今更多人知道的是一本享誉世界的中国大众文化生活类期刊。《知音》高举“人情美、人性美”的旗帜，既关注重大现实题材又注重平常人们的感人故事，传递正能量，是文学又是新闻；以老百姓喜闻乐见的形式，将“纪实性、故事性、情感性”融为一体，以逼真、细腻、原生态的叙事风格，把真实、鲜活、动人的人生故事奉献给读者。知音30多年来记录着生活的大快乐和小悲伤，是铸在当代大众现实生存之中的一个个感动，凸显出草根和平民意识；但同时又将一个个现实生活的故事不断地模式化、技术化，形成了独特的“知音体”。而对知音期刊的评价，赞者誉之为大众文化的精品，斥者称之为低俗的“狗血”刊物。由此可见，“《知音》现象”不仅其内在的文化逻辑呈现出多样、混杂和矛盾的力量纠缠，而且“《知音》现象”在当代文化语境中时常提示着现实社会之中那些未经阐释的、模糊的、暧昧的文化象征符号，引领着文化消费。这是“《知音》现象”的魅力所在，也是阐释“《知音》现象”的意义所在。但同时，选择这样一个研究对象也意味着一种挑战，“《知音》现象”是一个在当代社会颇具争议的对象，因而对于“《知音》现象”社会各方几乎呈现出力挺和打倒观点完全对立的两大阵营，立场和观点的大相径庭，这恰好又一次证明这个研究课题的丰富意味所在。对任何一个具有极大争议的话题或现象，企图发出自己的声音并不是一件容易的事情，这需要研究者放下诸多前叙事和诸种有意或无意的预设，面对既有观点的一切质疑，将“《知音》现象”纳入自己的认知世界和研究视野。本研究的目的并不在于赋予研究对象多么高明的阐释，而是通过对知音传媒成功之道的探究，呈现一个立体化的知音传媒文化产业“帝国”。

任何一种文化产业现象的形成，其内部无论存在多少复杂的结构性内涵，都与整个时代文化语境的吸纳、整合与构建分不开。“《知音》现象”当然也不例外，从一本期刊到期刊集团再到传媒集团，其间定然包含发展过程中同社会各种文化力量之间的磨合、周旋与博弈，以及与各阶层之间现实利益的冲突和商谈。或许我们只有将“《知音》现象”置于中国改革开放40多年来的大众文化消费的语境之中，并简单梳理社会各文化力量特别是文化体制改革与“《知音》现象”之间的关联，我们才能在最广泛的意义上对其有进一步的认识和感悟。

知音传媒的创业历程和发展神话，已经浓缩为我国文化产业发展的一面镜子，多维度折射出改革开放以来中国社会大众在政治、经济、文化、思想等方面的精神和心理需求。《知音》记录了中国当代社会人文思想和道德风尚的变迁，同时也让我们依稀看到特定社会语境下各种文化巨大张力所建构的不同文化景观，赋予了大众文化和文化产业发展的启迪与思考。知音传媒的发展业绩，独特的文化理念以及在文化体制改革、管理模式创新、传播意识、文章审美等方面形成的发展模式，被中国各大传媒企业竞相仿效。由于“《知音》现象”的文化参照性，这些热点也是文化产业研究领域非常值得关注的课题。

二、研究意义

期刊发展到今天主要是一种利用文字诉诸视众的大众传播媒体。[①]期刊传媒产业作为我国文化建设的重要组成部分，其发展对于我国文化产业发展和文化软实力的提升有非常重要的意义。在推动社会主义文化大发展、大繁荣的战略任务中，我国期刊传媒产业承担着责无旁贷的历史使命。从历史的视角来看，期刊的导入是引发中国社会踏上现代化之路、开始转型的核心因素之一。著名媒介研究学者吕尚彬教授认为，1815 年全球首家中文报刊的问世可以说是中国社会转型的历史起点。[②]加强期刊研究是适应和推动我国传统媒体产业进一步加快文化体制改革和媒体融合的必然要求。一是我国期刊业经过多年的发展，其种类、印数、印张数和利润有了很大的提升，市场化改革也取得了一定成效，期刊社正在朝着集团化、国际化、数字化方向发展，期刊产业规模不断扩大。二是目前我国期刊业产业化程度整体低下。从我国期刊业本身来看，由于我国政府早期主要关注文化产品的社会效益，对期刊实行严格的行政管制，长期以来由事业单位来经营，期刊作为产业发展的时间还很短暂。随着经济体制改革的推进和文化体制改革的深入，我国期刊产业化进程才逐步开始，但产业链条极为脆弱。三是期刊市场结构不合理，大众消费类期刊数量偏少，由于受国家高度行政化的传媒管理体制影响，期刊社在市场竞争中主体地位不突出。严格的行政审批制度对于坚持正确的导向有较好的效果，但却限制了期刊的种类、数量和市场竞争。四是期刊市场行为混乱，出版与发行体制整体陈旧。五是期刊产业与高新科技融合水平低，创新能力差。六是期刊产业人才缺乏，发展质量、效益和影响力无法适应全球化市场竞争。在数字化新媒体和全球文化市场严峻的竞争状态下，传统媒体举步维艰，创新转型问题已经成为生死存亡的大事。因此，在全球化和数字

---

① 宋应离．中国期刊发展史［M］．郑州：河南大学出版社，2004：2.

② 吕尚彬．中国大陆报纸转型［M］．上海：上海交通大学出版社，2009：5.

化的大潮中传统期刊传媒产业如何应对各种深刻的变革，抓住机遇实现快速的发展，俨然成为学界和业界迫切需要研究解决的现实课题。

期刊传媒在我国曾一度是“去产业化”的发展，这成为导致其产业化发展缓慢的主要原因之一。目前，在我国近1万种期刊中，创造期刊产业经济3/4的是占期刊总类数量不到15%的大众期刊。我国期刊市场很大，但期刊产业发展还处于初级阶段，发展空间很大，潜在读者群也很多。由于期刊的结构组成不合理，消费类大众期刊比例过低，我国期刊的供给侧急需改革。我们对电视、互联网、报纸、广播、新媒体研究较多，但对期刊的关注和研究远远不够。《知音》作为我国当代有深刻影响力的大众期刊传媒，是中国纪实期刊第一品牌，是我国改革开放后最早走向市场的期刊之一，是凭借对“人情美、人性美”的坚守而在广大受众中赢得广泛公信力的刊物，也是我国主动走出国门向世界传播中国风貌和中国故事的大众传媒之一。其具有较大的市场影响力、文化影响力和品牌竞争力，是大众传媒、媒介经营和文化审美领域均值得关注的现象。因此，在中国媒介正在走向“融合”发展的临界点上，深刻解读“《知音》现象”，系统研究知音传媒的创业历程、发展战略及成功之道，并将其作为理解当代中国期刊传媒产业化的载体，不仅对于知音传媒集团的战略发展具有一定的指导意义，更对现实产业的发展及对于思考全媒体浅阅读时代中国大众期刊等传统媒体的发展转型和融合具有普适性的学术价值和现实指导意义。

第一，对知音传媒集团的转型融合及集团治理改革具有一定的战略指导意义。知音传媒集团作为一家本土的以期刊产业为主的传媒公司，是中国传媒业具有很大影响力的企业之一。集团在战略管理、品牌塑造及持续创新等方面有一定的经验，致力于成为世界期刊传媒的第一集团军。《知音》短短30年的发展历程迅速成长为全世界排名前五的综合性期刊，赢得了海内外众多读者的认同和喜爱。本书通过个案分析，研究知音传媒集团的发展历程、现状，在传媒大变革时代面临的机遇和挑战以及集团如何在坚守核心优势的基础上转变战略，透过知音传媒成就的表象，清晰展示媒体与社会、文化、技术的密切关系、媒体人的坚守和开拓创新精神、科技进步对媒体的冲击和考验、受众素养及对文化趣味的变化。从这些重要的关系中了解过去、感知当下、把握未来，提供一个对知音等传媒集团深入而全面认识的方法和途径。为知音传媒选择合适的发展战略提供一定的理论支撑和实践建议，让知音传媒集团在未来的国内外激烈竞争中，在整合营销传播和新媒体传播的浪潮中保持永恒的竞争力。同时，知音传媒也暴露出一些发展中的问题，如何继续深化体制改革，这不仅关系到知音传媒集团的未来，也对我国传媒集团治理有一定的启发意义。

第二，对我国传统纸媒的转型发展和媒体融合具有普适性的指导价值。我国传媒企业的发展，特别是传统媒体的战略管理和产业化发展还处于较低的发展水平，相关理论和实践的研究也较少，对期刊的研究更是我国文化创意产业研究中一个非常薄弱的领域。因此，亟须从产业经济学、管理学等层面对传媒产业发展史、现状和未来趋势进行研究，尤其是本土的传统纸媒发展战略的研究。以往对传统媒体比如期刊的研究，大部分只是从传播学本身，包括文本、广告、销售、设计等某个方面的理性层次或直接感性层次对期刊进行认知，由于学科本身的限制，这些学科背景下对于传统媒体自身问题的研究已经无法适应传统媒体产业化和转型发展的需要。传统媒体的出路在于战略转型，朝集团化、专业化、品牌化、数字化和国际化等方向迈进，壮大传媒实力，推动文化产业大发展大繁荣。本书通过站在传统媒体面临深层次的大背景下，从微观、中观和宏观层面入手对知音传媒的发展战略进行深入的个案研究，通过分析其发展战略、文化品格、人文情怀和文化产业化运营机制，深刻揭示大众期刊生存发展的共性和一般规律，直击我国传统媒体产业存在的问题本质，并提出了一些建设性的解决思路，以期为中国传统纸媒企业的战略管理和发展转型提供一些方向性的参考和借鉴，开启中华传统文化复兴和文化强国建设的思维视野，这也是本研究的最终意义所在。

第三，丰富了文化产业发展理论、文化资源产业化转化、传媒产业发展理论和中国新闻报刊史。目前，包括媒介产业在内的我国文化创意产业正在迅猛发展。北京大学文化产业研究院副院长陈少峰先生指出，预计到 2015 年底，互联网平台上的文化产业市场价值大概占到中国文化产业的 70%，互联网文化产业颠覆了传统传媒文化产业。① 媒介的变革和文化创意产业的发展使得传统媒体产业转型升级急需建构性、指导性的理论研究和创新，个案的解剖可以窥一斑而知全豹。此外，我国有着丰富的历史文化资源，历史文化资

① 光明网 . 当互联网遇上“文化 +”［EB/OL］.［2015-07-22］. http：//politics.gmw.cn/2015-07/22/content_16388058.htm.

源在我国文化产业发展中起到关键作用。[①]“知音”二字来源于历史典故，是历史文化资源在促进文化大发展大繁荣中绽放的耀眼光芒。中国文化产业发展必须要符合中国国情，走不同于西方的道路。知音传媒的发展实践在一定程度上丰富了中国文化产业发展理论和中国报刊发展史。

第四，关注“《知音》现象”，也是对国民的文学、文化生活、文学民生及公共文化服务的现实关怀。正如何锡章先生所言：“学术如果不能影响生活，那么学术本身也是可疑的。”本书试图跳出封闭的文学史和期刊史研究，从内部走向外部，从书斋走向田野，以一个有价值的维度作为研究视角。同时，通过这种研究还可以反向思考，阅读者需要什么作品、什么期刊？这些研究结果是否会对大众文化产业发展有一些触动？北京大学教授温儒敏教授倡导“文学生活”[②]研究，他指出“文学生活”主要是指社会生活中的文学阅读、文学接受、文学消费等活动，“文学生活”研究关注的是研究文学生活的行为本身，比如为什么现在小学生都爱读杨红樱，中学生都爱读郭敬明？为什么《知音》非常畅销？为什么《故事会》受到广大农民工的喜爱？而之所以提出“文学生活”的研究，正是因为目前文学界对这种文学现象研究的关注度不够，所以提倡一部分学者花一部分精力关注普通国民的文学生活、文学民生。

此外本书的研究并非孤立的、静态的研究，而是建立在历史学、传播学、社会学、经济学、管理学、生态学及文学等多学科基础上，运用跨学科概念和知识充分挖掘“《知音》现象”这一正在发展变化中的文化现象的价值，跟踪其三十多年的创业历程，分析其成长路径和机制，探寻传媒与社会文化的关系及中国特色传媒产业发展规律。以期为丰富中国当代期刊史、我国期刊传媒产业转型和发展、尽快做大做强中国传媒产业和建设文化产业强国做一些有益的理论和实践探索。

---

① 姚伟钧．从文化资源到文化产业［M］．武汉：华中师范大学出版社，2013：1.

② “文学生活”作为一个全新概念，是由北京大学文学院温儒敏教授 2009 年在华中师大召开的“中国现当代文学 60 年国际学术研讨会”上提出来的，他建议学者们像“田野调查”那样深入读者群的“田间地头”，了解读者。

第二节　相关概念的诠释

作为一种中观的、复杂性的研究，在正式展开分析之前，贯穿本研究的一些基本概念，在此做相应的解释和厘定。

一、文化现象

要理解文化现象，首先要理解什么是文化。文化是一个有着非常复杂内涵和外延的概念。不同的角度、不同的学科对文化有着不同的阐述，至今没有统一的界定。中国学者对“文化”一词的理解多以权威性的《辞海》为代表，即“从广义来说，是人类社会历史实践过程中所创造的物质财富和精神财富的总和。从狭义来说，指社会意识形态以及与之相适应的制度和组织机构。”①

“文化”二字在我国出现的时间非常久远，古代主要局限在狭义的文化。甲骨文中就已经出现，“文”为象形字，是一个文身的人体，本义为花纹或纹理，《说文解字》说“文，错画也，象交文”。“化”是一个倒立和正立的两个人左右组合而成的会意字，《说文解字》说“化，教行也”。战国末年《易·贲卦·彖传》中首次出现“文”“化”二字并用：“刚柔交错，天文也。文明以止，人文也。观乎天文，以察时变。观乎人文，以化成天下。”意为统治者必须观察天象以明时序；观察人文使天下人民遵从文明教化。西汉开始，“文化”二字合为一词，始于西汉经学家刘向《说苑·指武》：“圣人之治天下也，先文德而后武力。凡武之兴，为不服也；文化不改，然后加诛。”将“文化”与“武力”相对而言，强调文治与教化。

西方语言中的“文化”（英文、法文 culture，德文 kulture）来源于拉丁文 cultura，本义指耕种及植物栽培。15 世纪以后，人们把对人的品德和能力的培养也称为文化，逐渐引申出教化、文雅、文明及智力发展等诸多意义。欧洲 culture 一词是从人类物质生活逐渐引向精神生活的。② 古今中外的学者给

① 陈建宪 . 文化学教程［M］. 武汉：华中师范大学出版社，2004：14.

② 冯天瑜，何晓明，周积明 . 中华文化史：第 3 版［M］. 上海：上海人民出版社，2010.

文化所下的定义共有两百多种之多。①英国著名学者爱德华·泰勒认为，文化是一种包括知识、信仰、艺术、道德、法规、习俗以及所有社会成员的人所获得的任何技巧与习惯的复合整体。②这个定义虽然没有谈及物质文化的创造，偏重于精神层面和大众化、平民化趋向，不失为一个经典定义。美国学者 A. 克罗伯在前人的基础上提出了新的观点，他认为现代意义上的文化应该包括以下含义：模式和指导行为模式；行为模式由后天通过“复合系统”习得和传递；文化代表了人类群体的显著成就，人工制品也是文化；文化核心部分是传统观念及其所带的价值；文化系统既是人类活动方式的原因又是人类活动产物的结果。这一定义包含物质、制度、精神三个层面，对后来的文化研究影响较大。不同学科对文化有不同的阐述。20 世纪五六十年代，苏联学术界对“文化”这一定义也进行过广泛讨论，其中主要观点对中国影响很大，特别是“文化是人们在社会发展过程中物质财富和精神财富的总和”的观点至今被广泛运用。③

随着西方文化传入中国，“文化”也引起了国内学者的注意，著名学者胡适认为：“文化是一种文明的形成方式。”④科学家钱学森认为：“文化是精神文明的客观体现。”⑤民俗学家钟敬文认为：“凡人类在经营社会生活过程中，为了生存或发展的需要，人为地创造、传承和享用的东西，大都属于文化范围。”⑥文化产业研究专家、本书作者博士期间的导师黄永林教授指出：“文化是人类活动的反映，活动的记录，历史的积淀，是人们对生活的需要和要求、理想和愿望，是人们的高级精神活动，是人们认识自然、思考自己的结果，是人们精神得以承托的框架。思想和理论是文化的核心、灵魂。文化在特定的经济基础之上，对人类社会文明进步起导向和推动作用，越是文明程度较高的社会这一作用越明显。”⑦这一定义对文化的认识上升到了一个新的阶段。

文化是一种非常复杂的现象，其与人的发展关系密切。人们的日常生活无一不体现着文化和在文化的观照之下。文化无所不至地渗透到了各个领域。

---

① 马敏 . 中国文化教程［M］. 武汉：华中师范大学出版社，2007：2.
② 爱德华·泰勒 . 原始文化［M］. 连树声，译 . 上海：上海文艺出版社，1992：1.
③ 欧阳宏生 . 电视文化学［M］. 成都：四川大学出版社，2006：2.
④ 胡适 . 胡适文存：第 1 卷［M］. 合肥：黄山书社，1996：210.
⑤ 钱学森 . 社会主义精神文明建设与文艺工作［J］. 文艺研究，1987.
⑥ 钟敬文 . 话说民间文化［M］. 北京：人民日报出版社，1990：35.
⑦ 黄永林 . 从资源到产业的文化创意［M］. 武汉：华中师范大学出版社，2012：33.

而这些具体的领域，要么直接间接表征了一定的文化，要么直接构成了文化现象。文化现象是一个姹紫嫣红的大千世界。[①] 其具有丰富的内涵和广阔的外延，是文化本质和特征的反映，是文化价值在传播过程中的外在表现。文化现象是文化观念和文化价值的反映，可以感觉和描述，因此称为“显性文化”。[②] 文化现象是文化发展规律的外在形象，因不同社会制度和民族传统不同而存在差异。

文化现象是文化价值和文化影响力的显现，反映出当地的文化生态、人们的文化心态和认知接受水平，是一种社会现象，而不是自然现象。文化事件、文化心态和文化影响是文化现象具备的三个主要要素。文化现象是文化发展中带有典型和标志作用的事情，是群众在共同需要、共同心理的基础上所形成的和不断给予陶冶的结果。按照英国马林诺夫斯基的观点，文化现象可以分为四类：物质设备、精神方面的文化、语言和社会组织。一种文化现象的形成往往是很多文化因子凝聚的结果，这是一个动态的、难以定位的知识领域，也很难给予清晰的学术界限，正因如此，文化研究才成为国内外学术界最有活力，最富有创造性的学术思潮之一。世界各国以城市为中心的文化现象、以历史文化积淀形成的跨区域文化地理现象、文化创意产业发展涌现的文化现象等层出不穷。当代文化传播与交流的载体——大众传播媒介也成为研究的热点。掌握媒介的话语权及传播内容也正在日益成为一个超级文化问题。[③] 大众传媒产业化涌现出的“《知音》现象”就是湖北荆楚文化和中国大众期刊文化产业发展所凝聚而成的突出代表。

文化研究已经成为当代人文科学的显学，社会经济和文化生活日益重要并成为文化研究的重点，作为大众文化消费的电影、电视、报纸等受到文化研究者的极大关注，但期刊文化的研究还较为薄弱。

二、文化产业

21 世纪以来，文化产业作为一种新的经济形态，其巨大的经济潜力已被世界众多国家所认同，发展势头非常强劲。正如美国著名学者约瑟夫·奈指

① 欧阳宏生．电视文化学［M］．成都：四川大学出版社，2006：1.

② 范正宇，冯天瑜．中华文化辞典［M］．武汉：武汉大学出版社，2001：5—6.

③ 左晶．大众文化视野下的畅销书研究［M］．北京：知识产权出版社，2013：2.

出，相对于经济政治的“硬实力”，文化作为一种“软实力”，对经济社会的影响力和渗透力是持续不断的。当代文化生产日益成为一种巨大的、复杂的社会化大生产。随着传播媒介的迅猛发展和数字化时代的来临，文化产业日益成为当代产业经济的一个重要组成部分和当今世界的新型战略课题。

文化产业有时也被称作或引申为“文化工业”“大众文化”“通俗文化”“创意产业”“媒体文化”“版权产业”“内容产业”等。关于文化产业的概念，国内外学术界尚未形成统一定论，国际社会对于文化产业定义和划分标准，国际组织和各国对文化产业概念内涵、行业范围、统计口径等均存在不同程度的差异。[①] 德国法兰克福学派代表人物瓦尔特·本雅明（Walter Benjamin）在其1926年出版的《机械复制时代的艺术》一书中最早提出“文化产业”这一概念。法兰克福学派马克斯·霍克海默（M.Max Horkheimer）和西奥多·阿多诺（Theodor Wiesengrund Adorno）在1947年合著的《启蒙辩证法》一书中关于大众文化的论证中提出“文化工业”（Culture Industry）的概念，用以批判资本主义社会下大众文化的商品化及标准化。20世纪70年代中期开始，西方部分学者开展了跨学科的研究，对文化与经济之间的关系做了系统的研究，阐述了“文化”成为“产业”的可能性和发展特点，“文化产业”开始走入国家经济发展的视野。联合国教科文组织将文化产业定义为：“结合创造、生产与商品化等方式，运用本质是无形的文化内容。这些内容基本上受到著作权的保障，其形式可以是内容或货物。”并将印刷、出版和多媒体，视听、唱片和电影的生产，以及工艺和设计、建筑、表演艺术、体育、乐器制作、广告和文化旅游等划为文化产业。[②] 欧盟在2000年的信息规划中提出了“内容产业”的概念，即“制造、开发、包装和销售信息产品及其服务的产业”。美国是世界上文化产业最发达的国家，但至今没有对文化产业的官方的界定，而是把版权产业看作是“可商品化的信息内容产品”，并从知识经济角度将通信、新闻出版、电影、音像录制及在线服务等划入信息产业范畴。英国将文化相关产业称作创意产业（Creative Industries），指“那些出自个人创造性、技能和智慧，并通过知识产权开发生产创造潜在财富和就业机会的活动”，包括广告、建筑、电影、出版和软件等13个部门。[③] 法国

① 汤莉萍，殷俊．世界文化产业案例选析（第二版）[M]．成都：四川大学出版社，2009：3.

② 联合国教科文组织网站：http：//www.unesco.org/culture/industries.

③ Florida，Richard，The Rise of the Creative Class，Basic Books，2002.

沿用文化产业的概念，并将其定义为："传统文化事业中具有可大量复制性的产业。"澳大利亚文化部长委员会将澳大利亚文化产业分为四大类：遗产类、艺术类、体育和健身娱乐类、其他文化娱乐类。在亚洲，日本文化产业统称为娱乐观光业。日本政府把电影、电视、书籍、音乐、艺术等归为内容产业，并成立"媒体与内容信息产业科"。日本动漫、游戏等内容产业非常发达。韩国《文化产业振兴基本法》将文化产业定义为文化商品的生产、流通和消费相关的产业。

我国现代文化产业的源头可以追溯到民国时期的报刊业、演艺业和电影业，但当时并没有出现有影响力的中国文化产业理论。新中国成立后一直到20世纪80年代改革开放之初的一段时期，文化产业被认为是资本主义对文化的侵害。1979年，广州东方宾馆开设了国内第一家营业性音乐茶座，随后营业性舞厅、卡拉OK厅、台球、电子游戏等文化娱乐方式不断进入人们的文化消费生活，现代初级形态的文化市场开始形成。1985年，国家统计局在《关于建立第三产业统计的报告》中，"文化艺术"首次以"产业"的身份出现，被列入第三产业的统计范畴；1992年，国务院办公厅编著的《重大战略决策——加快发展第三产业》一书中首次在政府层面使用了"文化产业"一词。为了加强文化产业管理，文化部（现文旅部）相继在1994年成立文化市场司，1998年设立文化产业司。2000年10月，中共十五届五中全会通过的《中共中央关于制定国民经济和社会发展第十个五年计划的建议》明确提出："推动信息产业与有关文化产业结合。"这是我国首次在中央正式文件中使用"文化产业"一词，并提出了推动有关文化产业发展的任务要求。2001年3月第九届全国人民代表大会第四次会议批准的《国民经济和社会发展第十个五年计划纲要》正式将上述内容全部写入。文化产业成为国民经济和社会发展的重要产业门类，被正式纳入国家"十五"规划纲要标志着文化产业从理论层面上升为国家发展战略规划层面。2004年，国家统计局颁布了《文化及相关产业分类》，并将我国文化产业的概念界定为："为社会公众提供文化、娱乐产品和服务的活动，以及与这些活动有关联的活动的集合。"① 并提出文化产业活动分类代码：第一层分为"文化服务"与"相关文化服务"；第二层分为核心层、外围层与相关层，共计9大类。2012年，为适应文化产业发展的

① 《国家统计局关于印发〈文化及相关产业分类〉的通知》（国统字〔2004〕24号）。

需要，国家统计局修订了《文化及相关产业分类》，将文化及相关产业修订为："为社会公众提供文化产品和文化相关产品的生产活动的集合。"①同时调整了《文化及相关产业分类》。该分类中将第一层分为"文化产品的生产"与"文化相关产品的生产"，而第二层则从9类调整为10类，以更符合文化产业发展的实际。我国文化产业发展起步较晚，理论的研究从20世纪90年代才开始，目前在我国各地大多使用"文化产业"或"文化创意产业"的概念。

三、文化现象与文化产业关系

我国在文化事业和文化产业、文化体制改革、文化大发展大繁荣中涌现出了一系列文化现象，比如文化产业的"云南现象""《读者》现象""横店现象""《知音》现象""电视湘军现象""湖北期刊现象""莫言现象"等，这些文化现象背后是中国文化产业发展中的"中国现象"。文化现象和文化产业共同的因子就是文化，文化产业的发展和兴起实质是将文化资源转化为文化产品和服务。文化现象是文化产业的社会反应。文化是一种有着丰富内涵的社会历史现象，文化也是生产力，与社会、经济、政治相互影响和联系。文化是文化产业的本源和基石，也是文化产业的核心元素，大众文化是文化产业的基础。文化与时俱进，不同时代会产生不同的文化现象，文化产业是文化历史积淀的时代硕果。

在全球一体化和市场经济条件下，文化产业发展迅速，文化产业现象层出不穷，文化与经济的关系日益密切。文化现象往往因为文化产业的发展而产生又带动人们的文化消费。比如知音传媒的动漫全产业链现象，首先是《知音漫客》这本子刊引起了国内广大青少年的关注，形成了"《知音漫客》现象"，之后该集团进一步开发衍生产品，带动动漫相关产业的发展，成为国内动漫产业和期刊传媒产业发展中由文化事件到文化现象再到文化产业的典型案例之一，创造了一种新的文化现象。国内动漫期刊普遍复制和模仿这种发展模式，很多也取得了较好的收益。有关文化事件、文化现象与文化产业的相互关系可见图1.1：

---

①《国家统计局关于印发〈文化及相关产业分类（2012）〉的通知》(国统字〔2012〕63号)。

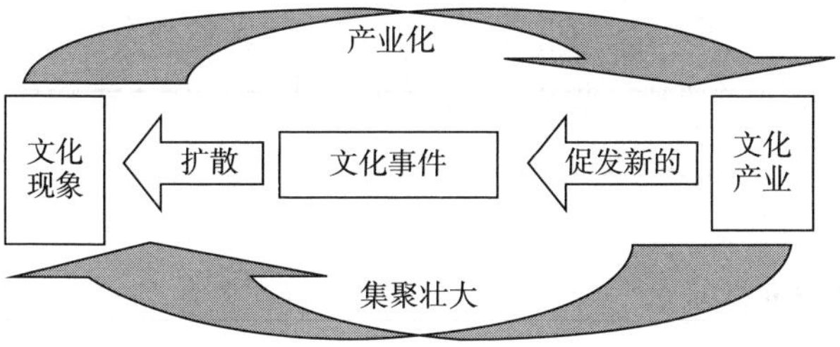

图 1.1　文化事件、文化现象与文化产业关系示意图[①]

当今时代，文化软实力是一个国家或地区综合国力的重要组成部分，研究市场经济条件下所产生的文化现象时常离不开文化产业。文化事件是文化现象显现的基础和条件，文化产业是文化产业化的必然结果。本书主要是从文化产业视域下探究《知音》怎样从一本期刊通过品牌扩张和多元发展而成长为传媒产业集团的。

四、大众期刊

世界上最早的期刊是 1665 年 1 月 5 日法国戴·萨罗在巴黎创办的《学者杂志》(*Journal Des Sarans*)，是作为学者之间通讯的手段而出现的。而世界上第一份中文期刊的出现被认为是 1815 年 8 月 5 日英国传教士马礼逊和米怜在马六甲创办的《察世俗每月统计传》(*Chinese Monthly Magazine*)，"察世俗"可能是英文"Chinese"的译音，"每月"即月刊，"统计传"即杂志的意思。

关于期刊的定义和分类目前国内外也尚未有统一的标准。西方学者加农和威廉姆斯将传统媒体分为期刊、广播、电视和报纸四类，并认为在期刊方面对于编辑内容的分类相对成熟。[②] 沃斯力和查里斯等将期刊分为消费者类(consumer)和专业 / 行业类(specialized)，消费者类期刊包括几百种出版类别和细分出版物，而专业期刊不与消费期刊产生直接竞争，发行量较小，内容更加专一。[③] 莫盖尔将期刊分为消费类期刊、行业期刊、学术或文学类期刊

① 周明亮 . 基于比较视角的"湖南文化现象"分析［D］. 长沙：湖南师范大学，2013：13.

② Hugh M. Cannon，David L. Williams，"Toward a Hierarchical Taxonnmy of Magazine Readership，" Journal of Advertising17（November 1，1988），pp.15-25.

③ 陈凤兰等 . 美国期刊理论研究［M］. 北京：中国传媒大学出版社，2009：5.

和时事通讯类期刊。克里克和贝亚德将期刊分为大众和专业两组。①

那什么是大众期刊呢？目前也尚未有权威的定义，我国新闻出版部门关于期刊统计也没有专门将大众期刊作为一个门类进行统计，而是按综合、哲学、社会科学、自然科学、技术、文化、教育、文学、艺术、少儿期刊、画刊和动漫期刊来进行统计。本人在论文写作过程中就相关问题咨询过时任中国期刊年鉴主编段艳文先生，他认为：期刊分类很复杂，标准不一样，分类也不一样。如果以出版语种可以分为汉文期刊、少数民族语言期刊、外文期刊；以发行方式分，可以分为邮发期刊和分邮发期刊；以发行范围分为内部发行、国内发行、国内外发行；按出版周期分，可以分为周刊、旬刊、半月刊、月刊、双月刊、季刊、年刊等。按读者对象分，可以分为少儿期刊、老年期刊、妇女期刊……按传播受众分大众和小众等；分类方式很多，但段艳文认为《知音》《读者》《家庭》等可以说均属于典型的大众期刊。②

另外，研究期刊的国内知名学者李频先生认为“关于大众期刊的定义，这是一个基础理论问题，很值得研究……对这个概念的界定，应从内涵与外延两方面努力，联系大众社会看内涵，联系期刊分类看外延”。③可见对于大众期刊的定义，也一直缺乏规范的概念，是一种比较模糊的分类法，大致被理解为针对一般公众而非专业公众的期刊。也被广泛理解为综合类文化生活期刊，内容方面或者满足读者猎奇欲望，或者给读者以感情诉求，或者给读者知识补充，或者给读者生活学习指导。④从期刊分类、时代背景和文化产业发展趋势来看，大众期刊应该至少具备以下特征：一是按市场机制运作，适应市场需求的产业化经营，同时追求社会效益和经济效益相统一；二是面向广大普通大众，而非少数政治精英、社会精英，关注普通大众或某一个群体的生活；三是具有休闲、娱乐功能和普及生活知识，陶冶情操的文化产品，讲述平凡人的故事；四是定期出版，公开发行和销售，以“大众”消费为目的。

---

① 陈凤兰等．美国期刊理论研究［M］．北京：中国传媒大学出版社，2009：8.
② 2015 年 10 月 18 日本人通过 QQ 向中国期刊协会常务副会长、中国期刊年鉴主编段艳文先生请教所得。
③ 梅红．《读者》的品牌及审美分析［D］．成都：四川大学，2006：11.
④ 于继勇．大众期刊定位分析［J］．新闻世界，2008：8.

五、“《知音》现象”及其文化解读

《知音》自创刊以来，以持续快速发展的极大影响力在我国期刊发展史上产生了特殊的影响、造成了震动及不断释放的品牌效应，被业界广泛称之为“《知音》现象”。《知音》成为中国大众期刊的一张名片，成为一种现象，受到了海内外的广泛关注。“《知音》现象”本身虽然尚未成为一个学术概念，但其含义非常丰富，不仅是一个传媒现象，还是一个文化现象、经济现象、社会现象。不同背景的研究者从不同的角度解读它。

本书拟从文化产业视角对“《知音》现象”进行解读，其作为文化产业现象的典型意义主要表现在：一是依托历史文化资源。《知音》的名称及内涵来源于“高山流水觅知音”的典故。将知音典故这一传统文化资源产业化运用成就了知音集团的发展。二是实行市场化经营。《知音》从创刊开始就坚持以市场为导向，实行自主经营、自负盈亏的办刊模式，在全国期刊传媒企业较早实行目标责任制、全员聘用制、绩效制度和扁平化管理。三是定位准确，坚持内容为王，注重打造文化精品。《知音》坚持以“人情美、人性美”为刊魂，确立“深入社会，深入生活，深入心灵”的编辑方阵，始终坚持原创特色，内容为王，“以内容支持品牌，以品牌强化内容”，以“情”制胜。四是注重品牌开发和产业链条的延伸，发展特色集群。依托“知音”品牌优势，在巩固核心期刊《知音》的同时，积极延伸品牌产业链，打造发行、广告、印刷、影视、网络、物业、高等职业教育、动漫、新媒体等关联产业，走规模化、集群化和国际化发展道路。五是不拘一格用人，激发创新活力。知音传媒集团创新用人机制，坚持唯才是举，业绩激励，“能者上，庸者下”。比如，小学都没毕业的赵美萍凭借刻苦努力和执着追求成长为知音的知名编辑。六是深化改革发展，全力推进上市。知音坚持改革和创新体制机制，按照上市企业要求积极改革集团治理模式，引进战略投资，建立股权多元化，解决束缚文化事业文化产业的体制瓶颈。① 此外，“《知音》现象”所表现出的宽容的创业氛围、团队精神和企业家精神等也是其文化产业发展取得较好成绩的重要因素。

---

① 中共湖北省委政研室调研组．文化产业改革发展的一匹“奇骏”——湖北知音集团发展壮大的经验与启示［M］．政策，2012（5）：32—36.

第三节　国内外研究综述

学界对知音传媒的研究，整体上看并不均衡，单方面的研究较多，对知音传媒文化产业整体观照的研究较少，对"《知音》现象"尚没有完整的阐述，也没有形成具体体系性的框架内容，大多是从传播学或管理学入手研究知音传媒的某个方面或者侧面。本书属于学科间的交叉研究，以历史学、经济学、管理学、传播学、社会学等学科知识为支撑，涉及的相关研究较为复杂。为研究本课题所阅读的文献很多，主要有文化产业相关研究、传媒成长相关研究、传播学研究及知音传媒集团个案的过往研究等，由于学科交叉，涉及文献多而杂，综述中难免会有疏漏或重复。

一、研究现状

（一）文化产业理论与实践研究

"文化产业"的学院派理论研究肇始于20世纪30年代的法兰克福学派。其实在这之前，文化产业作为一种产业形态就已经存在。比如报刊业，新闻史上把19世纪30年代美国出版的"美分报"和1855年英国出版的"便士报"为标志的一些廉价报刊的出现作为传媒业产业化的开端。在这之前，西方主要国家的新闻传播被党报控制，不存在资本经营和产业化模式。19世纪末20世纪初，西方国家主要报刊走向集团化发展道路。西方学者对文化产业的研究主要是两条路径：仪式学院派作为哲学政治观念的"理论—意识形态"文化产业研究和社会经济实践者作为经济制度、发展模式的应用性文化产业研究。

1947年，法兰克福学派学者马克斯·霍克海默（M. Max Horkheimer）和西奥多·阿多诺（Theodor Wiesengrund Adorno）在共同完成的《启蒙辩证法》（*The Dialectic of Enlightenment*）一书中以艺术和哲学价值评判视角对文化工业进行批判，认为文化产业通过科技和机械化手段，将标准化、规格化的文化产品通过大众传媒传播给消费者，成为国家控制意识形态的工具，不仅使文化丧失了艺术价值，而且消解了批评否定的角色和作用。[①]其研究的焦点是文化产品对大众消费所带来的文化和社会负面影响上。[②]随后的伯明翰学派侧重于从文化视角研究文化产业，对文化产品进行了意识形态的讨论，对文化产业的符号生产机制和生产原则进行探究，认为文化产业使文化大众化。美国文化产业理论“教父”约翰·费斯克（John Fiske）继承和发展了伯明翰学派的观点，肯定了人民大众的主观能动性，提出“大众文化就是日常生活”的著名论断。西方学院派的研究多为哲学、政治学和文学话语，侧重于意识形态。

20 世纪 70 年代后期开始，西方学术界运用政治经济学、社会学及文化研究的方法，研究文化产业与文化帝国主义的关系。而应用文化产业理论研究是从文化产业实践中总结和生发出来的，侧重于产业运作，这方面研究主要集中在 20 世纪 80 年代后，并出现了很多产业重叠的新术语：传媒产业、文化经济、创意产业、文化生产等，跨学科的对话使学者可以综合研究文化与经济的共生关系，理解文化生产涉及生产、消费、文本、管制、身份和话语之间的相互联系。[③]一是文化产业学的兴起。早在 18 世纪和 19 世纪，一些西方经济学家的著作中已经从文化和艺术部门中举例探讨经济问题，如马歇尔（Marshall）对于“音乐”的消费，杰文斯（Jevons）对于“公共博物馆”的关注等。20 世纪 60 年代，经济学被系统应用到艺术领域，William J. Baumol 和 William Bowen 在 1966 年出版专著《表演艺术——经济学困境》，对表演艺术的产生问题进行了分析，指出当劳动生产率增长部门的工资增加时，劳动生产率无增长部门的工资也相应上涨，这个现象后来被称为“鲍默尔病”。20 世纪 70 年代扩展到遗产和文化产业，1973 年国际文化产业学会建立，标志着文化产业学[④]的诞生。1977 年，《文化经济学》杂志创刊。[⑤]皮考克（Peacock）针对 William J. Baumol 和 William Bowen 提出的问题针对性地进行了回应：一

---

① 马克斯·霍克海默，西奥多·阿多诺．启蒙辩证法［M］．渠敬东，曹卫东，译．上海：上海人民出版社，2003：160.

② 左惠．文化产品供给论［M］．北京：经济科学出版社，2009：9.

③ ELAVSKYCM.Culture Industries/DONSBACH W.The Internationnal Encyclopedia of Communcation.Blackwell Publishing，2008.

④ Cultural Industries 有时也被翻译为“文化经济”。

⑤ Performing Arts.The New Palgrave：A Dictionary of Economic. See：Ruth Towse.Cultural Economics：The Arts，the Heritage and the Media Industries（Volume Ⅱ）.Edward Elgar Publishing，1997.

是关于政府对艺术的资助案例。二是在英国艺术领域中进行了实证研究。①托斯（Towse）提出了文化产业学不同分析方法的分类框架，主要是微观经济学分析法、福利经济学分析法、宏观经济学分析法、产权经济学分析法、制度经济学分析法、公共选择理论的分析方法和政治经济学分析法。②凯夫斯（Caves）将最优契约理论引入创意产业研究中，拓展了文化产业学的研究。③三是部分学者重点研究了文化产业发展对经济增长和就业的影响。1996 年，国际劳工组织、世界银行等在斯波莱托以“文化产业和体制内创造就业机会”为题举行年度圆桌会议，专门探讨文化和就业问题。④四是很多学者对文化产业政策及文化产业内部相关子行业进行了分析。比如，安迪·C. 普拉特（Andy C.Pratt）和 大卫·海斯莫汉（David Hesmondhalgh）在文化生产产业化的历史性回顾基础上，指出了文化产业政策的重要性。⑤曾伯格和李（Szenberg and Lee）分析了美国的出版产业等。⑥

由此可见，随着美国、日本、英国、澳大利亚等世界发达国家和地区文化产业的迅速发展，并成为国家的支柱产业，文化产业占经济总量的比重越来越大，引起了学术界特别是经济学界、传媒界的关注。媒介产业成为文化产业的核心之一，文化的传播越来越成为一种消费，传媒产业学应运而生。迦纳姆（N.Garnham）从新闻传播学视角研究认为：“文化产业采用了特有的生产方式和行业法人组织来生产和传播符号，这些符号的表现形式虽然不是一律作为商品，但其表现形式却是文化商品和服务。”⑦查尔斯·兰蒂（Charles Landry）将“价值生产链分析法”（Value Production Chain Analysis）引

---

① Peacock，A. “Welfare ecnomics and public subsidies to the arts”，Manchester School of Economics and Social Studies，1969，Vol.4，pp.322–335.

② Ruth Towse（ed.）.A Handbook of Cultural Economics. Cheltenham：Edward Elgar，2003.pp.1–14.

③ R.Caves.Creative Industries：Contracts Between Arts and Commerce. Cambridge，MA：Harvard University Press，2000.

④ C.Bodo，R.Fisher（eds）.New Frontier for Employment in Europe：The Heritage，the Arts and Communication as a Laboratory for New Ideas.Proceedings of the Round Table Organized by CIRCLE，Rome.Associazione Economia per la Cultura，1997.

⑤ David Hesmondhalgh，Andy C.pratt.The Cultural Industries and Cultural Policy.the International Joural of Cultural Policy，2005（11）：pp.1–13.

⑥ Szenberg.M，E.Lee.The Structure of the American Publishing Industry.Journal of Cultural Economics，1994，18（4）：pp.313–322.

⑦ 叶朗 . 中国文化产业年度发展报告（2003）[M] . 长沙：湖南人民出版社，2003：16.

入文化产业研究，提出文化产业的五个阶段。①此外，西方学者关于应用文化产业研究的观点还有很多，比如文化产业既按照文化艺术作品创造的规律来生产，也按照一般普通商品的生产模式生产，需要追求利润的最大化。文化产业发展影响了当今世界文化的形态、结构和格局，传统的文化观念、文化生产、文化消费方式、文化作用方式因文化产业而变化。②

国内文化产业理论的研究经历过从否定到肯定的过程，20 世纪 80 年代以来，中国经历了从不提文化产业到肯定文化产业，再到大力发展文化产业和加快发展文化产业的政策演变过程。其形成发展是与中国文化产业实践的历史进程相伴随的，是改革开放、市场改革和文化体制改革不断深入的结果，是社会转型期国家重大政策不断调整的真实写照，也是大众文化兴起与繁荣的必然结果。1999 年全国文化产业发展研讨会在大连召开，1999 年和 2002 年文化部（现文旅部）分别与上海交通大学、北京大学合作设立国家文化产业创新与发展研究基地，2005 年与中国传媒大学、深圳文化产业研究所合作设立国家对外文化贸易理论研究基地。2007 年文化部（现文旅部）在清华大学、华中师范大学、南京大学、南京航空航天大学、中国海洋大学、云南大学六所高校设立国家文化产业研究中心。每年给研究基地和研究中心下达课题任务，并给予必要的资金扶持。③目前活跃在文化产业研究前沿的国内学者们从美学、文艺学、马克思艺术生产理论、产业经济学、文化传播、文化资源保护和产业开发、文化遗产数字化保护、民族文化产业区域化保护等角度研究中国文化产业发展的理论和现实重大问题，为中央和地方政府决策提供了有效的智力支持。但和西方国家相比，目前我国文化产业理论研究还处于初级阶段，对于文化产业发展一系列的理论思考还不够深入，多数研究机构和学者更多侧重于文化产业应用研究和探索，承接着国家、地方和企业很多关于文化产业战略规划、文化产业园建设、传统文化资源的保护和利用、文化与科技及相关产业融合、文化产业具体项目的策划、文化走出去等相关课题。改革开放以来一直到 2000 年，我国文化产业研究基本属于探索和正名

---

① 查尔斯·兰蒂认为文化产业的五个阶段包括：创意的形成、文化产品的生产、文化产品的流通、文化产品的发送机构和最终消费者的接受等。

② 丁智才 . 边疆民族地区文化产业发展与民族特色文化保护研究［D］. 武汉：华中师范大学，2015：9.

③ 中国网 . 改革开放三十年文化产业回顾及前景展望［EB/OL］.http：//www.china.com.cn/culture/zhuanti/09whcy/2009-05/05/content_17725922_3.htm.

阶段，2000年以后随着“文化事业”和“文化产业”概念的厘清，文化产业研究进入战略思维阶段，文化产业与国家“软实力”、生态文明、文化产业体制改革、新媒体技术下的文化传播等一系列重大问题得到了重视。[①]胡惠林（2012）提出了“国家文化治理：中国文化产业发展战略”理论。[②]黄永林（2012）指出：“我们提出文化与科技融合，就是要关注高新科技发展的前沿动态，充分运用文化资源、创意思维、高新技术促进文化产业创新，把中国制造变成中国创造，从而提高我国文化产业核心竞争力和综合国力。”[③]张晓明（2015）认为：“由于我国经济上总体还没有完成工业化，文化产业发展起步阶段和工业化高峰同步，文化体制改革和发展方式转型任务叠加，尽管发展机会很大，但发展环境复杂性也大大增加。”[④]国内文化产业研究起步晚，目前主要停留在定性研究和宏观研究，理论研究落后于文化产业实践，特别是定量研究，中观、微观层面研究不足，理论与现实在一定程度上脱节，文化产业理论体系尚未形成，文化产业统计未形成统一口径，精确数据短缺，文化产业人才培养模式研究不足，这些都是今后研究需要重点解决的问题。

（二）大众期刊传媒研究

期刊在我国出版产业中与图书有着同样重要的地位，都是传播先进文化、服务社会大众的主要载体。当代中国社会转型期重要的文化现象之一，就是大众文化的兴起与繁荣。而大众文化是一种随着科技进步、市场经济发展产生和发展，以文化产业生产为特征，以大众为消费对象的文化现象，其传播手段主要就是现代传媒。[⑤]改革开放40多年来是我国期刊发展史的高峰时期，无论是期刊品种、发行总量、读者规模还是社会影响都是史无前例的。随着期刊业的发展，期刊理论研究特别是大众期刊传媒的研究也有了较大的进展。

一是关于期刊的分类研究。大众期刊和大众文化同样还是一个模糊而宽泛的概念。高江波、武明乾（1995）认为，大众期刊范畴限于文化生活类期

① 李思屈，李涛．文化产业概论［M］．杭州：浙江大学出版社，2010：45—46.

② 胡惠林．国家文化治理：中国文化产业发展战略论［M］．上海：上海人民出版社，2012：1.

③ 黄永林．从资源到产业的文化创意［M］．武汉：华中师范大学出版社，2012：5.

④ 张晓明．“十三五”我国文化发展的环境和需要解决的重大问题［M］．2015月7月13日云南大学，U40文化产业暑期工作营2015讲座。

⑤ 黄曼君．反思与超越——20世纪中国文学与理论批评国际学术研讨会论文集［G］．武汉：华中理工大学出版社，2000：314.

刊、青年和妇女期刊、文摘期刊及通俗文学类期刊等面向一般读者的综合性文化刊物。[①]徐升国（2005）指出，目前我国新闻出版管理部门和《中国图书馆图书分类法》普遍采用的按学科分为综合性期刊，哲学、社会科学类期刊，自然科学、技术类期刊，文化、教育类期刊等五类，这种五分法依然是计划经济体制下的分类方式，对期刊的商品属性强调不够。[②]叶新（2003）认为，欧美国家按消费类期刊、商业期刊、学术类期刊（或机构类期刊）的三分法，对于第三种也有分歧。[③]两分法的学者比如张伯海（2006）认为，期刊可以分为消费类期刊和商业类期刊。[④]黄端（2010）则认为，根据中国期刊产业的实践情况分为大众期刊和学术期刊比较合适。学术期刊之外的期刊统归为大众期刊。[⑤]以上分类方法均有一定道理，但本书认为在文化体制深入改革、文化产业蓬勃发展的当下，分类方法应该凸显文化事业和文化产业属性，因此本书研究的对象属于大众期刊或者消费类期刊，主要是以满足社会大众文化消费为主要内容，通过发行、广告及品牌拓展等手段经营，可以完全投入市场，订阅或者售卖的文化产品。

二是期刊研究机构、研究群体和期刊博览会的兴起。随着期刊业的发展特别是大众期刊的崛起，期刊的理论研究也成了一大批从业人员的燃眉之急。在文化与科技融合加速、文化创意产业日新月异的时代，期刊产业发展也正处于改革和创新的浪潮中，历史的经验亟待系统总结，相关学科的研究成果综合运用更为迫切。1992 年 5 月 28 日，中国期刊协会在北京成立，随后各省市成立了分会。目前，协会共有包括平面与网络期刊出版单位、期刊团体以及有关期刊专业教学、科学研究、行政管理单位等会员单位 986 家，下设医药卫生期刊分会、文化综合类期刊分会、冶金期刊分会、民营期刊发行（营销）分会等 14 个二级分会，并主办有《中国期刊年鉴》《中外文摘》、中国期刊协会网和中国期刊协会微信订阅号。[⑥]李频（2003）认为，中国期刊协会的存在和运作，使中国期刊的发展走向了大众传播和文化产业的理性自

---

① 高江波，武明乾 . 大众文化期刊的兴起、发展和提高［J］. 中国出版，1995.

② 艾莉森 · 亚历山大 . 媒介经济学：理论与实践（第三版）［M］. 丁汉青，译 . 北京：中国人民大学出版社，2008：139.

③ 叶新 . 美国杂志的分类［J］. 出版发行研究，2003.

④ 张伯海 .B2B 期刊的发展规律［J］. 出版参考，2006.

⑤ 黄端 . 中国大众期刊发行市场供需现状及未来发展走势［J］. 中国出版，2010.

⑥ 中国期刊协会官网：http：//www.cpa-online.org.cn/Web/AssIntroduce.aspx.

觉。[①]1999年1月，国家新闻出版署批准北京印刷学院和中国期刊协会联合成立了国内首个经政府部门批准的期刊研究所。中国传媒大学、北京大学、浙江大学、武汉大学、江南大学、武汉轻工大学、华中师范大学等也成立了相关研究机构。《知音》《女友》等传媒集团也成立了期刊研究室。武汉大学、中国传媒大学、湖南师范大学等五十余所大学先后开设了编辑出版相关专业。越来越多的期刊从业人员、高等院校等研究机构的新闻、出版、传播、图书馆、情报及文化产业等专业的研究人员纷纷涉足期刊传媒的研究，催生了一大批期刊传媒研究成果。有关期刊理论研究、期刊史、实用性工具书等期刊专业性书籍400余种。其中，1978年到2011年间出版的中国期刊史研究著作就达260多种。[②]《中国期刊》（甘肃人民出版社1999年版）是一部对新世纪期刊体制改革和产业发展有重要参考价值的工具书。2002年创刊的《中国期刊年鉴》是我国唯一一部大型期刊类纪年文献，它全面翔实地记录了我国期刊行业的发展历程与趋势。《大众期刊运作》（中国大百科全书出版社2003年版）收录了期刊研究知名学者李频早期的众多研究成果。《中国期刊产业发展报告NO.1》（社会科学文献出版社2005年版）和《中国期刊发展报告NO.12》（社会科学文献出版社2007年版）等都是期刊研究的优秀成果。期刊研究的学者当中，北京的张伯海、石峰、张泽青、李频、段艳文、宋革新等学者，河南的宋应离、王振铎、张天定等学者，湖北的范军、刘九洲、江作苏、朱静雯、吴乐平、吴永贵等学者在期刊研究方面较为引人注目。彭长城、胡勋璧、李栓科、徐春莲等大众期刊老总们结合自己所管理的期刊实践，发表了一系列关于大众期刊编辑、管理和产业化经营的文章。2013年，中国唯一一个国家级、国际化、综合性期刊交易博览会——中国（武汉）期刊交易博览会落户武汉，目前已经成功举办三届，通过这个平台集中展示展销海内外期刊、举办期刊媒体国际创新发展论坛、发布年度百强期刊、中国最美期刊、最受读者欢迎的期刊等评选结果，组织丰富多彩的文化活动，为期刊产业发展打造了一个很好的高端平台。

三是大众期刊传媒研究方法的探索。从20世纪90年代开始，大众期刊的研究逐渐受到理论界和期刊界的关注，罗琳主编的《中国期刊面面观》（中

① 李频．大众期刊运作［M］．北京：中国大百科全书出版社，2003：4.

② 范军．中国出版文化史论稿［M］．武汉：华中师范大学出版社，2011：249.

国书籍出版社 1994 年版)、高江波的《期刊求索录》(北京师范大学出版社 1998 年版)等分别从宏观、类观、微观三个层面对期刊类群的媒体特征进行研究和分析。期刊史研究的成果最为丰富,从通史、断代史到期刊区域史均有很多成果出现,比如宋应离主编的《中国期刊发展史》(河南大学出版社 2000 年版)、李频主编的《共和国期刊 60 年》(中国大百科全书出版社 2010 年版)、赵云泽著的《中国时尚杂志的历史衍变》(福建人民出版社 2010 年版)、《山西期刊史(1900—2008)》(山西人民出版社 2010 年版)等。① 李频(2003)指出,期刊个案的研究需要广泛搜集材料,深入了解、整理分析研究对象后以形成对个案的全面认识。② 师永刚在 2001 年、2004 年和 2008 年陆续出版四个版本的关于《读者》个案研究的专著,发行十多万册,影响较大。2011 年《读者》创刊三十周年之际,其创始人郑元绪、胡亚权、彭长城分别出版《读稿笔记》《〈读者〉往事》《让〈读者〉御风而行》,从不同角度回忆了《读者》的创业历程,解析"《读者》现象"。《家庭》期刊集团主要创始人徐春莲的《我和〈家庭〉的春华秋实》(花城出版社 2015 年版)、易飞的《憨的智慧——〈特别关注〉15 年传奇》(中国和平出版社 2015 年版)等,这些都是大众期刊研究的珍贵材料,但以上这些研究大多停留在期刊本身,或者是在期刊庆典纪念之际编辑部组织编写的回顾文集,对大众期刊体制改革、产业化和媒体融合的理论和实践研究尚较少见到系统的论著。此外,还有部分硕士、博士论文从期刊文本、期刊市场状况、期刊品牌运营、期刊发展战略等方面对期刊传媒进行了研究,《知音》《中国国家地理》《今古传奇》《读者》及《特别关注》等大众期刊较为受研究者青睐。

四是大众期刊产业化研究。产业是一个比较模糊的概念,经济学认为一切按照投入有产出、遵守企业运行规则进行市场经营活动的行业均可称为"产业"。我国期刊产业是与"期刊事业"相对而言的。周鸿飞(1998)对产业化定义和特征做了一些基本界定,他认为:"期刊产业化要走建立市场机制,遵循期刊生产规律,走专业为主、多种经营、综合发展的路子,实现社会效益和经济效益的最优化、最大化。"③ 王凤云指出:"期刊产业发展是指期刊业改革市场取向和企业管理,大众期刊可以走市场,学术期刊不能企业

① 范军.中国出版文化史论稿[M].武汉:华中师范大学出版社,2011:249—252.

② 李频.大众期刊运作[M].北京:中国大百科全书出版社,2003:9.

③ 周鸿飞.试谈期刊产业化[J].编辑之友,1998(05).

化、产业化。”[①] 何静（2000）指出：“我国期刊产业属于文化产业的一部分，是指以期刊为主体，在直接参与社会活动和社会再生产过程中，生产、搜集、处理和流通各种知识和信息产品，其自身拥有一套独特的技术支撑体系，具有一定经济规模和社会效益的产业。”[②] 以上三位学者均明确了要发挥市场机制在资源配置中的决定性作用，期刊要建立现代企业制度。李频（2005）指出：“在中国，期刊集团化是期刊产业化的必由之路，要实现产业化发展必须借助于集团化经营。”[③] 2004年初国家有关部门对于出版“企业”身份予以确认，使得长久以来出版集团的“事业”和“企业”性质之争尘埃落定。然而，期刊业身份一直没有明确的解释，学术界对于期刊集团性质问题也较少涉及。此外关于期刊的发行、市场定位、广告经营、组织结构、职业经理人、新媒体融合、多元发展等，很多学者和期刊业界人士也给予了关注。程蔚（2004）提出：“要探索期刊盈利的第三种模式，即发展以期刊品牌资源为核心的延伸服务来盈利。”[④] 朱静雯、李靓（2014）将期刊集团内生核心竞争力概括为文化建设能力、资源整合能力和战略管理能力三个方面。[⑤] 我国期刊集团性质和期刊产业化的研究依然需要理论和实践的发展，特别是要进一步深化体制改革，转变政府职能，让大众期刊企业真正成为市场主体。

总之，大众期刊市场化产业化的理论与实践问题依然需要作为重大课题深入研究。这方面单篇文章很多，但系统论著很少。

（三）期刊品牌现象研究

品牌现象的研究是市场经济发展的产物，随着全球一体化和市场经济的深入发展，人们对品牌企业的研究也逐渐增多，品牌理论日趋丰富和完善。近年来，部分学者从产业经济学视角对品牌企业的形成及企业价值等方面的研究提供了重要理论基础和依据。期刊品牌现象研究既是品牌研究的一个重要分支，也是传播学和文化产业研究的重要组成部分。目前，学界对于期刊品牌这一交叉领域的专门研究较少见到，国内外的期刊品牌理论研究远远落

① 王凤云．关于期刊产业发展的思考［N］．中国出版报，2000-01-14.
② 何静．期刊产业化：市场经济的必然选择［J］．东北财经大学学报，2000（09）.
③ 李频．中国期刊产业发展报告：市场分析与方法求索［R］．北京：社会科学文献出版社，2005：4—5.
④ 程蔚．期刊盈利的第三条道路［J］．新闻记者，2004（02）.
⑤ 朱静雯，李靓．我国期刊集团内生核心竞争力形成机理研究［J］．中国出版，2014（06）.

后于实践需要。实际上《读者》《特别关注》等都在一定程度上借鉴了国外同类品牌期刊的做法。有关中国期刊品牌现象的研究多数显得比较零碎和空泛，对其中的一些重大问题把握不够，缺乏对期刊品牌的深入实证研究。国内主要学者多从学理上研究品牌理论，从文化品牌角度对于当代传媒企业的个案分析并不多见。邵培仁的《媒介战略管理》（2003）也仅仅列出一章研究媒介品牌战略。由于我国期刊传媒的“产业”属性被政府有关部门承认时间较晚，且“中国期刊传媒产业化和品牌建设”等概念也是近些年才提出的，因此对“中国期刊传媒产业化和品牌建设”问题研究的文献并不多。国外文献方面，据笔者检索的结果来看，还未有系统探讨中国期刊传媒产业化和品牌建设的专著。但国外对于品牌的阐述和期刊的研究要比中国早，凯文·曼尼在《大媒体潮》中就预测：21 世纪的媒体之争将是品牌之争，无论是同类传媒品牌之间的市场争夺还是新兴传媒品牌对传统品牌的资源侵占，都会使媒体市场之争更加激烈。日本出版学创始人清水英夫曾说出版业是“一个纯粹关于人的行业”，作为出版行业重要组成部分的期刊业，始终与人的精神追求息息相关，以人文关怀为己任，追求品牌才能获得永恒的生命力。

美国是期刊产业最发达的国家之一，多年的发展成就了一批期刊财团和世界著名的期刊品牌，在期刊经营方面也有比较成熟的运作模式。此外，日本的期刊业也非常发达，特别是动漫期刊的出版研究领先世界。英国是世界上最早提出创意产业概念的国家，其创意产业理论对世界期刊产业发展有着重要指导作用。

对于品牌营销理论的研究，国外从 20 世纪 50 年代以来主要分为四个阶段：第一阶段是品牌识别——品牌形象理论。其形成的标志是 20 世纪 60 年代大卫·奥格威著作《一个广告人的自白》的出版。第二阶段是品牌个性——品牌资产理论。兴起于 20 世纪 80 年代的品牌个性论主张品牌人格化、主张品牌独特的个性差异。品牌资产论是大卫·爱格 20 世纪 90 年代提出的，他认为品牌是一项重要的资产。大卫·爱格在其著作《品牌经营法则：如何创建强势品牌》一书中详细阐述了品牌认同理论，其主要观点是品牌的核心价值和意义是建立品牌的永久生命力。第三阶段是品牌定位理论。该理论起源于 1972 年艾·里斯和杰克·特劳特“定位时代”系列文章的发表，其核心思想是将产品定位于顾客心中。第四阶段是整合营销传播理论。1993 年由唐·舒尔茨首次提出。国内文献方面，对期刊的研究比较晚，据笔者通过对中国国家图书馆检索的情况看，目前还未有系统研究中国期刊传媒产业化的专著问世，有关中国期刊传媒产业化或者期刊品牌构建尚鲜有人做系统研究。目前能找到的仅有梅红的《读者》的品牌及审美分析，胡春秀对于《三联生活周刊》的研究等少数几篇关于品牌个案研究的博士学位论文，他们的研究推动了期刊品牌实践研究向前发展。目前，期刊品牌的研究呈现以下特点：1. 国内的期刊品牌研究领域的论文主要集中在出版编辑类期刊上，期刊品牌研究的关注人数众多，但真正致力于该领域研究的作者微乎其微，尚没有形成核心作者群。2. 在期刊品牌研究论文产出机构的作者中，期刊杂志社和高校学报编辑部的学者占了相当比例，表明报刊杂志社和高校是期刊品牌的主要研究群体，但发表论文的机构较分散，不能很好地体现研究群体的优势。3. 从期刊品牌的研究主题看，各主题的研究不均衡，不利于期刊品牌的整体研究。创建中国期刊品牌，既是一个理论课题，又是一个实践课题。目前，国内对文化品牌与文化软实力和文化产业发展的关系方面的研究还是很少。编辑出版界及学界应该在已有研究成果的基础上，进一步聚集期刊研究人才、整合学科资源、注重期刊历史和本土改革经验的总结、重视品牌及其延伸的研究、开展战略性和前瞻性的研究，努力探求创建期刊品牌的新思路、新方法，为中国期刊业和文化产业的发展作出应有的贡献。

总的来看，目前期刊品牌研究的领域显得相对狭窄，期刊品牌价值的研究、差异化发展的研究、受众与期刊品牌的关系研究、期刊品牌战略研究、期刊品牌与国家软实力和产业融合的关系研究尚未形成突破性的成果。对于“湖北期刊现象”“《读者》现象”“吉刊现象”等国内主要期刊品牌现象的研究也多停留在零散的片面化阶段，未能上升到学术高度。

通过对期刊文化产业相关研究的梳理中可以看出，目前对于期刊文化产业品牌的研究特别是期刊传媒文化产业品牌建设的研究还有很大的空间。

（四）知音传媒研究现状

从一本杂志到一个集团，从 3 万块钱起家到现在成为总资产超过 10 亿元，年利润超过 1 亿元的传媒帝国，其创造的辉煌令无数业界同行羡慕，被业界和媒体称为“《知音》现象”。同时随着知音品牌知名度的扩大和提升，也引起了学界对其成功进行理论探讨和研究。目前，尚未有专门研究知音传媒的专著出版，但通过中国知网检索，以期刊、大众期刊、《知音》期刊等关键词搜索全文，得到结果如表 1.1[①]：

表 1.1　通过知网检索的结果

全文搜索	中国期刊数据库	硕士论文	博士论文	会议论文	重要报纸
期刊	976530	391707	60171	34488	52368
大众期刊	73005	117415	17528	3350	5839
文中提及《知音》期刊	4578	1508	1508	184	780
专门研究《知音》期刊的文章	98	12	1	31	59

注：上表检索数据截止日期为 2015 年 10 月 21 日 17 点 16 分，单位：篇。

此外，将“知音传媒”通过网页百度搜索，截至 2015 年 10 月 21 日，搜索的结果约 1,510,000 个，视频 588 个。

从以上数据和关注的领域来看我们不难发现，“《知音》现象”早已超越期刊或期刊产业本身，已经不是单一的大众期刊文化现象了，而是存在于当代社会生活诸多方面的一个文化符号，成为当代文化研究不可绕过的一个文化现象，这其中有着深层的文化意义和隐喻价值。近年来，围绕知音上市及品位的争论很多，一方面，很多人认为知音一味迎合大众，格调品位低下，反对知音上市的声音此起彼伏。另一方面，知音继续自己的平民路线，讲述身边普通人的故事，坚持“人性美、人情美”的宗旨，深得广大普通读者的热爱。知音讲述的是新闻故事也是文学故事，创造了独一无二的“知音体”，一个个动人的故事唤起了人们心底对于良知和美好感情的渴望。知音的发展史也是一部创业史，向人们昭示了一种新的文化运作方式，其包含的可能性和启发性不容忽视。《知音》是追求真善美的一本刊物，用感动打动读者，既给人们营造了一个道德制高点，又揭示了社会转型期人们面对市场经济大潮的尴尬处境。知音的文章对于市场时代大众深层心理和欲望矛盾心理的真实描述很能触动读者的神经。同时，《知音》的产品包含大量消费追求，形成了一套大众文化生产机制，成为中国文化体制改革的先锋和典范。遗憾的是，大众虽然对知音传媒关注比较多，但大多停留在感性的体悟和认识，真正从学理层面对知音传媒进行学术探讨的研究并不多见。

① 检索主要来源为：中国期刊全文数据库、优秀博硕士学位论文数据库、中国重要会议数据库、中国重要报纸全文数据库，检索范围包含文史哲、经济、政治、军事、法律、教育、社科类、电子技术及信息科学等。http：//epub.cnki.net/kns/brief/default_result.aspx.

通过对《知音》相关研究文献的梳理归类，可以发现完全以知音传媒为研究对象的文章并不多，截至2015年底不到100篇，其中很多主题和内容基本一致。主要集中在大众语境、期刊内容、性别形象塑造及传播、消费文化、经营管理战略、雅俗之争的媒介和学术批评等。

一是从大众文化和大众传媒语境下切入。“《知音》现象”作为一个典型的文化现象，其形成的现实语境是值得关注的问题，也是思考和论述的前提。20世纪80年代以来，大众文化的崛起使我国迅速进入了大众传媒时代，大众传媒的生产、构建和传播为大众文化提供传播的平台，也发挥着媒介的社会独特影响力。俞朝阳认为《知音》成为期刊界常青树的原因在于其在市场经济中把握了大众文化的脉搏，顺应市场发展又保留了自己的特色。①杨序暄（2011）从话语角度、借助系统功能语言学派对于语境研究的理论工具，分析了话语范围、话语基调和话语方式三大语境变量对期刊语境的制约作用。②梁雪莱指出：“经济的发展、文化环境的变迁、社会大众的心理需求等是影响《知音》作为一种大众期刊发展的几个关键因素。”③

二是从传播成长的生态学切入。陈瑞群（2012）从生态学视角出发，通过对生态位选择、宽度、扩充、分离在传媒企业成长过程中的表现，得出知音传媒集团成长的S形曲线。④

三是从经营管理战略、编辑特色切入。《知音》作为目前国内原创发行最大的大众期刊，其经营管理一直是业界和学界关注的重点。梁劲鹏以市场营销学的“4P”理论为依据，从产品、定价、渠道和促销等方面对《知音》现有的营销策略进行了客观分析，并结合问卷调查对新形势下如何创新和变革进行了探究。⑤彭蕾（2015）认为随着期刊小众化趋势日益凸显和新媒体的突起，《知音》在推广运作上要采取新的战略才能适应市场新变化。⑥《知音》主要创始人雷一大、知音传媒相关领导及编辑柯洪斌、关前、王仁山、王应鲲、陈清贫等也均撰文谈及知音的发展战略或编辑特色，《中国青年报》等媒体也对此做过深度报道。但以上研究基本上从某一个方面或侧面入手，真正系统

① 俞朝阳.90年代以来大众文化语境下的《知音》研究［D］.成都：西南交通大学，2008.

② 杨序暄.论期刊语境［D］.北京：北京印刷学院，2011.

③ 梁雪莱.大众文化视角下的《知音》文本研究［D］.甘肃：兰州大学，2013.

④ 陈瑞群.传媒企业成长的生态学分析——以湖北知音传媒集团为例［J］.中国出版，2012.

⑤ 梁劲鹏.《知音》杂志营销策略研究［D］.广州：广州大学，2013.

⑥ 彭蕾.杂志营销策略研究——以《知音》为例［J］.商业，2015.

研究知音传媒发展战略的成果不多，尚无学者将知音传媒经营管理作为研究对象进行深入研究。

四是从文本内容切入。《知音》的标题和内容一直被视为其最为核心的竞争力之一，也就是社会广泛关注的“知音体”。研究者从标题语言、叙事手法等方面都有过关注。媒体对于其雅俗之争，到现在仍然不绝于耳，对于其批评的声音甚至被视为影响知音传媒上市的主要因素之一。时任知音传媒总经理雷一大认为“文章标题就是一门语言和文字艺术”。赵国妮（2010）指出：“《知音》标题饱含强烈的视觉冲击力、唯美的音律感、浓厚的故事性，让人过目不忘。”①栗玮（2013）认为“知音体”为大众文化发展注入活力。②质疑者的声音也不少，相关评论有：“知音体”混淆新闻性与故事性的边界，虚构情节，夸大事实，是“时代垃圾”，缺乏道德底线等。③向翠林借用叙事学理论对知音文本进行了分析，并指出“知音体”是知音的核心竞争力，其特征是通过绘声绘色的表述纪实故事，整合文学和新闻，巧妙地利用悲剧及技巧性设计标题。④这些研究关注了“知音体”的表现形式，但对知音体产生的社会环境等问题缺乏关注。

五是关于性别形象塑造方面的研究。两性关系多样性和复杂性是《知音》里面涉及较多的主题。魏晋雪（2010）研究了《知音》如何塑造男性形象及所体现出的性别观。指出：“在《知音》中的男性身体形象是被‘隐去’的，存在隐性的男权主义。”⑤江宇（2003）认为：女性期刊对女性报道存在性别成见，女性多以正面形象出现，呈现的多数是女性传统认知。⑥这些研究虽然对《知音》关于性别塑造整体风貌进行了关注，但并未注意到两性关系随着时代的发展也在变化，也未指出《知音》在很多方面的与时俱进及在某些方面的不足。

六是从“大众文化消费”和“家庭价值观”等社会观念变化角度的切入。章超（2010）认为：“《知音》在纪实新闻报道中传达着消费观念，宣扬了中

---

① 赵国妮．让读者“恋”上你的标题——科普文章的标题制作技巧［J］．青年记者，2010（06）．

② 栗玮．“知音体”的语言风格及其影响［J］．山西师范大学学报，2013．

③ 吕文棣．浅薄煽情 内容媚俗《知音》是不是垃圾媒体？［J］．时代人物，2012．

④ 向翠林．讲述“真”“情”故事 缔造期刊神话——《知音》的叙事学解读［D］．武汉：华中师范大学，2006．

⑤ 魏晋雪．《知音》中的男性形象研究［D］．天津：南开大学，2010．

⑥ 江宇．从社会性别歧视视角分析女性期刊中的女性形象——以《中国妇女》《女友》《知音》为例［D］．武汉：华中科技大学，2003．

国化的消费观，对人们的消费观起了引导作用。”① 李淑媛（2004）认为《知音》等大众期刊所刊登的内容关注和记录20世纪80年代以来家庭价值观的变迁。②这些研究虽然从微观入手指出了文章中包含相关观念变化的内容，但对于这种变化的深层次原因分析还不够深入。

此外，围绕知音上市和侵权等问题而产生的《知音》的媒介批评、学术批评和文化批评，各界也给予了较多的关注。大众文化和互联网的迅速发展也使得媒介批评随之兴起，批评的主题也不局限于专业评论家，记者、编辑甚至普通大众也积极参与到一些有社会价值的文化现象和争议性话题的讨论中。因此，我们在大众媒介、网络BBS、微博及微信等社交媒介上经常看到一些对知音传媒的各种评论，比如关于“知音体”雅俗的讨论、知音题材与现实生活的表现、知音上市争论等；学界对于知音的文风、语言艺术、叙事策略等均有相关硕士论文出现。此外，将知音的整体风格、叙事模式以及与《知音》相关的一系列文化事件、媒介事件、社会反响等运用多学科的理论和视角，将“《知音》现象”和社会系统及时代背景链接，探寻“《知音》现象”的社会内涵，从而对“《知音》现象”进行总结与反思。目前，这一类交叉学科的深入研究成果还是极少。不过其中也有一些可以借鉴的观点：彭巧莲、李铁锤（2003）认为，“《知音》已经成为一种现象，其一是因为它爆发似的发展；其二是它给业界带来了深不可解的谜团：那么‘俗’‘浅’的一份杂志何以获得成功”③。这篇文章结论是《知音》以百姓之声来作文，做好“情”字文章，俗而不失高雅，是“《知音》现象”的立足点。刘启涛（2015）通过《知音》读者群及其接受的调查后指出：“《知音》阅读是一个值得关注的文化现象，折射出近年来人们在阅读领域的文化消费图景。《知音》故事满足了很多人在追求感官刺激之余，寻求情感慰藉和向上动力的心理需求。”④他同时指出：“作为一种大众化通俗读物，《知音》打造的不是精英文化，也不是低级趣味，而是满足多数人阅读趣味前提下，传播主流文化。”⑤ 其实大众更多地是将“《知音》现象”片面理解为“知音体”，主流媒体和党报多次

---

① 章超．我国生活类期刊传播与构建的消费文化观念实证研究——以《知音》《家庭》为例［D］．甘肃：兰州大学，2010.

② 李淑媛．从期刊内容看家庭价值观之变迁——以《知音》，《家庭》为例［D］．上海：复旦大学，2004.

③ 彭巧莲，李铁锤．以“情”制胜——论《知音》杂志对情感的利用［J］．出版发行研究，2003（11）.

④ 刘启涛．《知音》读者群及其接受的调查［N］．中华读书报，2015-07-22（011）.

⑤ 刘启涛．《知音》读者群及其接受的调查［N］．中华读书报，2015-07-22（011）.

给予肯定，但部分媒体和学者对于其庸俗的批评之声不少。

二、研究述评

从总体上看，由于体制和政策等原因，国内文化产业起步较晚，但发展非常迅速，文化产业的实践远远走在文化产业理论研究的前面。20 世纪 80 年代以来，大众文化和文化产业的兴起涌现出了一大批可圈可点的文化产业现象。大众期刊是市场化程度相对较高的文化产品。知音传媒的发展和崛起逐步引起了业界和学界的关注，也陆续出现了一些具有一定借鉴价值的研究成果。上述诸方面的研究为本论文的写作提供了宝贵的文化参考资源，但也存在一些不足之处：第一，有关《知音》期刊研究的文章越来越多，但将其作为一个整体对象观照的几乎没有，研究者多从文本进行细致解读，而将其置于宏观而变化的文化语境中考察的甚少；第二，简单批判《知音》作为一种大众文化现象和文化工业背景下的文化实践，简单地认为其格调低俗，并没有理解和认识“《知音》现象”的复杂性和特殊文化内涵；第三，缺乏对“《知音》现象”系统化和整体化研究，多数研究要么是分析文本，要么是从经营管理方面探讨，很少将文化内涵、管理战略和文本分析结合起来，理论和实证统一起来研究；第四，表面研究多，深层研究较少，多数研究只是关注表面现象，而没有深入现象背后的诸多社会理论、意识形态、复杂权利关系和各种文化力量的博弈；第五，大多研究只是单一将“《知音》现象”作为大众期刊来研究，而忽视其作为一个成功的多元化文化产业集团。以上几点都为本课题从文化产业视域研究知音传媒留下了很大的发挥空间。

当前，互联网文化产业迅速崛起，传统媒体和传统企业都面临转型升级的重大变革，“《知音》现象”也面临“互联网 +”背景下的严峻考验，知音传媒正在积极用“互联网思维拓展产业布局”[①]，抢抓发展机遇，努力转型升级，追求实现差异化的竞争优势，继续引领大众期刊传媒产业的发展。这些现象秉承了知音传媒一向靠改革和创新发展的理念。同时，知音传媒也面临着传统媒体企业共同的发展难题，这些都值得我们深入分析、解剖，去发现那些被我们自己遮蔽的意义和价值所在。

---

① 李国生 . 知音传媒：用互联网思维拓展产业布局［N］. 中国新闻出版广电报，2015-08-12.

第四节　主要理论、研究方法和创新点

一、主要理论

本书通过对《知音》30多年发展及其正在发展中的状况进行观察、思考、研究，对所体现的文化审美现象、传播现象、企业战略及战略管理、转型、文化创意、传媒经济等进行分析。这些文化现象并非黑格尔、胡塞尔式的精神学说体系，也不是单从某一类型知识或理论角度能解释清楚的。因此，本书在研究过程中，尝试使用文化产业、产业经济学、品牌管理及企业创新等多领域的相关理论作为支撑。运用这些理论可以更深入地对文化产业视域下的知音传媒进行全方位立体式解读。

（一）文化产业及产业经济学相关理论

知音传媒集团是我国文化产业运作较为成功的期刊传媒企业之一。文化产业相关理论是本书研究的理论基础。大众期刊属于文化产业核心层。《知音》从创刊开始就作为文化产业在经营和运作。本书运用了文化产业相关理论（见上一节描述）、马克思关于文化生产的理论、布尔迪的文化资本理论、文化产品的相关理论及产业经济学中的产业组织、产业机构、产业发展和产业融合等理论深度解剖文化产业视域下的知音传媒。

（二）媒介生态学相关理论

本书在分析《知音》成长历程时使用了媒介生态学相关理论，分析其产生的动因和动态的传播规律。正如马克思所说："问题是时代的格言，是表现时代自己内心状态的最真实的呼声。"① 从媒介生态学的观点分析《知音》特殊的时间和空间位置、特殊的生存土壤及这一土壤中的特殊运行机制，从而探讨包括《知音》在内的我国大众期刊传媒生态的发展对策。

① 马克思恩格斯全集（第一卷）[M]. 北京：人民出版社，1995：203.

（三）品牌相关理论

《知音》作为国内外知名的大众文化生活类期刊，其文化产业的发展一直是以品牌为导向的。品牌作为管理学和营销学的概念，最早出现在广告业。本书将品牌概念引入期刊传媒产业经营的研究，运用品牌相关理论分析了市场环境下《知音》的品牌定位、品牌营销、品牌管理和品牌延伸等，揭示了品牌建设对消费者和企业所发挥的巨大作用。

（四）媒体融合理论

媒体融合是目前我国传统媒体转型发展面临的重大课题，而西方国家在20世纪80年代就提出了媒体融合的相关理论。本书重点分析了知音媒体融合的探索，分别从融合的内涵与动因、战略演进与媒体融合、数字终端革命及其启示等角度进行阐述。

（五）文化功能学派相关理论

英国人类学家马林诺夫斯基等人为代表所倡导的功能学派认为，任何一种文化现象，无论是抽象的社会现象还是具体的物质现象，都具有满足人类某种实用的功效，即具有一定的功能。具体到透过“《知音》现象”来看，《知音》30多年来持续发展，经久不衰，必然与“知音体”具备某些独特的功能，满足了消费者和社会需求有关。

（六）企业文化理论

企业文化被称为世界企业管理史上“第四次管理革命”，是企业核心竞争力的重要因素。“《知音》现象”产生的深层次原因是“知音文化”，本书采用了特伦斯·迪尔和艾伦·肯尼迪提出的企业文化理论，从企业环境、企业价值观、英雄人物、文化仪式和文化网络等角度分析了知音传媒集团的企业文化建设。

（七）创新理论

奥地利经济学家约瑟夫·熊彼特最早提出创新理论，其试图以创新理论来解释经济发展中的根本现象。20世纪50年代以来，随着科技的迅速发展，创新理论的研究有了大量的追随者，并取得了丰硕的研究成果。纵观国内外的企业发展史，优秀的企业本身就是一部创新的历史，企业的创新能力决定着其竞争力。创新驱动发展近年来也成为我国推进经济发展方式转变和经济结构调整的重大战略。文化产业又被称为创意产业，其本质就具有创新性，知音集团的发展史就是一部不断创新的发展史，未来的发展依然需要不断改革和创新。

二、研究方法

任何一项科学的研究都要运用科学的研究方法才有可能达到较好的效果，研究领域理论的建立和学术的突破也取决于方法的运用得当和创新。“《知音》现象”是一个综合性的概念，涉及的因素很多，比如政治经济法律、文化体制改革、大众文化崛起、媒体转型和融合等，而且本身就是一个正在发展中的动态的现象，缺乏比较系统和深入的研究成果，研究的变量很多。本书大量借鉴了相关学科的研究方法和成果，运用跨学科理论和方法，注重研究与学理的探讨并重，尝试从多层次、多角度对其进行分析和解读。具体研究方法主要如下：

（一）文献分析和实证调查研究相结合

本书通过检索、搜集和本课题相关的文献资料：《知音》期刊、《知音》的相关学术论文、新闻报道、评论和采访实录等，有关大众文化现象、文化产业、品牌战略、期刊个案研究、媒体融合等方面的相关著作及论文。通过文献的鉴别、整理及文本的解读，寻找出研究盲点和新的观点。实证研究对实在、有用、精确的现象描述提供更高的可信度，通过走访调查搜集一手资料为本课题深入研究打下了坚实的基础。本书通过实地走访、问卷调查及深度访谈等方法对研究对象进行全面调研，确保研究的严肃性。

（二）宏观与微观分析相结合

本书既从宏观视野把“《知音》现象”作为一项大众文化现象的整体来对待，又落实到微观的某一项具体的实际操作层面，以增强研究的科学性。

（三）个案分析法

个案研究有利于对研究对象进行深入全面的田野考察和研究，从而检验研究课题的许多特征。梅红（2006）认为："慎用善用个案研究不仅可以描述、解释和预测个案的种种现象，还能通过建立和修正假设对建立理论提供帮助。"①本书围绕《知音》这一研究对象，研究其从1985年创刊至今的发展历程、战略演变及成功经验。

（四）史论结合法和对比分析法

本书通过对知音传媒的发展历史进行分析，力求全面客观厘清"《知音》现象"的历史演进脉络，进而探寻传媒企业的发展规律。知音30多年的历史和我国改革开放40多年的发展几乎是同步的，知音集团走过的每一步路既有着鲜明的时代烙印，又遵守传媒产业和市场经济发展的规律和规则。复杂的时代背景使得本研究从知音30多年的成长脉络中总结特点，研究规律和发现问题。同时，通过和同期相关的国内大众期刊及国外期刊集团的比较，研究不同期刊传媒企业所采取的品牌战略、销售策略及发展模式等，通过比较更能凸显知音传媒的管理经营理念和特色。

（五）定性和定量相结合

"定性和定量研究是期刊的理想方法。"②定性和定量相结合有利于分析市场结构的演变。定量可以发现变化，进行比较分析，提出问题，定性可以进行思辨，提出解决问题的对策，两者有机结合有利于知音传媒各项发展战略做出更公正的评价。

三、本书的研究目标和力图解决的主要问题

（一）研究目标

本书的目标是通过全方位研究知音传媒集团的文化产业发展历程、改革实践的经验与教训，为世人全面呈现一个立体化、产业化的知音传媒全景图，

---

① 梅红.《读者》的品牌及审美分析［D］.成都：四川大学，2006.

② 李频.中国期刊发展报告 NO.2［M］.北京：社会科学文献出版社，2007：4.

从而实现对“《知音》现象”的深度解读。同时通过个案的研究揭示中国大众传媒期刊产业化的发展路径和面临的困境，并通过理论与实践的分析，借鉴中外优秀期刊传媒企业的发展经验，结合中国当前时代背景，对当前数字传播技术兴起背景下传统媒体与新媒体融合，突破发展困境提出解决思路，并对中国大众传媒期刊未来发展进行展望。具体目标可以归纳如下：

第一，通过对文化产业和文化现象等概念的分析，尝试在文化产业视域下对知音集团开展个案研究，客观书写企业发展史，并深入分析以达到解剖麻雀的目的。

第二，在传统媒体与新媒体融合发展的全球大背景下，通过理论与案例的实证分析，尝试梳理文化体制改革和科技发展对中国大众传媒期刊企业的影响。

第三，探讨中国文化消费的特点和人们对文化产品的需求及文化产品市场化生产的规律。

第四，探讨文化产业视域下，企业文化及企业治理对于企业健康发展的作用。

第五，提出中国大众传媒期刊企业新时期突破发展困境和持续发展的策略。

（二）力图解决的主要问题

文章合为时而著。任何一种有价值的学术研究都应该要解决特定的问题，我们的研究必须有问题意识。本书关注知音传媒，其实是为了解剖一只麻雀，达到窥一斑而知全豹的目的。面对数字化的浪潮，传统媒体转型和融合既似乎置身于希望的春天，又仿佛走进了漫长的严冬。一方面自改革开放以来，包括《知音》在内的大众传媒迅速崛起，从不完全的自由竞争走向资源整合、市场整合；另一方面管理体制的弊端、市场驱动和专业约束的矛盾冲突又使得大众期刊传媒产业化发展举步维艰，日益崛起的新媒体和互联网信息公司对于大众期刊市场的分割和生存空间的挤压日益加剧。处在这样一个社会、媒介、技术、管理都面临转型升级的时代，如何破解大众期刊在数字化背景下传统纸媒衰落的现实生存困境，在传统媒体的转型和融合中突出重围是当下文化产业业界和学界面临的热点问题。

本书聚焦文化产业视域下的知音传媒，探讨知音及中国大众期刊传媒产业发展的得失及未来发展策略，本书力图解决的主要问题有：

第一，从纵向到横向、从动态到静态、从宏观到微观全方位立体式试图破解为什么《知音》能在短短30多年内发展成为令世界刮目相看的大众期刊?

第二，为什么《知音》能不断创新成为期刊界的常青树？为什么《知音》能得到政府和民众的广泛支持?

第三，“《知音》现象”到底带来哪些思考？其中的经验和教训为我国大众期刊传媒产业和文化产业发展带来哪些启示?

第四，知音传媒集团及我国大众期刊传媒产业化发展在数字化背景下面临哪些问题，如何破解这些问题?

本书力图解决的问题分别从媒介生存形态和媒介产业发展的视角加以构建，充分体现了从本源解决问题和务实的研究取向。媒介生存形态的改变是媒介本体研究的本源性问题，也是文化产业视域下知音传媒集团发展的前提性问题。本研究试图提出大众期刊数字化生存和坚守中融合发展的设想，符合当前传统媒体与新媒体转型的实际，也是对未来实践的合理预期。文化产业视角的观照凸显了本研究的运用价值，期望对中国大众期刊等传统媒体进一步深化体制改革，向产业化、数字化、市场化和国际化发展起到积极的推动作用。

四、本书创新点和研究展望

（一）本书的创新点

本书的研究特点是尽可能大范围地分析材料，特别是一手材料，大量运用历史学、文化学、管理学、传播学及经济学等研究成果，多角度地审视问题和深层次地思考文化产业视域下的知音传媒。个案研究一直是国际学术研究的前沿，也是国内期刊领域研究的常用方法，已经有不少先行者深耕细作过，《读者》《三联生活周刊》及《中国国家地理》等期刊均有博士论文对其进行过研究。本课题关注的《知音》也有不少研究者对其进行过关注，但鲜有从文化产业角度深入研究，已有研究还有很大的创新空间。本研究将文化产业学的基本方法运用到期刊发展的研究之中，初步完成了基本的文化产业与期刊传媒行业的结合、产业经济学的规范化分析与中国期刊传媒产业实际的结合。作为一篇从文化产业角度研究知音传媒的博士学位论文，其创新之处主要体现在以下几个方面：

一是首次较为系统地从文化产业视角对知音集团进行个案研究，初步建立了关于期刊传媒企业的经济分析框架。大众期刊作为文化产业的重要利润增长点，由于新媒体的冲击和消费者的流失，目前遭遇到了巨大的生存危机。期刊的产业属性由于迟迟未能得到确认，学界业界对于期刊及其产业化发展研究非常薄弱。《知音》是改革先行者，也是成功者。《知音》30多年的发展，从一本期刊成长为一个资产超过10亿元，年纯利润超过1亿元的多元化大型传媒集团，创造了文化产业发展的奇迹，被业界和学界称为"《知音》现象"。将《知音》作为一个文化产业现象进行深度解读，尚未有系统的专门性著作和学位论文。本研究从文化产业的视角分析知音集团的成功之道及其对中国期刊产业发展的启示，并指出了其存在的问题，提出了发展对策。与已有的研究相比，本研究选题视角和观点新颖，研究全面深入、见地独到，引进了新的分析理论，突破了以往学科背景的研究范式①，为建构"中国期刊传媒文化产业研究体系"奠定了一定的基础，具有拓荒性质和填补学术空白的价值。

二是研究方法的创新性，论述具有客观性、现实性和针对性等特点。本书不满足于对研究对象做表现化的描述，而是深入内核，以严谨的历史学等研究方法，深度挖掘文化产业现象的背景。笔者在本书写作过程中没有接受知音传媒集团的资助，坚持实事求是的科学态度，通过查阅资料和实地调查研究，掌握了丰富的一手资料，客观公正地对知音传媒发展历史采取具体问题具体分析的方法，严谨求实，运用多学科交叉的视野，力求深度解析"《知音》现象"。通过对知音集团现状的现实观照，多角度分析了其内部生态危机，诸如集团治理、文化体制改革、传统媒体和新媒体融合等论述均为前瞻性的研究，论文注重理论联系实际，在对实践认真思考的基础上，尝试将现象学引入文化产业的研究，对实践文体作理论升华，可为大众期刊传媒企业乃至所有传统媒体转型发展提供有价值的参考。

三是研究视野的开阔性，选题入口较小，出口宏大。本书综合运用了文化产业学、新闻传播学、历史学、生态学、管理学等学科知识与理论，通过

① 范式一词最早由库恩提出，具体是指一种思考方式、模式和系列范畴。

充分的理论阐述和逻辑推理，使得一个案例实证性很强的课题具备了相当的学术色彩。在介绍知音传媒集团不同时期的发展战略时，将其放在国内外同期政治、经济、文化、社会和科技等大背景下解读，理论与实践相结合，为充实丰富的内容搭建了立体化的框架。论文通过剖析文化产业视域下的知音传媒不同阶段的发展态势和特点，由点及面地回答了中国大众期刊传媒的发展历史和发展方向，为大众期刊传媒企业转型发展探索出一条新的发展思路，这在新闻史和新闻实务研究上具有开拓性，拓展了研究视野，论证厚实而有分量。文章结尾部分对于“互联网 +”背景下，大众期刊传媒向主流媒体的转变、生态再造、商业模式的重塑和企业家精神等一系列论述属于一定的创新性研究成果，对于解决国内外传统媒体发展困境及国有传媒企业改革具有很强的参考意义。

此外，本研究还从比较的角度出发，对国内外期刊传媒文化产业发展的部分典型案例进行了考察和回顾，梳理出世界期刊传媒文化产业发展的多样性，为研究文化产业视域下的知音传媒提供了全球视野。通过对知音传媒的剖析，总结出了其成功之道并对存在的问题提出了建设性的解决方案。这些看似个案的研究，不仅仅是聚焦知音传媒的过去与未来，其中的一系列改革战略对于当下解决大众传统纸媒的困境不仅在理论上具有前瞻性，在实践上更具有探索性。

（二）研究展望

文化产业时代已经来临，随着中国文化市场体系逐渐完善，研究大众期刊，特别是剖析国内原创类发行最大、世界综合性期刊发行排名第五的《知音》期刊发展的经验和教训，探索一流传媒集团的发展模式和战略是一项巨大的工程，也是一个很有历史和现实意义的课题。虽然笔者具有多年的期刊编辑和管理经验，希望全面深刻解读《知音》之谜，但终不免“没有中心，泛泛而谈”。虽然尽了最大的努力，但相对于传媒“帝国”——《知音》来说，不过只是揭开其神秘面纱的一小部分，文章多处案例和分析还主要以《知音》母刊为主，而对于发展势头强劲的《知音漫客》《新周报》等子刊阐述不足，有待做进一步的实证研究。

文化产业在我国的发展起步晚，由于体制的束缚和历史的原因，国内期刊传媒产业化程度依然很低，研究也尚处于初步阶段。《知音》文化产业研究的成果较少，一手资料的搜集和研究，由于有些材料涉及公司的商业机密，虽然笔者多方搜求但未能搜集齐，对比研究需要的最新数据和资料也难以搜集完整。另外，文化产业和数字出版等各地统计口径依然尚未统一，国内也未建立发行量稽核机制，期刊发行数据难以保证真实性，这些问题需要进一步深入研究和思考。

2016年2月19日，习近平总书记在党的新闻舆论工作座谈会上提出的“党的新闻舆论工作的职责和使命”即高举旗帜、引领导向；围绕中心、服务大局；团结人民、鼓舞士气；成风化人、凝心聚力；澄清谬误、明辨是非；联接中外、沟通世界等48个字的指导方针，对于期刊传媒产业的发展指明了方向。如何提高《知音》的舆论传播力、引导力、影响力及公信力，做大做强知音文化产业是知音传媒在“十三五”时期面临的紧迫任务。2016年2月，因知音传媒主办单位及主要负责人的变动，知音集团开始启动新一轮的文化体制改革，知音传媒的未来需要研究者和业界持续关注。

五、研究思路与内容框架

本研究的主旨是在文化产业视角下，对知音传媒30多年来的发展进行多维度分析和总结，对“《知音》现象”的关键要素进行深度挖掘和解剖。主要从品牌特征、发展历程、内容选择、形成创新、市场开拓、体制机制改革等方面进行解读，并找出了其中的不足，提出了发展策略。

本书共分为七章，主要内容框架如下：

第一章为绪论部分。主要阐述了选题背景和研究的价值，综述已有的国内外相关研究文献，说明本研究的理论基础，研究所要解决的问题，研究的思路，预期的创新点和进一步研究的展望等。

第二章主要探讨《知音》的品牌特征、发展历程和发展背景。从历史角度和环境生态角度对于“《知音》现象”做了解读，并提出了《知音》不仅仅是一本期刊，而且背后有着更多的内涵。

第三章是解析《知音》的形象塑造。“内容为王”一直是知音坚持的发展战略，而如何打造品牌媒体形象，该章从品牌定位、栏目、封面及“知音体”的解读等方面进行了详细阐述。

第四章主要是回顾了知音传媒的市场开拓，从知音经营发展的品牌定位、发行定位和广告的创新等角度，解读市场化、产业化的发展路径。

第五章主要阐述了知音的体制改革和集团治理，探讨了知音传媒如何建设健全高效的体制机制，并与时俱进，及时调整发展战略，以适应时代发展和市场需求。

第六章主要从企业文化角度，探讨了知音的企业环境、团队特点、价值观和企业文化网络，从而得出优秀企业文化对于企业成长和壮大的效应。

第七章为结论，主要是对研究进行总结，通过书中提到的问题，提出未来的发展战略。

本书研究的框架图如图 1.2。

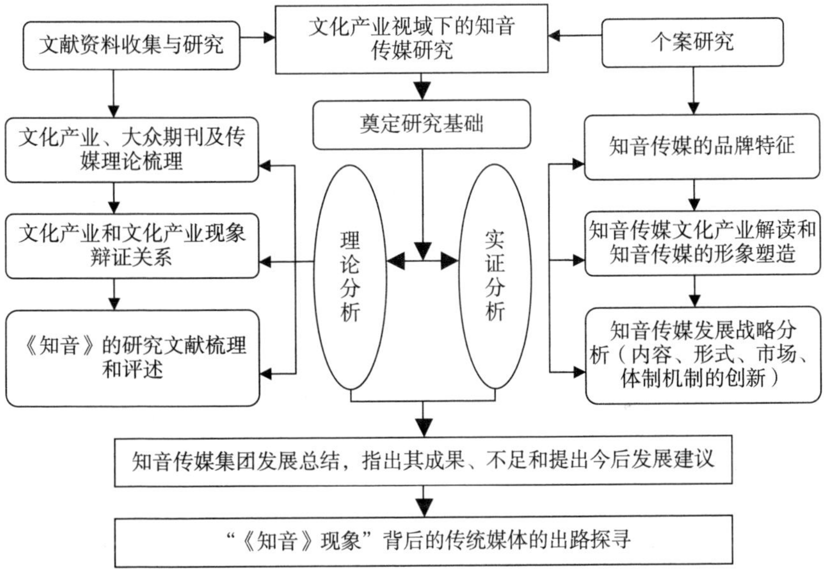

图 1.2　研究思路框架图

第二章　知音传媒的文化产业解读

对于文化产业现象的研究，哲学上最著名的口号就是“面向事物的本身”，即寻求它们的意义与根据。[①]这也正是我们从文化产业视角探索“《知音》现象”所要达到的目的所在。一本诞生在知音故里的大众期刊，30多年来长盛不衰，成为中国纪实类期刊的翘楚，目前在全球综合类期刊中排名第五，仅次于美国的《读者文摘》《国家地理》《时代周刊》及中国的《读者》[②]，三万块钱起家，从一本期刊发展成为年发行量过千万册，总资产超过十亿元，年纯利润过亿的以期刊为主的大型综合性传媒集团，由此而产生的“《知音》现象”令人深思。《知音》是中国期刊界最大的神话之一。长期以来，学界和业界对《知音》的关注较多，但大多停留在单方面的研究或者只关注其表象，深入剖析和研究的并不多。

“《知音》现象”的概念是随着大众期刊知音产业化发展的成功而出现的。从20世纪90年代被提出以来，至今没有权威的界定。胡文启在《期刊改革的成功之路——谈〈知音〉改革的基本思路》一文中提道：“《知音》杂志社期刊改革成功的主要标志是神奇的速度和神奇的效益。各大媒体都在宣传知音速度、知音现象和知音效益。”[③]彭巧莲、李铁锤曾指出：“《知音》已经成了一种现象，其一是爆发式的发展，二是给业界带来深不可解的谜团。”[④]由于其不是一个科学概念，因此很难从逻辑上对“《知音》现象”加以界定。本书研究的“《知音》现象”是指以《知音》期刊为核心，通过资本的介入，品牌资源的拓展和延伸，改革发展，创新业态，不断创造新的奇迹，打造全媒体产业链和多元文化产业动态发展格局的传媒文化产业现象。当然，“《知音》现象”含义非常丰富，不仅仅是一个文化产业现象、传媒现象，还是一个文

① 陈嘉映.海德格尔哲学概论［M］.北京：生活·读书·新知三联书店，1995：50.

② 该排名是2007年公布的世界排名，实际上2012年《知音》发行量已经超过《读者》。

③ 胡文启.期刊改革的成功之路——谈《知音》改革的基本思路［J］.湖北师范学院学报（哲学社会科学版），1998（05）.

④ 彭巧莲，李铁锤.以“情”制胜——论《知音》杂志对情感的利用［J］.出版发行研究，2003（11）.

化现象、社会现象，其产生是与社会背景、社会文化和社会结构分不开的，不同背景的研究者可以从不同的角度解读它。作为大众期刊产业的发展标杆，这种现象既具有文化产业和品牌发展的一般规律，又具有《知音》自身的发展个性，同时也展现了大众消费时代新闻故事化、产品化的一个路径。本章尝试从文化产业发展和文化品牌的视角，探究“《知音》现象”的品牌特征、发展历程和产生背景。

第一节　知音传媒的创业历程

回顾、追溯和梳理知音传媒的发展史是研究知音传媒的一个重要组成部分。在30多年的创业历程中，从一本期刊到一个集团，从3万块钱起家，成就10亿元产业巨头，经历过若干重要历史关节点和转折点，创造了中国期刊界的无数个第一，其经营成为业界的范式。对于知音传媒走过的历程，知音主要创始人曾撰写过一系列文章，诸如《〈知音〉十年创业的回顾》《“知音”的发展与市场化运作》《讲述展现人性至善与生命壮美的故事》《知音品牌的成长与规模化发展》《如何治愈“集团病”》《坚持改革创新促“知音”快速发展》《〈知音〉提高创新竞争力的三项战略举措》《改革创新　科学发展　壮大文化产业——知音传媒集团的实践与探索》《内容为王　打造百万报刊集群》《以创新发展文化产业》《知音传媒战略演进与融合发展》等。此外，部分学者及研究生毕业论文、知音传媒另一主要创始人雷一大等人也撰写过相关文章，相关媒体如《中国青年报》、广东电视台等做过专题报道，这些文章和报道真实反映了知音传媒的每一个重大战略实施背后的历史原因及刊物在当时社会环境中的发展道理的最终选择，是研究知音传媒发展历程的珍贵史料。

《知音》纪实版是知音传媒最重要的刊物之一，虽然目前的创收略不如子刊《知音漫客》，但作为母刊，依然是知音发展的资源基础和立足之本。纵观1985年到2015年知音传媒发展的三十年的历史脉络，回顾其发展历程，总结其经验教训，从中可窥视我国大众期刊传媒数十年来的发展状况，亦可在其30年来改革发展的成败得失中探讨我国大众期刊产业未来走向。陆丹认为：“1985年到1992年是一般性扩大再生产，1993年至1999年是实行新的管理机制后的一般性扩大再生产，2000年以后资本运营为特征的发展阶段，具备了主营期刊、横跨多行业的现代期。”①梁雪莱认为：“1985年到1992年是《知音》实力积累阶段，1993年到1999年是高速增长阶段，2000年以后是品牌扩张阶段。”②陈瑞群根据查克·麦迪思的企业生命周期原理，将知音传媒集团成长历程分为五个阶段：“孕育期（1983年—1984年8月）、婴儿期（1984年9月—1987年）、学步期（1988年—1991年7月）、青春期（1991年8月—1999年）、盛年期（2000年—）。”③知音传媒主要创始人在2014年曾经将知音发展的历史分期从战略发展角度概括为：“一元战略时期（1985年—1995年）、一体多元战略时期（1996年—2010年）、三代产业梯次发展战略（2011年—2013年）及一托六发展战略时期（2013年—）。”④

本书综合相关研究成果，根据知音传媒的成长历程，将其分为四个时期、七个阶段来阐述：第一个时期：创始阶段单本期刊时期的筚路蓝缕，时间为1983年至1995年12月。以创刊前后为标志分为两个阶段：创刊前的筹备（1983年—1984年12月）和创刊后的原始积累（1985年—1995年12月）。第二个时期为品牌延伸和步入辉煌时期（1996年—2010年），其中又分为初步探索时期（1996年—1999年）和迅速扩张时期（2000年—2010年）。第三个时期：坚守与融合时期，时间为2010年—2015年。其中，以2010年—2013年视为坚守和创新阶段，2013年至今“一托六”战略的发展标志着知音传媒又将开启新的融合和创新之路。第四个时期从2016年2月开始，随着知音掌舵人的变更和主办单位的变动，知音传媒进入新一轮的大变革阶段。

一、单一期刊时期的筚路蓝缕（1985—1995）

（一）《知音》的诞生前后

20世纪80年代初，国家经济体制改革逐步展开，国家改变高度集中的计划体制，开始施行计划经济与市场经济并行的“双轨制”模式。为了满足人民群众对文化生活的需要及增强事业单位的自身发展能力，体制内的一些事

---

① 陆丹.我国期刊集团化发展研究［D］.武汉：华中科技大学，2015.

② 梁雪莱.大众文化视角下的《知音》文本研究［D］.兰州：兰州大学，2013.

③ 陈瑞群.传媒成长的生态学分析［D］.武汉：华中科技大学，2012.

④ 胡勋璧.知音传媒战略演进与融合发展［J］.传媒，2014（10）.

业单位利用自身优势开展相关经营活动。国家开始对部分传媒单位实行“独立核算、自负盈亏、按章纳税、财政不予补贴”的政策，催生了报刊、电视、广播等领域的非核心业务的市场化、产业化进程，从而形成了文化产业的雏形。[①]1983 年，中国政府工作报告中提到“市场调节”，标志着经济体制改革进入实质性阶段。这一年，全国妇联开始号召妇联系统兴办实业。在全国妇联宣传工作会议上，时任全国妇联副主席郭力文指出：“如何实行群众团体群众化，希望大家研究这个问题。天津妇联与共青团市委联合兴办实业公司，安置了 1000 多名待业青年，广东妇联办了儿童服务公司，效果也很好。这样既为群众办了实事又解决了妇联一部分经费问题，大家都可以试试。”[②]1984 年春天在广州召开的全国妇联主任会议再次强调，各地要贯彻《中共中央关于经济体制改革的决定》，要求与会各省市妇联组织选报办实业的项目。时任湖北省妇联主任的周明觉得企业不好办，办杂志和学校也算得上是“实体”，并且更能服务于广大妇女，于是这次会议上湖北省妇联选报了创办刊物和湖北妇女干校两个项目。

1984 年 6 月，湖北省妇联召开党组会议通过创办刊物的决定，时任省妇联党组成员、副主任罗玉珍负责筹备工作，省妇联党组成员、儿童部部长田松青协助，并初步定于 1985 年 1 月创刊。当时被称为湖北省妇联“一支笔”的雷一大被确定为办刊人员。1984 年 6 月到 9 月雷一大协助省妇联宣传部部长周晓岳一并完成了期刊创刊的申请报告等相关文件。省妇联领导同时也意识到一个刊物必须有素质过硬的主编。因为雷一大经常给报刊投稿，认识了一些编辑记者，因此，向省妇联推荐了团省委主办的《湖北青年》杂志社编辑组组长。1984 年 7 月，经团省委同意，该组长调往省妇联负责筹备和创办期刊。当时各地创办或复刊的妇联系统刊物普遍在名称前加上地域名称，比如《内蒙古妇女》（1980）、《广东妇女》（1982）、《河北妇女》（1983）、《新疆妇女》（1985）、《山西妇女》（1985）等。湖北省妇联的领导普遍趋向以《湖北妇女》为名称。从历史的角度来看湖北妇女协会在 1925 年 3 月 8 日就曾经创刊过《湖北妇女》（见图 2.1）（赵君陶等主编），旨在宣传中国共产党关于妇女运动的方针和政策，1927 年停刊。“这是武汉空前的一种妇女刊物，

---

① 黄永林．中国文化产业发展战略的历史选择及其特征与经验［J］．同济大学学报（社会科学版），2015（05）．

② 郭力文．在全国妇联宣传工作会议上的讲话（摘要）［J］．妇女工作，1983（03）．

她代表武汉妇女的文化政治思想，开始参加到国际妇女的集体当中去”。[①]

图 2.1　1925 年创办的《湖北妇女》

最后，湖北省妇联拟定《湖北妇女》和《家庭内外》向省委宣传部打报告，决定二者选其一。筹备组觉得刊名应该要响亮，提出刊物是办给群众看的，要征求群众意见。于是决定面向社会征集刊名。他们向邮局、大学、纺织厂征集了 29 个刊名，并筛选了其中的十几个进行投票，其中“女性之光”和“知音”分别排在前两位。1984 年 8 月底，湖北省妇联专门召开党组会议专题研究刊名的问题，就编辑部选送的《知音》《女性之光》《家庭内外》（创刊暂定名）三个刊名进行激烈讨论，最后在时任湖北省妇联副主任罗玉珍的力主下确定为《知音》。大家也认为《知音》更符合“关注人生、人性”的理念，并且将发生在武汉的知音传说文化融入其中，在知音故里创办《知音》再合适不过了，而《女性之光》的刊名会让内容过于狭隘。“人生难得一知己，生活岂能无知音”的寓意有着强烈的文化底蕴和地域特色，同时又符合人类共有的普世价值。

1984 年 9 月 3 日，中共湖北省委宣传部鄂宣新〔1984〕70 号文件批复同意省妇联关于创办期刊的报告，知音期刊社从此宣告成立。1985 年 1 月，《知音》创刊号如期问世（见图 2.2）。时任中共中央委员、全国妇联副主席郭力文专门为之撰写发刊词《愿〈知音〉成为姐妹们的挚友》，时任全国人大常委会副委员长王任重及其他领导欣然命笔题词（图 2.3）。创刊号 40 万份的销售纪录至今无人打破。

① 湖北档案网：http：//www.hbda.gov.cn/manage/upload/html/20100423093104_299.shtml?newsId=299.

图 2.2 《知音》创刊号，封一为杂技演员李莉萍

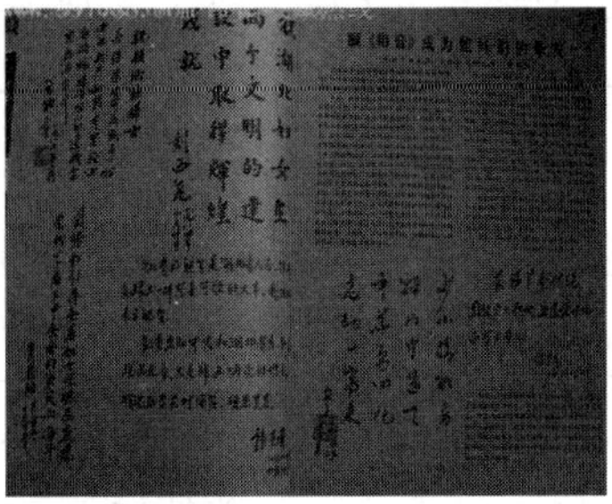

图 2.3　创刊号上刊登的领导题词

1984 年，文化部（现文旅部）在天津召开全国城市文化工作会议承认“以文补文”的合法性。当年 10 月 20 日召开的党的十二届三中全会首次提出“社会主义商品经济”的概念。1984 年 12 月，国务院发布《关于期刊出版实行自负盈亏的通知》，时任全国妇联主席康克清在 12 月召开的全国妇联五届二次执委会上提出了对今后工作的五点意见，其中讲到“妇联系统办的经济实体，根据中央指示要实行政企分开，妇联组织、妇联干部同这些实体脱钩，妇联组织妇女群众根据自愿原则办自主经营、自负盈亏的经济事业”①。在这种改革背景下，原来以为只要省委省政府批复，就会给编制和人头经费、办刊资金的计划落空了，省妇联接到的批复文件是省财政一次性拨付 3 万元办刊经费，期刊社的性质为“企业管理，自负盈亏”，也就是说《知音》从一创刊开始就面临着巨大的生存压力，成为“湖北省最早实行这一经营体制的文化事业单位”②。

（二）一路探索，从沉寂的期刊市场脱颖而出

3 万元行政拨款，7 万元银行贷款，七个编制，一间灰蒙蒙的阁楼，《知音》开始了创业历程。我们今天还在争论传媒是否是企业的时候，知音早在 30 多年前就开始行动了。

3 万元的经费甚至不够一期刊物的印刷费，创刊团队萌生过退意，但凭着大家对梦想和事业的追求还是坚持了下来。编委会以强烈的时代感和社会责任感，凭借职业敏感，决定做一本纪实性的有人情味的原创刊物，改变以往

① 康克清．康克清对今后工作的五点意见——在全国妇联五届二次执委会上的讲话（1984）［J］．妇女工作，1985（01）．

② 新闻出版总署出版产业发展司．新闻出版体制改革案例汇编［M］．北京：中国人民大学出版社，2009：130.

国内期刊说教为主、缺少个性的特点，拟定“贴近生活、贴近读者”和“深入社会、深入心灵、深入家庭”的办刊方针，以读者为本位，充分满足受众积极、健康的文化需求。结果一经出版就赢得了读者的喜爱，创刊首期发行40万册，到当年12月就突破月发行量100万册，达到102万册，创造了中国期刊史上的奇迹。

《知音》创刊号选题组织了一批婚恋题材、人情人性、生活案例、最新时尚引导和青少年性教育等话题文章，“这些稿件贴近生活，真实反映现实，能给读者带来心灵上的震撼，有股清新之气”①。由于当时改革开放才几年时间，创刊号发行前，其内容遭到了一些质疑，有人向省委反映创刊号有严重问题要求停止发行，省妇联领导和创刊团队遭遇了创刊后的首次危机。湖北省妇联领导仔细审阅后觉得整体导向是健康向上的，符合主旋律，于是找时任湖北省委副书记钱运录反映，最后被批示“导向正确，边发行边提高”，才让《知音》躲过了“一劫”。

到1986年，月发行量达到120万份，期刊社的效益明显提高，工作条件和员工待遇福利有所改善。1987年期刊突破月发行量135万份。成为当时全国最轰动的大众期刊。1987年到1990年，《知音》的发行量莫名下滑，1988年月发行量下降到80万份，1989年月平均发行量下降到49万份，1990年发行量仍然徘徊不前。原因主要是通货膨胀导致定价的提高、期刊本身不像过去那样受欢迎以及低俗、通俗期刊的泛滥导致一些员工的创业热情消退等。1990年8月，中共中央宣传部和新闻出版署出台文件要求各省对刊物过多过滥、质量不高的状况进行压缩整顿。这为《知音》的发展创造了新的良好环境。1991年8月，《知音》全体人员聚集东湖翠柳宾馆开会，主题是“我们将以什么样的姿态向《知音》重新突破百万期发量迈进”。探讨如何解决“精力投入不够”和“批评难”两个问题，重新统一了全社的思想。1991年底，知音期刊社提出了“期期精彩、篇篇可读”的质量管理目标，当年利润为99万元。

“1992年邓小平南方谈话和党的十四大召开标志着我国改革开放和现代化建设进入了一个新时期。”②《知音》主要创始人前往深圳、珠海深入考察，回来后对期刊社进行了新的改革，即目标责任管理。“由于杂志社的业绩与收

① 叶铁桥．知音：敢领风气之先［N］．中国青年报，2012-08-17（05）．
② 韩永进．中国文化体制改革35年历史叙事与理论反思［M］．北京：人民出版社，2014：30.

入直接挂钩，多劳多得、少劳少得、不劳不得，全体职工、管理骨干包括领导班子成员工作热情空前高涨。”[①] 1992 年期刊社利润达到 223 万元，1995 年达到 600 万元。1994 年发行数量又重新回到了百万大刊的行列，月发行达到了 115 万册，1995 年第 5 期发行量上升到 150 万册，超过历史最好水平。[②] 1995 年 10 月，中共湖北省委宣传部、省新闻出版局和省妇联联合表彰《知音》月发行量突破 160 万册，《知音》被评为第二届湖北省优秀期刊。同年 12 月，《知音》在全国首届社会科学期刊评奖活动中荣获优秀社会科学期刊奖。

二、延伸品牌，改革创新，跨界经营（1996—2010）

（一）集约化发展的探索

1996 年 1 月，新闻出版署批准成立“《广州日报》报业集团”标志着我国大众媒介脱离了“作坊时期”，开始迈入集团化和产业化时代。[③]《知音》经过十年的积累，逐渐成为国内原创纪实类大众期刊的领头羊，经济实力、财务管理、发行、纸张经营等方面的经验和实力为品牌延伸兴办子刊和其他产业实体打下了基础。1996 年 8 月，《知音・海外版》（见图 2.4）问世，是知音走向国际市场的第一步，也标志着知音成为国内最早开始扩张的期刊。[④]

图 2.4 《知音・海外版》（1996 年 8 月）创刊号

作为《知音》第一本子刊，也是中央外宣办批准的我国第一本大众海外版期刊，当月发行达到 20 万册，以后发行量逐步上升，最高月发行量达到 50

① 叶铁桥 . 知音：敢领风气之先［N］. 中国青年报，2012-08-17（05）.

② 胡勋璧 .《知音》十年创业的回顾［J］. 编辑之友，1997.

③ 刘洁 . 主导・协作・博弈——当代媒介产业与政府关系［M］. 武汉：华中科技大学出版社，2006：46.

④ 冉华，周丽玲 . 传媒风云——来自武汉传媒市场的报告［M］. 武汉：武汉大学出版社，2007：121.

万册。1996年7月知音广告公司正式成立，当年广告收入达到6100万元，与1985年收入300万元相比增长了20多倍。1996年12月，时任总编辑被评为首届全国百佳出版工作者。1997年知音传媒相继成立知音发行公司和知音印务公司，陆续在全国建立了20余个分印点和二级批发商数百家，终端网点上万家的发行网络。印务公司成立后有效解决了以往印刷质量不稳定、出厂拖期、印刷环节被盗版甚至刊物在印厂被盗卖等问题，有效提升了印刷质量，还面向社会承接印刷业务，成为湖北省最大的期刊印刷基地。成立当年印刷公司实现销售额1.16亿元，利润588万元。[①] 1997年8月，《知音》荣获第二届全国"百家优秀报刊"奖。1998年《知音》提出"真实、独家、有影响力"的质量要求并成立核稿班子，月发行量突破320万册，当年实现利润3000万元。1998年8月，《知音》记者分赴湖北抗洪前线，组织采写了大量抗洪抢险的报道，及时出版的《知音·抗洪特刊》受到湖北省委宣传部表扬，知音抗洪前线记者荣立二等功。同年8月，知音杂志社向灾区捐款220万元，受到湖北省政府表彰。这一年，《知音》被评为全国百种重点社科期刊。1999年《知音》在全国率先改月刊为半月刊出版发行，赢得了商机，使得当年月发行量突破450万册，年内实现利润4000万元。1999年，《知音》获第三届湖北省优秀期刊、荣获首届中国期刊奖和第二届全国百种重点期刊。

（二）抢抓机遇，迅速扩张

21世纪以来，知音抢抓发展机遇，积极扩张和发展实力。2000年推出系列姊妹刊《打工》期刊（见图2.5），首期月发行10万册。2000年下半年成立知音物业公司。从2000年初开始，加拿大知音传媒公司与当地《环球华报》合作出版发行《知音新女性》期刊。知音多元化、规模化格局初步形成。2000年1月，经湖北省政府和湖北省国有企业改革领导小组批准，湖北知音期刊出版实业集团有限责任公司正式成立，公司是一个融期刊出版、广告经营、书刊发行、照排印刷、物业发展、网络开发等业务于一体的现代期刊集团。知音期刊出版实业集团的成立，标志着知音正式由事业单位转为企业单位，开创了中国期刊业转企改制的先河，比中宣部、新闻出版署批准成立的

① 孙永平．2007年湖北文化改革蓝皮书［M］．武汉：湖北长江出版集团/湖北人民出版社，2008：106—107.

家庭期刊集团早两年。2000 年 8 月，知音传媒还开始试办武汉知音职业技术学院，同年知音集团三个子公司创利达 1000 万元，这些子公司的经营活动均围绕期刊出版业进行，对期刊社整体事业发展提供了有益支持。[①] 这一年，知音杂志社被湖北省委宣传部评为先进集体称号。

图 2.5 《知音·打工》创刊号封面

2001 年 3 月，知音推出全彩的生活时尚期刊《好日子》。《知音》被评为首届“湖北十大名刊”“湖北双十佳期刊”。2002 年 4 月知音职业技术学院正式更名为武汉传播信息职业技术学院。2002 年知音推出大型财经新闻、人物月刊《商界名家》。2003 年推出文化综合类精品文摘期刊《良友》、大型社会政治经济综合性文摘期刊《财智文摘》。这一年知音杂志社被评为“全国妇联系统先进集体”“全国三八红旗集体”。2004 年 1 月推出适合年轻女性的期刊《知音女孩》。2004 年 10 月 26 日，知音首次推出时政新闻周报《新周报》。《知音》荣获第三届国家期刊奖。2005 年 8 月 22 日推出时尚生活消费品牌报纸《第一生活》。2005 年被称为传媒纸媒拐点年，整个行业整体开始衰退，系统性风险正在形成，这一年《北京晚报》连续出现月度亏损，广告开始负增长，《球报》《南方体育》等相继停刊，北青传媒等上市公司股价跌破发行价。然而，《知音》的发展势头依然强劲，知音创始人认为：大众文化生活类期刊在中国还孕育着广阔发展空间，市场潜力巨大，远未达到饱和的程度。[②]

2006 年 1 月推出世界上第一本全彩漫画周刊《知音漫客》，后陆续推出《漫客·小说绘》、《漫客·星期天》周刊、《漫客·绘心》、《漫客·童话绘》

---

① 杨洪祥．中国期刊的出路［M］．广州：新世纪出版社，2002：246.

② 古月．大众文化生活类期刊：伞下蕴藏着广阔空间［J］．出版参考，2003（31）.

等漫客系列书刊，发展势头强劲。2006 年 9 月推出综合性文摘报《新周报》。2006 年 6 月，在第四次“全国国民阅读与购买倾向抽样调查”中，《知音》被评为“读者最喜爱的 10 种杂志”之一。2006 年 8 月，经国家新闻出版署批准，国有独资、企业性质的“知音传媒集团”正式成立。2008 年初知音与加拿大《环球华报》合作出版了多期《知音新女性》杂志，月发行量3000 多册。2008 年，知音集团荣获中国首届出版政府奖。2008 年 5 月，《知音》杂志被评为 2008 中国十大女性媒体品牌。《打工》在 2010 年改为《知音励志》。《知音》的发行数量从 2000 年到 2002 年徘徊在 400 万册左右，2004 年达到 580 万册，2005 年突破 600 万册，2006 年达到 635 万册，2007 年超过 700 万册，到 2010 年《知音》及其子刊每月发行总量超过 1000 万册。

除了核心刊物《知音》及其系列子报刊的快速发展，知音从 2001 年开始成立网络传媒公司，开始打造全媒体构架。当时的知音主要负责人认为：“三网合一、视频数字化、云计算这三个方面技术和手段的创新以及应用，对我们新闻出版行业带来的变化将是革命性的。我们虽然差距很大，但是我们还是有所准备的。”2003 年知音成立影视文化公司。2004 年 4 月，知音集团将下属广告、发行、印务等子公司加以整合，按上市标准组建了湖北知音传媒股份有限公司。2006 年 7 月，湖北木兰花家政服务股份有限公司成立。

从 20 世纪 90 年代萌生上市意向，到 2005 年前后正式启动上市工作。知音的上市之路可谓一波三折，至今未能实现。2005 年湖北省招商推广部门正式向港商介绍知音集团，并得到了多家香港金融投资企业的积极回应。此后，数家来自香港的金融投资公司来到知音杂志社进行实地考察，其中香港软库投资银行还拟出了知音上市的建议书。2006 年 8 月 18 日，湖北省发展和改革委员会下发《关于推进知音集团改制上市工作情况的报告》。据知音集团相关领导介绍，这是湖北省委省政府成立知音改制上市协调专班后，第一次书面总结关于知音上市的工作，着重解决上市面临的困难，报告还简单介绍了知音争取上市的历程。同年 8 月 25 日，在武汉香格里拉大酒店，知音集团与香港金汇国际集团、新加坡传媒集团、香港亚洲电视等机构签署《合作意向书》，达成战略合作和在港上市融资的初步合作意向。外界普遍认为，知音集团正式迈出了境外上市融资的第一步。2007 年 9 月，时任中央政治局常委李长春到知音视察，勉励知音“早改革、早主动、早发展，争取早日上市”。2008 年，知音集团荣获首届中国出版政府先进单位奖；2008 年 8 月，湖北知音动漫有限公司和湖北知音影视有限公司成立。这一年，《知音》月发行量突破 636 万册，其发行量居世界综合性期刊最新排名第 5 位。①

2009 年知音集团被评为全国文化体制改革先进企业。同年，知音书局成立。2010 年知音传媒数字有限公司和知音高级传媒研究学院成立。2009 年 6 月，《知音》杂志被评为“2009 中国十大女性媒体品牌”。2009 年 11 月 23 日，知音在香港注册成立亚太国际传媒。2009 年 12 月，《知音》杂志荣获新中国 60 年有影响力的期刊。同年 12 月，知音主要负责人荣获新中国 60 年有影响力的期刊人。这一年，“知音”（商标注册证号：第 318091 号）被湖北省工商行政管理局评为“湖北省著名商标”。2010 年 5 月，《知音》杂志荣获第三届湖北十大名刊。2010 年 8 月《知音文摘·揭秘》创刊。2010 年 11 月，知音集团荣获首届全国新闻出版行业文明单位称号。2010 年知音集团还获得中国版权协会颁发的“中国版权最具影响力企业奖”。同年，知音集团获得湖北新闻工作先进集体称号，《知音漫客》被评为湖北综合文艺生活优秀精品期刊奖。2010 年 3 月 1 日，湖北省财政厅出具鄂财行资复字〔2010〕134 号《关于同意成立湖北知音传媒集团有限公司的复函》，批准同意省妇联出资 20,000 万元，注册成立知音传媒集团。2010 年 4 月 28 日，知音传媒集团领取了企业法人营业执照。为了进一步获取发展资本，实现融合发展，知音集团剥离旗下武汉信息传播职业技术学院等非主业资产，引进湖北省内的福星集团及黄鹤楼投资等战略投资者。2010 年 12 月 3 日，知音文化投资做出书面股东决定，将所持有的知音期刊集团 3% 的股权作价人民币 4413.24 万元以协议方式转让给润信投资；将所持有的知音期刊集团 2% 的股权作价人民币 2942.16 万元以协议方式转让给武汉黄鹤楼漫天游文化传播有限公司，积极筹备并接受上市辅导。2010 年 12 月，知音集团董事、监事、高级管理人员及核心技术人员雷一大等 13 人，受让知音传媒集团所持有的知音文化投资公司 3.633% 股权，持股具体比例为：胡勋璧 0.6485%，雷一大 0.454%，周未水 0.386%，关前 0.318%，陈远祥 0.318%，钱钧 0.318%，柯洪斌 0.2225%，李靖 0.2225%，陈昕 0.15575%，王应鲲 0.15575%，王玉主 0.15575%，高英雄 0.15575%，郝培文 0.1225%。② 知音集团开始了中国传媒特殊管理股制度和上市公司管理层

① 梅学书等 . 文化产业改革发展的一匹“奇骏”——湖北知音集团发展壮大的经验与启示［J］. 政策，2012（05）.

② 聂春林，光辉 . 总算晓得知音传媒上市路：高管持股方案被否［J］. 21 世纪经济报道，2012-03-30.

激励机制的探索。

三、坚守、创新与融合发展（2011—2015）

（一）变革中坚守与创新

2011 年 1 月 18 日，由知音传媒集团改制成立的湖北知音传媒集团有限公司、湖北知音文化投资有限公司、湖北知音传媒股份有限公司举行隆重的揭牌仪式，这标志着“知音传媒集团圆满完成企业整体改制，打破了过去采编、发行相分离的体制，建立起股权多元、法人治理结构完善、经营机制灵活的股份制集团公司。为进一步做大做强知音产业，打造具有国际影响力和竞争力的大型综合传媒集团奠定了基础”①。2011 年 1 月 7 日，由湖北省福利彩票促进会和知音传媒集团联手打造的湖北省首份彩票专业报《第 1 彩票报》（见图 2.6）正式上市发行。

第1彩票报
双色球下期奖池：10亿+3721万元
中双色球10注二等奖竟浑然不知
江夏彩民事隔20天领走74万元
湖北福彩
“奖上加奖”
2D能中500元!
即送2D促销券

图 2.6 《第 1 彩票报》

2011 年 1 月 17 日，《手机报——知音》在全国上线。这一年与中国移动和中国电信手机动漫领域深度合作的专门对口公司——知音移动数字传媒公司厦门分公司成立，与中国移动深度合作项目的手机阅读项目正式上线。2011 年知音动漫公司（主要业务为知音漫客系列）实现产值 5.8 亿元，盈利

① 尤敏，陈晨．知音集团隆重举行三个公司成立揭牌仪式［EB/OL］．［2011-01-19］．http：//www.cnzhiyin.com/index.php?m=content&c=index&a=show&catid=33&id=85.

近7000万元，较上年同期增长275%，占据知音全年总收入的大半壁江山，和《知音》《新周报》成为知音传媒主要收入来源的三大核心报刊之一。2011年年初，随着知音集团改制工作的全面完成，知音传媒公开表示将向证监会上报上市材料，力争当年年底实现在A股上市。[①] 2011年，我国期刊广告经营额为35.1亿元。同期，知音传媒广告收入为4515.15万元，为全国期刊广告收入的1.29%。

2011年1月，湖北知音期刊集团公司被评为武汉市创新型示范企业。2月，知音集团荣获全国新闻出版系统先进集体奖。3月，主要负责人被评为第二届中国出版政府奖优秀出版人物奖。6月，集团荣获湖北省残联2010年按比例安排残疾人就业工作先进单位奖。11月，集团被评为湖北省为老区做出突出贡献的先进单位。这一年知音传媒集团与中国致公出版社资产重组，由知音传媒集团控股、合作经营中国致公出版社，开启了中国期刊社进入出版图书行业的序幕。此外，知音传媒集团与《中国妇女》杂志社合作出版时尚期刊的计划获得批准。这些合作经营项目给知音传媒带来了新的发展机遇。

2012年2月，知音传媒集团按照证监会"不允许文化企业高管持股"的要求以原受让价加算银行同期存款利息（一年定期）向持有特殊管理股的知音高管13人回购其所持知音文化投资公司3.633%股权，并通过场外资金结算的方式将这笔资金退回相关持股个人，收购完成后13位高管不再间接拥有知音传媒股权。2012年3月1日，知音传媒集团出资200万元，成立北京好主妇文化传播有限公司。2012年8月，知音传媒集团与武汉市地税局合作创办《江城税月》，这是知音首次和政府职能部门合作办刊，运行以来反响良好，为知音集团政企合作文化项目闯出了一条新路。[②]2012年8月31日，知音传媒成立湖北动漫职业培训中心。2012年4月25日，湖北省红安县人民政府与湖北知音传媒集团成功签约，知音传媒集团计划投资15亿元，在该县八里湾镇叶君健故居和吴氏祠景区周边5平方公里规划区域内，建设一个集生态种植养殖、知音动漫文化、知音品牌文化等多种元素为一体的知音生态文化旅游产业园。[③] 2012年10月29日，知音传媒出资5000万元，成立北京

① 聂春林，光辉．总算晓得知音传媒上市路：高管持股方案被否［J］．21世纪经济报道，2012-03-30.

② 刘承波．知音集团与武汉地税的合璧之作——《江城税月》运行两年来取得阶段性成果［J］．知音传媒，2013（01）.

③ 李尤驹．红安旅游产业开发又遇《知音》［N］．黄冈日报，2012-05-07.

网络科技有限公司。2012年关于知音上市的争议被各大媒体纷纷炒作，成为传媒热点话题。2012年以来，纸媒呈现衰退趋势，粤传媒、博瑞传播、新华传媒、浙报传媒、北青传媒、华闻传媒等国内纸媒类上市公司业绩几乎全面下滑，特别是报刊广告业务，下滑趋势尤为明显。数据显示，《知音》发行量2012年比2011年下降10.64%，2013年下滑20.84%。发行收入2013年同比2012年下降24.25%，2011—2013年，《知音》广告收入分别为2652.8万元、2329.6万元和1844.1万元，累计跌幅超过30%。2011—2013年《知音》毛利累计跌幅28%。而知音子刊《知音漫客》逆市上扬，2013年发行量达到7780万册，位居世界漫画期刊第二，中国第一。2011年至2013年，知音传媒动漫产品线实现收入2.4亿元、3.69亿元和3.94亿元，占同期知音集团期刊营业收入的49.08%、62.75%和68.05%。动漫产业成为知音传媒新的经济增长点。到2013年底，知音传媒已完成26集《偷星九月天Q版》的动画制作以及《神精榜》改编的《聚精会神榜》25集的拍摄。而漫画《橙子故事》改编的同名动画片也完成7集制作，这些改编漫画资源均来自《知音漫客》。2013年知音传媒净利润1.15亿元。比上一年1.12亿元有所增长，其中2013年数字出版业务收入达到1036.05万元。而网络公司、数字传媒公司、影视公司、动画和游戏的开发等尚在亏损阶段。新媒体的巨大冲击使得传统大众期刊面临式微，步入“拐点中焦虑的转型期”。[①] 这一年，知音投资设立了薇影公司，主要经营微电影业务。《知音》《知音漫客》入选中国（武汉）期刊交易博览会评选的“全国年度最受读者欢迎的五十种期刊”；《知音》获得湖北省新闻出版局、湖北省期刊协会评选的“湖北十大名刊成就奖”；《知音漫客》被湖北省人民政府授予“第二届湖北出版政府奖”。

（二）融合发展，面向未来

随着新媒体的崛起，传播路径的改变对传统媒体的发展带来了革命性的变化，知音传媒主动求变，如何积极建设新媒体平台和渠道，寻求传统媒体与新媒体的产业融合之路，成为知音传媒发展的重中之重。[②] 2014年3月28日，知音传媒集团和湖北长江出版集团签订战略合作协议，携手投资《长江商报》（见

① 新京报.《知音》再冲IPO或已错过黄金期［EB/OL］.［2014-06-09］（B04）.
② 胡勋璧.知音传媒战略演进与融合发展［J］.传媒，2014（10）.

图 2.7），致力打造全媒体、跨区域和扩行业的财经传媒集团。2014 年 4 月国务院办公厅发布的《进一步支持文化企业发展的规定》指出，“经批准允许有条件的国有控股上市文化公司，按照国家有关规定开展股权激励试点”。这个政策的出台距离知音集团之前的大胆尝试已经过去四年。2014 年 5 月 30 日，中国证监会网站披露湖北知音传媒股份有限公司首次公开发行股票招股说明书。

2014 年 5 月，时任知音传媒副总经理、《知音漫客》主要创始人朱家君（又名李靖）被董事会解职，同时接受公安部门调查。2014 年 5 月，《知音漫客》获得湖北十大特色文化品牌。同月，湖北知音展览有限公司成立。2014 年 6 月武汉知音缘信息科技有限公司成立。2014 年 7 月，《知音・集结号》创刊（见图 2.8）。同月，湖北长江商报有限责任公司注册成立。副董事长、总经理雷一大暂时代行董事长。2014 年 9 月，针对纸媒发行普遍下滑和读者阅读方式和载体的改变，知音传媒集团正式推出《知音网络周刊》。并成立了视频中心，涉足视频、动画等产业，并计划以“知音故事”为素材和甘肃卫视、湖北垄上频道等合作，开设相关电视节目。2013 年知音传媒新媒体收入占总收入的 3%，2014 年达到 8%。[①]

长江商报
全球五大光电机构首聚光博会
开幕第一天14个项目签约130亿元
湖北宜昌成立百亿元产业发展基金

图 2.7　知音集团入主《长江商报》

图 2.8　《知音・集结号》创刊

2014 年 8 月 18 日，中央全面深化改革委员会第四次会议审议通过了《关于推动传统媒体和新兴媒体融合发展的指导意见》，提出了推动新媒体和传统媒体的融合发展的传媒新论。与此同时，知音提出了自己的融合发展战略。随着市场的开拓和新的商业模式的出现，知音开始向新媒体集体转型，提出

① 李国生 . 知音传媒：用互联网思维拓展产业布局［N］. 中国新闻出版广电报，2015-08-12.

了“一托六”的发展战略。“一”就是将新媒体作为发展的平台，通过推动博客、微博、微信、互联网、大数据、云计算等新媒体技术的运用，依靠内容优势资源，大力拓展信息传播渠道，快速实现产业的转型与升级。“六”则是根据知音独特的品牌优势和雄厚的产业基础，依托新媒体传播平台，推进《知音》全媒体产业链、知音动漫产业链、长江经济发展综合服务平台、中国妇女儿童综合服务平台、高端职业技术交易升级项目、红安文化生态旅游项目等。[①] 2014 年 10 月 19 日，知音传媒集团控股的湖北木兰花家政服务股份有限公司（简称“木兰花”，证券代号：831229）在全国中小企业股份转让系统（新三板）正式挂牌，成为国内首家登陆资本市场的家政服务企业。2014 年 11 月 21 日到 23 日，由知音传媒集团承办的湖北首届“妇女儿童服务业博览会”在武汉国际会展中心举行，这是华中地区最大规模的孕婴童专业博览会，在中部地区具有典型示范意义。标志着知音开始运用“市场化理念，整合妇联、社会组织、企业等资源，为妇女儿童和家庭提供社会化、市场化、专业化、个性化服务的有益探索”[②]。

2015 年 4 月，知音传媒集团召开全体主管以上干部大会，时任集团总经理雷一大同志分别与 15 个编辑经营部门负责人签署了经营目标协议书。雷一大总经理并就 2015 年知音传媒集团经营工作新局面做了动员讲话。他强调，今年是知音传媒集团成立三十周年，集团首次举行跟编辑经营部门负责人签署目标协议的仪式，用特殊的方式来纪念特殊的日子，心中倍感神圣而庄重。[③] 2015 年，知音在内容资源和品质的优势基础上，继续强化以参与和互动为本质特征的“互联网理念”，并贯穿于内容生产中。2015 年 8 月 3 日，知音传媒股份有限公司和黄冈广播电视台举行签约仪式，将联合制作播出电视节目《知音故事》。2015 年 9 月 24 日，由知音传媒集团和北京字节跳动科技有限公司联合打造的知音头条 App（即今日头条知音版）正式上线。知音头条 App 主打知音传媒的独家优质内容，有新锐新闻、纪实特稿、精彩视频、海量图库等，同时也有今日头条的精粹资讯，精彩可读，暖心实用，很

---

① 卢欢．“一托六”战略助力“传媒融合发展”［N］．长江商报，2014-09-20.

② 新华网．湖北首届妇儿博览会打造妇女儿童新平台［EB/OL］．［2014-11-08］．http//news.xinhuanet.com/local/2014-11/18/c_1113292926.htm.

③ 知音网．知音传媒集团举行 2015 年经营部门目标责任制签订仪式［EB/OL］．［2015-04-02］．http：//www.zhiyin. cn/2015/zhiyindongtai_0402/501905.html.

接地气，还能根据大数据分析技术为读者量身推荐最合适的阅读内容。数据分析显示，知音头条很快成为最受湖北用户欢迎的期刊头条号，订阅用户超过 10 万，总阅读量 1.7 亿，每天阅读量高达 336 万。① 其中单篇最高浏览量超过 400 多万次。2015 年 10 月 11 日，20 多位来自全国各地的青年作家代表，走进湖北知音传媒集团，与知音头条 App（今日头条知音版）正式签约，成为签约作者。2015 年 11 月 7 日至 9 日，知音传媒集团承办的第二届湖北省妇女儿童服务业博览会（简称湖北妇儿博览会）成功举办。2015 年 12 月 25 日晚，首届知音封面女郎大赛颁奖典礼暨慈善晚宴在湖北省咸宁市正基文化华美达酒店金色大厅隆重谢幕。2015 年 12 月知音传媒发布消息《知音》全媒体从 2016 年开始郑重面向全国招商。

四、主办单位变更后的知音传媒（2016 至今）

2016 年 2 月 3 日，湖北省委宣传部等相关部门领导在知音集团宣布了两件大事。一是知音传媒主管单位由湖北省妇联变更为湖北省委宣传部；二是宣布新的领导班子，刘学明担任董事长兼党委书记，宋以超担任总经理②，代理董事长雷一大因年龄原因退休。根据党管媒体的要求和湖北省委省政府的统一部署，知音变换了东家，主办单位从湖北省妇联转到了湖北省委宣传部，成为省委宣传部直属的三家传媒集团之一。③ 新的领导已调研完毕，着手对知音传媒进行新一轮公司化改革，“决心把导向放在首位，不再盲目以猎奇的内容追求经济效益”，改革方案正呼之欲出。

2016 年 3 月，湖北省妇联和知音传媒集团联合打造、中国家政第一股木兰花家政参与投资管理的现代化高品质幼儿园“知音幼儿园”3 月份开园招生。2016 年 4 月 20 日下午，武汉市武昌区创建驰名商标成果表彰会在武汉市武昌区工商质监局召开，知音传媒在内的 5 家 2014 年首次获得国家驰名商标和省、市著名商标认定的企业，受到相关部门的表彰和奖励。其中“知音”商标被认定为“中国驰名商标”，并获得武昌区政府 50 万元的现金奖励。知音总经理宋以超表示，“知音”商标已在 19 个国家注册。自 1985 年创刊以来，

---

① 谢芳，程龙华．“知音头条”正式上线［J］．长江商报，2015-09-25.

② 刘学明，长江文艺出版社原社长；宋以超，长江文艺出版社人社部原部长。

③ 另外两家是湖北日报传媒集团和长江传媒集团。

知音传媒一直注重商标保护。早在1988年，“知音”商标就在第16类（期刊类别）上进行了注册。而随着“知音”商标知名度不断扩展，为更好地保护“知音”商标，公司陆续在第3、25、29、36、38、39等十几个类别上对“知音”商标进行注册，并在美国、英国、日本、马来西亚、加拿大等19个国家和地区进行注册和保护。此外，知音传媒还申请注册了27个知音系列商标，如“知音漫客”“知音女孩”“知音励志”“知音故事汇”“知音城”等。经过30余年发展，“知音”商标和品牌已经家喻户晓。未来，知音传媒将以知音品牌为依托，并借助知音成为中国驰名商标这股东风，迎难而上，开拓创新，实现知音产业的跨越式发展，为湖北省文化产业的大发展、大繁荣贡献力量。[①]
自2016年5月月末版开始，《知音》字体改大一号，让读者阅读更舒适。同时，《知音少年》正式创刊，力图打造中国第一家互动作文期刊。5月30日至6月2日，在吉隆坡举办的“2016马来西亚湖北传媒周”大型文化交流活动中，知音传媒集团系列期刊、系列图书、系列周边产品闪亮登场，受到当地读者和新闻出版传媒界的广泛关注。总经理宋以超、副总经理王应鲲出席了各项活动。2016年6月9日至11日，湖北省幼教机构联合会和湖北知音传媒集团主办，湖北知音展览有限责任公司承办的“第二届亚洲幼教峰会暨2016中国（武汉）国际幼教博览会”在知音传媒集团盛大举办。本届峰会，无论规模、权威性、参会人数都堪称华中地区之最，备受国内幼教同行的瞩目。

第二节　知音传媒现有规模、主营业务和股权组织结构

知音传媒集团已经成长为一家集纸媒、网媒、影视制作、动漫产业、地产、会展和高校等综合发展于一体的全国知名传媒“航母”。从一本期刊发展到目前以《知音》《知音漫客》《新周报》等百万大刊[②]为龙头的“十刊三报”，从创刊时月发行40万册到现在月发行总量超过1000万册。从最初的几个员工发展到现在的1006人（截至2014年6月31日），其中编辑人员454人。30余年来知音多次被评为全国读者最喜爱的十大名刊、双十佳期刊、中

① 杨玲玲．“知音”荣获“中国驰名商标”获奖50万［N］．长江商报，2016-04-21.
② 百万大刊：指月发行量单个品种超过百万份（册）的报刊。

国期刊方阵双高期刊，3次获中国期刊最高奖——全国优秀社科期刊奖和国家期刊奖，2008年知音集团荣膺中国出版政府奖，2009年、2012年被评为全国文化体制改革先进企业。目前，公司主营业务包括期刊、报纸出版发行业务、图书策划与发行业务、印刷业及广告业务等。形成了以出版、印刷、广告、发行网络为一体的出版发行体系。并正在向动画制作、网络媒体、无线媒体、影视制作等方向发展，逐步形成了跨媒体经营的格局。知音传媒总资产已经达到12.3亿元①，连续三年利润过亿元，各方面指标已达到上市公司的要求。

一、知音传媒主要经营业务

（一）刊报出版和发行业务

经过30多年的发展壮大，知音传媒目前拥有以《知音》为核心的文化综合类报刊群、以《知音漫客》为核心的漫画期刊群和一份财经类报纸。文化综合类报刊群主要包括《知音》《知音·海外版》为代表的纪实类刊物，《新周报》《知音·集结号》为代表的文摘报刊，《第1生活》《好主妇》为代表的时尚报刊。漫画期刊群源于2006年创刊的《知音漫客》，以及利用“知音漫客”的品牌优势，针对不同年龄层的读者，先后创办的《漫客·小说绘》《漫客·星期天》《漫客·绘心》等系列刊物，形成了覆盖低幼、儿童、少年、青年等各年龄段读者的漫画期刊群。财经类传媒目前主要是和长江传媒集团合办的《长江商报》及《财经监督》等期刊。

（二）图书策划与发行业务

知音传媒专门成立知音书局，利用自身内容和品牌优势，与相关图书出版社合作，开展图书策划、出版和发行业务。目前，已经策划出版和发行的图书有婚恋情感、青春、漫画、时尚生活等多达741个品种，2700万册，其中以动漫单行本图书为主，发行业务收入2014年达到1.56亿元。依托知音漫客资源，策划出版发行的《偷星九月天》《龙族》《暗夜协奏曲》《MK大画集》《漫客·绘心》等系列漫画图书和青春类图书发行规模较大，其中，《偷星九月天》漫画1~39集截至2014年底总发行量超过5000万册，在青少年中形成

① 数据来源：知音网，2015年5月8日，http：//www.zhiyin.cn/2015/zhiyindongtai_0508/507026.html.

“偷星”文化、“漫客”文化。作者周洪滨以2400万元的版税荣登2013年中国最佳富豪榜“漫画作家富豪榜”首位。

（三）印刷与广告业务

公司全资子公司知音印务公司不仅为知音系列刊物和图书的出版业务提供印刷服务，同时还承接对外印刷业务。2011年到2013年，包括对内印刷服务在内的公司印刷业务总收入分别是15,076.84万元、13,636.54万元和10,989.28万元，其中2013年对外印刷业务收入2,472.00万元，占总印刷业务收入的22.49%。

知音传媒2013年所属期刊、报纸和网站取得的广告收入为3,354.17万元，其中《知音》期刊广告收入占整体广告的54.98%，达到1,84.07万元。

（四）跨媒体经营业务

知音依托在报刊出版领域的内容优势和品牌优势，逐步向动画及网页游戏制作、网络媒体、无线媒体、影视制作等方向发展，形成了跨媒体经营发展的格局。

一是动画及游戏制作。2010年以来陆续完成了26集《偷星九月天Q版》、52集《聚精会神榜》、漫画《橙子故事》改编的同名动画片等拍摄工作并取得较好的市场成绩。开发了《偷星美食岛》《高考二进一》《MK丢丢堂》《漫客卡牌英雄》等网页及手机游戏。

二是网络媒体的经营。主要经营知音网（www.zhiyin.cn）、漫客网（www.zymk.cn）、中国女网（www.clady.cn）、第1生活网（www.dysh.net）、漫客栈（www.mkzhan.com）和漫客商城（shop.zymk.cn）等网站。2008年，知音网荣获全国“期刊社网站10强”。网络媒体已经逐渐成为公司传统媒体与新媒体对接的平台，主要通过广告、付费阅读、网络销售等方式取得收入。2013年网站广告收入为105.91万元。

三是无线媒体经营。公司通过多种方式与移动运营商合作开展相关手机报、手机阅读、移动客户端等无线媒体业务。

四是影视制作。2007年，公司与北京卫视合作拍摄的情感系列剧《真情人生》获得了良好的收视率和积极的社会效益，也开启了与地方电视台合作，利用公司的内容资源，开展影视制作业务的序幕。2010年，根据《知音》期刊中的真实故事改编并拍摄的电影《特警英雄》公映。2013 年，该电影获得湖北省第八届精神文明建设“五个一工程”优秀作品奖。同名电视剧《特警突击队》及其他影视作品已经完成拍摄及后期制作。目前，影视业务立足于《知音》等刊物丰富的内容资源，通过多种对外合作方式制作小成本影视作品，在避免风险的同时取得了经济效益。另外，公司在《知音》故事基础上改编、创作了一系列电视剧剧本。2013 年知音传媒投资设立了薇影公司，主要经营微电影业务。①

二、主要控股子公司

截至 2014 年底，知音控股的主要子公司有 16 家，见表 2.1。

表 2.1　知音控股主要子公司

序号	关联方名称	持股比例	与公司关系
1	湖北知音印务有限公司	100%	公司全资子公司
2	湖北知音文化有限公司	100%	公司全资子公司
3	湖北知音书局有限公司	78%	公司控股子公司
4	湖北知音动漫有限公司	100%	公司全资子公司
5	湖北知音影视有限公司	100%	公司全资子公司
6	湖北知音传媒网络有限公司	100%	公司全资子公司
7	湖北知音移动数字传媒有限公司	100%	公司全资子公司
8	加拿大知音传媒有限责任公司	100%	公司全资子公司
9	湖北钟祥知音印务有限公司	100%	知音印务持有其 100% 股权
10	北京好主妇文化传播有限公司	100%	公司全资子公司
11	北京知音网络科技有限公司	100%	公司全资子公司
12	湖北知音动漫职业培训中心	100%	全资职业教育机构
13	武汉知音薇影文化传媒有限责任公司	100%	公司全资子公司
14	湖北知音展览有限责任公司	100%	公司全资子公司
15	武汉知音缘信息科技有限公司	100%	公司全资子公司
16	湖北长江商报有限公司	82%	公司控股子公司

（数据来源：《知音传媒首次公开发行 A 股股票招股说明书》）

① 湖北知音传媒股份有限公司：《首次公开发行 A 股股票招股说明书》，2014 年 11 月 4 日。

此外还有其他关联法人：武汉信息传播职业技术学院、湖北知音物业发展有限公司、湖北木兰花家政服务股份有限公司、武汉木兰花物业管理有限公司、湖北木兰花职业技术培训学校、湖北华中文化产权交易所有限公司、湖北知音锦传文化传播有限公司、中国致公出版社等。

三、股权结构和组织架构

（一）知音传媒股份有限公司的股权结构（见图 2.9）

其中，知音传媒集团 100% 控股的知音文化投资是公司的控股股东，截至 2014 年 6 月 30 日，知音文化投资公司资产总额 129,759.03 万元，净资产 107,026,98 万元，年收入过亿元。此外，还有润信投资、漫天游文化两家战略投资公司作为股东。公司不存在自然人股东、工会持股会持股、信托持股和委托持股等情况。

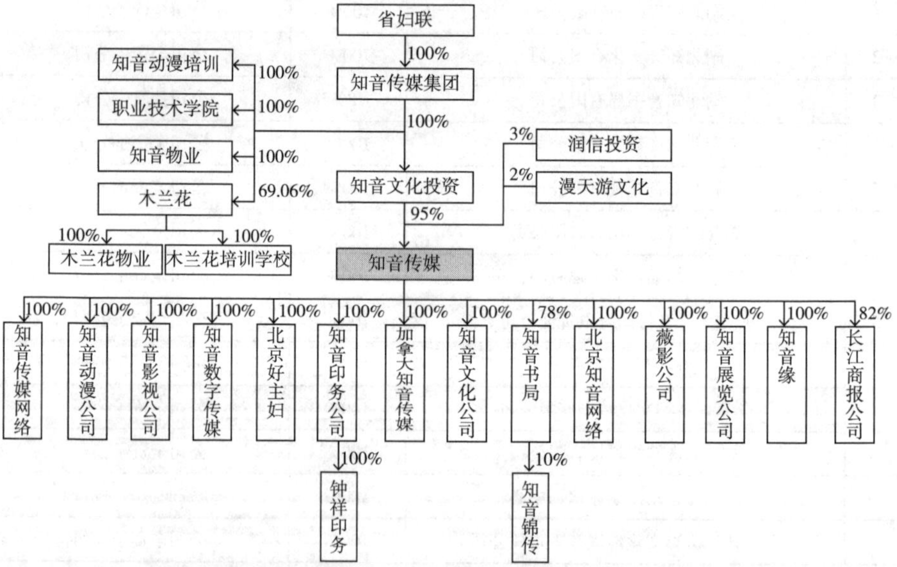

图 2.9　知音股权结构

（数据来源：《知音传媒首次公开发行 A 股股票招股说明书》）

（二）知音传媒股份有限公司的组织架构

公司设 12 个职能部门及各报刊编辑部，组织结构（见图 2.10）如下：

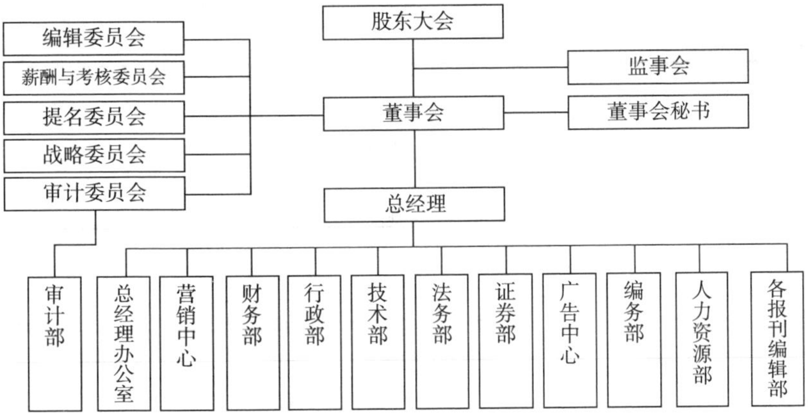

图 2.10　知音传媒组织架构

（数据来源：《知音传媒首次公开发行 A 股股票招股说明书》）

（三）知音传媒股份有限公司的领导层构成

知音集团 2008 年建立了董事会制度，董事会自成立以来的主要领导层（见表 2.2）和高级管理人员（见表 2.3）如下：

表 2.2　知音董事会主要领导（2008—2015 年）

阶段	时间	董事人员	备注
知音期刊集团阶段	2008 年 1 月 1 日—2011 年 1 月 17 日	胡勋璧、雷一大、周未水、关前、陈远祥、钱钧	-
知音传媒阶段	2011 年 1 月 18 日—2011 年 7 月 28 日	胡勋璧、雷一大、周未水、关前、陈远祥、钱钧、柯洪斌	公司整体变更为股份公司，在原有限公司董事的基础上，增选柯洪斌为董事
	2011 年 7 月 29 日—2012 年 8 月 8 日	胡勋璧、雷一大、周未水、关前、陈远祥、钱钧、李长爱、刘洁、黎晖	因规范治理的需要，增加三名独立董事，柯洪斌辞去董事职务，增选李长爱、刘洁、黎晖三人为独立董事
	2012 年 8 月 9 日—2014 年 4 月 9 日	胡勋璧、雷一大、周未水、关前、陈远祥、钱钧、李长爱、朱静雯、黎晖	刘洁因工作原因辞去独立董事职务，增选朱静雯为公司独立董事
	2014 年 4 月 10 日—2014 年 9 月 4 日	胡勋璧、雷一大、周未水、关前、陈远祥、钱钧、李长爱、朱静雯、黎晖	选举第二届董事会成员
	2014 年 9 月 5 日—2015 年	胡勋璧、雷一大、周未水、关前、陈远祥、钱钧、李长爱、朱静雯、黎晖	免去胡勋璧董事长职务。在选举新任董事长之前，由公司副董事长雷一大履行董事长职责

（数据来源：《知音传媒首次公开发行 A 股股票招股说明书》）

表 2.3　知音高级管理人员（2008—2015 年）

阶段	时间	人员	变化情况
知音期刊集团阶段	2008 年 1 月 1 日—2011 年 1 月 17 日	胡勋璧、雷一大、周未水、关前、陈远祥、钱钧	–
知音传媒阶段	2011 年 1 月 18 日—2014 年 3 月 4 日	胡勋璧、陈远祥、柯洪斌、朱家君（曾用名：李靖）	因雷一大、周未水、关前、钱钧在关联方任高级管理人员，故不再在知音传媒任高级管理人员；增聘柯洪斌任公司董事会秘书兼任副总经理，增聘朱家君任副总经理
	2014 年 3 月 5 日—2014 年 4 月 9 日	雷一大、陈远祥、柯洪斌、朱家君、王玉主	胡勋璧辞去总经理职务，董事会聘任雷一大担任总经理，增聘王玉主为副总经理
	2014 年 4 月 10 日—2014 年 5 月 24 日	雷一大、陈远祥、柯洪斌、朱家君、王玉主	聘任雷一大担任第二届董事会总经理、柯洪斌为董事会秘书。聘任陈远祥、柯洪斌、朱家君、王玉主为第二届董事会副总经理，聘任陈远祥为财务总监
	2014 年 5 月 25 日—2014 年 8 月 4 日	雷一大、陈远祥、柯洪斌、王玉主	免去朱家君副总经理职务
	2014 年 8 月 5 日—2015 年	雷一大、陈远祥、柯洪斌、王玉主、王应鲲	聘任王应鲲为副总经理

（数据来源：《知音传媒首次公开发行 A 股股票招股说明书》）

从知音 30 多年来的发展看，每一次发行量的大幅攀升，都是主抓刊物内容质量和市场营销的结果。这种自主性强的组合在知音品牌扩张过程中和资本一起对知音的发展起了极为重要的作用。2016 年 2 月 3 日，湖北省委宣传部等相关部门领导到知音集团宣布新的领导班子，刘学明任董事长兼党委书记，宋以超担任总经理，知音副总经理王应鲲执掌《知音漫客》公司，钱钧负责包括母刊在内的知音全媒体公司。

第三节　“《知音》现象”的产生背景

“《知音》现象”是我国改革开放以后大众期刊传媒发展的缩影，是伴随着改革开放的大潮应运而生的。“一个国家一定时期内报刊发展状况一定程度上反映这个国家政治、经济、科学、教育发展水平。”[①] 而在大众综合性

① 刘人锋 . 中国妇女报刊史研究［M］. 北京：中国社会科学出版社，2012：2.

期刊的发源地欧洲，早在 17 世纪，由于时尚文化的兴起和大众媒介的诞生，"Mercure Galant""The Lady's Magazine"等期刊成为大众期刊的起源。[①]19 世纪随着资本主义经济的兴起和科技的进步，*Harper's Bazaar* 和 *Cosmopolitan* 两本期刊分别于 1867 年和 1886 年在美国诞生，并陆续发行到全球范围。而我国近现代以来最早的期刊是在华的外国人创办的。西方列强为打破清朝闭关锁国的政策，最初采取经济侵略和文化渗透的方式，手段之一便是创办中文报刊。1815 年 8 月 5 日英国传教士 Robert Morrison 和 William Milne 在马六甲创办了《察世俗每月统计传》，被视为近代中文期刊的起源。[②] 虽然我国最早的妇女期刊《女学报》1898 在上海就诞生了，但 100 多年来，像《知音》这样由一本期刊发展成一个大型传媒集团，30 多年办刊宗旨不变，主要负责人不变，保持可持续的快速发展的现象在我国期刊史上还是非常罕见的。虽然评价和争论从未消停过，但"《知音》现象"是当代文化不可小觑的一道景观是毋庸置疑的。

大众传媒的兴起是经济发展到一定历史阶段的必然产物，中间有着复杂而深刻的经济、文化、历史和社会背景。正如复旦大学李良荣教授指出："媒介并不是孤立存在的，它也是一种社会子系统，是社会的有机组成部分，它的存在与发展与其他子系统（诸如政治、经济、文化等）也存在密切的关系。这种关系的综合即是媒介的生态环境。以社会系统论来看，如果离开与其他社会系统的互动，就不可能对媒介有完整而透彻的理解。"[③] 本书从生态学角度利用 PEST 分析法[④] 对知音传媒产生的背景做简单分析。

一、政治生态环境

政治生态或政府生态是指政治行为和政府结构的平衡系统。政治生态良性与否直接决定社会稳定与进步、人民的生存与发展；政治环境也是媒体生存的首要环境。[⑤] 充分适应并正确利用政治环境是实现期刊战略目标的重要

① 赵云泽 . 中国时尚杂志的历史衍变［M］. 福州：海峡出版发行集团，2010：9.

② 黄瑚 . 中国新闻事业发展史［M］. 上海：复旦大学出版社，2011：17.

③ 李良荣 . 新闻学导论［M］. 北京：高等教育出版社，1999：210.

④ PEST 分析是指宏观环境的分析，是战略外部环境分析的基本工具，P 是政治（politics），E 是经济（economy），S 是社会（society），T 是技术（technology）。

⑤ 吴玉兰 . 中国财经类媒体发展研究——以媒介生态学为视角［M］. 北京：中国社会科学出版社，2000：53.

前提。

一是政治走向民主、开放使得媒介价值支点改变和期刊功能多样化。新中国成立后社会主义改造和高度中央集权的建立，与此对应的是传媒产业属性被否认，进入完全政治范畴下的制度安排。新中国成立初期，仅存的几家民营报刊和民营工商业被迅速进行社会主义改造，全部纳入高度统一和意识形态管理范畴之类。①创办期刊由国家严格审批，经费由国家财政拨付，印刷物质由计划统一分配，发行由邮局包揽。这一时期中国期刊规模小，数量少，发展慢。由于市场和基本法制规范的缺失，期刊还不是真正意义上的大众传播媒介。从 1949 年的 257 种到 1977 年全国期刊种类才 628 种。其中“文革”时期，大多数期刊被迫停刊，到 1969 年全国期刊降到 20 种左右。② 1978 年党的十一届三中全会以来，经济体制改革逐步将中国从计划经济转为社会主义市场经济。市场经济的发展成为推动期刊传媒制度变革的重要动力。1979 年 3 月召开的全国新闻工作座谈会做出新闻宣传工作重心向社会主义经济建设转移的战略转变，改变了“喉舌论”的传媒价值支点，媒介逐步向社会公共信息资源的功能转变。我国大众传播媒介迎来了发展的春天，开始朝着履行多种功能和扮演多种角色的方向转型。媒介开始朝着多元化立体化方向发展，媒介市场逐步确立，媒介产业逐步形成。期刊的发展也进入了快车道。1978 年我国期刊增加到 930 种，1979 年增加到 1470 种，1985 年增加到 4705 种。《今古传奇》《知音》《家庭》等大众品牌期刊均创办于 20 世纪 80 年代。

二是改革开放以来传媒体制改革、期刊管理相关法规政策的完善。改革开放以来，传媒体制的改革主要经历了“事业性单位，企业化管理”“采编与经营相分离”“文化产业与文化事业两分开”三次主要变革，极大地解放了期刊发展生产力，逐步明确期刊的市场主体地位，期刊作为一种文化产品，恢复了其作为“产业”的经济属性，开始发挥其在“信息传播、文化娱乐以及经济与社会服务等方面的功能”③。国家通过立法机关制定和颁布《中华人民共和国刑法》《中华人民共和国民法通则》《中华人民共和国公司法》《中华人民共和国著作权法》等规范期刊的经营和出版行为。国家新闻出版管理部门也陆续出台了《期刊管理规定》《出版物市场管理规定》《外商投资图书、报纸、

---

① 钱广贵．中国传媒体制改革研究：从两分开到三分开［D］．武汉：武汉大学，2009：59.
② 李频．共和国期刊 60 年（1949—2009）［M］．北京：中国大百科全书出版社，2010：364.
③ 郑保卫．事业性、产业性：转型期中国传媒业双重属性解读［J］．今传媒，2006.

期刊分销企业管理办法》等法规保护合法的期刊出版单位相关权益，加强和完善了对期刊的管理和监督制度。国家还通过专门政策对期刊进行治理，优化期刊结构、把握舆论导向、提升期刊质量，鼓励“以更加开放的姿态向世界传播中国声音”。

三是湖北期刊管理的创新。湖北的期刊历史悠久。改革开放以前发展缓慢，到 1978 年底出版期刊仅有 30 多种，其中属于自然科学技术方面的较多。党的十一届三中全会以后机关、团体、科研单位、大专院校以及企事业单位纷纷办刊，很多内部刊经申请成为正式刊物，加之复刊的期刊，种类迅速增加，1979 年新创刊 174 种，截至 1985 年增加到 249 种，包容了社会生活的方方面面。[①] 截至 2015 年底，湖北省共有期刊 424 种，数量居全国第三。[②] 湖北期刊管理体制改革走在全国前列，一系列重大战略的出台为期刊产业化发展提供了良好的政治和产业环境。比如，政府层面建立了四个层次的评优评先体系，实施了集团化、名牌化、走出去、数字化、大项目大工程带动等战略。特别是在报刊结构调整和改革中扶持有实力的期刊出版单位加快发展，形成集聚效应，将闲置或停办的很多刊号转给知音等传媒集团，为其产业化集团化提供有力保障。[③]

二、经济生态环境

媒介的发展有着自身规律的东西，而正如陈力丹教授所说：“新闻事业的发展史告诉我们，全球性市场经济的发展是推动现代新闻业发展的基本动力。”[④] 可见，经济基础是期刊消费的重要因素之一。经济体制的变迁、宏观经济环境、人口因素、居民收入、消费偏好、价格、休闲时间等对大众媒体的崛起有着密切的关系。

一是经济体制变迁和宏观经济发展会直接影响媒介产业的发展。1978 年 12 月召开的党的十一届三中全会，提出了“解放和发展生产力”，拉开了我国从高度集中的计划经济体制向宏观调控的市场经济体制转变的序幕。1984

---

① 湖北省地方志纂委员会 . 湖北省志新闻出版（下）［M］. 武汉：湖北人民出版社，1995：143.

② 中国期刊年鉴（2015）［J］. 北京：中国期刊年鉴杂志社，2015：497.

③ 邵明义 . 逆势前行，铸造辉煌——湖北报刊品牌建设概述［J］. 中国期刊年鉴（增刊），2012.

④ 郑超然 . 外国新闻传播史［M］. 北京：中国人民大学出版社，2000：1.

年10月，党的十二届三中全会通过《中共中央关于经济体制改革的决定》，首次确立了社会主义商品经济，突破了把高度计划经济当作社会主义根本经济的传统思维。1992年10月，党的十四大做出关于建立社会主义市场经济体制若干问题的决议，全面系统阐述了社会主义市场经济体制的基本框架和战略部署。中国正式进入了社会主义市场经济建设阶段，经济持续快速增长，国家综合国力和人民生活水平大幅度提升。经济上的变化逐步改变了我国自1952年底以来完成社会主义改造后形成的完全国有化、相对封闭的传媒业格局。“消费者与广告商用于大众媒介的经费额度大小由经济发展进程所决定。经济发展进程上的变化导致大众媒介支出的变化。”① 根据报刊消费占人均消费的1.7%~2.0%的国内外经验和我国改革开放30多年的实践表明，GDP增长和期刊出版的发展之间具有很强的关联性。②

二是社会分层、居民收入、个人消费结构和人口因素的影响。“社会分层是一种根据获得有价值物的方式来决定人们在社会位置中的群体等级和类属的一种持久模式。”③ 新中国成立后，很长一段时间中国社会阶层停留在工人阶级、农民阶级和知识分子阶层，或者单纯从职业角度划分为工、农、商、学、兵。党的十一届三中全会以后的经济体制改革不仅带来了高速的经济发展，也逐渐改变了社会结构，产生了新的利益群体和社会阶层。社会结构由过去的金字塔型向橄榄型转变。“以从事脑力劳动为主，靠工资和薪金为生，具有谋取较好工作的职业就业能力和相应的家庭消费能力，有一定闲暇生活时间；对其劳动、工作对象有一定支配权；具备公民、公德意识及相应修养的社会地位分配群体”④的中产阶层迅速扩大。而正如段京肃指出：“作为信息资源主要消费者的中间阶层，他们的需要，他们的价值观念、审美标准和承受能力决定着大众传播活动基本风格的重要依据。”⑤ 美国经济学家H.S.霍撒客和莱斯特·D.泰勒研究认为，期刊的需求弹性为0.38，这表明期刊是一种缺乏需求弹性的物品，人们对其需求量会随着收入增加而增加，但增加幅度小于收入的增加。我国1979年人均拥有期刊为0.79册，人均GDP为379元，

① 罗伯特·G.皮卡德.媒体经济学［M］.北京：中国人民大学出版社，2005：48.
② 胡正荣.21世纪初我国大众传媒发展战略研究［M］.北京：中国广播电视出版社，2007：182.
③ 戴维·波普诺.社会学（第十版）［M］.李强，译，北京：中国人民大学出版社，1999：239.
④ 陆学艺.当代中国社会阶层研究报告［M］.北京：社会科学文献出版社，2002：4.
⑤ 段京肃.社会发展中的阶层分化与媒介的控制权和使用权［J］.厦门大学学报，2014（01）.

到 1985 年人均 GDP 为 853 元，人均拥有期刊 2.42 册。[①] 到 2014 年人均 GDP 约合为 47，000 元，但人均拥有期刊不足 3 册，人均阅读期刊为 6.07 期。[②] 主要原因是电视、移动互联网等新媒体很大程度上成为期刊的替代品。国际经验显示，人均 GDP 的增长会使得恩格尔系数[③] 下降，个人文化消费的比例会随之增长。随着我国 GDP 的增长，恩格尔系数下降（见图 2.11），我国居民对包括期刊在内的文化消费比例会逐步增长。特别是随着城镇化速度加快，人口的增长和教育水平不断提升，期刊等文化消费潜在需求非常客观。

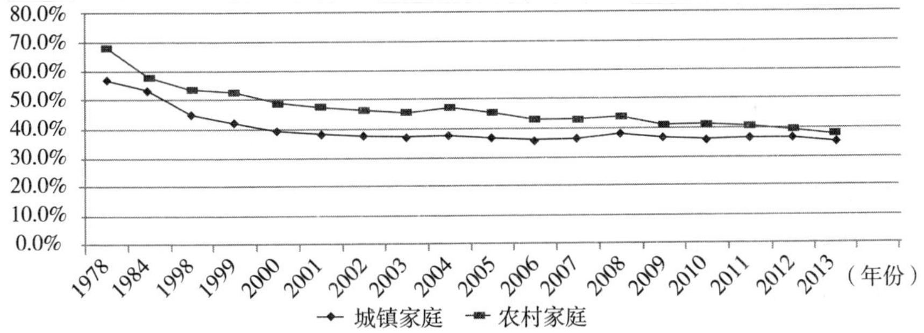

图 2.11　改革开放以来我国恩格尔系数变化情况（数据来源：国家统计局网站）

三是期刊传媒生产技术的进步和生产成本的降低。印刷传播技术的进步进一步突破了传播的时空限制，使得大众传播水平有了革命性的进展。20 世纪 80 年代，美国甘尼特报业集团创办的《今日美国》以色彩和图片为基础，揭开了“重新设计运动”的序幕。[④] 20 世纪 80 年代以来，期刊的用纸也由改革初期的新闻纸、凸版纸变成了胶版纸和铜版纸，适应了期刊彩色封面和内文印刷的需要。印刷效率的提高、工艺的改进和用纸的变化增强了期刊的时效性和内容质量，改变了期刊呆板单调的面貌，适应了读者多样化的阅读需求。我国期刊属于零散性产业，平均每个期刊社不足两种期刊，对期刊生产要素（货币资本、人力资源和市场）占有极少，投入成本低，在低水平上循环。进入 20 世纪 90 年代以后，期刊逐步进入了产业化、集团化发展道路，

① 胡正荣 .21 世纪初我国大众传媒发展战略研究［M］. 北京：中国广播电视出版社，2007：182.

② 张贺，张碧梅 . 第十二次全国国民阅读报告发布 新阅读方式正在形成［N］. 人民日报，2015-04-22.

③ 恩格尔系数是德国统计学家恩格尔在 1857 年发现的一个定律：随着家庭和个人收入增加，用于食品方面的支出比例逐渐减少，反映这一定律的系数就是恩格尔系数。其公式为：恩格尔系数（%）= 食品支出总额 / 家庭或个人消费支出总额 ×100%。

④ 鲍立泉 . 技术视野下媒介融合的历史与未来［M］. 武汉：华中科技大学出版社，2013：29.

集团化规模化的出版规模效应和管理经济逐渐显现，期刊成本投入下降，供给能力增强。

三、社会文化生态环境

冉然在解读报刊的“湖北现象”时指出，湖北报刊业的高速发展和“湖北现象”的产生究其根源离不开湖北“人杰地灵”的基因优势，即丰富的文化资源、楚人“筚路蓝缕”的进取精神和诸多名校汇集的人才优势。①“湖北地处我国中部，在漫长的历史中，各种文化在这块土地上撞击、交融，形成了前后相继的楚文化层、汉文化层、鄂文化层及荆楚、秦楚、晋楚、吴楚和巴楚六个亚文化圈。”② 2300 多年前战国时期，“高山流水遇知音”的故事就发生在这块土地上。《知音》很好地利用了知音文化传说的历史文化资源，将知音历史文化资源产业化，使得知音文化与知音传媒相得益彰。期刊产业作为文化产业的重要组成部分，它的发展自然离不开当地的历史文化传统和社会文化心理。《知音》期刊传媒的崛起有着深厚的楚文化底蕴。著名文化学家冯天瑜先生曾说：“湖北作为古代楚文化的核心地域，在前秦时期几乎占据中国文化的半壁江山。楚文化对传统文化贡献很大，代代不乏文化名人。到了近代更是古今、东西文化的交汇地。先人筚路蓝缕、以启山林的创业精神，不鸣则已、一鸣惊人的创新精神和武昌首义敢为天下先的勇气都将给文化产业发展带来难以估量的综合效益。”③ 刘玉堂先生曾经将楚文化概括为五种精神：“第一，筚路蓝缕的进取精神；第二，大象无形的开放气度；第三，一鸣惊人的创新意识；第四，上善若水的和谐理念；第五，九死未悔的爱国精神。”④可见，期刊的“湖北现象”和“《知音》现象”有着深厚的文化底蕴。

此外，20 世纪 80 年代，大众文化随着改革开放走进国人的生活并有进一步发展的趋势。当宏大的历史叙事和高度政治化的传媒体制趋于解体时，大众传媒不得不寻求新的表意方式，但现实的意识形态依然具有很强的力量，

---

① 冉然 . 兴文化大业 建报刊强省——湖北省报刊业发展纪实［J］. 传媒，2013（09）.

② 陈建宪 . 荆楚民间文学［M］. 武汉：武汉出版社，2014：4—12.“文化圈”指具有相同文化特质、文化丛结的一个或多个文化群体构成的地理空间。“文化层”是指文化圈在时间上的先后次序。

③ 荆楚网 . 冯天瑜：武昌首义并非偶然 .［2011-10-13］.http: //news.cnhubei.com/ gdxw/201110/t1854041.shtml.

④ 段久惠 . 湖北省社科院副院长刘玉堂：在传统文化中寻找武汉精神的根［N］. 长江日报，2014（07）.

新的所指尚不明确，在这种情境下，大众文化的崛起成为各种文化力量的想象性战场。① 作为时代的产物，大众传媒深受欢迎，它的娱乐休闲价值不容怀疑。随着全球化时代的到来和人们文化消费需求的不断增长，大众期刊等传播媒体为大众文化提供了很好的载体，不断推出深受市场欢迎的文化产品，创造了大众文化产业的神话。

四、科技生态环境

随着信息技术的发展和数字时代的到来，传统媒介传播市场份额不断收缩，其话语权和传播效能不断降低，新媒体展现了巨大的威力，大众接触媒介的时间、习惯、对象已不同于以往的一本期刊、一个电台、一张报纸，而是被各种媒介分割得支离破碎。“碎片化”成为当前文化产业、传播学、消费学和社会学的热门概念。期刊所处的整个社会大媒介系统发生着巨大的变革。科技的进步和全球化、数字化、网络化的发展浪潮深刻改变着传媒生态环境。

一是期刊传播的全球化趋势。20 世纪 60 年代，加拿大传媒学者麦克汉卢就提出地球村的概念。从 20 世纪 80 年代开始，全球化概念就深受西方学者关注。在全球化背景和传播科技的推动下，世界媒介市场格局在 20 世纪后半期逐步形成。美国、日本、法国、德国等发达国家和地区在期刊本土市场饱和的情况下，纷纷向国外拓展市场。他们一般用同一个刊名和同一个出版理念，在不同国家用当地的语言和编辑班子以及本土化的内容办刊。《读者文摘》《国家地理》《大都会》等曾在数十个国家发行。经济全球化使得文化全球化成为必然趋势。“媒介市场的全球化意味着传媒影响力和传媒经营的全球化。” ② 我国的期刊无论在国内的大众传媒系统还是国际期刊格局中一直处于边缘地位。但随着国外期刊进入我国文化市场，我国期刊的整体实力也得到了很大提升，《知音》《女友》等一些有实力的大众期刊也尝试走向海外市场。

二是新媒体发展带来的机遇。信息技术的发展和新媒体的不断涌现给期刊带来了越来越多的替代品，电视、广播、互联网、手机等，尤其是网络及移动阅读的发展让纸质传媒媒介发行量逐年下滑。中国新闻出版研究院 2015

---

① 傅泽 . 文化想象与人文批评——市场逻辑下的中国大众文化发展研究［M］. 北京：中国传媒大学出版社，2007：153.

② 胡正荣 . 媒介市场与资本运营［M］. 北京：北京广播学院出版社，2003：68.

年4月20日发布的《中国第十二次全国国民阅读调查报告》数据显示，我国近年来成人手机阅读接触率逐年提高，2014年已经达到51.8%，较上年上升9.9%。城镇成年居民、男性成年居民的手机阅读接触率分别高于对应群体；年龄越小的群体，手机阅读接触率越高，呈阶梯递增趋势，18~29周岁群体的手机阅读接触率最高，为42.7%，与其他年龄群体拉开较大距离。而2014年人均纸质图书和报纸阅读均比上一年有所下降，期刊人均阅读增加了0.56期，[①]但全年期刊印刷较上年有所下降。20世纪90年代以来，传统期刊依托内容资源，开始和网络等新媒体融合发展。1994年，我国第一个网络学术期刊《电子信息与通信网络》在上海出版；1995年1月，《神舟学人》期刊进入互联网标志着中国期刊进入数字化时代。期刊通过数字化、附属网站及客户端等新媒体平台、期刊数据库、网络期刊发行平台等，实现期刊的再次传播，产生纸质版无法实现的价值和意义。在欧美和日本，期刊的一半以上通过网络征订。[②]传播载体的多样性、编辑工作的网络化、内容表现形式的丰富化、信息检索的便捷化、传播的及时化、受众参与的互动化、经营服务的多元化给期刊发展带来了前所未有的潜力和发展空间。

五、业界生态环境

研究知音传媒，作为其历史背景之一，我们不妨先简单回顾一下中国妇女期刊的发展史。“我国妇女期刊发展历程中主要有两种面向：启蒙和消费文化。”[③]1898年中国第一份妇女期刊《女学报》创刊，其宗旨是倡导女学、女权，挑战封建男权社会，开社会风气之先。这一时期是中国妇女解放运动的萌芽时期。可见从一开始，中国妇女期刊是与妇女解放运动相伴而生的。此后1902年创办《女报》、1904年《女子世界》创刊、1907年《中国新女界杂志》创刊，到辛亥革命前，全国共创刊30多种妇女报刊。民国初年，中国妇女对政治的热情和新生活的渴望使得办刊出现了一个短时期的高潮，1912年到1914年全国就创办了14种妇女报刊。但随着袁世凯政府的上台，妇女

① 张贺，张碧梅．第十二次全国国民阅读报告发布 新阅读方式正在形成［N］．人民日报，2015-04-22.
② 胡正荣．21世纪初我国大众传媒发展战略研究［M］．北京：中国广播电视出版社，2007：189. 的
③ 王睿．文化体制改革背景下的中国妇女期刊发展战略研究［D］．合肥：安徽大学，2013.

解放运动遭到镇压，报刊也纷纷被迫停办。[①] 这些期刊的特点一方面是反封建的思想启蒙，“兴女学，开女智”，鼓励妇女参与社会活动，另一方面提倡女学和女权，具有明显的革命主义倾向，由于条件限制，办刊时间很难长久。五四运动到中国共产党成立前夕，受《新青年》及新文化运动的影响，各地创办的妇女期刊有 28 种之多。这一时期的期刊大多由某一团体或组织创办，特别是各地学生团体，妇女问题逐步受到全社会的普遍关注和重视。中国共产党成立到新中国成立前夕，受救亡图存和自由平等思想的影响，中国妇女期刊蓬勃发展。据《全国中文期刊联合目录统计》，仅 20 世纪 30 年代就创刊 140 种妇女期刊。在中国革命和社会变革过程中、在妇女解放过程中，妇女期刊都发挥着重要作用。新中国成立前夕，作为新中国的一份妇女刊物由全国民主妇联主办的《新中国妇女》于 1949 年 7 月 15 日在北京创刊。此后，随着各地妇联组织相互建立，各地以《××妇女》为刊名的妇联机关刊迅速崛起。由于政治原因，20 世纪 50 年代中后期就陆续停刊了，全国妇联主办的机关刊物《中国妇女》也在 1967 年停刊。“文化大革命”十年，妇女期刊几乎一片荒芜。

我国妇女期刊发展历史较长，有着丰富的办刊经验，当时代需要妇女生活服务的媒介时，妇女期刊的发展迎来了新的契机。从 1978 年到 20 世纪 90 年代全国妇联和各地妇联组织兴起了复刊和办刊的热潮。部分其他机构出于商业目的等纷纷创办妇女文学期刊。20 世纪 80 年代初由各地妇联创办或复刊的妇女期刊大多是作为妇女工作的宣传平台，宣传国家和妇女工作方阵政策。随着改革开放的深入，体制改革渗透到传媒领域，我国大众期刊的发展迎来了新的机遇。1984 年 12 月，国务院发布《关于期刊实行自负盈亏的通知（草案）》，促使期刊业开始考虑经济效应。从此，妇联系统的期刊承担起文化事业和文化产业发展的双重属性。一方面作为妇联系统宣传党和国家政策的媒介，另一方面反映改革开放中产生的新的妇女问题，维护妇女合法权益。《家庭》《知音》等期刊以灵活的办刊形式和生动感人的情感故事赢得广大读者的喜爱，为迫切需要文化滋养的普通大众提供了一种新的文化启蒙。行业主管逐步变为报刊审批制度下的躯壳，本质已经成为大众文化生活类综合性期刊。随着女性地位和家庭地位的提升，20 世纪 80 年代末开始，法国妇女时尚期

---

① 刘人锋 . 中国妇女报刊史研究［M］. 北京：中国社会科学出版社，2005：393.

刊《世界时装之苑ELLE》登陆中国，及《女友》《时尚》《瑞丽》等时尚期刊杂志的崛起，引领消费时尚和倡导消费新方式成为新时期妇女期刊的主要特征之一。据不完全统计，目前我国拥有独立刊号的妇女期刊71种，其中各级妇联组织创办的期刊社共计31家，期刊46种，集中于时尚、爱情及家庭生活的报道。根据零售价格和内容，基本可以分为三类：普及型——价格5元左右，内文黑白印刷，以纪实性故事为主，主要靠发行盈利，以《知音》《妇女生活》等为代表；中档型——价格6~10元，内文彩印，注重文化含量和品位，发行和广告收入并重，以《好日子·好主妇》《女友》等为代表；高档型——价格20元左右，以时尚潮流资讯为主，装帧精美，图片文字几乎各占一半，由于低于成本出售，一般主要靠广告收入，限量发行纸质版，以《瑞丽》《时尚》等为代表。20世纪90年代以后创刊的期刊或与境外出版社合作的时尚期刊大多以后两种为主。随着文化体制改革的深入，我国妇女期刊逐步完成了转企改制的任务，走上了市场化运行轨道。

百余年妇女报刊发展呈现集妇女性、时代性、多样性于一体。百余年的发展已经形成了一个庞大的存在，在中国妇女解放进程中发挥了巨大作用，现在仍然肩负重任。[①]"妇女期刊在世界各国都是畅销刊物，中国也不例外。"[②]在新媒体等冲击下依然保持了强劲的势头，对人们的生活起着举足轻重的作用。其所反映的生活、塑造的景观深刻影响着人们的思想观念、价值取向、审美趣味和性别形象等。

---

① 刘人锋．中国妇女报刊史研究［M］．北京：中国社会科学出版社，2005：392—397.

② 张平．妇女期刊发展述评［M］．北京：中国大百科全书出版社，2003：153.

第三章　知音传媒的品牌战略

重视品牌建设是市场经济条件下发展文化产业的重大课题，也是传媒界关注的重要话题。大众传媒品牌是媒体表现与特征在消费者心目中的反映，是受众对于媒体的整体评价。良好的品牌形象是媒体巨大的无形资产，不仅有利于增强其凝聚力，而且能吸引更多的消费者和广告，赢得更多的读者支持。传媒的形象塑造主要是传达品牌内涵，展示其独特的形象魅力，给消费者带来强烈的视觉冲击，同时利用各种传播手段打造品牌知名度和美誉度，并注重与目标受众的互动，以此建立品牌认同，使得品牌形象深入人心，成就有影响力的传媒品牌。

知音传媒30多年来，逐步建立了企业识别系统（Corporate Identity System，CIS），并形成了鲜明的品牌个性和过硬的品质，同时注重广告宣传、公共关系和相关活动的推广，发展成为家喻户晓的大众文化品牌。本章主要从品牌内涵、定位、封面、栏目及内容素材等方面剖析知音传媒的形象塑造。

第一节　知音传媒的品牌内涵

文化品牌是文化产业品牌化的结果，是一种文化产品的品质象征，包括了产品的质量和服务。从文化企业的角度来讲，文化品牌是市场、市场份额，是产品或企业的知名度、美誉度，是市场竞争力之所在。品牌是文化企业必争之地，是市场竞争的最高境界。[①] 知音传媒一直以来坚持以自身社会价值与经济价值的最佳结合点，作为解决当下我国传统媒体双重属性的矛盾的有效途径，积极实施品牌化战略，在激烈的大众期刊传媒竞争中凸显“人情美、人性美”的个性，得到了广大消费群体的认同，形成了强大的公信力、

① 柏定国. 文化品牌学［M］. 长沙：湖南师范大学出版社，2010：52—53.

影响力和市场竞争力，辐射出强大的品牌效应，赢得了社会声誉和经济效益的双丰收，在实现伟大复兴的中国梦征程中积极发挥着文化传承、舆论引导、社会凝聚、道德弘扬、心理治疗等价值功能，为人们提供了丰富的文化精神享受。

文化产业品牌与普通商业品牌具有同质性，同时还具备自己的独特个性。一是文化产业品牌的出发点与商业品牌不同。前者更加注重实现文化创新，使创新文化与原生文化融合以实现文化产品、文化项目的完美发展。二是文化产业品牌不仅具有商业属性，同时还具有意识形态属性。三是文化产业品牌更注重创意，是创造与梦想的产物。[①]知音传媒在发展过程中，结合自身的特点，坚持品牌战略，强调“真实、独家、有影响力”，贴近生活、贴近读者、贴近社会，恪守媒体的社会责任，有效提高了期刊传媒生产力，促进了期刊文化生活的发展与繁荣。

品牌要素主要分为显性要素和隐性要素。前者是指品牌外在的、具象的东西，可以直接给予消费者较强的视觉冲击，包括品牌名称、标志性的文字、图标、颜色、包装、影响及其设计组合等。隐性要素包括品牌承诺、品牌个性和品牌体验等。[②]可见生产者、消费者、产品、市场、外在载体和内在文化是品牌要素的基本组成部分。一个完整的文化品牌消费过程实际上是以上要素的互动过程。柏定国认为，文化品牌主要构成要素为产品（服务）、标识、品牌定位、品牌关联或品牌联想、品牌个性、品牌附加的企业文化、品牌洋溢的情感等方面。[③]

一、期刊界的“湖北现象”

华中师范大学国家文化产业研究中心主任黄永林教授在其博士论文《20世纪中国大众文学的现代转型及其品格》中提到，20世纪80年代，在中华的大地上崛起了一种新型文化——大众文化，这是我国审美文化领域一个不可忽视的重大变化。随着改革开放政策日益深入人心，大众文化被社会普遍认可和接受，获得了较大发展。大众文化崛起的一个突出特点是大众期刊在

① 柏定国 . 文化品牌学［M］. 长沙：湖南师范大学出版社，2010：53—54.

② 余明阳、杨芳平 . 品牌学教程［M］. 上海：复旦大学出版社，2007：6—7.

③ 柏定国 . 文化品牌学［M］. 长沙：湖南师范大学出版社，2010：55—60.

中国大陆如雨后春笋般出现，包括《知音》《读者》《今古传奇》及《家庭》等至今依然是国内主要畅销的期刊多创刊于这一时期。20世纪90年代以来，湖北期刊率先改革，期刊业整体实力位居全国前列，被业界广泛称为“湖北期刊现象”。理解“《知音》现象”，首先我们要认清期刊界的“湖北期刊现象”。

2012年湖北省拥有12种月发行量超过百万的报刊，成为全国百万大刊最多的省份。截至2014年，湖北省共有424种期刊，期刊种类仅次于上海和江苏，位居全国第三，中部地区榜首，是名副其实的期刊大省。2013年期刊界的“湖北期刊现象”主要特征是：

一是形成了期刊集团为核心，多元发展的生态系统。全省组建了湖北日报传媒集团、长江报刊传媒集团、知音传媒集团、今古传奇传媒集团等12个报刊传媒集团。《知音》《特别关注》等百万报刊稳固发展。新媒体发展成果显著，产业发展呈现多元化。

二是具有勇于创新的优势基因、丰富的楚文化资源、筚路蓝缕的进取精神和强大的人才优势。湖北期刊业代表品牌的发展历程，无不体现出勇于改革、积极进取的创业精神。

三是期刊品牌呈现群体效应、聚合效应。聚合效应的产生不仅是湖北报刊发展走集约化道路的结果，也得益于湖北省在报刊调整结构和改革中向有实力的报刊出版单位倾斜发展的政策支持。《湖北文化事业和文化产业发展规划（2004—2010）》明确提出要扶持“六大集团”，其中以报刊为主业的有湖北日报传媒集团、长江日报报业集团和知音期刊集团，要“打造期刊方阵”，《知音》系列、《今古传奇》系列、《小学生天地》系列、《特别关注》系列、《爱情婚姻家庭》系列、社刊工程系列等六大系列被列入重点建设的项目，以争取有竞争力的湖北品牌期刊群，实现湖北报刊业由大省向强省跨越。《湖北日报》旗下的《特别关注》、知音传媒集团的《好日子》《良友》《财智》《新周报》等刊号的取得均是湖北新闻出版局通过行使管理职能向优势出版单位倾斜调整报刊资源的结果，是湖北报刊业聚合效应的成因。

四是主管部门积极作为，注重“理念引路、品牌示范、人才兴业、大船出海”，为期刊界湖北现象的形成提供了有力保障和有效途径，体现了春风化雨的管理价值。①

时任湖北省新闻出版局副局长邵明义认为："报刊名牌的建设，是由树立个体品牌开始，通过个体品牌的示范效应，带动群体品牌的崛起。见善思齐，个体品牌以鲜活的示范，带来了群体品牌的熠熠生辉，发挥典型带动作用。报刊品牌呈现群体效应，越是实力强大的报刊出版单位，其出现品牌报刊的几率越大，这既是实力的自然反映，也是成功经验的累积和传承使然。"②

湖北报刊发展走集约化道路的喜人局面很大程度上得益于湖北省在报刊调整结构和改革中向有实力的报刊出版单位倾斜发展的政策支持。

二、知音传媒品牌要素

知音传媒的品牌要素主要可以概括为以下几个方面：一是文化产品（或服务）。知音传媒坚持以"媒"为主，在多元化战略发展中始终围绕期刊出版为核心的文化产品生产，是一个做文化实体的企业。二是品牌标识（CIS形象识别系统）。知音传媒从早期的名称字体、图标、标徽到各子刊、栏目的包装和整体形象的塑造，形成了独特的内在理念和行为规范，以鲜明的品牌形象吸引消费群体、打动受众，使得读者记住知音系列刊物或者栏目的形象和风格，从而提升了品牌形象和号召力。三是内容要素。知音坚持纪实风格，以消费者导向作为重要的价值导向，将品牌的产品导向、竞争导向回归到消费者导向。打造了一大批品牌报刊、栏目和大型活动，有效提升了品牌影响力。四是品牌关联和延伸。通过品牌关联效应，将文化产品和服务进行品类组合，比如通过开展婚恋服务，开发动漫产业链，打造幼儿教育，妇女儿童产品博览会等活动实现联动营销，推动消费者群体采购这些具有关联效应的品牌。五是品牌个性。知音传媒通过精准的品牌定位、坚持"人情美、人性美"的核心价值观，开展各类活动深化和消费者的情感关系并逐渐形成鲜明的文化个性。六是企业文化。企业文化是企业的核心竞争力之一，是企业品牌管理的重要内容。知音传媒坚持人文关怀和自觉承担社会责任，集聚多领域的优秀人才，坚持"以发展求生存，以实力求地位"。七是管理与经营要素。知音

---

① 冉然 . 兴文化大业　建报刊强省——湖北报刊业发展纪实［J］. 传媒，2013（09）.

② 赵新乐，晋雅芬 . 做强做大期刊品牌 准确定位是基础［N］. 中国新闻出版报，2012-10-30.

传媒不断进行管理体制机制改革与创新，推动管理工作由“塔形”管理改为“扁平式”管理。根据文化产业体制改革的要求，加大了产业经营思路调整和管理体制、工作机制改革的力度，积极探索多元化发展，取得了显著的经济效益，为我国期刊传媒产业化发展进行了有益的探索。知音传媒在品牌管理方面逐渐形成了识别系统、内容系统、文化系统、经营系统、反馈系统和目标系统等独具属性、利益、价值、文化、个性等丰富内涵的整体系统结构。

三、知音传媒的品牌特征

期刊品牌是期刊业发展水平的重要标志。目前我国近万种期刊，真正称得上品牌的很少，有国际影响力的品牌期刊则更是屈指可数。对于品牌期刊的特征，时任中国期刊协会会长石峰认为至少具有以下四个特征：一是必须具有较大的社会影响力；二是必须具有较大的市场占有率；三是必须充满创新活力；四是必须代表社会主义先进文化的前进方向。①

《知音》从1985年创刊号当期40万册的发行量，并在当年就突破了100万册的月发行量，再到2007年《知音》月发行高达630多万册，成为世界排名第五的综合性期刊和中国发行最大的纪实期刊。知音系列期刊月发行量最高达到1300多万册。从一本期刊发展成为具有多元产业的综合性传媒集团，“其独特的生产运作模式赢得了广泛的阅读群体，也成为当代文化消费领域的一道独特景观”②。《知音》文化产业的发展和品牌建设引起了业界的普遍关注，被业界称为“《知音》现象”。本书所关注的“《知音》现象”主要是指“知音传媒文化产业现象”。笔者认为“《知音》现象”是大众文化在新时期发展的产物，体现了大众文化产业化的特征，显示了中国大众文化巨大的市场潜力和活力，代表了当今中国大众文化的发展方向。本书试图探寻在当代中国政治、社会、经济和文化背景下“《知音》现象”的品牌特征。

（一）大众性和影响力

《知音》创刊伊始虽然是一本妇联系统的期刊，但其定位并不是只针对妇

① 石峰．期刊品牌建设迫在眉睫 完善学术期刊评价体系［N］．中国新闻出版报，2014-01-17．

② 刘启涛．《知音》读者群及其接受的调查［N］．中华读书报，2015-07-22（11）．

女儿童，而是采取了大众化的阅读定位。合理的定位是一本刊物成功的基础，《知音》在1985年创刊之初就把读者锁定在大专文化程度左右的人群，之后一举走红，创造了中国期刊创刊号发行数量的奇迹。随着我国教育事业的发展，知音的定位已经覆盖到社会的各个阶层。知名学者温儒敏教授担任首席专家的国家社科基金重大项目《当前社会“文学生活”调查研究》（课题批准号128ZD169）研究成果显示《知音》作为我国大众传媒的典型案例，96%的受调查者都对《知音》有所了解，85%以上的受调查者不同程度上阅读过《知音》，超过一半的被调查者购买过《知音》。该研究还认为《知音》作为一份大众化的通俗刊物，所打造的既不是雅致的精英文化，也绝非不堪入目的低级趣味，而是在满足多数人阅读趣味的前提下，传播一种主流的大众文化。《知音》的大众化定位，有利于其赢得读者的广泛青睐，拥有广大读者群体。

《知音》在全国覆盖广泛，系列报刊定位明确，编排精良，既有统一的风格又各具特色，为知音传媒在全国期刊传媒市场中获得较高的美誉度和阅读惯性。《知音》及其各子报刊均拥有大量的忠实受众。《知音》的稿件坚持“独家原创有影响力”的质量标准，其报道的风格和内容深受业界和大众关注。

（二）情感性和感染力

20世纪80年代以来，包括《知音》在内的大众情感类期刊的崛起和20世纪90年代以后情感类谈话电视节目的兴起，成为颇为引人注目的文化现象。著名学者尹鸿认为：“一方面随着物质生活日益丰富，带来了人们对于情感需求的增加；另一方面随着生存竞争压力的增大，人们对功利精神联系的渴望……导致了通过对弱小的、边缘的、命运多舛的人物命运的展示来唤起受众的同情、怜惜和感动的情感节目成为一种潮流。”[①] 寻找集体认同的趋同心理和个人个性表达的求异心理相互交融，情感和情绪的表达成为文化消费的关键。大众一方面是读者，另一方面又是传媒控制的对象。大众的好奇心理、窥视心理和对话题的兴趣及参与到大众文化的话语构建中是购买期刊消费的动力。在大众传媒信息消费的背后，往往存在这样一种心理：一部分是为了

① 尹鸿．公共情感家园——评河北电视台电视谈话节目《真情旋律》［J］．中国电视，2005（4）．

方便谈论共同的话题以使我者进入他者的世界，以满足自己的参与性和存在感，让心灵找到归属；另一部分是为了表明相互认同，一本期刊也可以成为你我之间沟通的桥梁。“消费是一个系统，它维护着符号秩序和组织的完整；因此它既是一种道德理想价值体系，也是一种沟通体系和交换结构。”①

《知音》坚持“人情美、人性美”的办刊理念，力求做平凡人的知音。其系列产品文化性、独特性、符号性特征明显，所关注的社会热点话题背后的故事具有真实性、生活化的特征给读者一种亲切感和近距离感，另外“知音体”口语化的语言使读者在阅读过程中轻松自然，少了文学化的修饰使得故事本身更加出彩。《知音》通过现实生活中的“人”的体现，以小见大来反映平凡人的伟大，歌颂经历过考验的爱情，展现生活的深度与爱情的纯度。对人性美的表现上立足于以平凡人身上的故事来体现人性的传统美德，凸显平凡人身上的光辉品质。走平民路线，关注命运多舛的家庭和弱势群体，满足人们对于世俗文化需要和享受的同时也潜移默化地向读者展示了一个真实的、多样的世界。

《知音》坚持“贴近实际、贴近生活、贴近群众”的“三贴近”原则，“深入家庭、深入生活、深入心灵”，稿件富有生活化和时代气息，具有很强的立体感、细腻感和画面感，语言风格比较直白，为广大老百姓喜闻乐见。《知音》注重新闻的故事化、平民化，所报道的题材具有可读性和可谈性，具有较强的感染力。

（三）创新性和竞争力

知音从创刊开始就实行自负盈亏，走市场化产业化发展道路。在办刊观念和传播模式、经营理念和运作模式方面进行了一系列创新。打破了“传者本位”的传统传播模式，构建了以受众为中心的传播模式。坚持以受众和客户作为经营中心，既要按新闻规律办刊，也要按市场规律办刊，因此在发行、广告、品牌、资本等价值单位的运营理念和方式不断创新。同时，从改革用人机制、考核机制、激励机制等方面入手，逐步完善配套的管理运行机制，逐步采用全员聘用合同制，逐级聘用，绩效挂钩，人尽其才，合理流动；完善员工福利制度，制定了严格的质量考核机制。严格按照市场规律，运用市

---

① 让·鲍德里亚．消费社会［M］．刘成富，全志钢，译．南京：南京大学出版社，2008：60.

场手段调节资源，积极参与市场竞争，不断深化体制机制改革，逐步建立了现代企业制度，实行采编与经营分离协调发展，较早进行资本运营、跨媒介经营和多元化经营，为中国期刊出版体制深化改革和分层管理确立模式与标准提供了可以借鉴的范本。

技术力量、市场占有份额和经济效益是衡量大众期刊传媒竞争力的主要三个方面。知音传媒集团注重技术和骨干人才的培养和引进，并积极推进数字化、网络化和期刊制作技术的创新。比如，知音印务公司与造纸厂家研制的知音专用纸型即期刊纸被全国多数期刊采用，成为和新闻纸、书写纸等齐名的新品种，为提高我国期刊用纸及装帧质量作出了贡献。在覆盖率上，知音是全国覆盖率最高的大众期刊之一。在产业经营上，知音传媒集团朝着集团化、多元化和国际化方向发展，提出了“人生难得一知己，生活岂能无知音”等广告经营理念，着力打造“互联网 +”背景下的女性社群经济第一平台，显示出强大的市场竞争力。

（四）导向性和公信力

“不管传播媒介的先进性如何，其性质自人类社会进入阶级社会以后都具有二重性，即经济属性和政治属性。”①《知音》在办刊过程中始终坚持正确的舆论导向，坚持以正面报道为主，注重政治属性与经济属性的统一，文化价值与商业价值的统一，传媒精神与产品效用的统一。一是积极配合党和政府的重大题材宣传报道，弘扬时代主旋律。从 20 世纪 80 年代的对越自卫反击战的英雄宣传报道，20 世纪 90 年代中期“科教兴国”和“希望工程”的报道，20 世纪 90 年代末开始的西部大开发决策、反对邪教、抗洪抢险和 2008 年汶川地震等，知音记者都深入一线采集真实独家有影响力的故事进行宣传报道。二是通过典型报道，体现时代风采和“主旋律”。洪战辉、谭纪雄等各行各业的英雄通过知音的纪实报道和正面宣传引起了社会的强烈反响，成为时代精神的标杆。三是注重爱心题材的报道。《知音》不仅真实地为受众呈现现实图景，讲述生活中“真、善、美”的故事，还以专业的态度关怀弱者，比如专门设立“爱心行动”专栏、设立爱心基金等。媒介的专业主义和社会文化责任获得了受众的认同，传媒精神追求与品牌效用得到有效统一。四是

① 周鸿铎 . 传媒经济导论［M］. 北京：经济管理出版社，2003：18.

适当运用法制题材、反面题材，通过对案例或者悲剧故事的反思和点评，达到做好正面报道的效果。

公信力是一种信赖，也是一种品牌，是媒介在长期发展过程中，在受众和社会中形成的信誉度、权威性和竞争力的总和，是媒体生存和发展的生命线。《知音》作为全国发行量最大的纪实期刊，始终坚持报道的真实性和导向性，积极宣传社会主义发展和建设中富有“人情美、人性美”的真人真事，通过对典型人物的高尚道德情操、人民群众生活福利不断改善和提高的现实，树立起公众对于党和政府的信任，对于实现中国梦的信心。《知音》这种生活化的新闻报道有效引导了社会舆论，达到了“随风潜入夜，润物细无声”的宣传效果，充分发挥了大众期刊传媒的价值功能，丰富了品牌的价值内涵。

四、知音传媒品牌效应

品牌具有价值性特征，品牌所具有的优质性能及服务成为企业外化的形象，市场占有率高、覆盖面广可以给企业带来巨大的经济效益，同时因为自身知名度和美誉度，它可以独立于产品之外，形成无形资产价值，这种价值比它给企业所带来的有形资产价值更为重要。[①]品牌作为一种无形资产，在使用中不断增值，虽然因波动性不易准确计量，也不具备法律效力，但作为一种主观价值，却有着很强的市场影响力。对于文化企业来说，努力经营品牌，提高自身品牌价值是保障社会效益和经济效益不断增长的战略选择。

品牌决定着消费者对于消费品的选择。随着大众传媒数量的增多和产品内容的丰富，传媒的品牌价值日益凸显。品牌的精髓是核心价值，这是品牌的个性和竞争力所在，是品牌一切资产的源泉，在品牌中处于灵魂地位。《知音》从创刊开始就以“人情美、人性美”这个具有人类共同情感的价值观作为其核心价值，并坚持至今。通过传达最新的生活情感新闻故事，引导社会思想舆论，承担社会责任，讲好中国故事，满足受众的各种理性需求；通过挖掘和报道现实生活中平凡人所表现出的人性光辉，给读者以启迪或警示，引人向善，给予人们正能量，净化受众的思想道德修养，彰显品牌效应。作

---

① 余阳明，杨芳平. 品牌学教程［M］. 上海：复旦大学出版社，2007：8.

为大众传媒品牌效应，除了市场效应以外，良好的传播效果在政治、经济、文化、社会、传播等领域均发挥着积极作用。

（一）政治、经济和文化效应

新闻舆论作为意识形态范畴是先进文化的重要组成部分。大众期刊的受众覆盖面广，影响力大。坚持马克思主义新闻观和对主流意识形态的守护和传播，讲好中国故事，做好舆论引导是我国大众传媒必须坚持的政治原则。同时，大众传媒也是经济发展的“晴雨表”。品牌效应可以提升大众传媒的市场占有率和社会影响力，增加其广告吸引力和企业的经济收入。知音传媒在坚持正确导向的同时，积极开拓多元产业，取得了显著的效果，打造了《知音》《新周报》《知音漫客》三个百万级销售大刊，涉足了会展、广告、影视、物业、家政、教育培训、动漫等多个关联领域，基本形成了较为完整的产业链和产业集群。同时不断改革体制机制，完善企业治理结构，成为国内规模最大、效益最好的大型期刊传媒集团之一。这些产业经营的实践引领了我国期刊传媒的产业进程，也为传统媒体产业经营和发展提供了宝贵经验。作为品牌精神文化的生产者，知音传媒以通俗的方式，将文化普及到广大人民群众当中，通俗而不庸俗，以高质量的文化产品满足受众的现实文化需求，提高受众的道德水准和文化品位，打造先进文化的“集散地”。

（二）社会情感效应

社会是由不同部分组成的复杂系统，要保持系统的稳定发展就需要使社会各部分协同发展，形成统一的向心力，媒体传播对于凝聚社会人心和动员人民投入实现伟大复兴中国梦的实践中具有重要作用。《知音》发挥其覆盖广的优势，通过挖掘生活中“人情美、人性美”的新闻故事感召受众，成为凝聚社会人心的强力磁场。

在维护社会公平正义方面，《知音》始终站在正义的一方，通过实地调查，采写具有说服力的真实故事以此进行舆论监督。在营造人间有大爱有真情的社会氛围方面，《知音》积极报道草根英雄，展现平凡人不平凡的故事，主人公崇高的精神、拼搏的力量激励读者奋进，净化人们的心灵。同时，知音传媒积极投身公益事业，在帮助大龄单身男女牵线搭桥、妇女创业等方面发挥了积极作用。此外，《知音》通过报道动人曲折的情感故事、挖掘普通人自强不息的草根精神时，让受众得到了精神上的慰藉和满足，或者缓解了自身的痛苦和忧虑，从而增强对生活的自信。而在处理人际纠葛、情感冲突时，《知音》热线栏目向当事人以及受众解释疑惑。《知音》无疑为处于转型期的公众构建了一个自由、平等的交流平台。

（三）行业效应：大众期刊传媒发展的“航标灯”

品牌具有领导性的特征，优良的品牌代表了与众不同、高人一筹的经营理念和产品质量，可以引领市场潮流，影响消费群体的价值观。[①]大众传媒作为精神产品的生产者具有强大的社会功能，媒体的影响力越大，所承担的社会责任越重。多年来，《知音》坚持社会效益第一，积极投入人力、物力和财力，先后针对细分市场积极缩短刊期并开设了小众化定位精准的系列子报刊，满足了受众的个性化需求。在行业自律上，坚持人文关怀和严格的职业道德规范，自觉抵制低俗之风和虚假新闻报道。在传统效果上，积极满足受众碎片化阅读的习惯，构建立体式全媒体的传播机制。

品牌效应作为一种无形价值可以转化为有形价值。《知音》辐射出的巨大品牌效应，在经济效益和社会效益方面都得到了较好的体现。凭借良好的品牌优势，《知音》成为武汉市乃至中国大众期刊传媒的一张名片。知音传媒近年来经济收入总体持续增长，综合实力不断增强，为自身文化产业的大发展创造了良好的经济条件，也为我国大众期刊传媒产业发展做出了榜样，带动了湖北乃至我国大众期刊传媒产业化发展。从《知音》走出来的很多英雄人物成为时代精神的化身，为实现中国梦提供了精神力量。

在知音传媒集团，品牌建设成为社会效益和经济效益的最佳结合点。知音的发展实践也表明，文化产业可持续发展必须重视品牌建设。

第二节　品牌定位和品质提升

品牌是从经济管理学中移植过来的概念，其定义非常丰富，不同组织和

① 余阳明，杨芳平 . 品牌学教程［M］. 上海：复旦大学出版社，2007：8.

个人在不同历史时期有过不同的论述。品牌是一个信息系统，品牌是产品、是企业、是人、是符号，是一面特定的旗帜。[①]著名营销学家菲利普·科特勒认为品牌的内涵包括“品牌属性、品牌利益、品牌用户、品牌个性、品牌价值和品牌文化”。[②]品牌定位理论20世纪70年代在美国兴起，最早出现在广告业。艾·里斯和杰克·特劳特在1972年写了一系列关于“定位时代”的文章，他们认为定位不是以产品为中心而是以潜在的心智为中心进行的，产品品牌定位是对现有产品的一种创造性活动。也就是说将产品定位在潜在的顾客心中，即“如何让你在潜在顾客的心智中与众不同”。[③]国内学者余明阳等人提出了STP品牌定位流程的观点，即细分市场（Segmenting）、选择目标市场（Targeting）和市场定位（Positioning）。媒介市场化、产业化的发展，使得媒介经营者开始关注媒介品牌的创建，只有建立起强势品牌才能获得持续发展。

期刊的定位是期刊的生命，决定办刊的方向、期刊的内容和形式的呈现，主要包括受众定位和功能定位两个方面。受众定位和功能定位紧密相连，前者决定了期刊为谁而办，后者决定了期刊给受众什么。定位决定着品牌特性和品牌发展力。从期刊的诞生开始，定位就一直存在，期刊办给谁看，刊登什么内容，是创刊前就需要考虑的问题，并且根据读者需求的变化来调整定位，以变应变。

一、市场经济环境下的期刊定位

时代背景和政治因素主导着我国期刊的定位和办刊策略。新中国成立初期，“为人民服务”是社会的共识，期刊是党和政府的喉舌这一观念兴起并展开了交锋。我国期刊市场化进行了短暂的尝试。1949年9月通过的《中国人民政治协商会议共同纲领》第四十九条规定：“发展人民出版事业，并注重出版有益于人民的通俗书报。”1950年9月全国第一次出版会议通过的《关于发展人民出版事业的基本方针的决议》进一步指出：“为人民大众的利益服务是人民出版事业的基本方针。”然而随着社会主义改造的完成，到1957年中央取消了市场化的经营方针，20世纪60年代中期开始媒介中的经营因素完全

① 涂晓华．报刊创意与策划［M］．北京：中国广播电视出版社，2009：39.

② 朱春阳．现代传媒产品创新理论与策略［M］．济南：山东人民出版社，2005：67.

③ 艾·里斯，杰克·特劳特．定位［M］．谢伟，苑爱，译，北京：机械工业出版社，2011：3.

消失，期刊和其他传媒一起成为意识形态的媒介，这种状态一直持续到20世纪70年代末。

党的十一届三中全会以后，思想路线的改变使“媒介市场化”的要求被重新提出。1978年人民日报等多家报刊试行“事业单位，企业化管理”。1980年中宣部转发的《出版社工作暂行条例》明确了出版工作为人民服务、为社会主义服务的方针，为期刊市场化发展指明了方向。大众期刊开始横空出世，期刊作为一种商品的观念为期刊带来裂变式的发展。1983年《广东妇女》更名为《家庭》，两年后的1985年《知音》等一大批文化综合类期刊创刊，并颇具规模。这一年中国期刊高峰耸立，发行总数达到25.6亿册，人均占有量首次突破2册。① 市场经济体制的改革为期刊业发展带来很大机遇，西方发达国家市场经济体制下的媒介经营管理经验及集团化、集约化、市场化的思路极大地启发了中国期刊的创业者，也迫使中国大众期刊顺应时代潮流，重视市场和受众的需求，确立以市场为导向的定位。《知音》从一创刊就在读者和内容定位上确立了自己的需求体系，力求打造独特风格、追求个性特色，最大限度实现社会效益和经济效益完美统一。

（一）精准的消费群体定位及发展

《知音》创刊时，正是我国大众期刊高速发展期。截至1984年底，我国期刊种数已经由1978年的930种增加到3907种，其中大众期刊开始兴起，全国各地妇联系统也纷纷复刊或创办新的期刊（见表3.1）。

表3.1　1978年到1984年妇联系统创办或复刊的期刊

序号	主办单位	期刊名称	创办时间	复刊时间
1	全国妇联	《中国妇女》中文版		1978年7月
2	全国妇联	《中国妇女》英文版		1979年3月
3	辽宁省妇联	《妇女》	1980年	
4	内蒙古妇女儿童杂志社	《内蒙古妇女》（蒙文版）	1980年	
5	全国妇联	《妇运史研究资料》	1981年	
6	黑龙江省妇联	《妇女之友》	1982年	

① 李频．共和国期刊60年（1949—2009）［M］．北京：中国大百科全书出版社，2000：179.

续表

序号	主办单位	期刊名称	创办时间	复刊时间
7	广东省妇联	《广东妇女》(从1983年起更名为《家庭》)	1982年	
8	上海市妇联	《为了孩子》(从1989年9月起更名为《现代家庭·为了孩子》，1996年起更名为《现代家庭》)	1982年	
9	四川省妇联	《妇女生活》(1988年起更名为《分忧》	1982年	
10	河北省妇联	《河北妇女》	1983年	
11	浙江省妇联	《家庭教育》	1983年	
12	内蒙古妇联	《妇女指南》	1984年	
13	甘肃省妇联	《妇女文摘》(1985年起更名为《现代妇女》)	1984年	
14	武汉市妇联	《幸福》	1984年	
15	吉林省妇联	《时代姐妹·情人坊》	1984年	
16	吉林省妇联	《时代姐妹》1995年起更名为《姐妹》	1984年	

从表3.1可见，当时全国半数以上的省级妇联已经拥有自己的期刊。湖北省妇联为了响应全国妇联要求各地妇联兴办实业的号召，从1983年开始就准备筹备一份期刊。当时已经有《读者文摘》《今古传奇》《家庭》等新兴大众期刊的出现，1984年全国大众期刊发行超过百万册的已经达到30种，其中《青年一代》以527.1万册位居榜首。《故事会》以523.9万册紧随其后。而20世纪80年代才开始创办的《今古传奇》《读者文摘》《家庭》等，也分别达到了188.3万册、173.7万册和142.2万册。[①] 在这种情况下如何做到，一本期刊既能够满足读者需要，又要赢得市场，取名和定位就成了当务之急。女性和儿童的钱比较好赚成为市场的共识，在妇女报刊蓬勃发展中不断得到了证实，因此当时各地妇联的期刊普遍以妇女或儿童命名，大多数还加上地域名称，便于识别，作为各地妇联机关刊物。而《知音》虽然作为妇联系统的一本期刊，但从诞生开始就是一本大众文化生活类期刊，其关注纪实情感新闻，办刊之初的读者定位是初中教育水平，以及广大女性读者中间，这在当时无疑代表了大多数的阅读群体。其读者并不是局限于女性，也并非一些专家或媒体所认为的“知音长期盘旋在二三线城市、城乡接合部、农村读者群”。[②] 1999年，罗柏林在武汉对《知音》作市场调查时发现，《知音》是武汉读者

① 李频．共和国期刊60年（1949—2009）[M]．北京：中国大百科全书出版社，2000：365.

② 李晓亮．“格调”不应是《知音》上市障碍[N]．新华每日电讯，2012-05-04.

喜爱的十大期刊之首，排列其后的分别是《读者》《家庭》《家庭医生》《青年文摘》《海外文摘》《时尚》《世界博览》《世界时装之苑 ELLE》《中外影视》。忠实读者最多的群体依次是工人、一般工作人员、专业技术人员、党政干部、企业中下层管理人员、学生和自由职业者，其中忠实读者最多的是工人。从性别上看，男性忠实读者比率达 61.9%，比女性高 20 个百分点，可见《知音》在男性群体中也有很大市场，另外读者年龄集中在 20~55 岁之间，受教育程度高中和中专的读者最多为 64.7%，大专和本科以上的分别是 37.1% 和 37.5%，[①] 山东大学当代中国文学研究生活研究中心 2015 年的调查显示：随着社会整体教育水平的发展，《知音》在今天已经囊括了社会的各个阶层。96% 以上的调查对象都了解《知音》，85% 的人不同程度阅读过，其中 11% 的人经常阅读，74% 的人偶尔阅读，超过一半的受调查者购买过知音。在《知音》的读者群中，有 48% 的人年龄介于 20 岁到 30 岁之间。这一群体大多是刚迈出校门的职场人员，往往要承受生活的重压和精神的空虚，因而对精神消费表现出更为急切的需求。而随着年龄的增长，《知音》的读者明显减少，从 31 岁到 40 岁之间的读者仅占 21.3%，并且以女性居多。而年龄在 41 岁到 60 岁之间的读者则更为稀少，总计 10.7%。从这些调查结果来看，中青年人是阅读《知音》的主要群体。从《知音》读者群的收入水平上来看，46% 的读者的月收入都是在 3000 元到 5000 元之间。这些人大多是职场中的工薪阶层，不但有着一定的教育背景，而且工作比较稳定，有一定的闲暇时间，从而保证了阅读的时间和精力。[②] 情感的困扰是所有人需要面对的问题，而知音呈现出一个个生活中的情感故事吸引着广大的读者。

随着期刊市场竞争的加剧，知音为了充分利用作者资源满足不同层次读者多元化的需求，又陆续发展了一系列子刊，目前形成了以《知音》为核心的三大刊群，即大众文化综合类报刊群、时尚报刊群和漫画期刊群（见表 3.2）。

① 罗柏林 . 关于《知音》的市场调查［J］. 出版科学，1999（03）.
② 刘启涛 .《知音》读者群及其接受的调查［N］. 中华读书报，2015-07-22（11）.

表 3.2　知音主要期刊、报纸的消费群体 ①

	报刊名称	办刊（报）宗旨及主要消费群体
文化综合类报刊群	《知音》	坚持“人情美、人性美”的办刊宗旨，纪实新闻期刊，以较高的文化品位感染读者。读者群为 15 岁以上社会各阶层人群，青年成熟期和中年阶段读者为主
	《知音·海外版》	秉承“人情美、人性美”的办刊宗旨，立足中国，强化国际特色，讲述异域人生，目标读者群为中等文化层次以上的女性读者
	《知音励志》	以“励志点燃激情奋斗改变人生”为办刊宗旨。主要读者群为 19~30 岁即将走入社会及进入社会不久的青年人
	《知音·集结号》	纪实文摘期刊；关注女性情感的心灵读本；让读者博览古今，为其带来情感的共鸣以及情感的抚慰。主要读者群为各年龄阶段的女性读者
	《新周报》	综合性文摘周报，办刊宗旨是“与智者对话”。35 岁以上的男性读者是新周报的核心读者群，其中尤以老年读者最为忠实。《新周报》也有部分女性读者，她们主要是受过较高程度的教育，以教师、医生、公务员等为职业的女性群体。另外，还有一部分是学生读者
时尚报刊群	《好日子·好主妇》	时尚生活彩刊；以提升生活品质，展示人文精神，打造生活情商为办刊宗旨；忠实记录新世纪人们精神生活和物质生活的美好，推崇多情趣、多视角的理想生活，倡导一种平民化的生活时尚。读者群以 20~40 岁中青年女性为主
	《第一生活》	时尚生活报；优质生活读本，主流风尚周报。主要读者为武汉及周边地区 22~45 岁的女性
漫画期刊群	《知音漫客》	坚持“少年有梦、青春有爱”为刊魂和“故事第一、爆笑优先、大众意识、生活原味”的办刊方针，以本土原创漫画为载体，以幽默娱乐为基调，以时尚唯美为画风，展示青少年的现实和虚拟的生活，展示普通人的生活、梦想和快乐。读者群为 6~28 岁的青少年读者。其中，最主要的读者群集中在 10~19 岁，这个年龄段的读者比较积极参加互动活动
	《漫客·小说绘》	青春动漫小说期刊；以青春派、校园向、动漫感、轻幻想为刊物宗旨；以萌元素、全互动、图文并茂、读者参与为办刊核心。读者群为青少年学生，其中最主要的读者群集中在 13~18 周岁的青少年
	《漫客·星期天》	幽默益智类儿童原创动漫刊物；以阳光、正面、积极、向上为刊物宗旨；作品特点为人物形象可爱逗趣，色彩鲜艳明快，故事简单明了，主题积极向上，贴近少年儿童现实生活和心灵。读者群定位为 6~10 岁的少年儿童
	《漫客·绘心》	富于感悟或生活气息的绘本故事，和心灵鸡汤式的小文章，给人以心灵的愉悦和慰藉。读者群定位为青少年

① 表 3.2 根据湖北知音传媒股份有限公司《首次公开发行 A 股股票招股说明书》制作。

二、《知音》内容定位及其质量的四次提升

“内容为王”，许多期刊界人士都深有体会。纵观期刊界“湖北现象”，11个“百万报刊”无一不是注重内容质量。[①]《知音》从创刊开始就特别注重内容创新，根据读者市场的阅读需求，合理确定刊物风格和特色，以高品质、高格调的内容赢得读者青睐从而赢得市场，因此知音从一创刊就不断鼓励编辑深入生活一线，加强与读者的互动联系，不断提升期刊质量和品牌地位。

《知音》的内容是以纪实手法讲述社会上发生的逸闻趣事、新闻事件、重大案件、名人明星信息以及年轻人的时尚生活。其特色就是淡化意识形态、拒绝低级趣味，关注社会、关注焦点、关注潮流、关注普通人的精神世界，以纪实手法从各个不同层面讲述关于人和生命的震撼心灵的故事，宣扬人性的至善、生命的壮美。[②]拳头产品就是感人的情感故事，被誉为批发情感和人生故事的“流水线”工厂。[③]主要创始团队则认为《知音》追求“人情美、人性美”，是融文化知识、文化情趣、文化时尚和人文精神于一体的文化结晶。知音内容30多年来始终围绕“人情美、人性美”做文章，历经四次大幅度提升：

第一次提升：突出“人情美、人性美”的办刊特色。

《知音》作为湖北省报刊界最早实行独立核算、自负盈亏的文化事业单位，靠着主办机关拨付的3万元经费起家，面临着巨大的生存压力，唯有以质量求生存、求发展，因此创造个性鲜明的办刊特色成为发展的战略，率先在国内期刊界提出“人情美、人性美”的办刊宗旨，“深入社会，深入生活，深入心灵”的编辑方针，力求将纪实性、故事性、情感性融为一体，歌颂劳动、创造、爱心以及生命与人性的美好，为广大读者奉献原创、真实、有影响力的动人故事。平凡生活故事折射的生活哲理和人生真谛鼓励着广大读者去创造更加美好、充实、有价值的人生。《知音》贴近读者、贴近生活、贴近心灵的小清新形象令广大读者耳目一新，创刊号发行40万册，缓解了办刊的经费压力，创刊当年月发行量就突破100万册，第二年月发行量突破120万

---

① 赵新乐，晋雅芬．向集群要力量　向改革要未来——湖北省报刊业发展综述［N］．中国新闻出版报，2013-09-12.

② 孙燕君．期刊中国［M］．北京：中国社会科学出版社，2003：28.

③ 吴耀谦．知音帝国是如此建立的［J］．澎湃新闻，2014-09-01.

册，第三年突破 140 万册，创造了中国大众期刊发展的神话，也奠定了知音的品牌地位。

第二次提升：提出“篇篇可读，期期精彩”的质量标准。

从 1987 年下半年开始，《知音》发行量迅速下滑到 100 万册以下，1988 年下滑到每月 80 万册以下，1989 年月均发行量只有 49 万册，面临着发展的困境。究其原因一是随着社会发展和人们生活水平的提高，读者对期刊审美的要求日益增长。二是编辑们随着时间的推移，逐渐失去创业的斗志，身心和意志出现疲惫，有些稿件脱离了“人情美、人性美”的特色。这一时期，知音提出“篇篇可读，期期精彩”的质量目标，并充实编辑力量，加强和改善编辑管理。将“人情美、人性美”的风格特色作外延拓深、拓广，报道的内容全方位介入普通人的生活、行为、思想和情感深处，注重以纪实报道手法再现真实生活中作为社会化个体的普通人身上折射出来的各种真实、纯洁和善良的“人情之美、人性之美”，通过弘扬爱国、敬业、诚信、友善等社会主义核心价值观和爱心、成功、健康、挑战厄运、超越自我等人性中美好向上的精神，通过弘扬时代发展中的“人情之美、人性之美”来感召和激励读者充实人生、完善人生和升华自我。这一时期更加注重文章的“典型性”和“感染力”，注重发现和挖掘重大题材和纪实新闻，特别是爱心题材、珍爱生命和自强不息等题材的真实故事。从 1991 年开始，《知音》发行量迅速回升，1994 年重新成为百万大刊，1995 年上半年就超越历史最高水平，达到 140 万册，1996 年突破 200 万册，1997 年突破 290 万册，1998 年达到 320 万册。正如原期刊协会会长张伯海先生所评价：“《知音》是以道德和良知打开读者的心扉。”

第三次提升：缩短出版周期，建立审核机制。

从 1998 年开始，知音的发行量增幅明显放缓，分析其原因主要是因为同类期刊纷纷仿效《知音》的人情美、人情美特色和纪实风格，各大城市纷纷创办都市报刊，并开辟生活纪实报道专栏，互联网也开始逐步走入普通人们的家庭，《知音》面临着来自各方的激烈竞争。为了改变《知音》作为月刊的时效性不够、出版周期长、内容容量有限及虚假新闻等不利因素，知音建立了审核班子，成立法务部，并从 1999 年 1 月开始在全国同类刊物中率先改为半月刊，缩短了出版周期，增加了内容，提高了文章时效，改刊第一个月发行量就突破 400 万册，重新走入发展快车道。

第四次提升：提出“期期有重点，篇篇是美文”的新标准，与时俱进满足读者需求。

2000年到2002年，知音月发行量又进入了一个高原期，始终徘徊在400万册左右。分析其原因认为刊物质量没有及时跟上读者阅读需求的变化，于是开始提出新的质量标准："期期有重点，篇篇是美文"。加大审稿把关力度，扩大审稿范围，优中选优，精中选精，最大限度贴近读者，给读者以美的感受。为此要求每期都要有几篇重量级的稿件，能给读者以心灵震撼和深深感动。此外改革编辑流程，加强编辑队伍建设，一系列的改革使得《知音》发行量再次迅速提升，2003年达到450万册，2004年增长到580万册，2005年超过600万册。2006年再次缩短刊期，改为旬刊，发行量达到636万册，创历史新高。知音率先报道的许多纪实性人物田世国、洪战辉、范子盛、谭纪雄、谢延信等诠释了社会主义核心价值观和新时代的"人情美、人性美"，在社会上产生了广泛的正面影响，成为时代的道德标杆。

这一时期《知音》也根据广大读者的需求迅速发展子刊，形成期刊、报纸群，以保持集团的快速发展，经过多年的努力，逐渐形成了两大报刊群，十刊三报的局面，并且还在新媒体领域快速发展。

第三节　封面与栏目的探索

知音杂志最显著的表象就是知音的包装，即编排特色。知音一创刊就确立了用当红艺术界美女作为封面，并将非常具有吸引力的重要文章标题写在封面的知音风格。栏目贴近生活，内文图文并茂，体现新闻故事的真实性，30多年来没有很大的变化，成为大众期刊争相效仿的对象。知音编排特色的成功不仅是以品牌的文化内涵为基础，更是以媒介传播理念为指导的。

一、《知音》封面的视觉传播

期刊的封面有广义和狭义之分。广义指整体期刊最外一层包装，最前面一页称为封一（封面），反面称为封二（封里），期刊最后面的一页，与内页最后一页相对的称为封三（封底里），背面称封四（封底）。平订的期刊还包括书脊。狭义的封面就指封一。[1] 本书只讨论狭义的封面。引人注目的封面、活泼的封面和稀奇古怪的封面都可以吸引读者的注意力，增强读者对杂志的忠诚度。《玛丽嘉儿》主编 Lesley Jane Seymour 说："封面就是一切。" 期刊的封面在激烈的市场竞争中被称为生死攸关的寸金之地。封面成为大众期刊吸引读者的关键要素之一。因此，研究期刊封面视觉传播的认识和描述所延伸出来的问题，就是希望从描述的现象中寻求逻辑上的解释和文化上的理解。随着科学技术的进步，人类交际和交流方式呈多元化趋势，除了语言以外，图像、颜色等其他社会符号也具有社会功能。

期刊封面具有保护内页、提示内容、装饰美化和广告的作用。期刊封面主要由文字、图像和色彩构成，即刊名、导读和图片。从市场品牌营销的角度来看，期刊要在激烈的市场竞争中脱颖而出，必须重视以上要素，遵循封面设计的"五步三秒"原则[2]即"一瞥的艺术"，增强封面的醒目性、可识别性以及抓住眼球的能力。通过价值、审美符号先期的积极传播与现实互动，既能引发购买行为，也能扩大品牌影响，培育潜在的消费者，并将其转为现实消费者，稳定老的读者群。"期刊的封面一定程度上代表了审美意识和审美期待，期刊封面的变迁一定程度上反映了社会审美意识和审美期待的变迁。"[3]

20 世纪 80 年代以来，期刊封面的审美精神向平民化、日常化转变，改变了改革开放以前以我国广大期刊常用政治人物作为封面图像符号的策略。根据期刊的定位和读者审美需求的变迁在封面设计上不断反复改进，最终形成了较为固定的知音特色封面。

（一）刊名的选择与设置

刊名虽小，但关系重大。杨治明先生在《杂志、画报编辑与设计》一书中说："刊名本身就是一个具体的商品，是书刊内容的化身，封面是期刊的面庞，给读者视觉第一印象好坏，能否引起读者兴趣，决定了期刊的命运。" 范军先生在《期刊刊名与读者定位》一文中指出作为"期刊眼睛"的刊名，是办期刊

① 许清茂 . 杂志学［M］. 厦门：厦门大学出版社，2002：288.

② "五步"就是指期刊挂在报刊亭上，读者在五步之外就能够从几十种报刊封面中发现你。而"三秒"则是读者拿起你的期刊之后，仅仅通过封面上提供的信息就能在三秒钟之内决定是否购买。

③ 李思屈 . 传媒产业化时代的审美心理［M］. 杭州：浙江大学出版社，2008：37.

首先要确定的。它是符号，又超越一般的符号。它与编辑总体构思、个性风格，尤其是读者定位有内在的深刻联系。从刊名，可以窥见期刊的灵魂。①

“知音”二字从字面上看十分简洁，易读易记，认知度非常高，读起来也朗朗上口，不仅方便零售商吆喝叫卖，也便于读者之间口口相传。另外，刊名用典故而不生僻，有书卷气，单从字面意思分析，“知音”指感情真挚的朋友，表达着愿意做千千万万读者的知音的美好愿景，令读者倍感亲切；同时从背后典故来看，《知音》诞生在武汉这个“高山流水觅知音”典故中伯牙子期相会之地，以“知音”为刊名，巧妙借用历史文化资源的符号元素，折射出该刊的深厚历史文化底蕴。1985 年创刊时，知音二字曾选用美术体，但刊名位置、字体、颜色并未固定，也没什么规律性，直到 1986 年 3 月才基本固定刊名的字体并一直沿用至今：“《知音》刊名的设计采用的是规格约为 9 cm × 6 cm 的变形斜体黑体字格式，但是在内部弯转的地方设计成了圆弧形，外部线条是笔直的，笔画的框架都被加粗，中间填以渐变的或单一的色彩，刚柔相济，给人的整体感觉是轻盈、灵动和清新。”②而“知音”二字则固定在杂志左上方或右上方或中间的位置。经过 30 多年的积累，如今“知音”体的独特设计已经成为该期刊的品牌象征，并作为无形资产申请了知识产权保护，作为期刊的重要商标。

（二）封面导读（标题）的设置

封面的文字包括刊名、刊期、宗旨、要目、刊号、邮发代号、出版单位、期刊定价等，除了刊名和刊期不可或缺，其他可多可少。但为了有利于促销，刊物主办者通常将本期最精彩的文章的标题放到封面以起到宣传和促销目的。“封面文字可以告诉期刊购买者该期期刊的具体内容，如果这些标题引人入胜，或许可以激起读者的购买欲望。”③正如营销专家托马斯·达文波特指出，市场经济形态下，人们的注意力本身就是一笔巨大的无形资产。封面导读及重点标题的展示，其目的就是吸引读者的眼球。知音的标题从创刊开始就注重打造独特的风格，逐渐形成了自己的特色，以及被业界和媒体广泛称为“知音体标题”，2007 年网络广泛炒作知音体标题，使得“知音体”成为当年

---

① 范军.期刊名与读者定位［J］.出版科学，2000（03）.

② 梁劲鹏.《知音》杂志营销策略研究［D］.广州：广州大学，2013：9—10.

③ 伦纳德·孟格尔.期刊经营［M］.朱启文，崔人元，译.石家庄：河北教育出版社，2004：72.

的网络十大流行语之一。知音体标题从创刊开始就逐渐显露风格，比如创刊号主要创始人雷一大撰写文章《兽性，肆掠在新婚洞房》讲述了湖北农村一个真实的因为包办婚姻造成的悲剧，标题让人过目不忘。到 20 世纪 90 年代知音体标题逐渐成形，雷一大曾在内部讲话中专门谈了标题制作的秘诀，即"标题功能上力显点睛式的入目效果、修辞艺术上力求多变的激扬文字特色、练达文字上力呈鲜明的诗化语言风格、标题新意上力辟强烈的视觉冲击力"，《知音》老编辑陈清贫也总结了知音体标题的两大特征"一是要抓住文章中与众不同的中心词，把故事最吸引人的地方找出来；二是标题可实可虚，但一般虚化的标题后面加一个补充说明的副标题"①。《纽约时报》专栏作家法尔哈德·曼约奥（Farhad Manjoo）在美国 IT 网络杂志 *Slate* 工作时就曾说过，我们正处在一个快速阅读的时代——标题着实抓住了我的眼睛。美国市场研究公司尼尔森脑神经（Nielsen Neuro）通过对人的大脑潜意识进行科学研究及测试后认为"使用语境词汇 + 往长了写 = 提升标题影响力"。提升标题的影响力法则一是"引入语境词汇"。语境词汇与人的脑部情感神经之间存在联系。法则二是"往长了写"。用标题向读者介绍你要讲故事的能力。②可见"知音体"很多年前就有打造全新标题的优化战略意识。

笔者对《知音》30 年来的导读（标题）进行了抽样分析，将每年的期刊随机抽取了一本作为样本，因为期刊基本每年的情况是比较稳定的，以此分析知音标题的发展变化（见表 3.3）。

表 3.3 《知音》导读（封面标题）情况表

明细 样本	封面标题数目（条）	总字数（个）	平均每条字数（个）	约占封面面积比例
1985 年 1 月	6	52	9	10%
1986 年 3 月	6	51	9	10%
1987 年 6 月	6	63	11	10%
1988 年 2 月	5	79	16	15%
1989 年 10 月	6	66	11	15%
1990 年 1 月	5	78	16	15%

① 陈清贫 . 写稿赚钱 18 技［M］. 桂林：广西师范大学出版社，2009：154—158.

② 中国翻译协会官方网站 . 使用语境词汇 + 往长了写 = 提升标题影响力！［EB/OL］.［2015-07-08］. http://www.cpaonline.org.cn/web/ArticleShow.aspx?artid=001035&cateid=A0401.

续表

明细 样本	封面标题数目（条）	总字数（个）	平均每条字数（个）	约占封面面积比例
1991 年 10 月	6	47	8	15%
1992 年第 8 期	6	52	9	10%
1993 年第 2 期	6	50	9	15%
1994 年第 2 期	6	58	10	25%
1995 年第 1 期	6	70	12	28%
1996 年第 9 期	6	70	12	25%
1997 年第 4 期	6	56	10	25%
1998 年第 7 期	6	79	13	25%
1999 年 7 月下半月	6	87	15	27%
2000 年 4 月下半月	6	87	15	28%
2001 年 3 月上半月	6	84	14	26%
2002 年 1 月下半月	6	90	15	28%
2003 年 10 月上半月	6	89	15	25%
2004 年 11 月上半月	6	96	16	26%
2005 年 10 月下半月	6	101	17	25%
2006 年 9 月下半月	6	103	17	30%
2007 年 11 月上半月版	6	89	15	30%
2008 年 1 月月末版	6	100	17	35%
2009 年 1 月下半月版	6	111	19	32%
2010 年 1 月上	6	101	17	30%
2011 年 1 月上	6	104	17	32%
2012 年 1 月上	6	107	18	35%
2013 年 7 月月末版	6	96	16	38%
2014 年 4 月下半月版	6	92	15	35%
2015 年 12 月月末版	6	103	17	35%

可见知音从一创刊开始就非常注重标题的制作和导读的设置，标题从创刊开始到逐渐形成知音体标题的风格，标题虽然基本固定在 5~6 条以 6 条为主，但所占版面的篇幅和字数基本逐年呈上升趋势。从 1985 年到 1987 年基本占 10% 左右，标题相对不是很显眼，字体和颜色也比较单一（见图 3.1）。1988 年开始一直到 1993 年，标题字体和所占位置略有扩大，从 1992 年开始封面标题采用了不同颜色（见图 3.2）。从 1994 年开始一直到 2005 年，标题

位置和风格基本没有变化，所占版面约为封面的 1/4，并且将重点篇目以特别突出的字号呈现（见图 3.3）。从 2006 年开始至今封面导读不仅突出重点篇目，而且不止在整个封面显著位置，所占空间平均达到封面 30% 以上，并且横竖均有排放，基本按左五右一的格式排列（见图 3.4）。

图 3.1　1987 年 6 月

图 3.2　1993 年第 8 期

图 3.3　1994 年 9 月

图 3.4　2006 年 10 月下半月版

时任知音传媒集团研究室主任王仁山认为知音体标题是集视觉冲击、版面设计、艺术表现等综合需要于一体的时代产物。知音体标题的出现是读者和市场的实际需要。这种长标题风格并不是一创刊就开始使用的，早期《知音》标题也是简洁、凝练的三五个字或六七个字。1986 年 1 月起一直到 1995 年第 12 期，为了吸引读者和为自己做广告，《知音》杂志在目录上用每则 150

个字左右的短小篇幅介绍五六篇下一期重点文章的概要。1996 年第 1 期开始取消了“下期要目”栏目，代之以现如今大家都熟悉的长标题，重要的文章用大号字体在目录中凸显出来。这一年，《知音》月发行量突破 200 万册，比上年增加 40 万册。“知音体”标题很快得到了读者的认可。

通过与《读者》《特别关注》《家庭》《故事会》等大众期刊比较，可得知《知音》封面的导读字数是国内封面最多的期刊之一，多年来每期期刊封面字数平均值达到 100 字，平均每期所占面积达到封面的 1/3，信息量非常丰富。《读者》和《特别关注》基本是四条导读，《读者》每期导读总字数在 20 字左右，所占版面为封面的 5% 左右（见图 3.5）；《特别关注》每期导读在 30 字左右，所占版面也为封面的 5% 左右（见图 3.6）；而《故事会》近年来封面导读基本为一条，平均字数 8 个，位置并不固定，所占版面约为封面的 20%，只是对封面图片的文字烘托，和内文基本没有关系（见图 3.7）。而妇联系统很多刊物封面和内容风格和《知音》比较相似，甚至标题也类似于知音标题的风格，比如《家庭》《现代家庭》《妇女生活》《恋爱婚姻家庭》等（见图 3.8）。

图 3.5 《读者》封面

图 3.6 《特别关注》封面

图 3.7 《故事会》封面

图 3.8 妇联系统部分期刊

通过对比分析可见大众期刊对于封面导读的设置都比较重视并形成了各自的风格，《读者》《特别关注》等文摘类期刊导读设置简洁，字符较少，主要起一个简单的内容提示效果。《故事会》强调品牌的构建，每期一行字的导读均会出现“故事”二字，但由于和内容无关，读者基本无法通过导读了解该期刊物的具体内容。以《知音》为首的纪实类情感故事期刊，特别是各地妇联系统创办的文化生活期刊，非常重视导读功能，无论是数目还是字数都位居大众期刊前列。导读内容鲜明醒目，表现形式贴近大众，具有强烈的视觉冲击力，容易使读者产生进一步阅读的欲望。但随着知音体字数的增加和排版形式的变化，自 2006 年以来整个封面感觉较为凌乱，缺乏简洁性。梁劲鹏 2013 年对《知音》读者调查统计显示，近八成的读者认可《知音》封面设置。[①]大多数读者认为《知音》封面信息量大，一目了然，封面人物魅力独到，美工精细、编排合理。

（三）封面图片的变迁

《知音》作为妇联系统主办的大众期刊，其定位决定了封面图片必须以妇女为主，图片作为期刊封面最核心、所占版面最大的元素无疑是视觉中心。美国摄影家菲利普·哈尔斯曼曾说：“封面要有广告效果和吸引力，首先就是必须有迷惑力，能吸引人的注意，如果封面是人物，人物不能空洞，要有变现力，不能令人反感。”[②]《知音》30 多年来期刊风格、个性、特点、构成和组合等都有一个发生发展的过程，封面人物也记录了 30 多年来的大众喜爱的文艺明星形象。《知音》从创刊开始就使用彩色封面，封面风格基本保持稳定，但也随着媒介环境的变化做了一些局部调整，主要分为两个阶段：一是从 1985 年到 1994 年，封面图片以时代女性为主，但人物数量不定，职业也比较多样化并保留照片背景。创刊号选用杂技演员李莉萍手捧金小丑奖[③]奖杯的半身照片，该照片由新华社记者张申明拍摄，1984年1月24日首发。[④]而《知音》1991 年 10 月的封面图片再次选用李莉萍的照片作为封面时，则是李莉

① 梁劲鹏.《知音》杂志营销策略研究［D］. 广州：广州大学，2013.

② 彭劲松. 用更多的精力制作信息标题［J］. 秘书工作，2005（01）.

③ 1983 年 12 月 12 日，第九届“摩纳哥国际杂技比赛”，武汉市杂技团女演员李莉萍表演的《顶碗》荣获金奖，时年 15 岁。

④ 新华网. 武汉市杂技团女演员李莉萍［EB/OL］.［2009-07-29］. http：//www.hb.xinhuanet.com/zhuanti/2009-07/29/content_17239825.htm.

萍和男友童毅互相依偎的合影（见图 3.9）。1990 年的封面多以情侣的合影为主，1993 年的封面基本以著名模特照片为主，封面人物为 1~4 人不等，比如第 3 期封面则是 4 名舞蹈演员组合的图片（见图 3.10）。1994 年图片除了明星大图以外还刻意在封面增加了一个和内文相关的小图片（见图 3.11）。二是从 1995 年开始至今，引入美学设计概念，封面人物基本固定为一个人，以当红的女明星为主（主要是影视明星、体坛明星、知名模特、著名主持人），并去掉了照片背景，突出明星性感的一面，图片和封面标题文字（导读）交融为一体。明星照片基本分布在中间偏右位置，眼睛处于封面黄金分割点附近，为了照顾图片的摆放，时常压住刊名的小部分，但照片大多赏心悦目，极具诱惑力，让人记忆深刻（见图 3.12）。

图 3.9　1991 年第 10 期

图 3.10　1993 年第 3 期

图 3.11　1994 年第 6 期

图 3.12　2015 年 12 月月末版

此外，在国庆、抗洪、地震等特殊节日和特殊时期，知音也刻意通过封面及内文给予特别关注，展示期刊的人文情怀。某些期数对于封面人物和期刊内容进行完美结合，不定期推出“封面故事”栏目，以封面人物口述形式记录明星的情感故事，这种第一人称的纪实写法特别吸引眼球[①]，深受读者青睐。《知音》封面设计融入了平面美术设计，注重色彩的运用，富有时代气息，基本做到了形式和内容的统一、封面整体的统一和变与不变的统一，使其具有较高的识别度和独具一格的特色，成为中国大众期刊的一道亮丽风景。

二、选题与栏目设置

（一）独特的选题视角

期刊“选题”指的是“对期刊主题的选择，一期期刊包括哪些选题，实际上反映了这期期刊的内容”。[②]选题是编辑工作最重要的环节之一，是决定期刊成败的关键因素。要提出好的选题应该具有战略家的胸怀，必须“吃透三头”，即“一是上头，党和国家的政策、方针和任务，及有关领导和部门在一个时期的工作要求。二是下头，广大读者的需求。三是同行这一头，同类期刊的选题和行情”[③]。由此可见选题策划非常重要，不仅体现期刊风格和办刊水准，还反映了宏观环境的敏感性和读者需求的认知。

改革开放初期，人们对充满人性、人情的文化精神产品的渴望和向往非常强烈。“以阶级斗争为纲”的政治型社会向“以经济建设为中心”转型，一元社会转向多元社会，精英社会转向大众社会[④]，文化市场的需求成为大众期刊选题的主要依据。正如黄永林教授在《20世纪中国大众文学的现代转型及其品格》一书中指出，大众期刊作为一种产业尽管有其精神文明生产的特征，但产品的特性突出，必须树立文化产业的经营观念。城市化的发展和当今中国的俗世化以巨大力量改变着大众的观念和社会的秩序，平民主义、现实主义逐渐代替英雄主义和浪漫主义，消费意识形态通过大众传媒逐渐上升为大众意识。[⑤]知音把准了时代脉搏和大众期刊选题空白，在期刊界最早提出“人情美、人性美”的选题标准，力图在呼唤人性的自由和美的发展的同时，努

---

① 梁劲鹏.《知音》杂志营销策略研究［D］.广州：广州大学，2013.

② 陈仁风.现代杂志编辑学［M］.北京：中国人民大学出版社，1995：33.

③ 许清茂.杂志学［M］.厦门：厦门大学出版社，2002：150—151.

④ 黄永林.20世纪中国大众文学的现代转型及其品格［M］.武汉：华中师范大学出版社，2013：95—96.

⑤ 同上，第126页。

力发出根植于人生信念和价值的呐喊，给精神上存在不定感或迷失感的人们提供心灵停泊的家园。

（二）与时俱进的栏目设置

期刊栏目设置是一本期刊的窗口，是期刊相对独立的信息单位，指期刊根据文章内容分编理序的表现形式，一般有固定的名称、刊登位置和栏目宗旨。栏目设置不仅涉及形式的美观，也关系期刊的风格和性质，体现着编辑水准。《知音》栏目围绕人情、人性做文章，其设置全方位体现了办刊宗旨和理念，非常醒目，并随着时代的发展，根据读者的需求进行适当调整，创造了具有知音特有的风格。《知音》创刊号设置了“当代女性”“致富之路”“妇幼不可欺”“结婚前后”“婆媳父子”等近20个栏目，此外还开设了“请到这里觅知音”专栏，设置了期刊红娘组。首期最后一页刊登了“《知音》向读者的报告”，对刊物的宗旨、来稿的要求和处理办法、发行渠道及有关规定、“红娘组”如何开展活动等方面向读者做了说明。其中，讲到《知音》的宗旨是“作广大妇女、儿童及其他方面读者的知己，彼此以心发现心，让心灵碰撞的火花，激起希望与热情之火”。创刊初期关于栏目的设置，也均有明确的目的（见表3.4）：

表3.4 《知音》创刊初期主要栏目及其介绍（根据知音创刊号介绍整理）

栏 目	设 置 目 的
“心灵深处”“知音台”“人情与友情”	排解生活烦恼，抚平您心中的裂痕，激励您在沸腾的生活道路上昂然奋进
“请到这里觅知音”“谈恋爱的艺术”“情书家信”“结婚前后”	为您寻觅理想伴侣牵线搭桥，为您处理好婚恋家庭问题出谋划策
“妇幼不可欺”“明镜”“正义之声”	大胆反映妇女意见和心声，抨击重男轻女、包办婚姻等封建残余和不法行为，保护妇女合法权益
“当代女性”“开拓者之歌”“明星小传”	展示当代女性精神风貌，给您以启示、激励和感奋的力量
“家庭管理”“梳妆台”“购物指导”“新颖服饰”	及时向您提供家庭消费信息，乐意做您的生活顾问
“世界新浪潮”“智力泉”“国外妇女”“奇女情侠”	在您的紧张工作之余，向您奉献一两勺新的知识和思想的琼浆玉液，以陶冶您的情操，扩大您的眼界，使您生活和谐幸福，丰富多彩

知音从一创刊，就以贴近生活、贴近读者、情感真挚、富有人情味的特色使读者耳目一新，“向读者报告”更是将读者提升到很高的位置，尊重读者的亲民、平民化路线很快赢得了读者的青睐。以“人情美、人性美”为标准，走创新发展的道路，避免了和其他刊物的同质化和激烈竞争，选准了潜在的生态位，为知音的成长奠定了基础。

知音栏目也根据时代的变化和读者的需求不断发展，对于一些不符合时代要求的栏目逐渐取消，也适时增加一些新栏目，为读者带去新鲜感。比如，20 世纪 90 年代开设了“人与法”“法律与生活”“法律盛会”等一系列普法栏目，以满足读者需求。此外，1993 年开始设置“生活新潮”等栏目，传达时尚话题和观点，关注社会时尚潮流，展现了大众文化期刊的娱乐性特点。

随着 21 世纪新媒体和互联网的快速发展，知音在 2002 年开辟了“网络风云”栏目，关注以网络为媒介发生的情感故事和纪实生活新闻。2003 年开设“点击新媒体”栏目。但随着网络和新媒体的迅速普及，网络和新媒体恋爱的神秘感逐渐消失，这些栏目也被新的栏目取代。2002 年还开设“财富广场”栏目，关注普通女性创富传奇故事。随着反腐败的深入，关注反贪大案要案中情感纠结的故事，从 2002 年开始增加了“直击贪官”的栏目。2005 年开始开设了“人生直击”“人与自然”和“封面人物故事”等栏目，“人生直击”讲述具有悲剧性的真实新闻事件，每一个故事都发人深省，很快成为知音的特色栏目之一。2006 年以来又陆续开辟了多个新的栏目，2013 年，《知音》在内容和形式上又做了一些调整：扩充了信息容量，由原来每期十八九个故事增加到二十六七个故事；内容更趋多元化，在栏目布局上，增设了“生活新闻”纪实栏目和“知音集结号”文摘栏目。

目前，知音每期保持在 16 个栏目左右，主要栏目及选题范围、写作风格如下（见表 3.5）：

表 3.5 《知音》目前主要栏目、选题范围和写作风格（根据《知音》2013—2015 年征稿启事整理）

栏 目	选题范围和写作风格
名人明星	名人明星（影星、歌星、节目主持人、戏剧明星、模特、体育明星等等）的人生、情感和奋斗经历。要求选取生活片段或生活侧面，写出真情实感，故事血肉丰满，有浓浓的生活气息
爱心行动	讴歌美好的亲情、爱情和友情。写出人与人之间的真情互助，题材要求新鲜别致，情节要动人心弦

续表

栏 目	选题范围和写作风格
生活新闻	2013年开办的新栏目，发稿字数在2500字到4000字之间，题材为故事容量相对较轻，但题材接地气，富有强烈的时代感
人情大世界	歌颂美好的人伦关系，批判践踏人伦的丑恶行径，深入生活和人心，展示摇曳多姿的人生百态，揭示变幻无常的情感风云，表现时代及生活不断变奏的审美及哲理趋向
生命之歌	反映生命的壮美、人情的冷暖、人性的本真。主要写人与疾病、厄运做斗争并创造生命辉煌及奇迹的生命故事，要显现人性面对厄运的真实状态
蓝盾新闻	震撼人心的涉情重大新鲜案例。要有一定的社会意义，且可读性强
特别主题创意	以现实生活中的真人真事为题材，颂扬真善美，批判假恶丑，深入挖掘人性的内涵，要求新颖别致，故事情节生动
本刊视点	对最近的社会新闻给予深入、人性化的报道
特别调查	宣传报道“新闻背后的新闻”，对影响重大的社会新闻进行全方位深入报道
父老乡亲	普通老百姓的生活故事，向不正之风和邪恶宣战的硬汉精神，撞击人心的百姓情怀和小人物的生存悲欢录。如典型冤假错案的申述、医疗纠纷等
围城风景	写有典型意义的婚姻冲突或现代时尚、诙谐灵动的夫妻情事
初恋时分	要求故事真实、浪漫、感人；文字明晰简练优美；字数在2000字到4000字；情节连贯紧凑，有新鲜时代气息
讲述	真实浓烈的婚恋故事，一般以作者采访、第一人称的方式，讲述对美好或负面爱情及婚姻的怀念、反思、忏悔或警世
人在旅途	奇特的人生经历及感悟，重在以小见大。有感悟、有哲理、有故事，主题可以是感悟也可以是教训
寻梦季节	反映普通人或名人的一段不平凡的奋斗历程，要求主题积极向上，文字简练优美。欢迎生活不寻常的人写自己一段时间的精彩自传
知音报告	本刊的独家报告，多为具有重大时效性的社会新闻和有关婚姻问题的新鲜典型案件

栏目的品牌化发展对于期刊产业化具有非常重要的意义，正如《故事会》原主编何承伟先生所说“品牌杂志靠品牌栏目支撑，好内容是分解到各个栏目中的”。《知音》所选用的文章都是围绕“人情美、人性美”的定位而展开，但讨论的主题还是比较广泛的，通过挖掘新闻背后的故事，让读者既可得到人生的智慧，又可获得心灵的抚慰和激励。三十多年来栏目设置不断成熟，形成了自己鲜明的特点。

一是品牌栏目的打造和呵护。“爱的呼唤”“爱心行动”“蓝盾新闻”“热点追踪”“人情大世界”“生命之歌”“围城风景”“名人明星”“知音热线”等一大批经典栏目，深受读者欢迎，根据笔者所做的100份问卷调查（收回有效问卷 96 份）显示，超过一半以上的读者对“名人明星”等栏目感兴趣（见图 3.13）。

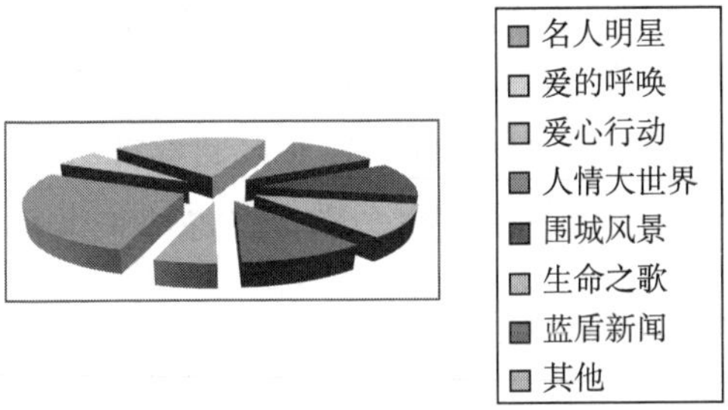

图 3.13　读者对《知音》主要栏目兴趣分布调查

二是栏目名字用词直白，读者容易理解。

三是栏目题材大众化、平民化、生活化，讲述平凡生活故事，走入人物的内心世界，为读者提供现实的心灵震撼和人生况味。

四是满足读者的好奇心理，很多涉及名人明星的家庭生活，内容具有揭秘性质，特别容易吸引眼球。

五是注重互动，具有强烈的人文关怀。知音始终围绕“爱”的主题，传播正能量，“知音热线”等栏目更是为读者答疑解惑。

知音在视觉传播和品牌包装方面日渐成熟。在目录与版面设计方面也做了很多探索，从创刊号的纯文字和没有任何图片和版权信息的单张目录发展到今天非常规范且配有主要篇目内容关联图片的精美目录，既能全面展示期刊的内容便于读者的检索，又与期刊的风格一致，美观而且实用。内文的排版也随着技术的进步和时代的发展，更为多样化，图片和文字字体更加丰富，做到了准确生动地表现期刊的内容、增加读者的兴趣，也展示了知音特有的风格和个性。

第四节　“知音体”解读

“《知音》现象”在国内期刊界一直保持着热点话题，这一文化现象之所以热度不断，一方面是因为《知音》受到千百万读者的青睐，在原创类期刊中发行量长期以来遥遥领先；另一方面是因为知音文本形式的创新即“知音体”的独特写作风格为广大消费群体所喜爱。“知音体”成为知音竞争力的核心要素，也是受众眼球的聚焦处，是“《知音》现象”文本呈现和传播形态的灵魂。本节从文化产业视角解读知音文本的市场化写作，解密“知音体”的生产流程和文化内涵，探寻知音传媒如何通过创新文本引领话题、挑战旧论、撼动受众，在激烈的市场竞争中独树一帜，取得社会效益和经济效益的双丰收的原因。

一、大众消费文化语境下的标题制作和生产

20 世纪 80 年代以来，《家庭》《知音》等婚姻家庭类的女性大众文化类期刊迅速崛起，究其原因，除了经营管理方面的改革之外，重要的因素是贴近生活和实际，以市场和读者为导向，很好地反映了现实生活的变迁，在改革开放建设社会主义现代化的新时期为广大读者提供有说服力的思想观念指导，满足了读者的精神和文化需求。正所谓“文变染乎世情，兴废系乎时序”。随着大众文化逐渐成为时代主流文化，大众期刊作为与大众文化生活有着密切联系的重要载体越来越朝着娱乐化、直观化、平面化和视觉化的方向发展。“现代文化产业就是一种商品的生产，起决定作用的不再是什么灵性的表现或风格的追求，而是创造需要，占领市场，实现最终的目标———交换原则，即把产品变成一种交换的商品。”[①]《知音》作为市场化大众期刊的代表，一开始就坚持“高起点、高质量、高发行量”的办刊思路，坚持“人情美、人性美”的办刊宗旨，以商品化、技术化的文化产业方式较好地处理了大众文化产品经济效益和社会效益的关系。“一方面真实反映社会、教育和娱乐人民方面起到积极作用；另一方面由于需求对路，发行量大从中获得可观的经济效益。”[②] 市场经济环境下的消费社会是一个由大众传媒建构的信息社会，大众期刊生存的关键之一就是对注意力的关注和经营，《知音》在发展过程中逐渐形成了自己的叙事模式和话语形态，也就是广为流传的“知音体”。

---

① 周宪 .20 世纪西方美学［M］. 北京：高等教育出版社，2004：118.

② 黄永林 .20 世纪中国大众文学的现代转型及其品格［M］. 武汉：华中师范大学出版社，2013：99.

（一）传媒的流行体

《现代汉语词典》对文体的定义是文章的体裁。语体是伴随语言运用而产生的，语言只要进入使用领域，就一定归属于某种语体。[①]大众传媒的流行体就是指在长期的语言使用过程中，因交际领域、交际方式、交际目的及交际对象的不同，逐渐形成具有相对稳定的语言使用特点的独特综合体。

将语体和文体比较来看，二者的内涵、学科归属、包含范围及构成要素均有不同的特点。语体是一种言语体式，包含口语和书面语，是语言运用现象，属于语言学研究范畴，其构成要素主要是各层面语言使用特点。而文体始于文学研究范畴，主要指文章体裁，书面语，不仅包括语言使用特点还包括写作方法和内容主题提炼。

知音体兼有语体和文体的特征。2014 年 10 月，在湖北省图书馆报告厅的一次知音读者见面会上，资深编辑夏志军谈道，《知音》经常刊登情感故事，走煽情路线，网上将这种文章风格称为“知音体”，这种风格的标题就叫“知音体标题”。[②]其实知音体从 1985 年创刊开始，就已经逐步形成自己的语言特色和文章风格，20 世纪 90 年代初，“知音体”标题逐步出现并成形，“这些标题或耸人听闻，或震撼人心或标新立异……均可直指双目，从外至里，可使劲儿吸引我们与生俱来的好奇之心。”[③] 2007 年天涯网社区有人发了一个这样的帖子：《请大家用无敌、优雅、冷艳的“知音体标题”来给熟悉的童话、寓言、故事等重新命名》[④]，这个帖子迅速发酵引起了网民的热议，并很快波及整个网络甚至纸质媒体的“恶搞某杂志标题事件”，“知音体”成为 2007 年网络十大流行语之一，之后演变为流行的符号化文本。截至 2015 年 10 月 8 日，有 5200 多位网民跟帖参与网络知音体造句运动。这个天涯首发的帖子也被其他相关网站转载了 2000 多次。而且跟帖和转载仍然在持续发展中。目前，网络上很多为唤起注意，用煽情文章来吸引读者的标题或文章有时也被视为“知音体”。甚至有学者认为，自 2007 年知音体的出现，“××体”就开始成为网络语言的一部分，它既是一种娱乐也是一种情绪宣泄，更是研究网络环

---

① 吕逸新 . 汉代文体问题研究［M］. 济南：齐鲁书社，2011：5—10.

② 万建辉 .《知音》副主编谈知音体：百姓需要这种直白的表达［N］. 长江日报，2014-10-20.

③ 陈清贫 . 写稿赚钱 18 技［M］. 桂林：广西师范大学出版社，2009：150.

④ 天涯网社区：http：//bbs.tianya.cn/post-funinfo-994977-1.shtml.

境下语言不可回避的一种现象。①

目前，流行体作为一种炙手可热的语言文化现象，来源范围非常广泛，每年涌现很多新的流行体。比如，社交网站的言论、影视广告作品、社会热点事件、文学作品、电子商务网站等。

传统媒体主要以畅销报刊标题和文章风格的模仿为主，比如“知音体”、今古传奇体、读者体、特别关注体、南周体等。

（二）具有很强广告效应的知音体标题

“知音体”是20世纪80年代以来随着我国大众文化的兴起和文化消费语境下产生的一种独特语言文化现象。知音体坚持“人情美、人性美”的正能量导向，以真实的故事感染读者，给读者以人生观、价值观的启迪。其通俗易懂、贴近生活、贴近实际、底蕴深厚的语言风格和独特的语言魅力很快成为广大受众眼球的“聚焦处”。

《现代汉语词典》中对于“标题”的定义是：表明文章、作品内容的简单语句。传统散文、纪实作品、小说标题一般也就几个字。知音创刊的前几年也是如此，但伴随着《家庭》《女友》等大众文化期刊的崛起，街上的报刊亭开始悬挂“导读”，上面的大字标题或耸人听闻或震撼人心，或标新立异，以达到直指双目，从外至里博取读者的好奇心。《知音》作为湖北省最早实行“独立经营、自负盈亏”的文化期刊，需要的就是找市场找读者，主动适应市场竞争。20世纪90年代初，“知音体”标题逐渐出现并成形。《知音》不同于时政新闻的是文章更多来源于社会新闻的深度报道，反映的是社会生活问题，比如爱情与家庭、伦理道德、社会风尚、人际关系等，具有新奇、有趣、感动、同情等人性化的特点，因此其叙事特点可以比时政新闻更自由、宽泛和吸引人。由著名学者温儒敏教授担任首席专家的国家社科基金重大项目《当前社会“文学生活”调查研究》（课题批准号128ZD169）课题组对《知音》的调查研究后认为：《知音》的标题以冗长、夸张为主要特色，冗长的好处在于它能通过标题揭示故事内容，而夸张则意在为读者造成一定的感官冲击。大都在借用汉语自身的特色，巧妙地将叙事功用和一唱三叹的腔调融于一处。它们的制作与古典章回体小说有异曲同工之妙，其本身就暗含着夸张戏谑的

① 康亮芳，杨文全．网络背景下“XX体”现象的模因论解释［J］．武汉：华中师范大学学报，2013（02）．

文学色彩。标题的设置是《知音》的点睛之笔。①

网上流行的看法是，《知音》经常刊登一些情感故事，走煽情路线，这种文章风格称为“知音体”，这种风格的标题就叫“知音体标题”。20 世纪 90 年代初还是短标题的时代，“知音体”这种独具特色的长标题的出现让读者顿感新颖，赢得了市场的认可。关于标题的特点，知音主要创始人之一雷一大曾专门撰文《谈知音杂志的标题制作》②，其中讲到文章的标题是一本期刊留给读者的决定性“印象”，“看书先看皮，看报先看题”，“标题先入”的阅读心理说明标题作为一门文字和语言艺术的重要性。《知音》备受读者青睐，标题起到了积极效果，是取胜市场的“法宝”之一。他认为“知音体”标题的艺术特色主要体现在四个方面：一是标题功能上力显“点睛”式的入目效果。标题可以带活一篇好文章，同时好文章需要具备“点睛”之题，编辑要善于活用文字表达技巧，从“抠字”“抠词”入手，使文章标题具有激情澎湃、主题鲜明、轻松活泼等艺术特色。比如，《为了 62 个孩子，最傻的女人让我归来》等标题概括全文，给读者以“向导”；《中国好爸爸张亮：“男神”是这样炼成的》给读者以激励；《这样很好，“难忘初恋”曲终人散》等，标题就对文章进行了肯定的评价；《强悍的尊严：让那个“采花”高手求饶发抖吧》等“论非”之题具有鲜明的批判倾向；《深爱不动声色！京城副处长辞职救夫这九年》《33 学子雨中卖玫瑰：同窗少年一个也不能少》等文章主题鲜明；《爱海吹来柔美的风》等轻松活泼；《爱你一万年，让你认识我一万遍》等激情澎湃。二是修辞艺术上力求多变的激扬文字特色。知音标题比较长，有利于修辞手法的运用，据不完全统计，近年来《知音》标题使用过的修辞手法达 20 多种，比如比喻、借代、衬托、比拟、对偶、设问、摹绘、反语、呼告、排比、警策、感叹、双关、夸张、复叠、对照、简缩、顶针、回环等，多种修辞手法的运用使得知音体标题别具一格，阅读率持续攀升。三是练达文字上力呈鲜明的诗化语言风格。知音标题的制作通过紧扣内文的“关键词或字”带活标题以外，还注重巧妙引用诗文名句、历史典故、成语、歌词、影视片名、读者口头语、流行词语、名人要事等，特别是在标题中借由和强调“名人”效应，使得标题十分抢眼。比如，《李开复向死而生，爱妻让我感到安详》《习彭之恋：“大人物”也

① 刘启涛 .《知音》读者群及其接受的调查［N］. 中华读书报，2015-07-22（11）.

② 转引自陈清贫 . 写稿赚钱 18 技［M］. 桂林：广西师范大学出版社，2009：154—158.

是“小夫妻”》《陈建斌与蒋勤勤：半亲半爱半苦乐》等。四是标题新意上力辟强烈的视觉冲击力。通过抓关键字、词来抓住读者的心理，合理把握煽情的度，注重趣味和品位，做到雅而不俗，恰到好处。比如，关于生命题材多在“奇”字上出彩，关于母爱题材重点以“情”感人。

关于知音的标题、知音的文风的精髓，知音知名编辑夏志军先生在一次讲座上说，知音的文风，不但可以感染人，而且有自己独特的风格。现在许多的电视节目、许多电影剧情，都是从知音的题材中脱胎换骨而来。目前，网络上和各界对于知音体的说法，其实还没有洞悉精髓。“知音体标题一看就能够知道大体内容，能够吸引读者，这是一种不懈努力的新闻实践，百姓需要这种直白的表达。”他以《知音》2014 年 10 月下旬刊他编辑的一篇文章《山西首富换妻前后，操纵与践踏风云变幻》举例：①

张新明，山西金业集团董事长、“山西首富”。2014 年 8 月，他被带走，多年搭建的“黑金帝国”也轰然崩塌。在今年夏天席卷山西的反腐海啸中，多位省委常委，公检法司系统的高官，多处可见他的“黑金”烙印。我们选择的故事和角度，是他的一场换妻闹剧。

文章，是比较标准的知音体。分为三大段，一层层地推进故事。第一段，苦苦追到手的前妻，一转眼又成为糟糠。第二段，三名凶手的判决，谁在翻手为云？第三段，山西首富换妻闹剧，操纵与践踏多少风云变幻。

知音的标题，先是作者思考，再是编辑和主编加工，然后，总编、主编等人一起，集中制作标题。制作这个标题的过程中，先提出了“山西首富换妻闹剧，践踏多少人和事”，然而，大家都觉得无法完全表达文章的内容，还有许多东西没有展示……仅仅从被害者的角度出发，没有“操纵者”的角度。

当“操纵与践踏风云变幻”，从雷总的嘴里蹦出来，情况就完全不一样了。它，全面、准确地再现了整个荒诞不经的故事、整个难以想象的过程。

2009 年第 4 期的《知音》头条文章是《青年翻译家传奇：生命绝地那“风干的豹子”》，该文讲述的是出生不到 8 个月便罹患小儿麻痹症、颈椎以下

① 万建辉.《知音》副主编谈知音体：百姓需要这种直白的表达［N］. 长江日报，2014-10-20.

全部瘫痪的青年翻译家范子盛克服病痛，自学英语，博览群书，成为一名顶尖翻译家的故事。

这篇文章后来被翻译成英文和韩文，主人公范子盛的奋斗故事被国外大学教材收录。这篇稿件的采访过程非常艰难。几经周折，时任编辑杨俊峰建议作者以范子盛青年翻译家的身份亮点作为主线，进而挖掘相关新鲜生动的细节。该文有一处情节让编辑感到动容。2002 年 9 月，主人公范子盛在翻译一本著作时肺炎复发，高烧 40℃，被送进医院抢救。但范子盛并没有因此放慢工作进度，导致他多次陷入昏迷，连医生都无可奈何。译著中出现了“乞力马扎罗”的地名，海明威的名篇《乞力马扎罗的雪》中写道，那是一座海拔一万九千七百一十英尺的常年积雪的高山。据说它是非洲最高的一座山。在西高峰的近旁，有一具已经风干冻僵的豹子的尸体。豹子到这样高寒地方来干什么，没人作过解释……这个细节，让编辑也深受启发：在主人公范子盛的人生中，无疑横亘着一座难以逾越的雪山。范子盛在生命绝地与风干的豹子在梦中相遇的情节具有相似性且十分感人。时任总经理雷一大将“风干的豹子”提炼到文章的标题中，进一步升华了文章的意境。

时任知音传媒研究室主任王仁山也曾对 2004 年第 11 期的一篇题为《雪藏的初恋为了谁——著名歌星祖海的初恋情殇》的文章标题做了点评。[①]

作品大意：著名歌手祖海在中国音乐学院与高两届的长得帅气的左军相恋，这也是她的初恋。左军毕业时，她甚至跟着去了一次左军的老家。在左军家，祖海认识了他的妹妹国英——一个在他父亲遭遇车祸死去，奶奶和妈妈因受不了打击而病倒时，肩负起全家重担的姑娘。后又了解到，国英只是左军的义妹，双方父母约定，长大后就是兄妹，若有缘就是夫妻。国英深爱左军，多年来在左家履行着女儿和媳妇的双重责任。责任、良知和孝道使左军决定和国英结为夫妻，敬佩和理解使祖海放弃了这段美丽的初恋。

王仁山认为：“雪藏的初恋为了谁”这个标题具有散文美、意境美。一是用词精当。“雪藏”二字取自左军为祖海写的一首诗，具有晶莹之美，纯洁之美，这个词也寓意着美好初恋。二是设问巧妙。设问“为了谁”，达到了吸引读者的效果。三是借用贴切。祖海的代表作刚好是《为了谁》，为广大读者所

① 知音一山的博客：http：//blog.sina.com.cn/wrs1108.

熟悉。“为了谁”在此一语双关。

关于知音体标题的出现，1996年高伟杰在《羊城晚报》以《期刊流行长标题》为题写过文章，文章认为《知音》是这种长标题的开创者，其作用是“以比较引人的、相对具体的内容和文字较长、字体粗黑的形式来吸引读者，形成了相当强烈的视觉冲击力，自然也刺激了读者的购买欲、阅读欲”。知音传媒集团研究室主任王仁山认为知音杂志开创了一代期刊长标题之风气。《知音》之所以钟情于制作长标题，主要有以下几个方面原因：一是市场竞争的产物。长标题给读者视觉冲击比较强，引人入胜。知音内容比较过硬，加上知音体标题，就是“好酒”基础上的“吆喝”。二是长标题避免了使用副标题。《知音》主要是纪实新闻故事，也称“特稿”，传统也称“通讯”，过去写通讯通常使用主标题加副标题的形式，主标题写“虚”，副标题写“实”，这样一主一副加起来字数和所占版面较多不利于在封面和目录上排版的美观。《知音》引入了设计美学的概念，进行大胆创新，将主副标题融为一句话，便于表现设计效果。三是长标题本身就可以起到广告的效果。《知音》在封面上、目录上以长标题形式出现，节省了之前每期印刷“内容提要”海报的费用，起到了“一身二任”的效果。四是长标题方便使用修辞手法。《知音》标题一般为一长一短的两个部分，中间用符号隔开，大多一部分写实，另一部分写虚，很好地将传统通讯标题的主副标题合二为一，由于字数比较多使用修辞手法的回旋余地大。因此，知音体标题是集视觉冲击、版面设计和艺术表现等综合需要的时代产物。《知音》编辑邹玲认为典型的知音标题是：一定要有一个逗号，前面是抒情或警语，后面是对事情的高度概括，一个标题要力求有视觉冲击力，要有一种一唱三叹的韵律感。[①]《知音》原资深编辑陈清贫用两个字概括知音体标题的特点就是：打眼。他认为“知音体”标题存在即合理，制作标题，要善于抓住“题根”，即文章的关键词，文章与众不同的语言浓缩。

知音原负责人曾说过，“知音体”达到了一定的境界，有代表性。“知音体”的风格是由内容决定的，生动的细节，动人的故事。知音体标题对内容高度概括，既揭示了事件本质和道理，又有表达的美感，可读性强。

---

① 邹玲．知音啊，你是谁的知音？［J］．中国企业家，2012（15）．

（三）独特的生产运作流程

大众期刊的文本形态就是指期刊内容的呈现方式，由议题建构、价值指向、角度立场、话语形态、期刊样态等构成。报刊内容生产模式就是其文本形成的整体框架和运作规则。期刊的生命力源于其文本的传播力及由此形成的影响力。如何吸引读者，获得读者的信任和忠诚是大众期刊发展的重要因素之一。《知音》从一开始就确立内容生产以读者为中心，并与印刷、发行等经营单元以及产业环节紧密联系，协同作战，逐渐形成自己独特的文本操作理念和行动模式。

《知音》的稿源主要包括自然来稿、特约作者来稿和刊物记者采稿。出版发行主要环节有：第一步是选题和申报。即根据刊物的办刊宗旨、风格、读者的需求，编辑从社会新闻中寻找合适的选题上报给当期执行主编、副总编筛选。第二步是召开组稿和编前会。组稿是选择、组织稿件的活动。编前会的主要任务是确定编写稿件的选题。第三步是审稿，《知音》制定了“四审制”，成稿后，由编辑初审，执行主编二审，副总编三审，最后由总编终审。通过认真审稿对稿件质量进行严格筛选把关。《知音》期刊每期上报选题约 300 个，经编辑后成稿约 60 篇并完成一审；然后由执行主编二审并从中筛选出约 40 篇稿件；再由副总编在此基础上筛选约 30 篇稿件三审；最后，由总编选定 19 篇至 20 篇稿件在当期刊发。第四步是法务审核、录入排版及版式设计。稿件审核完毕后，由公司法务部复核稿件是否有重稿、假稿的情况。第五步是校对改正。《知音》对稿件质量把关严格，实行“五校制”，另外还安排专业校对人员进行点校和核红。第六步是编后会。编辑内部讲评当期稿件并总结经验。第七步是发稿。总编签红后进入照排并出胶片（菲林），检查无误后开始付印。第八步是印刷。各出版物由知音印务公司印刷或者委托外部的印刷厂印刷。第九步就是发行。知音传媒有专门的发行公司，发行公司又通过委托各地经销商代理各期刊的销售。报刊发行渠道主要是两种，“主渠道”即邮局和批发；“二渠道”为民营书刊经销商渠道。

《知音》的稿件主体为社会纪实特稿，即多为纪实性社会新闻故事，冯越认为知音体“是新闻也是文学”。[①] 其读者定位辐射整个社会的各阶层，据国家社科基金重大项目《当前社会“文学生活”调查研究》（课题批准号

---

① 冯越 . 是新闻，也是文学——从《知音》杂志的发展看中国纪实文学的崛起［J］. 今传媒，2005（04）.

128ZD169）课题组 2015 年 7 月发布的研究成果显示，96% 的被调查者对《知音》有所了解，85% 的被调查者不同程度上阅读过《知音》，在阅读群体中 11% 的人经常阅读，74% 的人偶尔阅读，其中过半的人购买或订阅过。此外，中青年人是阅读的主要群体，48% 在 20~30 岁之间，46% 的读者月收入在 3000~5000 元之间，阅读定位大众化的特色比较明显。该研究认为《知音》的栏目设置、故事的写作手法都有商业化的痕迹，是一种市场化的产物和当代传媒产业竞争的结果，以文学色彩手法报道新闻故事，既追求新闻的时效性和真实性，又通过文学手法将故事层层展开，走上了一条文学和非文学之间的"亚文学"路线，创造了一种新的传播文体即"知音体"。

那么知音体的素材是如何获得的？资深编辑陈清贫认为，素材的获得途径主要是三个方面：一是阅读最新报刊，寻找可以挖掘和追踪采访的小新闻；二是浏览网络新闻，寻找可追踪的新闻信息；三是做有心人，无论在何地，感人的事即可追踪过去。某种意义上除了新闻首发以外，知音体颇有"新闻背后的新闻"和"新闻的延伸采访"的味道。[①]《知音》资深编辑肖东发、夏志军等认为"知音体是中国新闻市场的开拓者和实践者"，不仅关注热新闻，也关注冷新闻，其具有"消灭新闻"功能，即把新闻最重要乃至背后的故事都呈现出来，看完知音的文章就不用再看其他传媒的报道了。知音体不是传话筒，而是思想道德的传承者和继承者，传统道德的捍卫者，是一本有思想的杂志，具有舆论的正向引导作用，其故事、结构、思想、表达方式等都经得起看。"知音体一直被模仿，从未被超越。"[②]新闻露出海面的永远只是冰山一角，同样的一则新闻，立意、角度、人物侧重的不同，连带新闻可以层出不穷。长期以来，我国大众传媒主要是宣传教化的工具，为"喉舌"的角色，其"社会守望"功能并不被重视。20 世纪 80 年代以来，新闻界提出新闻语言的多样化，大众传媒开始由单一的喉舌功能开始转向传播功能多元化、受众多样化，新闻的双重属性开始得到确认，"大众传媒的功能和角色体系得到系统性恢复和重建"[③]，新闻开始走向"娱乐化"倾向。

新闻是选择的"艺术"，期刊是被选择的"艺术品"。《知音》从创刊开始就坚持"内容为王"，多方面构造文本形态传播力。一是追求"读者至上"

---

① 陈清贫 . 写稿赚钱 18 技［M］. 桂林：广西师范大学出版社，2009：154—158.

② 2014 年 10 月 19 日，笔者对知音传媒集团部分编辑的采访。

③ 喻国明 . 变革传媒——解析中国传媒转型问题［M］. 北京：华夏出版社，2005：16.

的传播理念。内容上贴近读者、贴近生活和实际，实行差异化竞争，开发新闻的娱乐和心理抚慰功能，强化使用价值，构建传播落点，重视新闻报道的“第二落点”，加大对热点题材的策划和跟踪，“原创、独家、有影响力”的议程设置，满足读者不断变化的阅读需求。二是打造“公共平台”功能。重视受众主体地位，从议题选择、话语形态、立场角度和价值取向等方面呈现公共性特点，站在大众的立场上发现、选择、表述和阐述新闻，为读者认知世界提供一种崭新的方式。正如“公共新闻之父”杰伊·罗森所言：“新闻记者不仅应该报道新闻，还应该致力于提高公众获得新闻信息基础上的行动力，关注公众之间对话和交流质量，帮助人们积极寻求解决问题的途径，告诉大众如何应对社会问题。”① 三是期刊整体的视觉设计。视觉欲望的产生和满足是消费社会的重要表征之一，《知音》较早引入模块化设计理念，注重视觉审美，封面和版式设计不断创新，从单一版式包装发展到期刊产品的系统设计。

二、大众消费文化语境中的情感叙事

市场化改革是打破计划体制的一场革命。这同样体现在文学和新闻领域。改革开放的春风让大众传媒呼吸到了新的空气。20 世纪 70 年代末产生的朦胧诗，20 世纪 80 年代文学对人性的呼唤均体现了这一点。大众化、市场化进程的加快，使得中华大地迅速呈现出平民化写作乃至全民写作的繁荣景象。“畅销小说、热门影视、琼瑶热、金庸热、三毛热、汪国真热、王朔热等此起彼伏，左右着大众的消费取向和审美取向。”② 大众期刊作为现代文化市场的重要组成部分为了获得市场的成功，不得不作为商品而投入读者消费市场中。“在商品社会里的商品消费欲望是具有传染性的，消费者从来不会满足。既然商品并不完全是物质性的，商品消费就和精神状态有关。”③“知音体”所带来的良好市场潜力成为许多大众传媒竞相仿效的传播形态，叙事学研究的成果可满足传媒人制作“吸引眼球”的文化产品从而达到追求市场效益的效果，也能使内容从一定文化内涵出发，将内容不仅做得好看，还规避了单纯追求

① 蔡雯 . 美国“公共新闻”的历史与现状（上）——对美国“公共新闻”的实地观察与分析［J］. 国际新闻界，2015（01）.

② 黄永林 . 20 世纪中国大众文学的现代转型及其品格［M］. 武汉：华中师范大学出版社，2013：132.

③ 弗雷德里克·詹姆逊 . 后现代主义与文化理论［M］. 唐小兵，译 . 西安：陕西师范大学出版社，1987：201.

商业利益所带来的“低俗”“格调低”等问题。

叙事学是叙事文本的理论，人类从有信息交流开始就有叙述的存在，可见叙事的研究涉及人类生活的各个方面。作为一本大众文化生活类纪实期刊，《知音》多年来坚持运用故事化的叙事方式，通过挖掘新闻背后的故事，以独特的知音体叙事方式吸引着无数消费群体。《知音》一直以挖掘曲折离奇新闻故事背后的“人情美、人性美”而著称，每次将寻找到的故事按照知音体的情节模式进行叙述，这种独特的“讲故事的形式”被媒体称为“批发情感和人生故事的流水线工厂”①。《知音》通过讲述真情故事，打造了独特的情感生产与消费的产业链，从而缔造了期刊传媒的神话。

（一）中国大众文化的叙事研究

20 世纪 80 年代以来，随着市场经济体制的改革，大众文化开始迅速发展，大众期刊快速崛起，大众文化的相关具体文体开始受到学界的关注和广泛研究。随着我国新闻管理体制的改革，大众传媒的叙事风格开始呈现多样化和个性化特征，大众文化的叙事特征和大众文化的属性成为新闻叙事学开始关注的领域之一。从现实观照来看，主要是由于大众文化及中国语境的特殊性随着时代和科技的进步不断涌现新的大众文化现象，大众文化的概念也在不断生成和变化之中。陶东风等学者曾把大众文化定义为“以大众传播媒介为手段，按照商品市场规律运作的、旨在使大量市民获得感性愉悦的日常文化形态”②。文化的商品性逐渐成为大众文化的属性之一，新闻的双重属性也逐渐得到了我国官方的认可。孙文宪指出：“霍克海默和阿多诺关注大众文化的论述是在批判集权主义的语境中开展的，其结论不能揭示大众文化性质，更不适合用来解读中国本土的文化现象。”③ 雷蒙·威廉斯在《关键词：文化与社会的词汇》中指出，大众文化“更现代的意义是被许多人所热爱”。“大众”在中国语境下与革命和社会主义建设有关，而我们现在的大众文化是从文化消费和生产的角度出发的，是随着社会主义市场经济体制的逐步建立而蓬勃发展起来的，有着中国特色的发展方向和特征，是不同群体不断变化的

---

① 邹玲 . 知音啊，你是谁的知音？［J］. 中国企业家，2012（15）.

② 陶东风，徐艳蕊 . 当代中国的文化批评［M］. 北京：北京大学出版社，2006：73.

③ 孙文宪 . 艺术世俗化的意义——论本雅明的大众文化批评［J］. 华中师范大学学报，2004（05）.

多层联系构成的流动的主体，是一种正在不断生成和变化的状态。[①]黄永林教授认为在现代社会历史文化背景下产生的中国大众文学必然体现现代社会的精神和现代品格。这种现代精神和品格主要体现在商品性与市场性、工业性与技术性、世俗性与消闲性、工业性与技术性、民主性与大众性等方面。[②]

叙事学从 20 世纪 60 年代中期在法国兴起的结构主义叙事学开始，就注重探讨作品内部的叙事要素和结构规律，提供了一套叙事分类方法和分析话语，在叙事分析领域取得很大成果，也被称为“经典叙事学”。之后，叙事学被广泛应用到西方文学理论和批评界并不断扩大应用领域，涉及电影、期刊、多媒体、漫画等很多具有叙事性质的作品和人们日常生活交际活动等，形成了大叙事的特征。虽然不同流派也有不同角度和侧重点，但经典叙事学主要关注具有普遍意义的叙事语法，社会和文化因素及受众的具体语境对文本创作的影响却探讨较少。

20 世纪 80 年代，叙事学被引介到中国大陆，被广泛运用到神话、民间故事及小说等文学作品中。随着科技的发展，大众传媒的改革和兴起，叙事学开始了跨学科研究，扩展研究范畴，报刊传媒、广播、电视媒体等开始引起叙事学家的关注，通过分析叙事作品探讨其文化现象。叙事学的格局也逐渐“从文本中心模式或形式模式转移到形式和功能并重模式，不仅重视故事文本同时重视故事语境”[③]。可见开放性和包容性增强，呈现多维互动的叙事方式。“包括符号现象、行为现象以及广义的文化现象。”[④]

国内大众文化的叙事研究远不及精英文学文本，并且对大众文化的文学叙事研究多半以批判为主，对于其叙事特征大多泛泛而谈。对于畅销的书刊研究，学界关注不够，而大众纪实期刊的叙事研究也未能得到相应的理论关注。要理解《知音》的叙事特征，我们就要认清大众文化的叙事特点，进而理解当代大众文化的属性及其价值。李炜在《中国大众文化叙事研究》一书

---

① 相关文章和著作有黄永林《20 世纪中国大众文学的现代转型及其品格》（华中师范大学出版社 2013 年 8 月第 1 版）、宋革新《当代中国大众文本评价期待》（《文艺理论与批评》2005 年第 2 期）、范玉刚《当下语境中的“大众”与“大众文化”》（《中共中央党校学报》2007 年第 3 期）、王岳川《中国镜像：90 年代文化研究》（中央编译出版社 2001 年版）、李炜《中国大众文化叙事研究》（华中师范大学出版社 2010 年 6 月第 1 版）、蒋述卓、李凤亮《传媒时代的文学存在方式》（广西师范大学出版社 2010 年 3 月第 1 版）等。

② 黄永林 . 20 世纪中国大众文学的现代转型及其品格［M］. 武汉：华中师范大学出版社，2013：128.

③ 戴卫・赫尔曼 . 新叙事学［M］. 马海良，译 . 北京大学出版社，2002：3.

④ 同①。

中指出，我国大众文化叙事特征主要呈现以下特点：一是叙事对象与主题，不同于精英文化的宏大叙事，大众文化叙事更侧重平民意识的“日常生活”的小叙事，肯定日常生活的本体性地位和意义，切入现实生活的肌理，探讨具体的叙事层面，点燃日常生活之梦。二是大众文化文本的叙事结构注重情节模式及其延伸。大众文化最基本的期待是让大众理解文本、产生快感，达到娱乐目的，因此注重情节模式的类型程式和情绪模式，并在类型中出新，可以较好迎合大众的期待。三是大众文本叙事实践注重与日常生活的一致性。叙事声音和叙事效果注重大众的意识形态。随着市场经济体制的建立和中国社会个体主体性意识的觉醒，“我”作为大众文本中的公开叙述者频频出现，彰显大众意识形态。四是大众文化文本注重感官体验与符号的细节叙事，叙事符码呈现多元化。五是大众文化文本追求狂欢化的叙事策略与本体性，呈现互文性特征。①“从历史上不同民族和国家都存在不同形式的狂欢活动。那种与世界性狂欢活动相似的精神内涵，中国民俗中同样存在。”②在一定程度上可以说大众文化正是民间狂欢文化的延续。互文性不仅作为狂欢化的叙事策略存在，还体现了大众文化的本体属性。随着互联网和新媒体的发展，超越媒介的互文现象不断涌现，媒介之间融合和优化成为新时期媒介文化的发展方向。

（二）知音体叙事模式、技巧和策略

传媒产业也称为内容产业，一切与传媒相关的文体，无论是经济、政治还是文化均体现在内容的载体——文本上。而叙事就是创造文化的活动。“叙事研究的主要是叙事作品的表达形式，即构成话语的叙事方式和技巧。”③法国叙事学家热奈特将“叙述”分为故事、叙述、叙事三个层面。故事是被讲述的全部事件；叙事是讲述这些故事的书面或口头话语；叙述是产生话语的

① 互文性，也有人译作“文本间性”，是法国后结构主义批评家克里斯蒂娃提出的概念，意在强调任何一个单独的文本都是不自足的，其意义是在与其他文本交互参照、交互指涉的过程中产生的。一直以来，对互文性的界定分狭义和广义两种。狭义的定义以热奈特为代表，这种定义认为互文性指一个文本与可以论证存在于此文本中的其他文本之间的关系。广义的定义以巴尔特和克里斯蒂娃为代表，此种定义认为互文性指任何文本与赋予该文本意义的知识、代码和表意实践之总和的关系，而这些知识、代码和表意实践形成了一个潜力无限的网络。

② 钟敬文．文学狂欢化思想与狂欢［N］．光明日报，1999-01-28.

③ 胡亚敏．叙事学［M］．武汉：华中师范大学出版社，2004：18.

行为或过程。[①]可见故事是研究作品的内容和形式即构成因素和形态。写透人性的知音体是"《知音》现象"的立足点和知音传媒的核心竞争力，也是经久不衰的秘诀之一。"知音体"是一种深受大众欢迎的文体，也为新闻的写作转型回归新闻主义和新闻的二次开发、文学的市场化产业化路径提供了很好的借鉴经验。以下将选择故事和叙述层面的具体理论从微观到宏观试图探析"知音体"的叙事秘诀。

1."知音体"的叙事模式

"叙事就是讲故事。也就是说，故事中包括一系列按时间顺序发生的事件，即叙述在一段时间之内，或者更准确地说，在一段时期内发生的事件。"[②]可见故事是线性的，具有时间、空间、人物及因果关系等要素，是一系列事件构成的。"知音体"的文内内容，即知音体故事的构成因素和构成形态有着独特的叙事模式，具有新闻报告的五个 W 要素（时间、地点、人物、事件及原因）。米克·巴尔在《叙述学：叙事理论导论》一书中明确指出新闻报道就是一种叙事形态。[③]新闻的双重属性得以确立和大众文化产业的兴起，新闻报道也随之进入一个叙事和讲述的时代。"新闻学的本质是故事。"正如知音传媒内部流行的一句名言："生活的精彩远远超出你的想象。"[④]作为人类活动反映的新闻，有着许多生动活泼的故事，新闻采访即"采访说故事"[⑤]。屈济荣[⑥]认为故事化的新闻具备"人物、情节和感人"三个要素，是"有感情"的新闻，提倡"事件人物化，人物命运化"，更为强调读者的接受体验。李希光将故事化新闻和传统化硬新闻用一个图表进行了比较，见表 3.6。

表 3.6　硬新闻与故事化新闻（讲故事新闻）的比较[⑦]

采写手法	硬新闻	讲故事新闻
作者	新闻记者	剧本作家
开头	倒金字塔	趣闻逸事

① 热拉尔·热奈特．叙事话语 新叙事话语［M］．王文融，译．北京：中国社会科学出版社，1990：199.

② 阿瑟·阿萨·伯杰．通俗文化、媒介和日常生活的叙事［M］．姚媛，译．南京：南京大学出版社，2002：4.

③ 米克·巴尔．叙述学：叙事理论导论［M］．谭君强，译．北京：中国社会科学出版社，2003：2.

④ 甘丽华．知音美文是如何炼成的［N］．中国青年报，2012-08-27（05）.

⑤ 姜圣瑜．采写新闻就是采写故事［J］．新闻战线，2004（06）.

⑥ 屈济荣．故事化新闻的叙事策略与技巧研究［D］．成都：四川大学，2007.

⑦ 李希光．畸变的媒体［M］．上海：复旦大学出版社，2003：85.

续表

采写手法	硬新闻	讲故事新闻
描述	事实（最重要的事实）	场景（最有戏剧性的瞬间）
穿插	引号语	对话
内容	新闻性的信息	新闻中的故事
追求	事实的准确	生活的真理
采访方式	拦路采访	同车采访
关注焦点	事件	人物
要素	新闻要素	人性要素
结尾	没有结尾（直截了当陈述重要事实）	戏剧性结尾（用细节制造一种期待，直到最后一段）

故事化新闻叙事以平实的叙事手法，关注真实的生活，赋予了新闻应用的文化品位和阅读功能，有利于增加读者的情感忠诚度和媒体竞争力。

“知音体”美文30多年来始终坚持“人情美、人性美”格调，所呈现的大多是“真实、独家、有影响力”的故事化新闻，通过挖掘新闻背后的故事让人们了解生活的真实世界，并潜移默化地影响着社会文化和社会心理的发展变化。

（1）常规程式：“摘要（标题、导语）+ 新闻故事 + 声音（叙事、评论）”

所谓“程式”（英文中一般写作“formula”或“pattern”）也称“模式”或“套路”，美国学者考维尔蒂认为程式就是“构造文化产品的传统体系”，其维护的是“价值的连续性”。在许多大众文本实践中，程式往往和类型不可分割，论及程式必然涉及类型。大众文化产品接受文化消费市场的考验，面对不同的受众市场需要打造不同的类型文本。耶鲁大学人工智能研究中心Frump研究小组的研究成果显示，大约一半以上的新闻报道是程式化的，而纯新闻语体的消息完全程式化。

“知音体”叙事作为一种游离在新闻和文学之间的故事话语形式，形成了自己独特的范畴程式即布局谋略的风格，主要分为摘要（标题、导语）、新闻故事（核心新闻事实、卫星新闻事实）和声音（叙事、评论）三个部分。①其中，主要元素包括引言（或题记）、大标题、导语、小标题和正文等几大部

① 向翠林．讲述“真”“情”故事 缔造期刊神话——《知音》的叙事学解读［D］．武汉：华中师范大学，2006.

分。《现代汉语词典》中对引言的定义是："写在书或文章前面类似序言或导言的短文。"引言一般出现在文章最开始的部分，经常出现在大标题的上方，与内文契合的格言警句、诗歌、名人名言、歌词、民谣、言语或文章中最精彩的句子、段落等经常用作引言。比如，《知音》2002年第2期《名校的"叛逆者"：高考状元艰难突围退学风波》（作者戴岱，编辑陈清贫）一文，讲述这名"叛逆者"因为不喜欢自己的专业退学，编辑认为"读不喜欢的专业，或许以后就成为一个平庸之人，而在年轻人生最紧要处及时转读自己喜爱的专业就有可能成为精英，因此退学是对社会负责的表现，值得肯定"。为了使文章变得更加厚重，引用了作家柳青的一段话作为引言："人生的道路虽然漫长，但紧要处往往只有几步，特别是当人年轻的时候。"并让作者按这一思路重新调整结构，使得文章脱胎换骨，人生启迪意义明白展示。2014年第10期下半月刊《青春的震颤》（作者茉莉，编辑张哲）讲述一对同学情侣的故事，题记引用了歌曲《心疼你的心疼》中的一句歌词："时间是一道不能反转的门，那时的年少轻狂，如今想来多残忍。这次换我守护你，学会担当与心疼。"和文章内容非常贴切，同时升华爱的主题。2015年9月下半月刊《世界那么大，"我们"去看看》（作者叶小照、陶莎，编辑张哲）一文讲述郑州美女教师顾少强和于夫的爱情故事，题记引用的是主人公的一句独白："没有爱情，钻石克拉再大也不亮；有爱情，戴着易拉罐环都很美。"

知音体的标题和导语一般可以看作是文章的摘要。知音体大标题要让人一睹为快，起到画龙点睛的作用。资深编辑陈清贫曾举例：编辑部讨论一篇爱情稿件，讲述的故事是一对情侣在春天认识，夏天热恋，秋天思索，冬天被迫分手的凄美爱情，起初的题目是《爱情四季》，后来改为《我的情人冻死在冬天》，标题瞬间变得打眼，成为一个卖钱的好标题。

导语在《现代汉语词典》中的定义为："长篇新闻报道的开头，概括消息内容、背景的简短文字。"纪实稿件多数都有导语，导语被称为记者展示杰作的橱窗，一般可以分为新闻背景式、直抒胸臆式、悬念存疑式、最近时间式、经典片段式和故事梗概式。[①]六种导语模式可以单独使用也可以合用，具体根据稿件的特点来使用。导语通过设置悬念、提供特写镜头、利用冲突和归纳等手法激发读者的阅读欲望。其中，新闻背景式导语一般用于交代大背景下的单

① 陈清贫．写稿赚钱18技［M］．桂林：广西师范大学出版社，2009：58.

一故事或某一特定环境或时代所发生的“宏观世界的微观故事”。直抒胸臆式导语一般适用于作者感情及其投入风格激烈悲壮的稿件。悬念感是一部作品能否吸引人的关键之一，悬念存疑式导语大约占《知音》常用导语的八成，一般用“新闻背景式”搭配“悬念存疑式”。最近时间式是指将故事最新进展放在最前面，这也是新媒体最常用的导语模式之一。经典片段式就是指把全文最精彩、最戏剧和最炫目的部分进行特写作为导语，以激发读者的兴趣。故事梗概式就是指将全文浓缩至两三百字作为导语，一般适用于重大新闻故事，但具体细节尚未广为人知。例如，2005年第16期《当众宣读“情书”，两学生相继赴死惊动沈阳》（作者雷宁、文菲，编辑王应锟）一文导语是：

“2005年5月30日，沈阳市‘百佳少年’、新城子区新兴中学15岁的初二女生吴薇，因班主任老师翻书包，并当众宣读所谓的‘情书’，羞愤之下，从15层大厦上跳楼身亡。17天后，女孩的同班同学——15岁的男生刘洪浩又服毒自尽。两名花季少年的死，撕碎了父母亲人的心，也撕裂了全城人的心……”

该导语将新闻故事概念全盘道出，全文虽然没有设置悬念，但对于故事的细节还是引起人们的关注，“究竟什么原因造成了这场悲剧，谁该为两个花一样生命的凋零负责”？记者深入调查采访揭开悲剧背后的内幕从而引起读者和社会反思。

知音体常用的导语模式为两段式，第一段交代新闻事实，第二段通过发问激发读者阅读欲望。

知音体正文即新闻故事则是知音体非常重要的组成部分。曾有人将大标题比作“画龙”的“睛”，导语比作凤头，结尾比作豹尾，正文则是丰富多彩的“猪肚”。新闻故事可以分为新闻主要信息点，即核心事实和起催化功能的新闻背景、细节和反响等“卫星事实”，核心事实和卫星事实多遵循逻辑准则，形成“递归”的相互关系，以多维化、立体化的深度报道给读者以新闻自由解读和更大选择权。

叙说者的观念和声音是叙事者对故事的理解和评价，表达的是叙事者的意识和倾向，在“知音体”中一方面侧重于事件、人物或某些问题的叙述与表达的叙事性话语，另一方面大量留存叙述者的主观意识和情感的非叙事性话语，这种独特的“故事＋评论”的方式使得知音体区别于其他叙事文本富有明显的特征。

知音体讲述故事的同时注重挖掘值得思考的人生经验和生活哲理，这种叙事模式不仅满足了人们消费情感故事的休闲心理，也迎合了当下人们迅速获取人生经验的心理需求。

（2）“知音体”故事模型

知音体作为一种纪实类的新闻故事，其从一创刊开始就不是作为政治宣传和艺术品打造的，而是作为文化产品生产的，是一种新兴的叙事形式和叙事现象，销售和市场的考虑是不争的事实。知音体的叙事形式主要体现在：一是故事化，体现市场力量和政治力量的暧昧关系，在为读者提供娱乐消费的大众文化产品的同时，寻找媒体社会责任的平衡点，通过具体案例的叙述和评论巧妙融入介绍法律、婚恋和为人处世等方面的知识性话语，提高公民的自我保护意识，这种超越以往宣教的方式受到广泛支持。二是平民化视角。新闻作品叙事主要有执政者、新闻记者视角和受众视角。平民化视角实质是在市场和权利双重挤压下，以去意识形态化的情感为突破口寻求新闻媒体的营生之道和生存策略。

《知音》纪实稿件一般为5000~7000字，文章大多分为三四个小标题，故事按基本序列通过不同逻辑组成完整的新闻语篇，格调统一，文字齐整，赏心悦目。向翠林[①]通过选取《知音》期刊连续十年的1468篇文章作为样本分析后认为，知音体的故事模型主要有线形、环形和矩形等模型。线形模型即A→B→C→D→E→F→G→H→I→J，即A导致B，B导致C，以此类推，最后结束到J。比如，《15岁少年弃学生子，这是发廊妹的错》（2005年第3期）。环形结构是指由A或B构成的机构，其中B可能延伸出BC，一直延伸下去回到AB，若发生变奏，则为A与其他字母发生关系（见图3.14）。比如，《知音》曾报道一小孩（设名为A）为父母遗弃后寻亲的故事（见图3.15）。其中媒介为主体，目标是寻找到A的亲人，但当这个目标完成后又有了新的目标，故事继续得到发展。矩形模式是指任何一点都可以引发很多发展线索（见图3.16）。A、B为故事基本结构，假设A为主动体，那么B、–A、–B为

---

① 向翠林.讲述“真”“情”故事 缔造期刊神话——《知音》的叙事学解读［D］.武汉：华中师范大学，2006.

客体，故事曲折丰富，但基本结构是一致的。比如，大量克服困难的故事模式为：主人公幸福生活—遭遇困境—获得帮助—战胜困难。生活中每天都发生很多故事，素材千差万别，但知音的报道结构总是往正能量发展，讴歌真善美，鞭挞假恶丑，文章总能体现社会主义核心价值观。

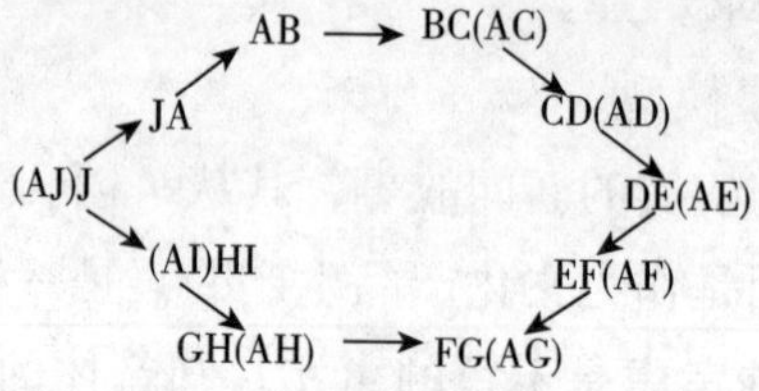

图 3.15

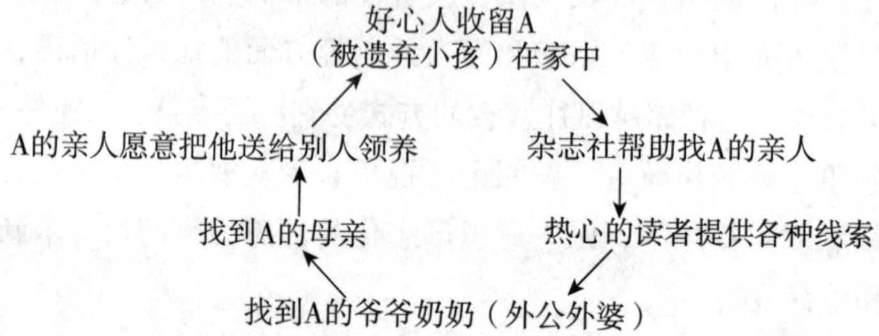

图 3.16

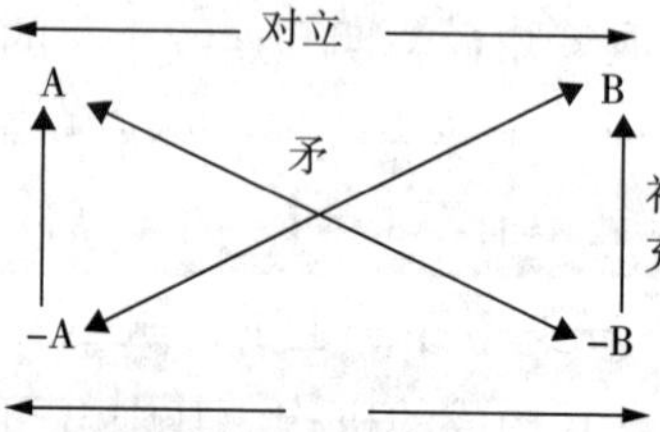

图 3.17

知音体的“情感”书写模式讲述的都是日常生活的故事，将人与人之间的关系赋予文化内涵，通过交互模式呈现美好的人类情感，将人的精神力量和优良美德作为故事讲述的核心，使读者在感动之余能更加坚定生活的信心。此外，知音的故事文本跌宕起伏，注重以冲突和谐模式来展示人与人相互宽容和相互理解的可贵，即使是写婚外恋也多关注夫妻双方是如何宽容、理解并最终回归家庭的，和许多重点描写婚外情、婚外性并将关注身体欲望作为卖点的非法色情读物有着本质区别。

（3）《知音》所关注的多样化的人物和主题

人是新闻的主角和社会的主体，新闻反映的社会形态就是反映人的生活，关注人的命运。有震撼力有价值能引起受众共鸣的新闻无不是关于人的故事或对人类有重大影响的思想行为。美国财经杂志《福布斯》原总编劳里·米纳德在阐述《福布斯》期刊成功之道时曾说，"《福布斯》的成功之处在于它的文章、选题，包括封面文章从来都不是报道商业本身，而是报道和挖掘商业背后的人。《福布斯》报道的是人的故事，不管是男人的，还是女人的，他们都是有个性的个人。我们重视的是企业家人物，而不是他所在的行业本身"[①]。

由此可见，新闻传播的出发点和归宿是"人"。知音作为一本大众刊物所关注的是人性美、人情美，主要关注平凡人的生活故事，因此几乎每个故事都会以不同人物的命运来叙事，且放在不同定位中去叙述，以反映其人生观和价值观，并给予相应的评价以引导读者坚持正确的人生观和价值观。一是无私奉献、与困难和邪恶作斗争的人物，通过这些人物号召读者不畏困难和以超人的意志最终成为生活强者。二是关注弱势群体，小保姆、女大学生群体等，呼唤社会爱心、公平、正义及人性中最美好的东西。三是关注明星及各行各业成功人物的故事，歌星、影星、学者教授及硕士博士群体等，为读者提供成功的榜样及成功人士的另一面，鼓励大家为实现自己的价值努力奋斗。四是关注社会热点焦点人物和事件，为读者提供一个充分想象和评价的空间。比如，关于汤加丽人体写真的故事等。五是亲情、爱情、友情等感情关系中的当事人。对朋友、邻里、婆媳、夫妻关系之间所表现出来的重情重义进行赞颂，倡导互敬互爱、相互相助的亲情，突出与人为善的人情温暖，等等。将人与人之间的美好感情从亲情扩展到更大范围，并随着时代的发展和社会环境的变化，紧随时代关注焦点人物，其报道主旨与当前的社会主义核心价值观吻合。

《知音》关注平凡人们精神世界的非凡人生力量和进取精神，注重从人情味的角度，通过立体采访挖掘普通人言行背后的惊人信念、勇气和希望，从而让读者获得激励、充实和奋进的未来。"笔墨当随时代"，近年来，知音报道的洪战辉、黄来女、谢延信、谭纪雄等全国典型人物让广大读者感到人性的温暖和美好，这些人物通过知音的挖掘和报道，感动读者的同时也成为这

---

① 李希光，包丽敏.跟我去楼兰——清华女孩罗布泊探险记［M］.北京：新华出版社，2001：7.

个时代的标杆。①

2.“知音体”的叙事技巧

话语的叙述方式和技巧是知音体值得研究的特色之一。叙事是一种再现、建构的话语，新闻话语是由特定理念、立场所塑造的，所谓“真实”事件是一个选择和塑造的结果。知音体的叙述方式使人百看不厌，与其使用的叙事技巧、视角和时间的安排有着密切的关系。

一是叙事主体多元化。所谓叙述者就是指“讲故事的人”即“叙述行为的承担者”②，其在新闻报道叙事中占有重要地位。由于受时空限制，新闻故事都是通过事后采访，借助与故事相关的人物来完成文本的叙事。作为纪实新闻类的故事，这要求记者必须以职业身份来讲述，真实的叙事者隐而不现。记者是在被建构的身份上讲述，所服务的是媒体的基本利益，叙事角色对于故事的价值取向和意义具有决定性作用。知音体主要分为叙事者的记者、叙事者的人物或两者的综合运用。叙事方式的多样化和叙事主体多元化立体式地还原故事，使得故事起伏跌宕，从而增强新闻的传播效果。

二是叙事视角新颖。“视角是指叙述者或人物与叙事文本中事件对应的位置或状态，或者说叙事者或人物观察和讲述故事的角度。”③叙事视角是传者和受众的心灵结合点，为我们观察文体提供了支点和角度，也决定着文本呈现的面貌和性质。知音体多为讲述平凡人不平凡的经历，读者在受到作品人物感动的过程中，是受到作者个人意图和叙述技巧及叙事者身份和地位引导和制约的。其中，可以分为非聚焦型（零度焦点）叙事视角和内聚焦型视角。非聚焦视角是指以权威性的中介眼光，叙述者作为一个超脱的观察者全景式全方位描述故事内容，带给记者一种时间的“特权”。比如，2015 年 12 月下半月版《未遂纵火案：高考培优费疯狂了潦倒父亲》（作者山河）等。大量的“情感”书写采用内聚焦型叙事视角，根据文本采用第一人称、第三人称进行多重当事人的叙事视角以达成情感的认同。“内聚焦视角的最大特点是能充分敞开人物的内心世界，淋漓尽致地表现人物激烈的内心冲突和漫无边际的思绪。”④叙事者是事件的主要人物通过口述以主角的第一人称身份出现，给读

① 来扬．从《知音》走下来的典型人物［N］．中国青年报，2012-09-10（5）．
② 刘世剑．小说叙事艺术［M］．长春：吉林大学出版社，1999：4.
③ 刘九洲，张德华．《特别关注》文本解读［M］．武汉：华中师范大学出版社，2009：108.
④ 胡亚敏．叙事学［M］．武汉：华中师范大学出版社，2004：27—28.

者以特殊的亲切感和真实感，一般由当事人口述，记者整理。比如，2015年5月上半月版《反相亲手册：两个“异类”的合并进程》（王夏夏口述，茉莉整理），以“我”的亲身经历，从反相亲到遇到异类并恋爱成婚的故事，告诉读者相亲的过程同样充满欢声笑语，不是找一个将就的人，若有缘一样可以遇到“真爱”。“我”具有鲜明的思想感情和价值趋向，产生了一种站在自身的社会体验基础上所带来的快感，更加强调文本与受众之间的交互作用，往往能让读者和“我”产生强烈的共鸣。第三人称内聚焦型叙事视角是指叙述者以第三人称口吻讲故事，采用故事中某个人物的视角，并将这一特点视野范围贯穿文本始终。叙述者虽然不参与情节，只是叙述故事的发生、发展和结局，但是由于记者对证人证词的选择还是有一定的写作倾向性。比如，2015年2月上半月版《33学子雨中卖玫瑰：同窗少年一个也不能少》（作者西西）、2015年5月下半月版《女护士在囧途：有一种善良用爱回眸》（作者苏苏）等，此类文章通过采访等对写作视角进行了处理。多重当事人叙事视角就是夹杂不同声音的事件，记者只是做一个忠实的记录者。知音体为了展示平凡生活中的人性美、人情美和满足读者的好奇心功能，多采用全知视角和第一人称视角，同时注重采用多种叙事视角，几乎每篇文章都会交替使用多种叙事视角，在动态中组合，达到立体式全方位报道的全景式效果。此外，知音体倡导健康和谐的两性关系。“叙事负载着社会关系，因此它的含义远远不止那些讲故事应遵守的条条框框。”[①] 通过选择上的平视，尊重女性和男性的平等权益，消除性别歧视，有力改写男权文化影响下的心理习惯和意识形态，引领着社会人性解放的思潮。

三是叙事时间和节奏注重表现新闻价值并与之和谐统一。时间是新闻报道中最活跃的因素之一，如何在文本中表现时间是新闻报道的重要内容之一。任何叙事文本均存在“故事时间”和“叙事时间”两种时间，前者是“故事或事件本身发展固有的时间状态”，是不以人的主观意志而转变的；后者是指“叙事文本中呈现出现的状态”，[②] 是叙事者可以把握和控制的节奏，可以根据需要将时间延长、紧缩、停滞、省略等来改变事实节奏，以实现对叙事张力的控制。新闻报道既要遵从故事时间又要背离时间，即一般都要重建时

① 苏珊·S.兰瑟.虚构的权威——女性作家与叙述声音［M］.黄必康，译.北京：北京大学出版社，2002：3.
② 罗钢.叙事学导论［M］.昆明：云南人民出版社，1994：132.

间顺序来表现新闻价值。知音体对时间的处理方式主要是顺叙、倒叙和插叙三种形式。顺叙是严格按照时间的自然流动，是传统叙事中最常用的方式。如 2005 年第 3 期《“豆腐”毒惨儿子，刚烈母亲卧底掀翻一城黑店》等文章就是按自然时序、编年体方式叙事的，使事实呈现一种完整感。倒叙一般是指对往事的追忆，是指故事叙事结果或者关键情节之后再来叙事故事的原因始末的时间安排方式。受“倒金字塔”经典叙事结构的影响，《知音》中很多关于个人经历、往日冤仇及法治故事中的案件描述等多采用倒叙方式。例如，2015 年 9 月下半月版《博士爱之路：神一样的母亲把我生在望红桥》，首先讲述一个博士为让母亲有一个温馨的家放弃四川大学的工作，毅然回到武汉某二本大学工作，2014 年 7 月获得自然科学基金的新闻。然后再叙事从出生到成长发生的很多不幸的故事及称赞伟大的母爱。这样的叙事时间安排在时间上构成第二叙事，增强了文本的可读性。插叙主要是指在新闻叙事过程中插叙其他相关事实并对故事给予补充。叙事时间的变化使自然时间发生的“故事”被切割成我们看到的顺叙、倒叙或插叙的文本，凸显了新闻的价值。此外，《知音》注重对时间进行变形处理，通过时间的交叉变化，以求得与新闻价值的表现的和谐统一。[①] 比如叙事时间短于故事时间，通过时间的省略加快节奏，拓展宽度。叙事时间长于故事时间，通过时间的延长对情节加以渲染和心理活动的描写，制造节奏的延宕。叙事时间等于故事时间，通过时间的还原，增强文章的现场感和感染力。故事时间存在，叙事时间缺失即时间的省略，可以避免重复并加快节奏给读者以想象空间。故事时间缺失，叙事时间存在即静述，如 2013 年第 21 期《嫁给美国人，美国女硕士扑腾嗜血婚姻》一文有如下干预性描述：“只可惜孙深一直没有勇气逃脱魔掌。”“可惜的是，孙深给自己留的这条生路太迟了……”等。可以起到提示主题、评点意义、点明背景、烘托环境和刻画人物形象等功能。知音体对于时间的处理不仅有作者的主观因素，也有客观新闻故事本身的结构原因和对读者好奇、求真、共鸣等心理需求的考虑。

3.“知音体”叙事策略

“《知音》现象”长久不衰成为传媒界的“热点话题”和“知音体”的独

① 向翠林 . 讲述“真”“情”故事 缔造期刊神话——《知音》的叙事学解读［D］. 武汉：华中师范大学，2006.

特写作风格和叙事策略不无关系。《知音》签约作者徐向林作为一名和《知音》深度合作十多年，发表多篇头条稿件的作者，以身体力行的观察和体验认为“知音体”能成为大众眼球的聚焦是有其必然性的。[①]

一是定位准确，以“情”制胜。《知音》创刊时正值我国经济体制迅速推进时期，自负盈亏，事业单位，企业管理的政策使得很多大众期刊开始全面走向市场。面向市场，期刊的定位就非常重要，定位准确就成功了一半。《知音》追求的“人情美、人性美”的纪实风格及办刊理念就是在市场实践中探索出来的。情感需求是人类最本质的精神需求，《知音》在情感上做文章，以情感人、以情服人，其价值定位是有“情”、有“感”、可“读”、可“谈”。办刊宗旨和内容定位30多年不变，坚守“人情美、人性美”，真实、独家、有影响力的质量标准，讴歌真善美，鞭挞假恶丑，唱响生命的旋律，用真情和爱心拨动读者心弦，“深入生活、深入家庭、深入人心”，将“纪实性、故事性和情感融为一体”，以逼真、细腻、原生态的叙事风格，将真实、鲜活、动人的人生故事奉献给读者并激励读者创造更加美好的人生。从一创刊就定位为大众文化生活类期刊，传播主流大众文化。根据相关数据调查《知音》读者文化和年龄结构比较广，多为女性，一半以上为工薪阶层。[②]美国学者麦克道格尔曾指出“人情味就是对人类的兴趣，对人类美好进步感到高兴，对他人的不幸怀有同情心”[③]。关注人性是人类的终极关怀，《知音》正是找准了这一定位，使其具有很强的适众性和心灵接近性。

二是独具特色的形式创新。“知音体”通过发现新闻使之具有人情味。“知音体”作为《知音》的核心竞争力，其故事模式及特点就是以戏剧化的方式描述生活中吸引人的事。这种独特的叙事方式整合了文学和新闻的元素，成为新闻和文学相互辉映的一个交点。一方面其身份的界定是文学还是新闻至今存在争议。新闻界借由足球比赛中的术语“落点”将新闻分为两种，第一个报道出来的新闻，称为“第一落点”（独家新闻），对发表的新闻进行跟踪和深入报道称为“第二落点”即深度新闻。《知音》有大量的第一落点新闻，也有大量的第二落点新闻。“从文学史来看，文学最时髦的表达方式随着时代的变迁是可以变化。在大众文化占据主流意识的今天，好的新闻作品既

① 徐向林．采得百花酿甘蜜——谈谈通讯报道“知音体”的写作要点［J］．写作，2012（21）．

② 刘启涛．《知音》读者群及其接受的调查［N］．中华读书报，2015-07-22（11）．

③ 孙发友，李铁锤．期刊“四大名旦”的情感表达透视［J］．编辑之友，2004（01）．

反映现实生活又有文学特色因此也是文学作品，《知音》大量的新闻故事也可以称为纪实文学，作为一种新的文学形式应该予以肯定。”① 知音体作品具有小说的叙事功能，散文、诗歌的个人化感受及报告文学的纪实成分。除了具有新闻和文学共性之外，还有自己独特的个性，即叙事的客观性、对象的具体性和时间的间离性。强调新闻专业主义精神，坚持新闻的真实性和文学的艺术性相统一。知音体可以称为文学的新闻化、新闻的文化学，形成了一种独特的讲故事的方式。“知音体”其中一个独特之处是：读者可以解读为“纪实文学”也可以理解为“新闻”。另一方面是“知音体”注重情感生产中的“悲情叙事”。根据叙事学理论，叙事主要分为故事和话语两个部分。② 悲情叙事更能表现善恶力量的矛盾和冲突，感人的力量和道德教化的功能更能发挥。读者对于主人公身上的悲壮和崇高以及反面人物的本能厌恶和受难人物的同情等容易拨动心弦并引起共鸣。《知音》对于诸位底层平民、命运多舛的家庭等不畏困难的感人事迹报道较多。这些故事一般都有一个“光明的尾巴”且发人深省，以否定的方式来使人生有价值的东西得到肯定和再生，令人深思。如《知音》近年来推出的一系列感动时代的人物，大多在逆境中不向命运低头，凸显了时代的人情美、人性美。

三是于平实中凸显时代正能量。“知音体”一直坚持正确的舆论导向，强化政治意识、大局意识和责任意识，坚持社会效益为主，经济效益和社会效益协同发展的道路。坚决配合政府对重大主题宣传，坚持正面报道为主，注重爱心题材，展示人性的光辉，积极宣传时代主旋律。③ 比如，20 世纪 80 年代对于经济体制改革涌现出来的感人故事、中越自卫反击战中的感人故事、20 世纪 90 年代“科教兴国”战略和“希望工程”的宣传、西部大开发中的感人故事、1998 年抗洪抢险的感人故事、“5·12”汶川大地震的专题报道、反腐倡廉的新闻故事等，都积极配合了国家重大题材的正能量宣传，取得了很好的效果，被中宣部等部门多次表彰。即使是反面题材也是“反面题材正面做”“以反衬正”，“充分考虑其角度、立意和导向，讲究编辑技巧，不是照搬案例和展示暴力，而是给读者以深思、启迪、警示和引导”。④ 反面典型若处

① 冯越. 是新闻，也是文学——从《知音》杂志的发展看中国纪实文学的崛起［J］. 今传媒，2005（4）.
② 高海波. 拉斯韦尔 5W 模式探源［J］. 国际新闻界，2008（10）.
③ 李晓樱. 于平实中凸显时代主旋律——《知音》以正面宣传为主的报道艺术［J］. 出版广角，2001（1）.
④ 甘丽华.《知音》美文是如何炼成的［N］. 中国青年报，2012-08-27（05）.

理好，社会的正面宣传效果同样很好，《知音》做了很多这方面的稿件且在社会上引起了较大反响，给世人充分警示，比如《匪首张君“重庆情妇帮”覆灭纪实》等。此外，“知音体”标题特色鲜明，让人过目不忘，引语提炼经典煽情，让读者不仅收获了信息还收获了美感。

总之，知音体叙事并非剑走偏锋，而是深入生活，以百姓之心来做文章，走平民大众路线，从平凡之中挖掘不平凡，通俗而不失高雅，传奇而不离奇，始终坚持“人情美、人性美”的崇高精神，以“情”制胜，注重人文关怀，给传媒界树立了一座可以借鉴的丰碑，同时也是客观评价“《知音》现象”的立足之本。

三、市场反馈：“知音体”感动中国

《知音》从创刊开始确立的理念就是以市场为基准，做读者的知音，非常重视服务读者和与读者交流互动，倾听读者的反馈，通过知音热线等栏目为读者解疑答惑。在与读者互动中了解读者的需求，密切与读者的感情，培养读者对期刊的忠诚度。可以说“知音体”的成功，消费者的反馈也是功不可没。

（一）市场反馈的作用

从文化产业的立场来看，读者是刊物的顾主，为读者服务是期刊编辑工作的出发点和归宿，了解读者的需要对于办好期刊作用重大。一是了解读者需求的窗口。邹韬奋先生在创办《生活》周刊时就专门开设《读者信箱》栏目亲自解答各种问题，认为通过读者来信可以摸到一点群众的脉搏。[①] 时任《三联生活周刊》主编朱伟认为“常青藤类的媒体必须具备的特征就是了解读者，不断为读者提供精神食粮，你尊重读者，爱护读者，为读者服务，你的回报就丰厚”[②]。二是有利于情感互动。一本好期刊其自身特质与读者特征追求和谐与融合，培养读者的心理依赖和情感忠诚。1924 年邵力子在《民国日报》开设读者来信专栏，解答青年读者关于婚姻自由和妇女解放等问题深受读者

---

① 郭娜.1941 年 5 月 5 日的真实故事：辗转香港的文化精英［J］. 三联生活周刊，2005（26）.

② 胡春秀.《三联生活周刊》研究［D］. 成都：四川大学，2007.

喜爱，被认为是我国报刊重视读者反馈的开端。[①]《读者》主要创始人胡亚权、彭长城等人非常重视读者反馈和来信，坚持长期亲自给读者写回信。三是集体展示的平台。知音每年通过读者调查表，了解读者的兴趣、生活方式和消费习惯，读者反馈和来信是读者群体的展示，有利于广告主的精准投放。四是读者反馈可以补充议程设置。“媒介的消息首先抵达意见领袖，接着，意见领袖将其所见所闻传递给同事或接受其影响的追随者。这一过程被称作两级流动传播。”[②]意见领袖可以是一定社会关系内具有影响力的个体、组织或群体。期刊对于读者是天然的意见领袖。知音的很多文章刊登出来后都会收到各界的反馈。期刊具有扩散性的特点，使其具备“两级流动传播”的特征，通过传阅等方式，使得期刊的文章成为人们的话题，意见领袖的影响也会带动更多人关注和消费期刊。《知音》通过读者来信和反馈，为刊物的议程设置进行了补充，增加读者关心的议题和题材的报道，增加了刊物的容量，更好地满足读者需求。五是读者交流的论坛和成长的摇篮。《知音》近年来通过网上论坛、QQ 群及 App 等多种形式让刊物与读者进行对话，就一些文章及文章中反映的问题进行讨论和交流。美国传播学教授格伯纳认为，传播媒介涵化作用表现在媒介在“主流化”过程中发挥着强大的作用，可以超越不同社会属性。[③]《知音》宣扬“人情美、人性美”，其目的也是希望在全社会范围内广泛培养人们关于社会的共同印象，发掘时代的感动。很多读者也积极给《知音》提供新闻线索，甚至成长为知音的作者。对于读者反馈的真实性，知音也专门设有法务部，进行核实，追求真实性。

（二）来自《知音》读者的反馈

《知音》每期都会收到大量的反馈，由于调查细致，行文细腻，常常感动主人公也感动更多的读者。很多爱心报道和励志报道改变了主人公的命运，也为社会树立了励志的标杆。《知音》率先报道过的感人故事，多被其他媒体转载或跟踪报道采访，引起社会的关注。

一是真爱与励志的故事反响强烈，给主人公带来曙光也感动千万读者。

---

① 方汉奇，李矗.中国新闻学之最［M］.北京：新华出版社，2005：322—323.

② 沃纳·赛佛林，小詹姆斯·坦卡德.传播理论：起源、方法与应用［M］.郭镇之，译.北京：华夏出版社，1999：228.

③ 郭庆光.传播学教程［M］.北京：中国人民大学出版社，1999：224—229.

2005 年第 19 期刊登的《带着捡来的妹妹上大学，哥哥的胸膛是故乡》一文，由既是作者也是读者的张艳萍在一次偶然的机会读到知音编辑陈清贫的一句话："要学会观察自己身边的人和事，特稿的选题往往就在不经意间，在自己身边被发现。"于是萌发了为《知音》投稿的冲动并通过此文一举成名。该文章作为作者的处女作拿到了 47000 元的稿费（其中 7000 元是稿费，1 万元是月度最佳稿件奖以及 3 万元的年度大奖）。这篇文章引发了巨大效应，中宣部当月就派人去怀化学院考察了故事主人公，之后全国各大媒体掀起了"洪战辉旋风"，之后被评为 2005 年感动中国十大人物，使得洪战辉一举成为家喻户晓的新闻人物。[①] 2009 年 11 月下半月刊《最幸运孤女巅峰歌唱：流浪的"大学"保姆生涯》讲述了一个叫邓思琪的女孩历尽艰难永不屈服的成长故事，文章发表后主人公所在家乡的市委发文号召全市青年向她学习，当地电视台迅速拍摄了专题片，长春电影制片厂准备和《知音》合作将故事搬上银幕以激励更多的年轻人。编辑部电话不断，各地捐款蜂拥而至，要帮助这个吃苦耐劳有梦想、有激情、有天赋的孤女。首都博士团团长王毅博士认为文章很感人，看后内心久久不能平静，认为《知音》是对构建和谐社会贡献最大的媒体之一，知音上大量的励志文章对转型中国社会重塑人生信仰作出很大贡献。[②]

二是对于生命的临终关怀。2011 年 6 月上半月刊发表的《复旦女博士生命日记：活着就是王道》一文发表后，在全国读者中引起巨大反响。江苏一位姓梁的女士打电话说："我和家人是一边流泪一边读完这篇文章的。读完这几天，我还沉浸在缅怀于娟的伤感中。文章不仅是篇美文，也是一篇启迪人的好作品！"复旦女博士于娟临终之前特别嘱托，如果生命日记能够结集出版，一定要寄几本给《知音》。其家属后来寄给知音编辑部《此生未完成》一书，在附言中写道："于娟在世之时，你刊记者多次面访她，你刊的报道超越了其他媒体对于娟报道的水准，是最打动我们的一篇佳作……"

三是感动不分国界。《从西藏到南京：让中国义父的孙辈挺直脊梁》（2011 年《知音》4 月上半月版 第 10 期）发表后，许多读者通过多种方式与作者、编辑联系，称赞这篇弘扬人间真善美的文章使他们感受到大爱无国界。

---

① 陈清贫 . 写稿赚钱 18 技［M］. 桂林：广西师范大学出版社，2009：287—288.

② 湖北知音传媒集团内部资料：《读者反馈》，第 14 期。

南京的夏广珍女士说，她一直坚信中国人是善良和懂得报恩的。看到此文后，她买了数本刊登此文的《知音》送给身边的朋友。厦门市年近八旬的老读者陈爱华女士由于自己眼睛不好，用放大镜一个字一个字看完这篇文章，反反复复看了两三遍。她相信赵贵森老人一家的经历将启迪大家，无论何时何地对他人都应该有一颗仁慈关爱的心，好人一定会有好报！英国《每日镜报》也进行了跟踪报道。作者寄了两本杂志给在英国的主人公安迪尔和赵贵森老人。安迪尔则将杂志的扫描件发给英国《每日镜报》报道此事的记者。

中南大学中国文化品牌研究中心专家苏晓芳、欧阳友权等认为，《知音》总是注意大力宣传有利于改革开放和现代化建设、有利于安定团结的思想和精神，让献身改革开放和社会主义两个文明建设的优秀女性及其他典型人物，成为刊物的主角。坚持“深入生活、深入家庭、深入心灵”的办刊原则和“人情美、人性美”的办刊宗旨，真正做读者的“知音”。一是坚持把弘扬真善美、讴歌至爱真情作为重要的宣传内容。二是状写平凡人生，歌颂奋进精神。三是注重与读者进行心灵的沟通。四是通过开辟“知音信箱”专栏，帮助读者排忧解难，同时对其他普通读者也能产生触类旁通、启迪心智的作用。①

四、“知音体”走红的原因分析

“知音体”现象作为“《知音》现象”的主要表现方式之一，有人认为“低俗”，有人认为“亲民”，甚至调侃知音传媒“成也知音体，败也知音体”。2012 年《知音》拟上市的消息更是掀起一股舆论的轩然大波，调侃、支持、质疑的声音此起彼伏，网友褒贬不一。据人民网舆情监测室的监测显示，仅 2012 年 5 月第 1 周各大媒体对知音的报道和转发达到近 1000 篇。②再次掀起了“知音体”的讨论热潮。“知音体”为何能成为一个万众瞩目且值得研究的现象，主要有哪些因素汇聚的合力所致是值得我们思考的问题。

---

① 苏晓芳，欧阳友权，汤小红.《知音》品牌的核心叫“感动”[N]. 中国文化报，2007-01-08（07）.

② 人民网：http：//yq.people.com.cn/Forum/postDetail.aspx?ID=000025527.

（一）导向正确，官方推崇

这里所说的官方即党和国家的意识形态，这是我国新闻传媒必须坚守的政治底线。知音 30 多年来坚持社会效益和经济效益有机统一。所刊登的故事都是记者通过深入调查采访，通过真实的人物和生动的故事体现代表社会主义核心价值观的内容。知音期刊30多年来获得了国家新闻出版的数十个大奖，2008 年荣获首届中国出版政府奖先进单位，2009 年被评为全国文化体制改革先进单位等。知音改革和发展的成绩、“知音体”的文章所报道的很多正面典型人物也得到各级领导的称赞。比如，2015 年感动中国十大人物洪战辉，就是由知音最早报道和刊发其事迹的。《知音》当时刊登的《带着捡来的妹妹上大学，哥哥的胸膛是故乡》一文就讲述了主人公洪战辉带着“捡回”的妹妹“小不点”上学的故事。文章发表后，在全国引起强烈的反响，迅速掀起了一股主流媒体报道洪战辉的热潮。教育部也专门下发通知，在全国教育系统开展向洪战辉学习的通知。《知音》编辑高汉武在 2007 年初与全国其他 55 家媒体的记者一同前往河南焦煤集团，采访报道谢延信的事迹。其主笔的《孝心扛起如山苦难，32 年啊一块“煤”在燃烧》一文刊发后同样引起了巨大的社会反响，中宣部新闻局专门发文表彰了这篇报道。“采访过程中，《知音》杂志社的记者表现十分突出，为取得第一手材料，不辞辛苦，任劳任怨，非常敬业，在当地党委政府干部群众中留下了深刻印象，以实际行动展示了新闻媒体的良好形象。”时任中宣部新闻局副局长刘汉俊也称赞：“记者采访很深入，写得很细致，很动情，感谢《知音》杂志社的支持。”①

《人民日报》刊登的《知音上市引争议 文化企业发展勿忘社会责任》一文中认为：“知音体”的价值取向与事实指引是以正面引导为主的。知音倡扬真善美为主的社会纪实性报道，使读者通过阅读升华、沉思乃至感动，“知音体”叙述方式更适合平民阅读，是优秀传统伦理文本的历史接续。②《光明日报》发文指出：批评知音应该更公允，发言权不应该被那些没有看过《知音》，没有小城市、农村和乡镇生活感触的精英阶层所垄断。③时任中共中央政治局委员李长春到知音集团视察时高度评价《知音》参加全国重大典型宣

---

① 根据 2014 年 10 月 19 日湖北省图书馆举办的《知音》读者见面会，夏志军副主编讲座内容整理。

② 刘伟见 . 知音上市引争议 文化企业发展勿忘社会责任［N］. 人民日报，2012-05-25.

③ 郭杨阳 . 批评《知音》更应该公允［N］. 光明日报，2012-05-07（02）.

传，充分肯定其社会效益和经济效益相统一，十分关注知音文化产业发展和上市的问题，指出："知音的经验证明，早改革，早发展，早主动。"时任中共中央宣传部部长刘云山批示："知音大有可为。要很好总结知音的经验，培养更多的期刊集团。"[①]"知音"也分别被湖北省及国家工商总局评为驰名商标。知音的发展得到了国家推崇和官方认同，用百姓喜欢的直白的语言方式讲述中国故事，是国家传递社会主义核心价值观、弘扬中华传统美德的有效载体之一。

（二）专家的关注和评述

"具有现实主义批判精神的文化精英群体往往以理性的、审美的、精英主义的立场对大众文化实践表现出审慎、警惕不屑和冷漠的态度。"[②]然而，随着《知音》的壮大尤其是争取上市引发的争议，文化精英群体对大众文化样本的"《知音》现象"表现出前所未有的关注。著名学者温儒敏、张柠，著名作家水木丁等人都从各自不同价值取向和文化立场对"《知音》现象"给予了关注或者对其中的知音体文章给予了评价。温儒敏认为从国民的"文学生活"角度，"《知音》接受现象是值得研究的，可能会给当下文学类型的'分化'、媒体介入带来的审美变化及部分社会精神现象有新的了解"[③]。

北京大学教授、社会学家夏学銮认为："《知音》拥有二三线城市和农村读者群的庞大资源，理当利用好这个丰富资源，更多地负起媒体的社会责任。不能仅靠虚假信息赢得眼球，不能只靠煽情内容吸引读者，应该提高文化品位、文化档次，引领读者的文化消费品位，真正成为一本弘扬健康向上文化、高品位的杂志。"著名作家毕淑敏因为知音曾经刊登的一篇文章感到尊严受损，认为《知音》缺乏道德底线。[④]北京师范大学教授张柠认为，"所谓'知音体'实际上仅仅是个将新闻性和故事性结合在一起，将意义生产和商品生产结合在一起的读物，既不是文学杂志也不是新闻杂志，用一种带有抒情的语调来混淆新闻性和故事性的边界，其结果导致了读者将虚构故事当

---

① 中华人民共和国新闻出版总署出版产业发展司．新闻出版体制改革案例汇编［M］．北京：中国人民大学出版社，2009：130.

② 胡璇．赵本山现象论［D］．武汉：华中师范大学，2012.

③ 温儒敏．关注普通国民的"文学生活"［N］．中华读书报，2014-11-13.

④ 路艳霞．《知音》寻求上市引发争议，作家称其缺乏道德底线［N］．北京日报，2012-05-03.

成真实故事，将真实的故事当成虚构的。这样就可以顺理成章地将各种欲望故事、人间悲剧、成功和失败的经验，转化为可消费的文化商品”①。周力军认为“《知音》走的是煽情路线，大量的故事被粗糙地复制，不厌其烦地传播和鼓吹这种感动和幸福，相同的故事、相同的煽情方式和相同的矫情”②。复旦大学教授张涛甫认为“《知音》市场的成功不能证明它就没有问题。若纵容其职业缺失，在媒体行业会形成示范效应，劣币驱逐良币，其后果不堪设想”③。

批评的声音很多，力挺的声音依然是主流，根据人民网舆情监测室主任舆情分析，支持《知音》或给予正面意见的占七成。④复旦大学沈奕斐教授认为“《知音》的故事写得蛮好看，说明文字表达和运用很到位，煽情能力很强。文化的魅力就在于其多元性和复杂性，有的很难区分所谓高雅文化和低俗文化的界限。正常的文化生态，本来就是多元化共存。与其鄙视《知音》等大众文化，还不如多从它们的活力中吸取灵感，让精英文化和草根文化相互借鉴和发展”⑤。知名情感作家“水木丁”曾经在知乎上解读过《知音》成功的原因，她认为《知音》是有心理治愈作用的。她说，自己有一个读博士的朋友，曾经得过抑郁症，整整一年不能看任何文字，只能看《知音》。这个治愈功能和电视剧中的苦情戏特别流行是一个道理。老百姓是借此寻找心理安慰。知音其实是真的号到了中国老百姓的脉的。它是中国少数几家靠卖杂志就能赚钱的媒体了，这点还是很牛的。⑥

针对部分精英的评述，特别是《北京日报》2012年5月3发表的《〈知音〉寻求上市引发争议，作家称其缺乏道德底线》一文，雷一大认为“该文章不是一般的批评政论性报道，而是在恶意抹黑知音，阻挠知音的上市进程。报道出台的背景令人深思，歪曲《知音》的核心价值观，否定知音人遵循的‘三贴近’新闻原则、硕果累累的新闻实践和‘知音体’，北京日报这篇文章极其草率和不负责任，恰恰是违背新闻真实性原则，是彻头彻脑的‘无道德底线’”⑦。时任知音传媒集团研究室主任王仁山认为知音确有不足，也愿意听

① 张柠．知音体与低端文化商品生产和消费［N］．新京报，2007-09-14.

② 周力军．《知音》最煽情《读书》有内涵［N］．中华读书报，2003-09-30.

③ 张涛甫．另类《知音》［J］．青年记者，2012（18）.

④ 董海博．《知音》拟上市引舆论热潮 七成网友支持［N］．人民网，2012-05-08.

⑤ 龚丹韵．《知音》欲上市引争议，怎么看低门槛的文化需求［N］．解放日报，2012-05-15.

⑥ 知乎：http：//www.zhihu.com/question/19565115.

⑦ 雷一大，吴极．关于《知音》的品位与“知音体”的实践与解读［J］．知音传媒，2012（02）.

取各方面意见不断改进，但希望批评不带恶意，不带炒作和霸气，而是在事实基础上的说理批评。“如果忘记了自己的责任，《知音》何以产生诸如感动中国人物洪战辉、黄来女、谢延信以及谭纪雄、刘继平、曹瑜等数以千计的道德模范报道？其众多先进典型何以有中央政治局常委、多位省委书记和各级各领导批示和肯定？其反映爱心的文章何以有多个学校班主任列为主题班会学习讨论内容？其奋斗成才的典型报道何以有韩国首尔大学华裔教授翻译并推荐为大学生励志读物？最近有家出版社出版《雷锋并未远去》的新书，就是选自《知音》近年发表的近百个关爱他人、奉献社会的人物故事，这是有没有自身责任的最好说明。部分所谓的教授、学者，把大众化的、通俗性的《知音》与低端、低俗等同起来。实际上是无视当今中国绝大多数人需要大众文化消费的事实，现实中生活的大众不可能成天阅读那些理论文章、科研论文、抒情散文。《北京日报》的那篇报道，实际是在扩大精英文化与大众文化之间的对立。文化需要‘阳春白雪’，但没有理由站在‘阳春白雪’的高台上鄙视‘下里巴人’，更没有理由借助‘阳春白雪’的主流优势挤压通俗文化存在的空间。评论者可以不喜欢，但没有权利代表《知音》背后的读者群体来评定这本杂志的价值。”王仁山认为部分专家根本没仔细阅读或者研究过《知音》，不过人云亦云，还用数据反驳了部分文化精英关于知音发行区域在“二三线城市，城乡接合部和农村”的论述，而实际情况是《知音》读者群主要在一线城市，2012 年最新排在前 12 位的广州、南京、北京、杭州、上海、成都、济南、武汉、长沙、沈阳、南宁和福州等直辖市和省会城市，其发行量加起来就达 258 万，几乎占了一半。读者品位、档次并不低，《知音》还是很受白领和城市居民喜爱的。[①]《知音》2011 年 11 月下半月刊刊登的《回访“翁杨恋”：爱让我的生命延长 30 年》受到主人公杨振宁先生的好评，杨振宁先生看后认为这个文章写得不错，以前好多的媒体都是抱着一种炒作、起哄甚至嘲讽的态度来报道，《知音》的文章却让人感觉很平实，有人情味，认为《知音》是一本很大气的刊物。人民网舆论检测中心对于 2012 年知音网络舆论检测显示正面意见和负面意见的比例大约为 7:3，也就是说支持知音体及支持知音上市的读者达到七成以上。《知音》挖掘了一种代表社会主流的核心价值观，代表一种方向，一种精神的美感，一种思想的美感，一种追求

① 知音一山博客：http://blog.sina.com.cn/s/blog_4509f9a8010117h8.html.

的美感，为了表现这种美感，有表达方式的科学、准确和生动。直到今天，关于“知音体”的雅俗之争依然没有停止。

（三）大众的热捧

知音在争议中一路前行，在大众趣味的文化时代赢得了市场和读者的喜爱，也在中国期刊界数十年以来独领风骚。从创刊号发行40万册，到创刊当年月发行100万册的奇迹再到2012年超越《读者》，占领大众期刊市场份额的21%，位居第一。[①]《知音》在大众文化消费市场上优势突出。知音的发展离不开大众，其主流价值清晰鲜明，让大众认识到娱乐并不偏离人的本性和基本价值尺度。和以往大众传媒靠僵化的宣教面孔不同的是，知音体是以个人感悟为基础，凸显日常生活的叙事，通过表现日常生活的人的观念、意识乃至欲望和想象，肯定日常生活的价值本身。这种现实感与运作方式使得其深受大众追捧，比精英文化对当代中国社会影响更为广泛和深刻。

（四）舆论的关注

随着文化体制和经济体制的改革深入，大众传媒正在向多元化、娱乐化、社群化和数字化发展，媒介消费成为人们日常生活的一部分。“《知音》现象”的形成与发展，离不开大众传播媒介的参与和推动。从天涯的帖子到后来一周上千篇的报道和转载，大众传媒体系就是一架大众文化现象生产的机器，以制造各种符号来勾勒社会的热点文化现象。信息高度发达的今天，大众媒介对人们头脑中“现象现实”的巨大构建能力超乎人们的想象。关于《知音》传媒的一举一动总会在第一时间占据大众传媒的显要位置，特别是知音的部分侵权官司、知音上市纷争和知音传媒高层的变动，更是成为各大媒体关注的焦点。有趣的是，大众媒介报道的“《知音》现象”，褒贬不一，甚至真假难辨。特别是常常以类似的“知音体”标题来报道知音更成为媒体一道独特的风景，如《美丽凤姐啊，为什么你的〈知音〉这么牛》《〈知音〉还能再觅知音吗？》《苦命〈知音〉哟，谁来为你的上市撑起一片晴空》《文化人为何苦苦相逼斥责格调低下，本就只是为劳苦大众提供精神食粮又碍了谁？》，甚至将《知音》或者“知音体”作为一个符号出现在一些新闻标题中，比

① 温儒敏．关注普通国民的“文学生活”［N］．中华读书报，2014-11-13.

如《美国偶遇凤姐那么多年了，她还在研究〈知音〉》《据说大妈们爱〈知音〉是因为它告诉你大把人过得比你惨》《“知音体”〈离婚律师〉的前世今生》《2015 经典大剧:〈花千骨〉玛丽苏 + 知音体创造收视奇迹》《〈匆匆那年〉再忆青春：初恋虽好，结局能别“知音体”么？》《知音体附身电视剧》等，这样的表述不仅可以激活大众敏锐的嗅觉，也构成当代文化现状一个若隐若现的真实注脚。大众传媒让知音现象和知音体成为社会关注的话题，并将其分割和制造了诸位高雅与低俗、身份和阶层、文化与市场、精英与大众等具有社会冲突的话题。从而让知音传媒集团的文化地位、商业地位成为社会议程的一部分，“知音体”更是成为一种煽情、感人和具有市场潜力的大众文化的代名词。

（五）市场化写作与理想精神的结合

在市场竞争激烈的消费社会，新闻或文学艺术如果没有强烈的个性与创造性，作为受众的消费者是不买账的。“理论界、批评家总认为当前的文学受到价值多元和市场经济的冲击，意义趋于贫困化、平面化、低俗化，认为当前文学已经完全丧失了批判性，沦为金钱与肉欲的奴隶，是消费社会、市场经济合谋而扼杀了文学。这些看法有失公允。”①

《知音》作为纪实期刊，从创刊开始就注重叙事，以市场为导向，同时关注人情美、人性美，充满对人类和社会的爱，实现了从“写什么”到“怎么写”再到“为谁而写”的重大转变。注重故事性和可读性、生活化和真实化，使得“知音体”成为消费型的文化产品。市场化的写作能使传媒实现自我修正、实现资源的有效配置，给文化产业带来了持续的活力和生机。同时，“知音体”是立足中国国情，以全球化眼光正视传媒消费主义倾向的，在多元化的时代推进了新闻民主化进程，也增强了自身的产业实力。这种世俗化与大众消费主义文化一改过去那种呆板的宣传方式，贴近广大受众，贴近生活，释放人的欲望，丰富了人们的精神文化生活。

“知音体”风靡还有一个重要的原因是知音传媒给予作者的稿费和待遇是业内最高的期刊之一。2012 年 11 月底，中国作家富豪榜的第一份榜单“中国网络作家富豪榜”，作家唐家三少以 3300 万元高居榜首，作家天蚕土豆位居

---

① 蒋述卓，李凤亮 . 传媒时代的文学存在方式［M］. 桂林：广西师范大学出版社，2010：283.

第三。这两位作家的作品《斗罗大陆》《斗破苍穹》，全部由知音子刊《知音漫客》杂志改编连载。紧接着，“中国漫画家富豪榜”发布，在整个榜单的15人中，《知音漫客》所属的漫画家，所占数量超过一半。

知音资深编辑夏志军先生曾这样向笔者介绍：

“千字千元”，这是知音20世纪末就开出的稿费标准。也就是说，写一篇6000字左右的稿子，得到的报酬，就是6000元左右。同时，还有一些称得上烦琐的稿费和待遇。比如，一年能为我们撰写6篇纪实报道，我们邀请你参加一年一度的海外一级笔会，全程的费用1万多元，都由杂志社买单。一年能为我们撰写4篇纪实报道，我们邀请你参加一年一度的海外二级笔会，全程的费用7000多元，由杂志社买单。每年的笔会，一支作者队伍的人数都是几十个。从2011年开始，我们再次提高稿费标准，凡是我们的签约作者，起步的稿费标准是千字1200元，最高的是千字2000元。江苏的一名作者，徐向林，是盐城报业集团的记者编辑，去年为我们撰写的一篇纪实报道，稿费7000元，月度奖金1万元，年度奖金2万元，一篇稿子就获得了3.7万元的收入。这还不包括他后来参加知音一级笔会的费用。①

高稿费的背后是对于稿件的高标准和严要求，知音传媒集团在世俗性、欲望化、娱乐化的时代始终坚守“人情美、人性美”的办刊宗旨和有卖点的创新，坚持挖掘感人的故事，同时以深切的同情和敏锐的洞察力描摹不同生存状态的社会人生，始终执着于对人性的深度开掘和对现世生存的审视与批判。

“知音体”是文化与商业结合的典范，文化产业巨大的经济潜力给了《知音》扩张的内在动力。知音传媒集团不仅看到了文化产业的巨大潜力也抢占到了文化产业发展较好的时机。短短几十年，成为中国期刊产业界的翘楚。“知音体”在风靡全国的同时也实现了多次售卖，并开始了IP全产业链的开发，其文本的传奇性、语言的狂欢化和英雄的时代性等特征为新闻故事化、文学市场化的个体语码与消费时代的社会编码找到了很好的契合点，实现了市场化写作与精神理想的完美结合。

---

① 根据2014年10月19日湖北省图书馆举办的《知音》读者见面会，副主编夏志军讲座录音整理。

第四章　知音传媒的经营谋略

媒介经营是指具体某个媒体为了保持和壮大媒体经济实力，对所属的人、财、物实施有效管理的各种方法和手段。[①]媒介的市场行为即媒介产业的企业行为，是各媒介组织以提高市场占有率和获取更多利益为目的，在市场上所采取的行为。[②]期刊的市场化营销在我国并非新鲜事物，期刊史上早有期刊经营和市场化的实践。100 多年前的申报馆被认为是中国最早尝试立体发展的传媒企业。[③]知音从一开始就确立了市场化战略，将“以发展求生存，以实力争地位”作为企业精神，通过市场运作，增强媒体实力。所谓市场化就是指根据市场需求充分利用资源配置，以达到效益最大化。而大众期刊的市场化运作，是要求期刊出版企业按照市场规律和规则，最大限度优化各种资源配置，充分发挥各种资源在市场经营中的潜力和效益。[④]19 世纪末 20 世纪初很多新式出版社大量涌现，并发行和经营大众期刊，实现从经营期刊到经营资源的转变。作为品牌构成的市场要素，市场化产业化经营是大众期刊发展的必然趋势，也是增强期刊的必由之路。

《知音》从创刊开始就探索市场化运作并大胆定位为大众文化生活类期刊即纪实类特色的综合类刊物。市场实践证明这种办刊的风格是受大众欢迎的。此后知音逐步确立以期刊出版为主，推行品牌经营战略，同时拓展发行、广告经营和跨媒体产业经营。面对激烈的市场竞争，知音不断改革创新，改变传统经营的思维方式和行为方式，将品牌优势转化为产业经营的基础，形成了具有核心竞争力的文化品牌。在经营理念上，转变观念，根据现代企业制度，按照企业规律办事，主动参与市场竞争。在管理体制上，早在 2000 年 1 月，经湖北省政府批准，成立了湖北知音期刊出版实业集团有限责任公司，加强对经营工作的统一领导和管理，统筹规划“大经营”思想，形成科学宏

① 吴玉兰 . 中国财经类媒体发展研究：以媒介生态学为视角［M］. 北京：中国社会科学出版社，2010：80.
② 王桂科 . 媒介产业经济分析［M］. 广州：广东人民出版社，2006：204.
③ 李频 . 大众期刊运作［M］. 北京：中国大百科全书出版社，2003：259.
④ 杨洪祥 . 中国期刊的出路［M］. 广州：新世纪出版社，2002：240.

观的管理体制和富有效率的微观运行机制；适时建立和完善经营责任制，引入竞争、激励和约束机制，最大限度激发文化产业发展活力，提高企业的运行和运营效率。在经营战略上，知音经历了三个阶段的重大演进，从“一体两翼”到“三代论”再到“一托六”的融合发展。不断调整和超越自己，巩固核心优势，拓展新的经济增长点，构建跨媒体、跨行业的产业链。30 多年的艰苦创业，知音产业经营规模从小到大，内容从单一到多元，增长方式从粗放型到集约型，经营管理逐步规范，产业链日趋完整，正在朝着集团化、多元化、数字化、国际化方向稳步发展，已然成为中国大众期刊传媒产业发展的一面旗帜。

第一节　采编创新：“人情美、人性美”的消费欲望生产

期刊的经营创新主要涉及采编、发行和广告。采编是做内容，发行和广告是做经营。传统纸媒认为只要内容好，就能卖得出去广告。而《知音》从一创刊就树立了做文化产品的思路和用户思维。目的是使它在受众的心智中占据一个独特的位置，让受众对整体品质或优越性产生有利的感知。“知音体”不仅要考虑读者的自然条件、社会条件，还要把握好读者的心理诉求。期刊品牌的定位也是动态的，随着市场环境的变化，定位也要适时调整。准确定位高格调和高品质，再加上市场化运作被广大读者接受才能实现期刊的文化价值和产业价值。国际期刊市场细分得非常细，而 20 世纪 80 年代期刊大发展时期，我国更多的是大众化“粗分”市场，伴随着期刊市场化的发展和逐渐走向成熟，“小众化趋向成为文化消费市场细分化的必然反映”①。

一、基于“使用与满足”理论的欲望性、娱乐性消费建构

现代社会，传媒无处不在，每个人作为个体都会接触大众传媒，因此把

---

①　范军 . 小众化品牌：期刊发展的必由之路［J］. 编辑之友，2005（06）.

握受众心理和掌握受众行为是市场化定位必须要考虑的问题。“使用与满足”（uses and gradification）定理是把受众看作是有着特殊“需求”的个人，把他们的媒介接触活动看作是基于特定的需求动机来“使用”媒介，从而使这些需求得到“满足”的过程。美国著名社会学家伊莱休·卡茨（Elihu Katz）在1974年发表的《个人对大众传播的使用》一文中提出了“使用与满足”过程的基本模式，他将媒介接触行为概括为一个“社会因素＋心理因素→媒介期待→需求满足”的因果过程。1977年日本学者竹内郁郎对该模式进行若干补充。知音的市场定位很好地运用了该理论模式（见图4.1）。

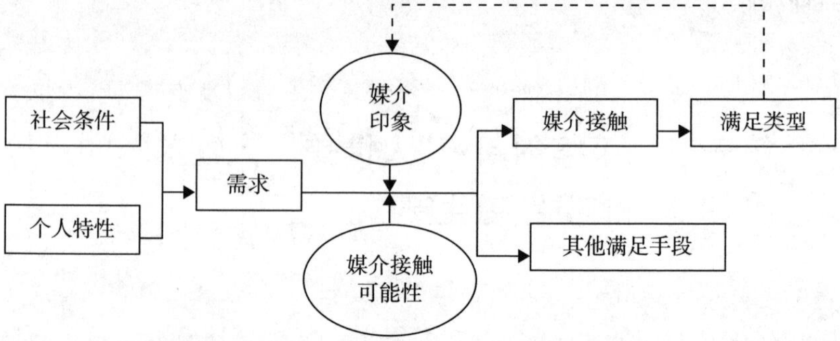

图4.1 “使用与满足”过程的基本模式

孙海沙[①]在《当下中国文化期刊的符码研究》一文中指出：当下的中国前工业社会、工业社会和后工业社会同时并存。现代化的工业生产模式一旦进入后工业时期，也会呈现出消费社会的文化商品化，商品消费化等特征。他认为期刊符码的生产主要涉及以下几个方面：一是现代化的企业管理制度。媒体的企业化管理是国家权力实现监管的终端环节之一。二是编辑、记者的职业化。期刊内容的生产主题是“人”，作为市场化的期刊生产的是“产品”而不仅仅是“作品”，因此这些记者和编辑是被职业资格认证制度和教育制度培养出来的具有市场意识的“职业人”。无论是自由撰稿人投稿还是编辑和主编的编稿、审定都要按期刊的要求取舍。这种模式化的写作很有市场，如何投受众群体所好，一直是他们研究的课题。三是现代媒体科技的发展。电话、电脑、打印、设置分印点、互联网等直接影响期刊的质量和传播速度、手段。

三者之中，“人”永远是期刊生产的核心竞争力。“为了追求经济或政治

① 孙海沙．当下中国文化期刊的符码研究［D］．武汉：华中师范大学，2008.

目的，一个特定的社会群体会决定传播哪种意义，不传播哪种意义，应该讲述什么样的故事，应该把哪种论点置于显著地位以及什么样的文化资源是可以得到的，能够被哪些人得到。”[①]职业编辑、记者和这种市场化的写作是都市化发展的结果，其产品更多是迎合市场的需求。争取上稿的机会成为很多期刊人的首要目标，而主编或执行主编对市场的判断和趣味在很大程度上影响着期刊的风格。因此，大众期刊普遍具有类型化景观，其文本具有可预测性和规模经济的效应。当编辑记者奔赴各地去挖掘和采编新闻时，并非是寻找新而未闻的“新闻”，而是寻找符合栏目要求和定位并能够强有力表达受众感“兴趣”或“关心”的故事。强化了编辑的策划功能和既定模式的生产。

这类期刊在意识形态上较为保守，常用人们熟悉的公式来掩盖其中所包含的对立和抵抗成分。“它们能够给受众带来快乐，并且传递能够为受众所赞同的意识形态立场。”[②]由于市场上大量同质化的产品出现，栏目的模式化要求，满足文本既定的形式为文本造价提供了可乘之机。期刊符码同时也伴随着广告生产活动。出于经济利益的考虑，广告文本化、文本广告化的现象不断出现，特别是在时尚期刊已经成为一种共生现象。孙海沙认为这种欲望性的消费满足了受众的快感欲望、“白日梦”的憧憬和想象、身份的欲望和想象、性需求的欲望。

同时，期刊通过对“身体”的关注、名人明星的平民化描写消融了公共空间和私人空间的界限。“这些人物和事件被期刊发表，便是暴露在公众之下，而当他们与公众的距离为‘零’贴近的时候，他们身上的光环也就消失了，拉平了距离之后，也便成为供人作茶余饭后的谈资，颇有仅供娱乐的效果。”[③]此外，通过编读往来等互动栏目拉近了和读者的距离感，将期刊的消费融入自己的现实生活中。阅读期刊成为人们休闲娱乐的方式之一。

二、知音传媒采编视角的创新

大众文化的崛起和人们特殊的心灵和欲望需求造就了《知音》的崛起。20 世纪 80 年代以来，随着改革开放带来的经济发展和文化繁荣，人们物质生

---

① 保罗·史密斯. 文化研究精粹读本·导论［M］. 陶东风，译. 北京：中国人民大学出版社，2006：20.

② 格雷姆·伯顿. 媒体与社会批判的视角［M］. 史安斌，译. 北京：清华大学出版社，2007：78.

③ 孙海沙. 当下中国文化期刊的符码研究［D］. 武汉：华中师范大学，2007.

活的改善、闲暇时间的增多、消费观念的改变，我国社会与文化实现了“从革命到建设，从战斗到生活的转变”。[①]社会的转型对传统的文化观念、文化思想和文化心理模式产生了巨大的震动和冲击。人性变化过程中一种普遍而活跃的要素——“需要”系统的更新，虽然有自然、心理和本能因素，但本质上是一种社会性的广泛而全面的自觉要求。《读者》主要创始人彭长城曾经说过：“只有人性的东西才可以征服人心。即使在一个物欲横流的社会里，人还是应该有所敬畏的。”[②]《知音》作为一本综合性期刊，把握了时代脉搏，将“人情美、人性美”作为刊物的灵魂，满足了读者渴望亲近、渴求信息的心理需求。

作为纪实期刊，不但向大众传播信息，而且为大众树立主流价值、理想和情感，大众在消费传媒的同时也在消费某种情感，重温某种价值。知音每期刊登的故事不仅为人们提供和扩大了满足情感需要，而且这些故事和内容也成为人们进行情感沟通的一种谈资。“人们在关注传媒的同时，也为其中的故事、报道、新闻或喜或悲，甚至有时个人情感深陷其中不能自拔。这种消费旨在沟通人与人之间的心理、情感和思想，沟通不同价值和文化，满足现代人的心理和精神需求。”[③]大众文化的市场化和《知音》的崛起也引起了很多争议，很多人对大众文化有误解，认为这些都是文化“快餐”，甚至是低俗的文化产品，而不知感官愉悦只是它的第一技术，即编织故事的方式，真正使得大众的感官愉快必须刺透心灵，形成自己的深度模式，为吸引读者兴趣必须不断讲究创新，除了受到市场经济的显在制约以外，同时也受到审美和大众趣味的潜在制约。知音通过大量正面与负面的案例来倡导或警示世人。其价值取向与事实指引是以正面引导为主的。知音在一定程度上还原了生活的逻辑，消解了虚伪的崇高，还原了罪恶的复杂，是倡扬真善美为主的社会纪实性报道，使读者通过阅读升华、沉思乃至感动。

知音对于稿件的质量管理一直放在最重要的位置，采取了一系列管理措施。在行业内较早实行编发分离和打破栏目负责制，竞争上稿，优稿优酬。《知音》的编辑阚娟曾经在一次上课中给学员讲道，在中国期刊界，知音的编

① 傅泽．文化想象与人文批评——市场逻辑下的中国大众文化发展研究［M］．北京：中国传媒大学出版社，2007：159.

② 金雁，王宁．专业报刊品牌经营［M］．北京：中国人民大学出版社，2007：73.

③ 郑祥福．大众文化时代的消费问题研究［M］．北京：中国社会科学出版社，2008：33.

辑所到城市之多，所采访对象之多，所打电话之多，与作者、采访对象交流沟通之多，都是其他杂志社的编辑无法企及的。这几个“无法企及”也侧面反映了知音人的职业精神、专业精神。时任《知音》打工版编辑部主任的汤馨敏曾经在一篇文章中写道：每个月有 10 天雷打不动，知音集团的绝大部分编辑必须出差。出差是考验一个人能力强弱以及是否自信的重要途径，特别是对新编辑，因为完成任务后才能报销，陪伴你的只有箱子没有同事。①

为了提高刊物质量、强化编辑部秩序和提升编辑专业精神，《知音》制定了严格的内部奖惩管理条例。对于采编的角度更是具有独特的风格，要求故事必须真实可靠，有确切的时间、地点、人物，同时，又要求故事新鲜、典型、厚重。新鲜，能够反映现代生活的新鲜事；典型，既有普遍意义，又有独特个性，一定的传奇色彩；厚重，指的是故事之中能够包容更多的社会信息量，能够深刻揭示人情人性，并且，选择一个最佳角度，进行写作。

夏志军曾经谈到《知音》2009 年第 23 期的一篇文章——《谭纪雄与博士妻：那一种爱浓烈而悲壮》。这篇文章是在特警英模谭纪雄为救武汉大学里被劫持的人质而英勇负伤之后不到一周内完成采访和写作的。主笔作者季加海既是《知音》海外版的编辑，也是谭纪雄夫人余晓敏的大学同班同学。和众多媒体把报道的重心放在谭纪雄如何救人质不同，季加海在该文立意和架构时，确立了要突出英雄救人背后的人性美和人情美，以谭纪雄夫妇的爱情故事作为写作的重点。作为英雄爱人余晓敏的大学同学，作者季加海是英雄夫妻一路走来的见证人，很多故事和细节在做选题之前就已经非常清楚。他数次前往医院探望谭纪雄，就该文章去医院采访余晓敏多达 5 次，挖掘到了更多的细节和故事。从不同的角度还原了英雄的爱情故事。文章在成文后，记者第一时间拿给余晓敏一字一句地核实修正，并让其签名同意发表。文章在送审《知音》的雷总、胡总阅读并签署发稿意见后，记者在执行主编的陪同下再次到医院探望，并让余晓敏将编辑过的文章再逐字逐句审核，签名同意发表。《知音》的这种职业精神令英雄夫妇特别感动。

《知音》的独特视角也出乎主人公的意料。英雄谭纪雄逐渐恢复后对《知音》记者说：“我受伤后，很多媒体的报道都只是职业行为。而《知音》从一个全新的角度，记录与诠释我的情感生活。《知音》的文章传达了我对妻子的

---

① 汤馨敏. 老想出差［J］. 今传媒，2005（01）.

感激之情。这本期刊我将永远留存。真心感谢贵刊对我们的这份浓烈爱心。”

《知音》不仅正面报道了英雄不同凡俗的壮举，还展示了英雄朴实温馨的爱情生活，使得英雄的形象显得更加可敬可爱。为了进一步传播正能量，知音还把这篇文章改编成剧本《特警英雄》，该电影上映后获得了湖北省“五个一工程奖”。谭纪雄夫妇也应邀参加了首映式。正如《知音》编辑高汉武所言：“笔墨当随时代。”也就是说，采写任何一个好的典型人物，必须把他放到所在的时代背景里去。

第二节　发行市场化，建立有效的多渠道营销体系

计划经济体制时期，期刊作为一种文化事业并未走向市场因此不重视发行。而市场竞争的自由化、发行体制的改变和发行渠道的多样化，媒介产业化方兴未艾，媒体具有经济和社会双重属性已经成为业界共识，迫使期刊在追求社会效益的同时，通过合法经营寻求更大的经济效益以维持生存和发展。为此，期刊发行的重要性提升到核心竞争力的位置。重视市场，服从市场，接受市场引导的同时又有目的性地引导市场、培育市场，才能获得期刊发行的成功。接受市场和引导市场是辩证统一关系。出发点和落脚点都是扩大产品市场占有率，从而获得效益。引导市场必须在接受市场的基础上，把握市场规律和特征，进而开发新的市场。有形市场是从无形市场或潜在市场发展演化而成的。引导和培育市场，既是市场形成条件，也是市场营销具体内容。美国学者杰罗姆·麦卡锡（E.Jerome McCarthy）于 1960 年在《基础营销》（*Basic Marketing*）一书中首次将企业的营销要素归结为四个基本策略的组合，即著名的“4P’s”理论：产品（Product）、价格（Price）、分销 / 渠道（Place）、促销（Promotion），由于这四个词的英文字头都是 P，再加上策略（Strategy），所以简称为“4P’s”。

知音从创刊开始就没有走寻常路，坚持营销战略的探索和创新，积极开拓多元有效的发行网络。

一、分众化的市场战略和竞争优势

市场细分是营销战略规划的重要组成部分。营销学家比革戴克（Biggadyke）认为，市场细分及其适应的定位应该列为营销对策略管理的重大贡献。媒介企业的营销是一种使消费者满意，并为实现媒介企业经营目标而展开的一项有计划、有步骤、有组织的活动，消费业绩的好坏取决于媒介产品的消费者。因此，一个传媒企业能生存下来的重要因素是选对了其文化消费群体，而任何一种媒介很难满足所有消费者的需求，因此细分市场成了媒介营销活动的出发点。[①] 随着期刊的发展，我国期刊从20世纪90年代开始就逐步向窄众化、专业化方向发展。广告主要求有效目标受众和受众需求日趋多元化是新刊问世的基础和动力。

《知音》等大众文化类期刊是以广泛的受众群为目标读者，定位相对宽泛。随着大众审美需求的多元化，期刊的进一步细分，时尚类、体育类、财经类期刊等进一步分流了大众文化生活类期刊的读者。为了不被市场所抛弃，适时的策略就是把握先机，进行科学的市场调查和预测，依托现有品牌发展子刊，培养新的发展方向，并通过增加的子刊稳固原来的受众市场，同时不断扩大市场占有率。另外，随着年轻读者爱好的转移，娱乐时尚期刊的崛起，知音原来的中低端定位虽然已经成为知名文化品牌但依然有着局限性，很难开创更高更深的格局。

知音集团从20世纪90年代开始采取分众化策略，发展子刊系列，形成知音报刊群。其目的一是满足不同受众需要和受众不同需求。通过《知音·海外版》《好日子》《知音漫客》《第1生活》《新周报》等系列子报刊来满足不同年龄、职业和收入的读者需求，开拓了新领域、占领了新市场，不同程度巩固了原来的受众群体并成功吸引了新的受众。这些子报刊在规模、结构、内容上各有分工、相互支撑。通过发展系列子报刊也提高了编辑实力、培养了编辑人才，使整个集团的经济实力、管理能力得到提升，促进了产业的规模化发展，提升了抗风险能力。二是迎合广告客户精准销售的考虑。广告客户看重的是目标受众群体并非发行量越多越好。《知音》虽然受众较多，但作为大众文化生活类期刊，受众分散且以中低档消费群体居多，广告额不

① 贾国飚．媒介营销［M］．长沙：湖南人民出版社，2003：81.

如财经、时尚类期刊。为了占领尚未开发的市场，在保持原有定位的基础上进行新的定位，开发新的产品才能得到更好的发展。《知音》系列子刊的成功打造，使得高中低端市场均有精准的刊物，这种分众化的策略可以最大限度地争取受众，虽然刊群的形成分流了部分受众，但整体受众的数量规模还是扩大了，抗风险能力也更强了。①

二、合理的价格策略

价格是媒介消费者获得使用媒介产品的权利必须支付的金钱。在市场营销理论中，价格是最为灵活的因素之一，合理的价格策略可以使媒介企业获利，使媒介消费者利益得到扩大。一般来说期刊的定价主要有三种策略，即成本导向型、竞争导向型和需求导向型。成本导向型是指定价在很大程度上依赖边际成本；竞争导向型主要是指定价依据竞争者价格；需求导向型定价不是依据成本而是根据需求水平确定期刊价格。②《知音》及其系列子刊均采取优质低价平民化的策略，兼顾以上三种定价策略。《知音》创刊当年定价为0.35元，30多年来价格调整8次，《知音》母刊最近几年只上调0.5元，2016年定价为5.5元。比目前市场上销售较好的大众期刊《读者》《家庭》等均要稍微低一些。《知音》子刊比如全彩色周刊《知音漫客》从创刊到现在都保持在5元，创下了漫画期刊低价格高品质的纪录。

“知音定价是根据读者的大众消费水平决定的，始终是大众文化生活刊的中间价格。主要考虑两方面因素，一是制作成本，二是读者承受能力。”③此外在涨价的同时，也不断增加刊物的质量，比如用纸K度的提升及内容的增加等。《知音》的定价不只是要考虑期刊社的利润，还有分销渠道的利润。知音目前发行数量，邮局大概占比是36%到37%，而民营经销商发行已占该刊总销量的60%以上。

---

① 李小曼，张金海．中国十五大传媒集团产业发展报告（1996—2010）[M]．北京：人民出版社，2014：376—377.

② 刘九洲，张德华．《特别关注》文本解读[M]．武汉：华中师范大学出版社，2009：181.

③ 搜狐网．《知音》定价是根据读者大众消费水平决定的[EB/OL]．[2013-11-05]．http：//news.sohu.com/28/12/news215241228.shtml.

三、零售为主、多渠道有效发行和积极促销

期刊必须通过发行才能送到读者手里从而发挥应有的社会效益和经济效益。新中国成立之初到“文革”结束，我国实行的是社会主义计划型发行体制，也称“邮发合一”体制，这一时期报刊发行唯有邮局一条通道可走，报刊社通过邮发合同确立和邮局的发行业务关系，报刊发行服从于出版管理机构对发行数量和价格的规定，报刊社对发行环节的工作难以措手。这种体制下报刊整体影响力虽然大幅提升，但发行自主性在一定程度上被剥夺，报刊社本身的发行功能基本丧失。邮局的长期垄断也导致服务质量和效率低下。1978 年起，人民日报等 8 家国家级新闻媒体试行“事业单位，企业化管理”，报刊社开始注重经营管理工作。虽然1980年修订的《报刊发行业务处理规则》中依然确定报刊发行业务方针是“计划发行”，[①] 但长期垄断经营，邮政发行服务质量的低劣严重制约报刊业的发展，计划发行和垄断发行的旧体制已经难以为继。当时报刊工作者将邮局称为“邮老大”，与邮局打交道有“五难”：一是“入门难”，新创办的期刊申请邮发代号的审批手续非常烦琐；二是“起步难”，新创办的期刊发行量刚开始一般都非常有限，而邮局当时规定两万份起发，不足两万份发行费按两万份计算；三是“砍价难”，邮局单方面确定发行费率，期刊社没有价格博弈的可能；四是“收款难”，邮局采取的是预定制度，然而钱到了邮局却迟迟不肯交给期刊社；五是“保质难”，邮局发行服务不到位的情况时有发生，报刊社却无可奈何。[②] 而《知音》的创刊号几乎花光了办刊所有的资本，发行的好坏决定了期刊的生死存亡。创刊之初《知音》是一本名不见经传的期刊，让读者通过邮局主动订阅不是很现实。在这种情况下，为了让刊物能存活下去，知音在发行方面做了大胆尝试，决定先放弃邮发，采取当时报刊界并不看好的方式，把期刊交给武汉市报刊零售公司发行，同时自己也主动出击，积极拓展发行市场和渠道。为此印刷了几万份宣传单，编辑部全体成员分头在武汉周边主要城市宣传。由于《知音》定位准确，内容贴近读者需求，创刊号印刷的 40 万册很快销售一空，创刊当年月均发行量达到了 102 万册，当年就实现了盈利，解决了期刊的生存问题，

---

① 吴睿轩 . 略述新修订的报刊发行规章制度［J］. 中国邮政，1993（01）.

② 吴峰 . 从边缘到中心 ——《洛阳日报》发行 20 年回眸［J］. 传媒，2005（10）.

创造了中国期刊发展的奇迹。在创刊号向读者的报告中，关于发行渠道及有关规定的描述是这样的：

为了让您及时得到《知音》，本社将通过武汉市邮局报刊零售公司和本省各级妇联、工会女工部广泛建立发行网络，同时在省外逐渐建立发行中心。省内外读者既可以找到当地妇联、工会女工部和武汉市邮局报刊零售公司联系，同时也可直接汇款本社发行科订购。（本社在银行的账号为：89–952）。为了满足更多读者的需要，我们还欢迎省内外邮局发行公司、文化单位和个体报贩经销本刊。具体办法可来信联系。①

可见根据市场引导，通过对销售市场的调查、结构解析及对读者性别、年龄、文化水平、职业、支付能力和消费心理等要素的科学分析和准确把握，《知音》从一开始就采取多元化的发行方式，并把重点放在零售二渠道市场上，30 多年来一直采取零售二渠道为主、邮局主渠道为辅的原则，即大城市广泛建立零售店，在中小城市和边远农村很难有零售摊点，为满足这些地方的读者，《知音》也将一部分期刊交给邮局发行，走零售、邮局和网上订阅相结合的道路，发挥渠道互补优势，通过开辟多元化发行渠道，不断扩建发行销售网络，最大限度扩大市场占有率，获取最大效益。为了进一步扩大期刊的发行市场，更好满足读者需求，《知音》1996 年开始成立发行公司，编发分离，全权代理《知音·海外版》和《知音》精华本、珍藏本、合订本、增刊及其他副产品的发行，直接进入期刊发行市场。此外从 1994 年起，《知音》陆续在广东、北京、长春、贵阳、成都、济南等地设立了 20 余个分印点，这些分印点辐射力强、布局合理，有力开拓了知音的发行潜力，提高了期刊发行上的抗风险能力。

同时，《知音》把握民营渠道，借力专业发行公司，陆续建立了数百家二级批发商、上万家终端网点的发行网络，建立了四通八达的发行网络，不留发行死角，有效改变了《知音》报刊群发展受制于发展渠道不畅的局面，扩大了发行渠道，降低了发行成本，增强了经营开发能力。② 通过 30 多年的探

① 《知音》杂志 1985 年第 1 期。

② 李小曼，张金海．中国十五大传媒集团产业发展报告（1996—2010）[M]．北京：人民出版社，2014：379.

索和精心培育市场，知音组建了一个高效、快速、庞大的发行网络，走出一条具有自己特色的发行道路，保持了发行量居高不下的良好态势。从创刊的40万册，飙升到目前月发行总量超过1000万册（见图4.2），利润也逐年增长，成为年利润过亿元的大型传媒集团（见图4.3）。2013年全国期刊出版总印数为32.7亿册，其中知音传媒出版12532.04万册，所占比例为3.83%。

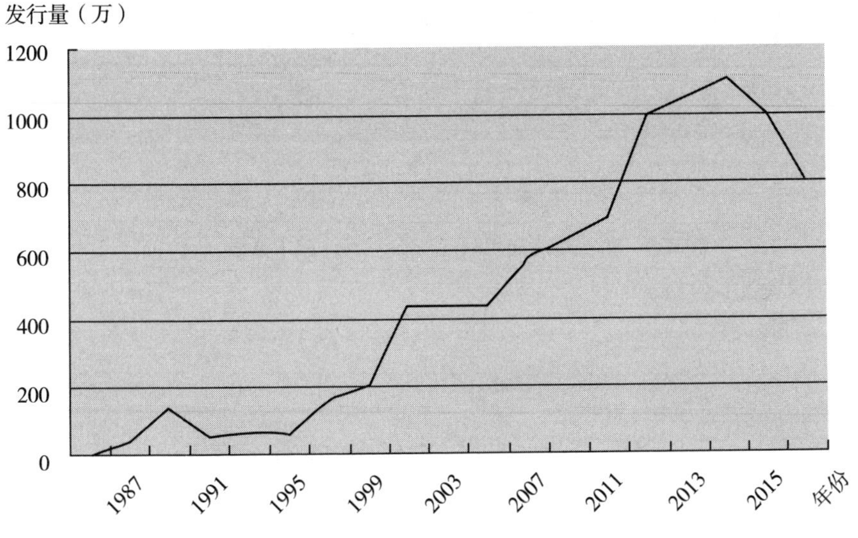

图4.2 《知音》报刊月发行量走势（1985—2015）（单位：万册）

（根据知音内部数据绘制）

此外，知音非常重视营销策划和促销，通过各种方式向消费者传递知音文化产品的各种信息，开展各项活动与读者、作者建立感情。非常重视品牌的包装，最大限度地整合传媒集团内所有媒介资源对其自身进行促销宣传，并运用新媒体等手段，将宣传效果最大化。通过知音网、知音头条、微信公众号、App等对传媒纸质版系列报刊进行促销。利用图书馆、刊博会等场所开展读者见面会，举办笔会回报优秀作者，开展有奖读者调查等。

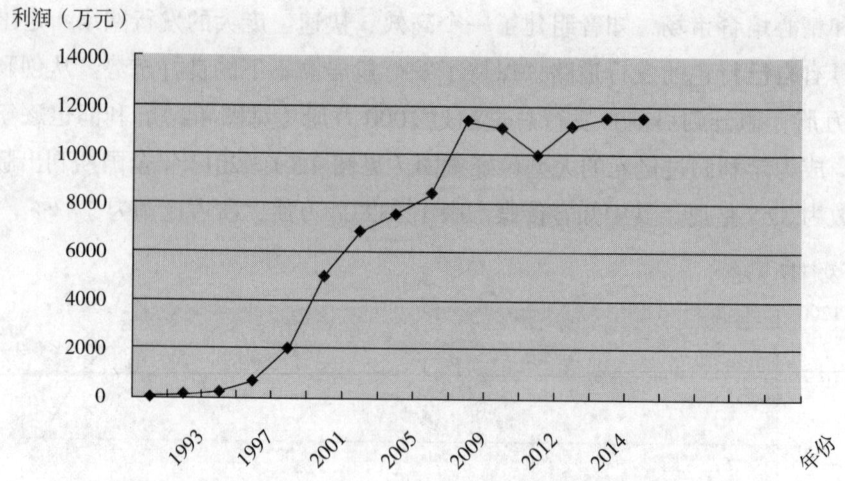

图 4.3　知音年利润走势（1995—2014）（单位：万元）

（根据知音内部数据绘制）

第三节　广告市场化创新经营

现代期刊中，广告已经成为期刊本体不可分割的组成部分，成为期刊价值取向和文化品位的外在表现，作为期刊新的经济增长点，还能为期刊经营带来客观效应，在市场竞争中的作用不容忽视。掌握期刊广告运作规律，有助于期刊编辑整体策划，提高期刊的社会效益和经济效益。《知音》创刊初期的经营模式主要依靠发行赚钱，广告极少，起步阶段除了刊登一些征婚广告外，几乎没有什么商业广告。随着《知音》的发展壮大，发行量不断提升，广告也由少到多、质量由弱到强，收入持续增长，成为知音市场化运作的主要内容和经营收入的重要来源之一。

一、期刊广告的特点

从总体上说，期刊广告受众不如广播、电视、报纸那么广泛，和互联网等新媒体更是无法相比，但作为传统平面媒体也有自己的优势：一是期刊受众对象明确，认同集中。期刊有着自己的忠实受众，可以根据受众消费需求有针对性地刊登广告，其认同性相对来说高于一般传统媒介。二是阅读期限较长，接触次数多。期刊篇幅大多很长，读者需要多次接触才能看完，加之期刊适合收藏，期刊广告有较长保存期和阅读期，强化了传播效果。三是编排设计精美，突出醒目，富有吸引力。期刊广告大多独占一页，通常铜版彩色纸张精美设计和印刷，视觉传播效果好，醒目简洁突出，容易吸引读者眼球并为读者带来美的享受。四是期刊的读者一般具有一定的文化水平和消费能力，对新产品及服务反应灵敏，比较容易接受广告说服。[①]当然期刊广告随着互联网时代的到来，局限性也越来越突出，由于刊期制作周期比较长，时效性远远不如其他传统媒介和新媒体，另外大多数期刊发行量不大，受众有限，广告效果也可想而知。

二、我国期刊广告发展概要

就我国期刊总体发展情况来看，增长速度较快但市场份额普遍偏低，期刊收入来源依然主要依靠发行，盈利模式单一。截至 2016 年刊登广告的期刊依然不足我国期刊总数的 1/3，中国期刊广告投放比例比较小，市场还不成熟，依然有很大的提升空间。而西方国家不少期刊售价低于成本，乃至低于纸价，但他们不仅可以出版还能盈利，原因就是广告收入。西方很多发行量大的期刊广告收入在营业总收入中往往占 70%，而发行收入只占 30% 左右，广告成为期刊的主要经济支柱。我国期刊广告从 20 世纪 80 年代开始取得长足发展，1983 年我国期刊广告突破 1000 万元，达到 1081.1 万元。2010 年期刊广告总额增加到 30.8 亿元，比 1983 年增加了 285 倍，大大超过了期刊种数和总印数的增加幅度。30 多年的发展，期刊广告经历了高速增长期，也曾经历负增长的低潮，1985 年和 1994 年涨幅分别达到 116.57% 和 114.16%；1995 年、1997 年、2004 年和 2006 年，期刊广告经营总额均出现负增长。1985 年到 2010 年，期刊平均增长率达到 22.37%。[②]2010 年至 2016 年，传统媒介广告增幅降低，2013 年同比下降 6.6%，2014 年降幅达到 10.2%。截至 2016 年，

---

① 许清茂 . 杂志学［M］. 厦门：厦门大学出版社，2006：194.

② 陶喜红 . 中国传媒产业市场结构演变研究［M］. 北京：中国社会科学出版社，2013：80.

我国期刊广告收入最高的是时尚、女性、健康类期刊，化妆品、奢侈品、消费品、服装等是针对时尚女性的产品，因此这类期刊比较受广告主的青睐。时尚类期刊大多有强大的外来资源，部分期刊采用国外大片的方式来吸引读者，很多都是国外著名期刊版权的合作，有大集团投资。

三、知音的广告经营和创新

开发期刊广告经营的潜力是知音产业化运作的重要内容。早在1996年7月，知音成立独立的广告公司，专门代理《知音》《知音·海外版》《好日子》《知音文摘》等综合类期刊的广告承接业务。《知音漫客》《漫客·星期天》等动漫期刊和《新周报》《第1生活》等报纸的广告业务由各刊编辑部承接。知音在广告经营方面进行了大胆探索和创新，率先在广告代理企划方面创立了一整套独特的运作模式，在国内期刊界独树一帜。

一是做有品质的广告。根据传统策略以多姿多彩的画面、汉语凝练的高水平期刊广告赢得广告客户的青睐。二是注重保持知音广告在竞争中的高信誉度，严格按照广告法，注重内容审查，保证读者和客户的利益。高品位的广告如同精彩的文章一样，为广告客户创造了价值，为期刊赢得了读者，最终实现广告客户、消费者和期刊社的三方共赢。三是积极开拓广告经营新渠道。首创广告客户出资印刷增加广告彩插的经营方式，开拓了期刊的广告空间，既满足了广告客户的需求，又没有增加期刊社和读者的成本。这一经营方式后来被各大期刊纷纷效仿。此外在不影响编辑内容完整性的前提下，知音还在广告位置和形式方面做了很多尝试和创新，比如目录页插入广告、栏目广告、封面大小广告、内文软广告、区域广告业务（将全国经济条件较好的15个省市发行的《知音》杂志里面多装订4页至8页的彩色广告，它浓缩了《知音》发行的精华，最适合重点开发区域市场的客户，可帮助客户节约广告开支，循序渐进地开发市场等）。用多种方式力争做到“广告质量全满意、广告创意全技术、广告策划全到位、广告服务全时空，全面有效挖掘期刊广告的市场潜力”①。知音传媒所属期刊、报纸、网站2011年广告收入为4515.15万元，占我国期刊广告经营总收入的1.29%（全国期刊广告当年总收

① 杨洪祥.中国期刊的出路［M］.广州：新世纪出版社，2002：244.

入 35.1 亿元），2012 年、2013 年广告业务收入分别是 4726.59 万元、3354.17 万元。受传统纸质期刊发行量减少和新媒体迅速发展等因素影响，2013 年起广告减少，但随着知音官网、知音微信公众号、知音头条号、知音电商等新媒体的壮大，新媒体广告收入又有所增加。

目前,《知音》全媒体平台已成为“女性社群经济第一平台”，是女性产品、儿童用品、生活消费品、绿色健康品等品牌推广、广告投放、销售代理首选合作平台。《知音》全媒体积极寻找战略合作伙伴关系企业，积极开展招商。签约《知音》全媒体战略合作伙伴关系，企业成为“女性社群经济第一平台”成员，可以根据自身需要选择享受全媒体品牌推广、电商联盟资源及如下权利：1.《知音》杂志封面形象植入,《知音》封面均为当红女明星，企业的品牌名称、LOGO 等植入封面，极大地提升企业的知名度；2. 知音微信公众号服务，数十万的粉丝帮助品牌推广；3. 知音头条的推广，知音与今日头条共同打造的知音头条号，每天最高阅读量突破 500 万，无疑是新媒体的新宠；4.《知音》杂志硬、软文广告有最优惠的投放价格；5.《知音》记者、专职作家为企业或产品撰写推广文案，而《知音》杂志以每本 1.5 元的商务刊出版；6. 产品进驻知音商城、第 1 生活商城等电商平台；7. 知音全媒体平台代理销售产品。① 女性社群经济平台计划邀请10万名微商加盟，通过微信、App 等新媒体推广，传统纸媒支撑，打通电商联盟渠道。

第四节　市场化经营特色总结

期刊产业的发展有两种形式：一种是“一元式”即将期刊的一个品牌做大做强，形成规模。比如中国的《读者》《特别关注》，美国的《读者文摘》就是围绕一个品牌集中力量经营。另外一种就是多元化经营，集约化发展，在坚持期刊核心产业基础上，不断延伸品牌，扩展产业链条，实现跨行业经营。知音的产业构成，就是多元发展的模式。目前，其产业格局的构成从核心产业、品牌产业的延伸和规模来看至少可以分为四个层次：第一个层次是

① 知音网.《知音》全媒体战略合作伙伴招商啦！［EB/OL］.［2015-12-17］. http：//www.zhiyin.cn/2015/zhiyindongtai_1217/546762 _2.html.

产业的核心层《知音》期刊；第二个层次是知音品牌延伸的期刊系列即文化生活类和动漫类两大报刊群；第三个层次是与期刊出版相关的子公司（广告、发行、印务等公司）；第四个层次是战略性投资项目（知音印务公司、武汉信息传播职业技术学院等）。

一、以《知音》为核心，打造期刊集群

《知音》是在市场竞争中诞生并发展起来的，不断创新和改革经营机制是实现多元化规模化发展的必由之路。从1985年到1995年，十年的艰苦创业，知音的月发行量已经稳定在200多万册，年利润达到1000万元，完成了原始积累，具备了品牌扩张的人才和资金实力。1996年8月，《知音·海外版》正式创刊，当年月发行量达到20万册。为了更好地抢占市场份额，1999年在全国将月刊改版成半月刊出版发行，2000年起又陆续开发《打工》等期刊，最终发展到十刊三报，两个报刊群的规模，形成了以《知音》为主，多种刊物并存发展，互为补益的发展格局。

二、搭建产业化大生产平台

市场竞争下的传媒产业是一种工业化大生产，期刊所从事的信息产品的生产包括两个环节，即内容的生产和期刊成品的印刷。知音的前十年发展积累了一定的办刊经验和经济实力，而且在人才、财务管理、发行、纸张经营等方面也具备了一定的实力，为搭建工业化大生产平台实现产业化经营奠定了基础。知音前十年在发行、印刷、广告方面常常受制于人。尽管1995年前《知音》月发行量已经达到了160万册，但广告每个版面才3万元，是沿海同类期刊的1/3，年广告额也仅有区区几百万元。在多家工厂印刷也多次遭遇纸张质量不稳定、印刷不及时甚至刊物在工厂被盗卖的情况。发行、印刷、广告等方面的制约和被动因素严重影响了知音的长远发展。为了突破经营体制的束缚，更好地挖掘广告、发行和印刷等方面的资源潜力，从1996年开始，陆续创办了广告、发行和印务等股份制公司，积极搭建工业化大生产平台，发展多元产业。

实践证明体制创新调动了各方积极性，这些子公司的经营活动都是为服

务期刊发展而生，为期刊产业的发展提供了有益支持。到 1999 年，知音广告公司就将封面彩色广告提升到 11 万元，赶上了发达地区的水平，广告收入也逐年增长。知音发行公司很快在全国建立了 20 个分印点和四通八达的发行网络，改变了知音期刊群发行渠道不畅通的局面。知音印务公司下设两个印刷厂、一个制版中心，解决了困扰知音的印刷质量问题，使刊物印刷质量达到同类刊物领先水平。除了满足自己的印刷业务，还对外承接数十种报刊排版和印刷业务，成为湖北省最大的期刊印刷基地。印务公司与有关造纸厂专家共同研制的“知音专用纸”，被全国大多数期刊所采用，为提高中国期刊用纸和装帧质量作出了贡献。

三、品牌化拓展和跨界经营的多元化发展

“品牌生产是一个系统工程。品牌期刊之所以成为一种品牌，主要源于其顺应了社会发展的需要，源于其具有相当的文化品位和文化积累价值，源于期刊高质量的内涵和高水准的外形品位。品牌来自质量，其产生需要市场化的运作。”[①] 知音“人情美、人性美”的风格定位决定了其作为一本文化生活综合类期刊应具有的文化品格。其报道内容的文化关怀和深厚文化底蕴又使《知音》具有高质量的内涵。同时其品牌包装大方、朴实、清新，经过多年的发展已经形成了自己的品牌效应。中南大学中国文化品牌研究中心和中国文化报社举办的“2008 年首届中国文化产业品牌榜”，《知音》名列其中，评委会给《知音》的评价是：感动中国的期刊，以原创的平凡人故事一次次感动中国。

为了更好地做好期刊品牌经营，《知音》不断改革创新，根据读者需求和时代变化与时俱进，不断提升品牌竞争力和市场占有率，使之既与时代同步，更领潮流之先，成熟中蕴含青春朝气。曾经有一段时间，低俗、媚俗的内容充斥着小刊小报，恶意炒作新闻的做法横行，对此《知音》保持一贯的理性，摆脱浮躁心态，脚踏实地，潜心耕耘。坚持积极的人生观、健康的生活观和正确的世界观，坚持“人情美、人性美”的本色，立志做百年期刊。此外，将“知音”品牌竭力打造成一项重要的无形资产，为了应对激烈的市场竞争，

---

① 杨洪祥．中国期刊的出路［M］．广州：新世纪出版社，2002：240—241.

加快期刊产业发展，知音传媒从1996年开始陆续推出系列子刊，并成立广告、物业等子公司，实现了品牌延伸，逐步形成了以《知音》为主，多系列刊群共同发展、互为补益的规模化经营格局，增强了《知音》的综合竞争力和抗风险能力。知音传媒还利用品牌优势重视多次售卖，开发系列合订本、精华本和相关图书以及其他衍生产品等，寻找期刊发行市场新的经济增长点和开发培育新的文化消费市场。此外，为了增强规模化发展后劲，不断加强资本运营，增加战略投资，积极争取上市和寻找新的盈利点。在发挥自身优势，积极巩固传统大众期刊产业地位的同时，比如2000年开始战略性投资，创办武汉信息传播职业技术学院，并于三年后开始盈利，目前成为一所具备大专学历教育和全国正规招生资格的特色高职高专。此外，陆续启动知音物业公司、“知音花园”职工公寓开发、购入450亩土地开发和建设知音文化科技园、“知音广场”办公大楼、知音影视公司、知音展览有限公司、知音缘信息科技有限公司等，跨传媒、跨行业经营，大规模多元化发展新的产业和项目，多元化的产业发展延伸了知音传媒的品牌价值。“战略性投资项目的成功，从整体上提高了知音传媒产业的实力和抗风险能力，增强了更大规模持续发展的后劲。”①

四、国际化战略的尝试

出版业是文化的基础产业和主要传播行业，也是文化产业中最重要的组成部分，在文化建设中担当着重要的责任。期刊作为一种重要的文化载体在传播中华文化中同样起着重要作用，20世纪80年代末和90年代初，国外时尚期刊纷纷登陆中国给了中国期刊走出去的启发。如何在立足本土巩固好阵地的基础上打入国际市场取得一席之地是我国期刊面临的重要难题。

20世纪90年代初，知音开始尝试向海外扩张，瞄准海外华文传媒市场。经过大胆假设、市场调研、小心求证，知音开启了海外扩张之路。《知音·海外版》1996年8月的成功出版体现了知音决策层超前和富有创新性的眼光。②作为知音集团国际化战略先锋和探路者，其内容主要沿袭知音一贯的风格，

---

① 李勇．湖北文化产业文化市场研究［M］．武汉：湖北人民出版社，2008：302.

② 李建伟．新锐飞扬：期刊策划著名案例［M］．北京：中国社会科学出版社，2008：137.

但进一步突出情感性、故事性、可读性和传奇性。设置了“名人明星”“真爱天空”“性情男女”“风雨人生”“环球传真”“海外亲历”等 20 多个丰富多彩的栏目，既讲述中国留学生在海外的奋斗故事，又刊登国外普通人的爱情经历，还有名人明星的爱情故事等，稿件突出“涉外性”。自创刊以来，深受海内外华人的喜爱。

知音海外扩张的第一步是在北美等期刊业市场发育成熟、华人集中的地方注册公司，通过与当地出版商合作，为《知音》及其系列报刊打开市场。在此过程中逐步熟悉国际期刊业的运营规则，积累经验。第二步是与当地出版商实现版权合作，计划以北美和中国台湾市场为起点出版知音海外中文版，并逐步拓展到港澳地区及其他华人集中的国家，组建海外组稿编辑网络和销售网络。第三步是在西方主要发达国家出版英文版及其他各语种的《知音》版本，实现本地化战略，打入欧美期刊主流市场。[①] 在此过程中不断学习国外先进管理经验，培养具有国际视野的期刊人才，为中国期刊国际化树立成功典范。

2001 年 3 月 6 日，外经贸部〔2001〕外经贸发展海函字第 392 号《关于成立中国知音加拿大出版公司的批复》同意知音杂志社在加拿大温哥华独资成立“中国知音加拿大出版公司”。2002 年 3 月 28 日公司正式成立，被誉为“知音进军海外的第一个码头”。[②]2009 年 3 月 19 日，中国知音加拿大出版公司名称变更为加拿大知音传媒有限责任公司（Canada Zhiyin Media Corp）。但根据知音 2014 年招股说明书显示知音传媒未实际向加拿大知音传媒出资，加拿大知音传媒未实际开展业务。招股说明书显示知音期刊集团与加拿大《环球华报》社签订《合作协议》，自 2007 年 11 月开始每月向加拿大《环球华报》社提供《知音》女性时尚版（后定名为《知音新女性》），并委托上海长发国际货运公司办理《知音新女性》的出口。此外，知音传媒委托中国国际图书贸易集团有限公司向境外销售《知音》《知音·海外版》和《知音新女性》三种期刊。2011 年、2012 年和 2013 年销售额分别为 20.84 万元、25.12 万元和 24.56 万元。知音连续多年被评为海外最受海外华人欢迎的期刊之一，虽然尚未实现预定目标，但在期刊走出去方面做了有益的尝试，也为将来成为国际化的期刊传媒集团打下了基础。

---

① 李小曼，张金海．中国十五大传媒集团产业发展报告（1996—2010）［M］．北京：人民出版社，2014：373.

② 文心，李艳华．《知音》杂志发展的三大战略探讨［J］．编辑之友，2005（01）.

第五章　知音传媒体制机制改革

随着经济体制的改革和社会主义市场经济的发展，大众期刊传媒企业逐渐淡化计划经济体制时代呆板僵化的内部管理机制，逐步转变为市场主体，走市场化、产业化发展道路。这需要适时推行企业内部的管理体制改革和机制创新。所谓“机制”泛指某个工作系统内部的组织形式和工作方式，是事物内在活力的根基。[①]知音的创业史可以说是一部管理体制机制的改革创新史，知音吃的是改革饭，走的是创新路。从 1985 年成立之初就实现了“以发展求生存、以实力求地位”的理念，是湖北省最早实行“自主经营、自负盈亏”的文化事业单位。[②]从一本期刊到一个年利润上亿元的集团，30 多年来不断尝试对内部机制和全面管理进行深化改革，坚持科学发展观，走内涵式、规模化发展道路，成为中国文化产业改革的先锋，其超常发展的成绩得到了社会认可和领导的肯定。知音多次获得中国期刊出版最高奖——“全国优秀社科期刊奖”“国家期刊奖”和“中国政府出版奖”。2007 年 9 月，时任中央政治局常委李长春同志视察知音集团时指出：“知音的经验证明，早改革，早发展，早主动。知音大有可为。”时任中共中央宣传部部长的刘云山同志曾作出重要批示：“要很好总结知音的经验，培养更多的期刊集团。”[③]

知音在国家几乎没有投资的情况下能够在期刊市场站稳脚跟，并发展成为中国驰名文化品牌，根本原因就在于管理机制和制度的改革创新。为此知音主要创始人认为，管理不仅出效率、出纪律、出工作水平、出良好的习惯和作风，而且还出创新力、出竞争力、出凝聚力。本章从三个阶段尝试分析知音的体制机制改革。

---

① 杨洪祥 . 中国期刊的出路［M］. 广州：新世纪出版社，2002：246.

② 李勇 . 湖北文化产业文化市场研究［M］. 武汉：湖北人民出版社，2008：302.

③ 中华人民共和国新闻出版总署出版产业发展司 . 新闻出版体制改革案例汇编［G］. 北京：中国人民大学出版社，2009：130.

第一节　知音传媒体制机制改革三阶段

一、创刊初期的制度建设和创新

中国期刊市场化进程也是随着全国报刊经营改革潮流一起向前推进的，湖北和上海、北京、广东、吉林等地一道走在全国前列。1978 年人民日报和首都部分报刊试行“事业单位，企业化管理”的经营标志着我国报刊业步入市场化进程的制度创新时代。我国报刊经营模式逐渐从供给制办报刊（即经费由国家财政全额拨款，出版计划由国家规定，无需参与任何经济活动）向自主经营转变。正如王守国先生所描述：“我国报刊业是沿着恢复广告、自办发行、增张扩版和组建报刊集团以及吸收外来资本加入的途径不断向前迈进的。”①《知音》一创刊就面临生存和发展的压力，从 1985 年元月创刊，虽戴着“事业单位”的帽子，但实际上每一分钱的收入，都要靠自己到市场中去挣。因此从创刊之日起，知音就特别注重建立健全鼓励竞争的激励机制和内部管理机制，使经营管理更加科学合理和适应市场发展需求。员工利益分配的管理是现代企事业管理的难点，同时也是一把“金钥匙”。分配制度科学合理则可以成为一种激励机制，使员工积极性得到充分发挥。知音根据市场需要大胆改革利益分配机制，实行按劳取酬，多劳多得的分配原则，“一流人才、一流业绩、一流报酬”，根据实力和业绩拉开分配差距，并配以晋升激励和荣誉激励。

一是建立工资奖金全新的分配激励机制。编辑层面，对于其工作表现、能力高低和贡献大小，从 1990 年起实行“版面工资奖金制度”，将编辑的全部工资和奖金纳入浮动分配，完成规定版面任务发基本工资，否则按比例扣发工资，编辑所发稿的版面越多获得的工资奖金数额也越多。经营和行政后勤人员层面，实行“岗位考核计发奖金制度”。根据员工岗位和职务确定不同奖金数额，强调奖金分配向经营管理骨干倾斜，大幅度拉开收入档次。

二是全员聘用的人才使用机制。人才对于期刊产业发展的重要性在市场经济时代愈加凸显，优化人才资源配置不仅要全面实行用工制度的市场化，实现人才自由流通以适应现代企业的机制创新，重视人才引进与使用，加强

① 王守国 . 我国报业经营改革的制度变迁分析［J］. 河南社会科学，2004（05）.

竞争优胜劣汰，而且要重视人才的培训和知识更新。① 知音除了创办初期的30余人属于事业单位编制、人事关系在湖北省妇联以外，从1987年开始全面实行公开对外招聘的用人机制，打破身份、年龄、学历等界限，实行公开考试，公平竞争，择优录用，3个月的试用期考察合格后签订劳动合同，档案关系在人才交流中心，实现“不拘一格降人才”。② 灵活的用人机制使知音吸纳了大批人才，为人才提供施展才华的平台，促进了知音期刊传媒产业的快速发展。

三是建立科学规范化的行政管理机制。为适应市场化的要求，知音在1986年就制定了《知音杂志社管理条例》，从质量到效益、从经营到财务以及各级岗位责任制的明确等，成为知音的“法典”。③ 随着知音的发展，对编务、财务、劳动纪律、人事、员工福利等方面的制度又进行了细化，坚持以制度治社，各项工作有法可依，有章可循。坚持从严治社，制度面前人人平等。此外，实行严格的审计管理制度，内部审计和成本控制相统一。比如，执行严格的考勤制度，员工上下班要签到，外出办事要申请报批，领导层也不例外。很多制度一直坚持到现在，深深地渗透到员工的意识当中。

二、深化改革，健全规范高效的体制机制

1991年8月，知音全体员工聚集东湖翠柳宾馆召开闭门会，主题为“我们将以什么样的姿态向《知音》重新突破百万期发量迈进”。要解决的就是20世纪80年代末90年代初知音发展下滑及“精力投入不够”和“批评难”等问题，即知音发展史上的“东湖会议”。④ 这次会议统一了知音人的思想，总结知音发展初期的经验和教训，为知音管理体制机制深化改革和完善，从感性管理转变为职业化管理奠定了思想基础。1991年底知音提出了“期期精彩、篇篇可读”的质量管理目标。坚持质量第一，杜绝关系稿、人情稿；打破中国期刊界长期以来按栏目和版面分工的惯例，不给编辑固定栏目，所有栏目竞争上稿，确保最好的稿源和最高的编辑质量；主动到作者中去组稿和

① 杨洪祥 . 中国期刊的出路［M］. 广州：新世纪出版社，2002：247.

② 孙永平 . 2007 湖北文化改革发展蓝皮书［M］. 武汉：湖北人民出版社，2008：105.

③ 杨洪祥 . 中国期刊的出路［M］. 广州：新世纪出版社，2002：248.

④ 陈瑞群 . 传媒成长的生态学分析［D］. 武汉：华中科技大学，2012.

培养作者队伍，奖励和扶掖新人；坚持质量是最大的竞争力。

通过创刊初期的经验积累，知音逐步确立了以“激励机制、竞争机制、内控管理机制”为核心的一整套管理体系，并根据发展需要不断完善和革新。

一是分配制度进一步改革和创新。从 1992 年开始，湖北省妇联根据知音的发展需要，对经营管理层实行“目标管理责任制”，将知音主要负责人的工资奖金与经济效益挂钩，根据完成目标任务进行奖励，在分配上进一步明确了责、权、利。知音杂志社正式实行“版面工资奖金制度”和“承包经营责任制度”，进一步完善和健全了鼓励竞争的内部运行机制。体制机制的改革激发了员工的工作热情和创造力，知音杂志社经济效益和社会效益发展速度明显加快，1992 年实现利润 200 万元，比 1991 年翻了一番。1993 年达到 300 万元，到 1999 年更是增长到 6500 万元，增长了 36 倍，人均创利税 70 万元。发行量也从1992年的70万，持续增长到1999年的430万，短短几年增长6倍。

二是人事制度进一步改革与创新。知音从 20 世纪 90 年代中期起，近一步改进人事制度。坚持唯才是举，在内部劳动管理上实行优化组合，双向管理，合同化管理，由编辑委员会考核选聘部门负责人，部门负责人选聘员工，所有员工公开竞聘。聘用者和被聘用者互相签订合同，依据合同进行管理。工资奖金的分配直接结算到各部门，再由部门负责人结算到各员工。对医疗、住房、培训等福利制度也随之改革，要求员工具有较好的市场意识并不断加强新业务技能、市场观念、法律意识、运作能力等方面的培训，不断培养具有市场化、国际化和适应新科技技术的复合型期刊传媒人才。通过一系列改革，充分调动各部门负责人参与管理的积极性和全体员工的团队意识。

三是管理制度的进一步完善和创新。根据发展的需要进一步修改和完善了《〈知音〉杂志社管理条例》，1992 年发展到 15 章 158 条，1994 年下半年发展到 15 章 182 条。使其更容易操作和方便实施。比如，财务管理制度方面坚持对采购重要物品、报销费用实行经办人、部门负责人、分管领导和主要领导“五审制度”，互相制约和监督；对经济业务谈判，坚持以部门负责人、内部审计人员、分管领导、主要领导分次介入，以防止腐败现象对期刊社利益造成损失。30 年来知音发展成为年产值近 10 亿元，年利润上亿元的传媒集团，但几乎没有一笔三角债。此外，对编辑出差严格执行任务和费用包干制度，即编辑每次去外省组稿时间为 7~10 天，必须带回两篇能够刊发的稿件。若发表一篇，则报销 50% 差旅费，若不能发表，则不报销费用。

三、转企改制，建立适应集团化转型融合发展的体制机制

我国期刊品种多，但主要以单个期刊的编辑部经营为主，集约化、规模化程度低、有影响力和市场竞争力的期刊品牌较少，期刊集团化程度很低。改革开放以来一直到20世纪末我国基本没有形成大的期刊集团。其中的原因很多，主要是因为成立期刊集团必须迈过两个门槛，“一是制度门槛，即必须通过行政主管部门的先行批准；二是市场门槛，即具备一定的经济规模并符合一定的市场要求，然后到工商部门注册成立”①。1994年5月，国家新闻出版总署根据众多报刊的制度需求，积极尝试报刊集团化的制度供给，下发了《关于书报刊音像出版单位成立集团问题的通知》。“通知”规定：作为改革试点可以尝试组建报刊集团，但必须少量且不能组建跨省集团和股份制集团，另外必须申请并提供可行性报告，经批准后方可成立。1996年5月29日，经中宣部和国家新闻出版总署批准，全国第一家报刊集团——广州日报报业集团正式成立，成为我国报刊走向市场化、集团化和产业化的标志性事件。之后，各地陆续成立了数十家报业集团，集团化发展速度和整体规模得到了很大提升，子报子刊增多、经营公司增加、市场化经营目标更为准确、产品品种更加齐全、经营手段更加完善，规模优势、范围经济优势、竞争力优势、制度政策优势、集团发展优势迅速凸显。报业的发展给期刊业集团化发展提供了很好的经验和借鉴，使大众期刊认识到要改变现状适应传媒产业的产业化发展，转企改制走集团化发展道路是最佳选择。

2000年1月，经湖北省政府和湖北省国有企业改革领导小组批准，知音期刊出版实业集团有限责任公司正式成立。公司下属控股子公司十余个，经营范围涉及出版、广告、发行、印务、房地产、网络等。知音正式步入了集团化的高速发展期，在全国文化企业率先实行管办分离的新机制，成为国内最早成立的现代期刊集团之一。知音确立了新世纪的发展目标，不仅要成为国内期刊的翘楚，还要主动走向国际期刊市场，抢占华文传媒的国际话语权。一是以《知音》为核心，发展子刊形成系列期刊群，满足更多读者的个性化需求；二是多元化、规模化发展相关产业；三是积极拓展海外市场。

通过对核心刊物《知音》的市场调研，集团提出“期期有精品，篇篇是

① 游梦华．制度变迁与新时期广东报业发展研究［M］．广州：暨南大学出版社，2008：182.

美文”的质量标准，加大审稿把关力度，进一步提升期刊质量，发行也随之上升，2004 年达到 480 万册，2005 年上升到 600 万册，2006 年再次缩短出版周期，改为旬刊，发行量达到 635 万册，成为我国纪实类发行量最大的期刊。居世界综合性期刊第五位。从 2000 年之后，知音先后创办十刊三报，形成了以大众文化生活类报刊和漫画期刊两大报刊群，其中《知音》《新周报》《知音漫客》成为月发行量过百万的全国大刊。此外，积极应对新媒体时代的挑战，从 2001 年起就开始打造知音的全媒体传播体系。知音主创团队曾说，三网合一、视频数字化、云计算这三个方面技术和手段的创新以及应用，对我们新闻出版行业带来的变化将是革命性的。知音网、影视公司、知音书局、知音移动数字传媒有限公司相继成立，《知音手机报》《知音网络周刊》、“知音书城”“知音漫客阅读机”相继推出，用互联网思维不断拓展产业布局。

由于规模化、集团化快速发展，出现了管理体制与管理水平不适应的问题，为此知音集团进一步深化体制机制改革。一是将管理模式从“塔形管理”改为“扁平式管理”，即由原来的总经理、副总经理、部门负责人、员工的四级“塔形”模式改为由总经理及副总经理组成的总经理办公会直接管理各编辑部和行政部门的“扁平式管理”。充分发挥集团领导的力量和部门负责人的作用，提升了整体管理效率。二是继续完善和改革各项内部管理制度。比如，分配制度从单纯着眼于工作效率到员工全面素质的提高。人力资源管理机制改革更加注重透明公正的岗位考核、奖惩机制和人才的引进、培养、培训等；完善财务审计制度，特别是规模化财务会计管理系统的构建、财务会计人员不同职能的确立及配置，审计审批和预算管理制度的完善等。三是编辑管理制度大幅度改革。将原来编辑单一“版面奖金”管理方式改为“全方位考核、全面培养跟踪、全面培养提高”的“三全”管理，即通过全面考核后确定编辑薪酬等级，有效克服了之前的分配方式容易导致编辑片面追求版面忽视稿件质量的弊端，有效提升了稿件质量和编辑素质。

2006 年 4 月，知音集团向湖北省委宣传部提交申报省文化体制改革试点单位的请示报告。指出当前体制存在的瓶颈问题已经影响到了集团产业的进一步发展，这些问题也是国有传媒集团普遍存在的问题，比如产权虚置、主体缺位造成经营者权责不明，编制内员工分配收入只能加不能减的新大锅饭现象，管理团队成员分配收入与工作效率不相符，希望通过改制上市解决体制弊端，以谋取更大发展。2006年8月经中宣部同意、新闻出版总署批准组建“湖北知音传媒集团”。2010年，知音传媒经湖北省文化体制改革与文化产业发展领导小组和湖北省财政厅批准，通过职工代表大会表决通过，大胆尝试管理层持股方案。由于受到证监会“不允许文化企业高管持股”政策的制约，该方案最终以失败告终。虽然特殊管理股方案未能通过，但知音高层和员工薪酬随经营利润增长而不断提高的机制早已建立，对下属各子刊及子公司也实现有效的委托—代理，通过合理的业绩考核模式激发员工内部创业的热情。2011年1月18日，湖北知音传媒集团有限公司、湖北知音文化投资有限公司、湖北知音传媒股份有限公司挂牌成立，标志着“知音在全国新闻出版界首次实现管理层及业务骨干持股，对采编、发行等全业务环节实行整体改制，打破过去采编、发行相分离的体制，建立起股权多元、法人治理结构完善、经营机制灵活的股份制集团公司”①。

第二节　知音传媒战略演进与数字终端革命

随着数字技术、网络技术等新兴传播科技的兴起，期刊、报纸、广播、电视等传统媒体受到了前所未有的冲击，传播载体和人们阅读习惯的改变，使得期刊等传统媒体的纸质版发行和广告收入等逐渐下滑，正在经历着一场颠覆性的变革。期刊等平面印刷媒体、PC互联网、电波媒体和移动互联网成为信息传媒载体的主要媒介形态。中国期刊协会会长石峰认为：“中国期刊业发展进入新常态，与新兴媒体融合发展将成为当前和今后一个时期期刊业发展的方向。”②

近年来，在媒介技术高速发展和巨大的市场压力下，传统媒体与新媒体加速互动融合，进行信息的交叉传播和整合式传播，尝试走协调共生的发展道路。2014年8月，中央全面深化改革委员会通过《关于推动传统媒体和新兴媒体融合发展的指导意见》。这一年，也被称为“媒体融合元年”。“媒体

① 新华网.湖北知音传媒集团公司在武汉成立［EB/OL］.［2011-01-19］. http//news.xinhuanet.com/fortune/2011-01/19/ c_12996837.htm.

② 晋雅芬.期刊业发展呈现六种新常态特征［N］.中国新闻出版报，2015-02-02.

融合”上升到国家战略，成为传媒业和学术界关注的热门话题。

一、媒体融合的内涵与动因

（一）媒体融合的内涵

“媒体融合”（Media Convergence）这一概念目前学术界尚未有统一的界定。早在1983年，美国马萨诸塞州理工大学的伊契尔·索勒·普尔（Ithiel De Sola Pool）在其《自由的科技》（*The Technologies of Freedom*）一书中就提出了“传播形态融合”（the convergence of modes）的概念。他认为导致历来泾渭分明的传播形态聚合的原因主要是因为数码电子科技的快速发展。起初人们关于媒体融合的想象更多地集中于将电视、报刊等传统媒介融合在一起。西方学者科隆（Colon，2000）认为媒介融合的运行早已有之，早在20世纪50年代西方一些报刊社就拥有自己的电台，并共享信息资讯。[①]道尔（Doyle，2002）认为媒介融合指电子通信技术、计算机技术和媒体的融合。詹金斯（Jenkins，2001）更是详细阐述了媒介融合的形式，即技术、经济、社会或组织、文化和经融五种形式的融合。[②]西方学者从媒介经济、应用新闻学、传播学、文化产业等不同研究视角对媒介融合进行研究。

我国对媒介融合的研究始于20世纪90年代末。在研究初期，相关研究成果极少且视野狭窄。2005年，蔡雯教授发表了多篇有关“媒介融合”与“融合媒介”的文章，并引入了美国学者安德鲁·纳齐森（Andrew Nachison）对“融合媒介”的定义即印刷的、音频的、视频的、互动性数字媒体组织之间的战略的、操作的、文化的联盟。此后媒介融合对传媒产业的重构、媒介融合背景下传媒产业发展战略、媒介融合未来发展前景等议题陆续引起了国内学者的关注。陶喜红认为，“媒介融合多元化趋势对于媒介产业发展意义重大。媒介之间跨媒体、跨地区融合，以及媒介产业和其他产业的跨行业多元融合可以使媒介组织结构与工作流程发生巨大变化，将大大增强媒介影响力，使媒介经济得到有效增长，媒介集团实现规模经济和范围经济”[③]。蔡雯2007年走访英国BBC、《泰晤士报》和《金融时报》，认为传统媒体“以整合

---

① Colon，A.The Multimedia Newsroom.Columbia Journalish Review，2000（39）.

② Jenkins，H. Convergence? Diverge. Technology，2001（104）.

③ 陶喜红 . 论媒介融合在中国的发展趋势［J］. 中国广告，2007（06）.

传媒媒体优势资源来提升竞争力；以组织重构、流程再造和新产品研发开创未来”[①]。彭兰指出：“媒介融合发展要经历三个阶段，即跨媒体产品扩张、关系再造、信息终端变革。”[②]黄金认为，纵观国内外相关论述，对媒介融合认识总体上是从技术融合、经济融合、政治融合和社会与文化融合四个维度展开。[③]陆小华认为媒体融合的特征主要表现在：传播工具的泛媒体化、传播形态的全媒体化、媒介业态的多媒体化、媒介取向的多媒体化、运作模式的跨平台化。[④]党中央发出媒体融合的号召后，学者纷纷表示赞同。刘昶、陈文沁（2014）认为，较之带有浓重技术色彩的“媒介融合”“媒体融合”，这一概念则强调媒体之间在内容、渠道、平台、管理、组织以及新闻实践等的全方位聚合。[⑤]

（二）媒体融合的动因

随着科技和互联网技术的不断进步，以及TCP/IP协议的广泛应用，传媒产业出现了技术融合、网络融合、终端融合、业务融合和内容融合的发展趋势，促进了传媒业的发展和变革。探索媒体融合的动因有利于理解新的传播形态和预测其发展趋势。

一是技术因素即媒介融合的生态条件。数字技术支撑信息的内容共享，网络新媒体技术支撑信息的平台建设。比如，WEB2.0技术下产生的博客、播客、微博、微信等新媒体和三网融合促进了传播手段和终端的融合。

二是经济因素，即媒介融合的市场动力。麦克卢汉在《理解媒介》中提出媒介是人的延伸。受众需求是支撑媒体创新的根本动力。媒体融合理论与实践就是为了满足受众的多元化需求。为了防止被新媒体替代，“传统媒体必须探索新的产品和服务并进军新的领域”[⑥]。媒介生态环境的变化、经营者对商业利益的追求导致了市场、业务、资本、产业等方面的融合。

三是政治因素，即融合的政策和法律保障。大众传媒具有社会和经济的

---

① 蔡雯，李亚丽．传媒媒体如何决胜数字时代——对英国三家著名媒体的调查与思考［J］．国际新闻界，2007（09）．

② 彭兰．“圈地运动”–“产品革命”–“支点设置” 媒介融合三部曲解析［J］．新闻与写作，2010（02）．

③ 黄金．媒介融合的动因模式［M］．北京：中国书籍出版社，2011：11.

④ 陆小华．媒介融合进程中电视直播报道形态的演变［J］．新闻战线，2010（02）．

⑤ 刘昶，陈文沁．融媒大发展的前提是遵循新闻传播规律［J］．新闻战线，2014（11）．

⑥ 崔保国．技术创新与媒介变革［J］．当代传播，1999（06）．

双重属性，其强大的社会影响力和媒体资源是稀缺资源的特性，因此传媒经济不同于其他经济形式，不同时代政府对传媒产业规制表现出不同特征。媒介融合的重要政治前提是政府对媒介所有权的管制放松。因为媒介产业只有在取得另外一介质的媒体所有权或电信移动等其他企业的所有权之后才能实现跨媒介的业务融合，否则只能算作媒体之间的暂时的战略性合作，不是真正意义上的媒体融合。媒体融合需要政府从办文化向管文化转变，为弥补市场缺陷，融合新旧媒体管制的特点，对传媒产业制定特定的政策和法律法规以补救新媒体服务引发的市场失调等。

四是社会与文化因素。美国融合新闻学家斯蒂芬·奎恩（Stephen Quinn）认为坚定而集中的领导、敢于创新和冒险的文化、共有的价值观、对不同文化的尊重等是实现融合的重要因素。对“文化”的理解是媒体融合的关键，文化阻力是融合的最大障碍。[①]传媒行业是一个自律性很强的行业，社会文化对于媒介组织的反应值得关注。社会文化融合就是指人们对技术融合、经济融合、政治融合和文化融合的认同和接受。

二、知音传媒的战略演进与媒体融合

20世纪50年代，美国企业家将“战略”开始运用到日益复杂的企业管理中，在经济活动中运用战略思维成为对企业进行宏观统筹规划和日益协调指导的重要方面。[②]知音30多年的发展，主要历经三次大的战略转型，并逐步形成了具有自身特色的品牌战略思想体系。随着媒体融合的加剧和各种新媒体的大量涌现，传统媒体不断衰落，期刊等纸质媒体发行量整体下降。市场环境、媒介形态、受众需求、经营模式等都在发生着变化。

近年来，国内外很多期刊传媒宣布破产或停刊。传统大众期刊面临终端、传播内容、受众、传播效果及商业模式等多方面的挑战。同时也带来新的机遇，通过新旧媒体，提高了传统期刊的市场竞争力、增强了期刊和受众之间的双向互动、节约了传统期刊的成本，提高了经济效益。[③]知音集团发展战

---

① Stephen Quinn. Convergent Jouralism: the Fundamentals of Multimedia Reporting [N]. New York: Peter Lang, 2005, pp.41-59.

② 赵化勇．中央电视台品牌战略［M］．北京：中国广播电视出版社，2008：33.

③ 向飒．期刊数字化发展及品牌延伸［M］．中国传媒大学出版社，2013：62—66.

略为“通过内容创新、品牌扩张和产业链延伸，强化跨媒体经营的协同效应；以资本运作为支撑，实现跨媒体、跨地区的快速扩张。总体经营目标为：不断提升传统出版业务的竞争力，同时积极拓展其他媒体领域，强化综合实力，使公司成为国内一流大型出版传媒企业”①。

（一）知音传媒的三次重大战略转型

战略一词主要指重大的、长期的、带有全局性的决策和方案。该词最早源于军事用语，古代也称为韬略，在我国可以追溯到春秋战国时期，《孙子兵法》被认为是中国最早对战略进行全局筹划的著作。《辞海》中战略是指“在战争中利用军事手段达到战争目的的科学和艺术”。在西方，“战略”最初源于希腊语，起初也广泛运用于军事作战。随着时代的发展，战略逐渐运用于更多领域。1965 年，美国经济学家安索夫在《企业战略论》一书中将战略正式引入企业管理，并逐步扩展到社会、文化、教育和科技等多个领域。企业的战略转型主要是指企业生存环境的变化使得企业原定战略已经无法适应新的环境，需要进行战略调整甚至是根本性的战略改变来突破发展瓶颈。

本节讨论的知音战略转型主要范围限定在新媒体冲击下知音的战略演变和融合发展。新媒体技术的快速发展带来媒体格局的深刻调整和舆论生态的重大变化。在知音传媒 30 多年的发展历程中，前 15 年基本上是“一招制敌，一本《知音》吃天下”。后十几年，随着数字技术向大众传播领域的渗透，网络媒体、移动多媒体等新媒体应运而生。数字化新媒体突破了传统期刊媒体所受版面的限制，实现了全天候的开放和运转。数字媒体的综合性传播、数字化技术、超时空传播给传统媒体带来了巨大冲击，其覆盖面和增长速度超过了在它之前的任何媒体。截至 2014 年 12 月，网民规模已经从 2005 年的 1.11 亿增长到 6.49 亿，互联网普及率为 47.9%。截至 2014 年 12 月，我国手机网民规模达 5.57 亿，网民中使用手机上网的人群达到 85.8%，而 2007 年我国手机用户仅 5040 万。② 截至 2014 年底电子移动阅读的读者上升到 78%，比 2013 年增长 11%。③ 非纸质化的电子、数字化阅读方式（网络在线阅读、手机阅读、电子阅读器阅读、光盘阅读、Pad 阅读等）的接触率逐渐超过传统

① 知音公开发行 A 股股票招股说明书（上会稿）。
② CNNIC 于 2015 年 2 月发布的《第 35 次中国互联网络发展状况统计报告》。
③ 新华网、亚马逊（中国）联合开展的 2015“全民阅读”调查。

阅读，成为国民主流阅读方式。2015 年上半年，中国移动阅读市场规模达到 48.6 亿元人民币，较 2014 年下半年环比增长 5.7%。① 新技术催生多样化的文化载体，带动多元化的内容呈现方式和传播方式，激发了日益旺盛的数字内容消费需求。知音传媒积极应对数字出版，主动融合新媒体，不断延伸出版业态的产业链条，转向以用户需求为导向，带动产业业态进一步丰富和发展。

1. 一体两翼：秉要执本

《知音》发展的前十年实施的是“一元战略”，即集中力量做强做大《知音》期刊，打造期刊品牌和核心竞争力。从第二个十年即 1996 年开始，知音开始实施“一体多元”的多品牌战略，关注国内国外两个市场，陆续创办《知音·海外版》等多个子刊及印务、广告、发行等多家子公司。2004 年提出“一体两翼”发展战略，“一体”就是以核心产业《知音》期刊经营为主体，“两翼”就是“传媒产业群”（系列期刊、报纸及多媒体产业）和“多元产业群”（印刷、广告、影视、教育、会展、房地产等产业）。第二个十年知音已经开始涉足新媒体产业，但所占比重较小，由于传统期刊增长依然强劲，新媒体产业并没引起足够的重视。2006 年《知音漫客》创刊为知音传媒发展带来了新的活力，这本期刊创刊之初就设计以全新的商业模式，提出打造动漫产业链，包括动漫图书、动画制作、游戏开发、周边衍生产品、动漫形象授权加盟以及数字出版等。这一年知音传媒集团提出打造和完善知音网、第 1 生活网、知音婚恋网等，建设知音移动数字出版平台，利用知音系列期刊的内容资源发展影视产业。

新媒体产业虽然在知音集团不断得到重视，但仍然属于“一翼”中的战术性调整，尚未提升到战略高度。

2. 三代论：精益求精

《知音》在 2007 年达到月发行 670 万册的高峰，成为中国原创类期刊发行最大的刊物，世界综合性期刊排名第五位。之后，发行量逐年稳中有降。而《知音漫客》逆市上扬，很快成为中国第一原创动漫期刊，创造了期刊界的“《知音漫客》现象”。②《知音漫客》的风生水起，给知音整体发展带来了新的启发，知音顺势将“一体两翼”战略发展为三大块：期刊、动漫、网

---

① Analysys 易观智库发布《中国移动阅读市场年度报告 2015 年（上）》。

② 新华网.《知音漫客》现象：原创漫画崛起的曙光［EB/OL］.［2009-05-28］. http://news.xinhuanet.com/society/2009-05/28/content_11447150.htm.

络视频，并打造了知音漫客的全产业链，即以内容产业为核心，走出了一条由创办漫画期刊—制作动画、游戏—开发衍生产品—开展知识产权贸易的产业发展之路。2011 年，知音传媒根据发展战略及经营现状制定了“三代产业梯次发展”规划，即：巩固第一代产业，发展第二代产业，投资第三代产业（见图 5.1）。

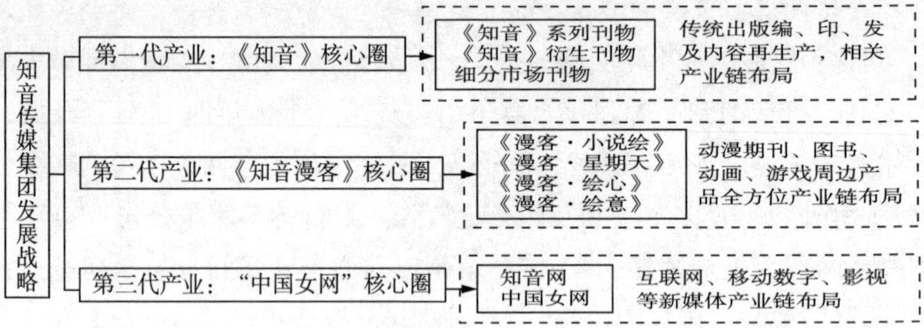

图 5.1 《知音》三代产业梯次发展战略 [①]

巩固第一代主要是指巩固以《知音》为核心的系列报刊出版产业及其延伸出来的多元产业。通过与时俱进的内容创新、加强真实性把关、增加信息量、加强编辑队伍和管理队伍建设，打造贴近生活、贴近实际、贴近读者的高质量的“真实、独家、有影响力”的内容产业。同时，推进知音品牌延伸出来的多元产业的发展。

发展第二代主要是指继续做大做强以《知音漫客》为核心的动漫期刊、图书、动画、游戏及相关衍生产品等动漫全产业链，继续走民族原创动漫的道路，打破日本动漫在国内外的主导地位。一方面不断创新动漫期刊形态，丰富动漫刊群，扩大市场占有率；另一方面加快动漫图书、动漫会展、动漫影视等方面的开发和销售，加大网络销售和品牌授权等方面的业务。

投资第三代主要是指在人力、物力、财力等方面加大对互联网、移动数字传媒和视频产业等新媒体产业的投资力度。一是加强“中国女网”[②] 为核心的互联网建设和发展，探索创业平台、网络购物、婚恋产业等业务；二是

---

① 朱静雯，李靓．我国期刊集团内生核心竞争力形成机理研究［J］．中国出版，2014（06）．

② 中国女网（http：//www.clady.cn），2012 年 12 月创办并正式上线，是中国妇女报刊协会主管、主办，知音集团牵头承办的全国性网站。中国女网定位于中国女性综合门户网站，以“为妇女儿童提供服务”为宗旨，充分利用新媒体手段为广大妇女提供学习成长、创业就业、婚姻家庭、权益维护等多方面的综合性信息和互动服务。

多种形式打造知音视频版，加快知音传统纸质媒体与新媒体的融合；三是积极探索知音视频产业及无线终端等业务。加快新媒体内容产品的制作和市场推广。

知音传媒虽然这时已经将新媒体上升到战略层面，成为“三代产业梯次发展”中的最新梯次，加上动漫产业链的新媒体动漫部分，新媒体已经成为重要战略。但依然只是表象，思想观念上仍然坚持内容为王，融合程度上将传统媒体和新媒体并行，渠道建设依然依赖传统运营商，尚未上升到建设自己的优势平台和渠道。

3. 跨媒体、跨行业、平台化多元战略——“一托六”融合发展

2013 年以来，传媒期刊发行普遍下降，知音系列纸质报刊除了《知音漫客》以外发行也呈现下滑趋势。知音传媒加大了对新媒体平台建设和渠道建设的投入，探索传统媒体与新媒体产业融合的发展模式，将新媒体产业作为重点发展项目。知音动漫公司、移动数字公司、网络公司、知音网、中国女网、视频中心、新媒体中心等新媒体公司不断开拓相关市场业务、探索新的商业模式，“知音开始感觉并触摸到了新媒体的脉搏”①。知音决策层认为，新媒体是承载内容信息的平台和传播信息、沟通受众的渠道，交换信息、即时互动，融编辑出版、发行渠道、阅读为一体。其主要特征是：内容无限、沟通零距离、用户生成内容的UGC②模式、内容呈现方式多元化、立体化，大数据、云出版和“互联网 +”时代背景下文化与科技的融合，使得期刊不仅仅是文化传媒产业，还是智慧产业，是创意的摇篮。知音传媒积极探索和实践，在“三代论”的基础上提出了“一托六”融合发展战略。“一”主要指将新媒体作为知音未来传播和推广的发展平台。也就是说根据发展的需要，全面引进现代科技，打造强大的现代化媒体传播技术平台，通过最新的新媒体科技运用，依靠知音的内容优势资源，大力拓展传播渠道，实现知音传统媒体产业的转型和升级。“六”主要指根据知音现有的产业基础和积累的资源优势依托新媒体平台，重点发展两个产业链、构建两个平台、打造两个文化教育产业跨界项目。

两个产业链是指“互联网 +”背景下知音跨界发展泛娱乐化的转型即以

---

① 卢欢．“一托六”战略助力“传媒融合发展”[N]．长江商报，2014-09-20.

② UGC（User Generated Content）指用户原创内容，是伴随着以提倡个性化为主要特点的 Web2.0 概念而兴起的，用户既是网络内容的浏览者，也是网络内容的创造者。

《知音》为核心的全媒体产业链和以《知音漫客》为核心的知音动漫产业链。前者分别由《知音》上半月刊、下半月刊、月末版等真实、原创、有影响力的故事内容作为产业链基础，延伸到具有音频视频的《知音网络周刊》、知音视频产业（将知音数以万计的故事文本拍成视频）、知音网络电视节目（并向各电视台和视频网站出售）、电影电视剧（知音故事可以加工成微电影、电视剧和电影等影视作品通过PC端、移动端、电影院线、电视台等播放，将传统媒体的式微通过媒体融合从"夕阳产业"转化为潜力巨大的朝阳产业。后者是指继续充分利用国内发行最大的《知音漫客》期刊，巩固和扩大作者、粉丝群体，扩大期刊发行量，打造手机漫画、移动互联网漫画等，不断延伸开发周边产品，打造漫画图书、动画、游戏、电影、动漫主题公园、展览、电影和品牌授权等环节，充分发挥优质IP的价值，实现多领域跨界共享，实现泛娱乐一体化的多元产业链。

"平台构建"是指报刊社利用旗下报刊或网站作为中间链接媒介，为商家与商家、商家与读者以及读者与读者构建认识、沟通和交易的平台，从而为他们提供便利与商机的同时开拓新的创收来源，达到多赢效果。①两个平台主要是指行业内的"平台构建"，即长江经济发展综合服务平台和妇女儿童综合服务平台。前者以《长江商报》为媒介，通过提供财经信息服务、理财指导、职业培训、舆情检测、品牌形象推广和宣传等多种方式，打造长江经济发展综合服务平台。后者以中国女网为媒介，通过为妇女儿童提供法律和心理咨询服务、维权服务、婚介服务、妇女儿童绿色产品、妇女儿童产品博览会、电子商务、教育培训等全力打造妇女儿童服务平台。纯粹做期刊的发展空间有限，而将其做成平台，在平台上发展相关的业务，可能会把体量做大、把实力做强。利用期刊的平台深化服务，既有利于杂志发展，也有利于行业发展。

重点打造的两个文化教育产业项目主要是指高端职业技术教育升级项目和知音生态文化旅游园项目。前者主要是指知音传媒2003年所创办的武汉信息传播职业技术学院，目前在校学生8000余人，毕业学生就业形势好，中央打造应用型大学和职业技术教育的政策有利于该学校转型升级、深化教育改革、合理配置教育资源，争取早日升本和争取硕士、博士授权点，培养高端

① 张才生.教育报刊市场化的困境与突围［M］.北京：中国传媒大学出版社，2012：169.

职业人才，占领职业教育制高点。后者主要指知音传媒和红安县人民政府签订的一个合作开发协议，在该县划定的5平方公里的土地上打造“知音生态文化旅游园”，因地制宜，通过对大别山古村落原始风貌和吴氏祠堂的保护、叶君健故居等名人文化的保护，同时将叶君健童话思想融合《知音漫客》主题打造动漫童话体验区并配以现代种养循环示范样板区／国家有机农产品示范区、林木果树观光区等。融文化科技创意体验游与生态观光休闲旅游于一体，全力打造武汉的漫客栈、红安的梦幻城堡、大武汉的后花园，使其成为国内外知名的文化、生态休闲度假目的地。

三、知音传媒的数字终端革命及其启示

根据统计数据，期刊的总印刷发行量从2013年开始下滑，2014年下滑速度加快。时任中国期刊协会会长石峰指出：目前我国期刊发展处于困难时期和转型中的阵痛期。一方面是面临新媒体的巨大冲击；另一方面同时面临发展体制机制的转型。虽然国家给出了明确的融合发展方向、目标和路径，但目前成功的案例并不明显，成功的经验和融合的成果并不多，内容价值的回归在融合过程中尚未解决好，没有形成成熟的商业模式。他同时指出，融合、兼并重组、做大经营等所有问题归根结底是改革的问题。[①]知音长期引领中国大众期刊的发展，其成功就是因为改革和创新，不同于很多期刊单位编辑部形式尚未形成，也缺乏市场主体，知音的体制机制是比较灵活的。因此关于媒体融合，知音传媒很早已经意识到并积极用互联网思维拓展产业布局。数字化虽然是传统媒体的发展方向之一，但传统纸媒与新媒体很长一段时间将会共存并互相融合渗透。传统纸媒可以借力数字化来改进自身发展，满足新媒体时代受众的需求。

（一）内容融合：刊网互动，打造知音网络品牌

网络媒体可以实现集文字、图片、音频视频于一体，满足个性化需求，其海量的信息、突破地域的限制、增强时效和互动等优势是传统纸媒无法比

① 赵新乐．让传统期刊和新媒体实现利益融合——访中国期刊协会会长石峰［N］．中国新闻出版广电报，2015-09-15.

拟的。刊网互动不仅可以提升纸媒传播渠道、塑造立体传播模式，同时也可以提升网媒权威性，实现传统媒体和新媒体的双赢。① 从产业的发展角度来看，媒体经营主要是内容和渠道两个领域。媒体融合的重点就是使传统媒体和新媒体传播平台完美结合，实现利益融合。2000 年 9 月 21 日知音网顺利上线，开启了刊网融合的序幕。和大多数纸媒一样，从刚开始直到 2006 年，知音网是作为企业网站存在的。其主要功能是为《知音》纸质版出版发行服务。一是作为读者反馈和作者投稿的另一个平台。二是为纸质期刊宣传推广服务，特别是新创办的刊物，可以将内容发布到网上，供读者浏览，以便扩大影响。而畅销的老刊物，如《知音》可在网上提供目录或其中的一两篇文章，用来作为广告效应吸引读者购买。三是作为情感故事创作、情感传播、稿件评选和以知音故事为内容的各种载体的交易平台。随着知音系列报刊的发展和壮大，知音网站也形成了网站家族，2006 年开始提出打造以知音文化生活类期刊为主的“中国第一情感门户网”知音网，此后以《第 1 生活》为主的武汉第一时尚生活消费社区“第 1 生活网”、以动漫期刊群为依托的“中国第一原创动漫平台”漫客网即《知音漫客》官方网站及以《长江商报》为依托打造长江流域主流财经媒体网站等系列报刊网陆续上线（见图 5.2）。2010 年 6 月知音动漫开发出在线收费式网络书城——漫客栈，2014 年《知音网络周刊》上线运行，开启了网络付费阅读的有益尝试。

图 5.2 《知音》系列报刊部分网站

知音网群家族的建立一方面是让纸质期刊数字化、网络化得到了实现。不仅成为纸质期刊的有力辅助平台，提高了工作效率，而且吸引了很多网络读者，积累了文本和信息，成为纸质期刊发行的有益补充。以知音网为例，其中设置了“知音免费看”和“知音在线看”等网页，方便了读者查阅过刊和通过最新期刊的内容预告吸引读者购买，提高了纸质期刊的消费。一是定位明确，内容深切贴近网民的情感世界。根据网民特点和情感需求形成系列情感话题并利用知音期刊个案的新闻吸引网民读者参与讨论，版面内容丰富，

① 蔡敏，韦文杰 . 媒介融合胜出战略［M］. 北京：中国书籍出版社，2012：248—250.

尽显“知音体”特征，使其成为纸质期刊的有效延伸。二是商业模式的创新，通过构建电子商城，开设知音在线看、《知音网络周刊》等付费阅读模式，读者可通过付费模式抢先在线阅读最新期刊内容、过刊内容及更多精彩文章。三是整合营销。网民通过知音网可以同时阅读知音近十种系列报刊，扩大了子刊的销售和影响。四是精耕细作为网民提供精品内容。知音作为一个女性网站，开设了新闻、情感、娱乐、名家专栏、互动等版块，内容丰富多彩。专业编辑一方面创造大量的原创内容，摘引有关情感类的精彩文章并进行二次编辑，坚持内容为王，高质量标准，精心制作标题和核心提示。另一方面为提供适合大多数网民阅读口味的全新内容，对知音系列刊报的内容进行二次编辑即网络化改造，比如“选取具有强烈道德观念冲击力的新闻或极高关注度的热点深度报道，使之尽量能成为话题，成为网民的热门谈资，并在语言上要长句改短句，适当加入网络元素，适应网民阅读习惯，标题、阅读提示也要进行网络化改造”。五是重视互动，搭建通向网民心灵的桥梁。通过精彩的内容及论坛的讨论，引导网民在论坛、微博、交友、健康、百事等互动社区倾诉和互动，为女性网民在情感故事、人生感悟、家庭琐事、美食心得、购物展示、美容妙方等提供交流平台，并要求每个频道编辑要达到“坐诊心理医生水平”，鼓励发展论坛版主，设立实习版主、版主、超级版主和情感专家等多层管理岗位，力争做到有帖必回，有问必答，并制定严格的升迁制度和奖励制度，每年给予优秀版主奖励。网站绝对不是期刊内容的翻版，而是内容和模式的多元化发展，是刊网融合的新尝试。浏览量和独立访客名列同类期刊前列，曾荣获“中国期刊网站十强”“2011 年度湖北省互联网网站十大品牌栏目”等多项荣誉。

（二）渠道融合：移动数字化传播的全媒体平台发展

知音在渠道融合方面一方面通过细分受众，构建立体化的全媒体传播体系，满足不同受众的需求。另一方面不断研发终端和借用新工具，利用新媒体等传播载体延伸传播渠道，打造互联网时代的核心竞争力。

知音先后建立了知音网、漫客网、中国女网、第 1 生活网、漫客栈、漫客商城、知音缘等网站，开设了知音电子版，发展了相对独立的付费阅读及互联网广告业务，还通过多种方式与国内移动、电信、联通等三大运营商合作开展手机报、手机阅读、移动客户端 App 等无线媒体业务，开设了博客、微博、微信公众号，在腾讯、网易、搜狐等客户端同时售卖知音电子版期刊。2015 年 9 月和“今日头条”所属的北京字节跳动科技有限公司联合打造的知音头条 App（即今日头条知音版）正式上线。此外，知音与甘肃卫视、湖北陇上频道、黄冈广电等合作打造“知音故事”电视节目。内容的细分和定制传播满足了个性化需求，实现了读者的“各取所需”。

技术是知音等传统纸媒期刊的短板，科技的进步是媒介融合的重要动因之一，是否拥有核心技术是媒介融合竞争力的重要指标之一。知音传媒一方面积极研发终端，拥有自主知识产权的知音书城客户端于 2010 年正式上线，另一方面借助移动、微信、今日头条等运营商在全球范围内提供数字阅读，还可以实现跨行业、跨领域的多方互动，实现商业模式的转变。实践证明由于知音传统纸质期刊的影响力很大，知音微博、公众号及 App 等粉丝数量很快发展为全国同类媒体前列。正如知音传媒集团副总经理王应锟所说：“借助新媒体工具实现了知音优质内容的多次售卖，扩大了《知音》品牌的影响力。”[①]据不完全统计，知音传媒集团新媒体产业近年增长迅速，2013 年约占媒体总收入的 3%，2014 年已达 8%。

（三）产业融合：互联网思维引导下的创新发展

互联网的快速发展逐渐打破了产业之间的界限，不同的产业开始高度融合成新的产业。知音注重品牌延伸和多元化发展，走外强内优的发展道路，产业融合呈同心圆模型：以《知音》期刊为核心层、知音系列子报刊为第二层、知音系列子公司为第三层、战略性投资为第四层。

一是坚持核心产业为主导，不断延伸产业品牌。《知音》从一本期刊发展成十报三刊，并根据时代的发展不断创新，发展新的报刊及图书、新媒体等传媒产业群，以满足社会精神文化需求。

二是依托品牌优势，实施多元化战略。西方传媒集团大多发展多种类型的多元产业，西方学者认为期刊经营多元化主要表现为：期刊系列化、跨媒介多元化、跨地区多元化、跨行业多元化。[②]《知音》作为国内非常有影响力的知名期刊，经过 30 多年的快速发展已经积累了继续发展的经济基础和相当

① 新华网 . 强强融合“知音头条”即将推出［EB/OL］.［2015-08-02］. http：//news.xinhuanet.com/local/2015-08/02/c_1116114975.htm.

② 丁竞男 . 美国期刊多元化经营启示［J］. 青年记者，2011（02）.

的盈利能力。从20世纪90年代后期就开始创办子刊和子公司发展多元产业，并积极进行职业教育办学、房地产等战略投资，为集团规模化发展增强了后劲。近年来，新媒体广告互动的运行调动了受众的消费需求和广告变现能力，巩固和发展了广告客户。与多家数字化运营商的合作，为集团增加了新的经济增长点。此外积极拓展商业模式，打造知音网上商城、第1生活商城、漫客商城等电子商务平台，创立400电话订购业务，创建知音缘网站，打造婚恋交友服务产业，成立展览公司，开展妇女儿童产业、学前教育等展览会、开设知音幼儿园等为广大读者特别是妇女儿童提供多样化服务。知音物业公司负责完成的知音花园、知音文化科技园、知音东湖办公区、知音广场4个项目建设，改善了知音传媒员工的办公和生活条件，同时又创造了可观的经济效益。武汉信息传播职业技术学院以信息传播、印刷技术、新闻出版与发行等专业为特色，实行学历证书与职业技术等级证书双证制度，目前在校生8000余名，毕业生就业深受市场欢迎。知音新媒体纷纷探索盈利模式，比如开办微点销售产品、结合科技手段将销售转化为受众深度体验，将浏览行为转变为消费行为，将读者转化为用户。

三是推进转型升级，打造多重开发产业链。利用知音内容优势打造视频产业，通过销售版权、广告赢利和衍生品的开发和相关产业赢利。目前已完成视频拍摄和制作100多部、微电影9部、数字电影1部，并与电视机构开展合作。利用《知音漫客》的资源优势打造动画产业，目前已经打造《聚精会神榜》《偷星九月天之侦探学院》《橙子故事》等动画项目，并与爱奇艺、搜狐、PPTV等视频网站签订了授权播放合同。此外，知音传媒集团目前正在与甘肃卫视、黄冈广电集团等进行战略合作，以“知音故事”为素材，开辟《知音30分》等栏目。并以栏目为载体，依托互联网、App等形式，实现多屏互动，以增强知音品牌的黏性，聚拢人气。

四是积极谋求上市发展，走向资本市场。知音近年来积极谋求上市，通过资本介入来解决知音当年在资本、管理、人才方面的制约，更好地实现知音的发展战略，上市先期主要重点发展在各省建立采编网络和建设四个大项目，即一是知音动漫产业链建设项目；二是发行网络及物流平台搭建项目；三是出版资源开发项目；四是知音视频版项目。

（四）打造“双百亿”国家级航母型文化产业集团的梦想

知音传媒集团在产业发展的基础上制定“十二五”产业发展规划时，曾向外界描绘了知音宏伟的发展蓝图即在顺利实现改制上市前提下，知音集团至2015年将有望实现总资产100亿元、年收入100亿元、利税15亿元，从而将知音集团打造成“双百亿元”国家级航母型出版企业。

“十二五”伊始知音传媒就全面完成转企改制的工作，公司由事业法人变成企业法人，并聘请了券商、律师、会计师等专业人员，积极筹备上市。为符合上市规范要求，知音请专业中介机构，按照上市的要求严格审计、评估资产，顺利完成股权处置，成功处置国有划拨土地，妥善做好职工安置，相关方案在职工代表大会高票通过并予以公布。按照现代企业制度的要求，成立了股东会、董事会、监事会，规范了内部治理结构。积极做强做大综合类期刊群、动漫期刊群和时尚报刊群，打造《知音》《知音漫客》《新周报》等百万大刊集群，做强广告、发行、印刷和教育产业，快速发展动漫业全产业链、新媒体、图书出版、房地产和家政服务业，实施“一托六”战略，打造全媒体服务平台。

由于部分产业业绩下滑及2014年以来知音高层人事变动等多方面原因，2011年和2014年知音传媒两次冲刺IPO均告失败，传媒第一股的梦想和“十二五”末实现“双百亿”的目标均宣告失败。但知音的发展势头依然强劲，“十二五”期间每年利润均超过1亿元，每年营业收入达到6亿元左右，集团所有报刊月发行总量超过1000万册。其中，近两年新媒体产业发展势头强劲，知音传媒依然保持国内大众期刊传媒企业的翘楚地位。

2015年11月17日，知音传媒发布拟首次公开发行股票接受辅导公告，该公告称知音传媒拟首次公开发行股票并上市，现已接受华林证券有限责任公司（辅导机构）的辅导。根据中国证监会的相关要求，为提高股票发行上市透明度，防范化解证券市场风险，保护投资者合法权益，知音传媒愿接受社会各界和公众的舆论监督。①可见知音传媒的上市梦想并没有因为之前上市申请的失利而中断。

---

① 湖北知音传媒股份有限公司拟首次公开发行股票接受辅导公告［N］. 长江商报，2015-11-17.

第六章　知音传媒的文化建设

期刊企业文化有着丰富的内涵，其核心是价值观和价值取向，也就是期刊对市场需要的认识、看法和态度。市场需要是大众期刊文化的生长点。杨洪祥[①]在《经营期刊》一书中曾经指出：目前，期刊界存在传统办刊和现代办刊两种模式，传统办刊是办自己心目中的刊物，杂志与读者的关系是我说你听，我给你收；而现代办刊模式是经营期刊品牌，是办读者、消费者心目中的期刊，期刊与读者共享快乐，是一种双赢。不同办刊模式造就三类办刊人，第一类办给自己看，编辑满意；第二类办给作者看，作者满意；第三类办给读者看，读者满意；而只有办给读者看的期刊才有出路，才能成为品牌期刊。而《知音》从一开始就与市场紧密相连，“吃改革饭，走创新路”，确立“以发展求生存、以实力求地位”的企业精神来激励和引导全体员工更好地服务市场，满足读者需求。市场观念在知音传媒企业文化中起着主导和渗透作用。

南方报业传媒集团原董事长范以锦曾指出：“作为一张报纸，一个报业集团，就像一个人，一名记者，都会有他独特的个性。也与办报者的性格气质有极大关系。再进一步就是我们现在常说的企业文化。一家成功的报业集团，它的企业文化必定有自己的独到之处，神奇之处。”[②]知音创始人指出：导致“《知音》现象”产生的深层次原因是“知音文化”，而“知音文化”的核心是“人情美、人性美”，这六个字是知音传媒的理念和追求。知音传媒一直以来将这六个字作为对其自身做人做事的要求和对刊物内容的要求，并已经内化为《知音》的特点和特色，以此引起了数千万读者的广泛共鸣。[③]

企业文化是企业核心竞争力的重要因素，国内外知名传媒企业比如时代华纳公司（Time Warner）、美国广播公司（ABC）、英国广播公司（BBC）、默多克新闻公司（News Corp）和凤凰传媒、湖南卫视、读者传媒集团等无一不是有自己独特的企业文化并通过文化的力量始终站在传播媒介公司的前列。

---

① 杨洪祥．经营期刊［M］．广州：新世纪出版社，2003：240—247.

② 范以锦．南方报业战略：解密中国一流报业传媒集团［M］．广州：南方日报出版社，2005：310.

③ 文心，李艳华．《知音》杂志发展的三大战略探讨［J］．编辑之友，2005（01）.

构建企业文化有利于实现组织目标的外部环境，可以最大限度改变和塑造组织成员的行为模式，增强企业员工凝聚力、向心力、持久力。企业文化就像一只无形的手，引领着企业发展，指引着企业的价值定位。正如卢因的“团体动力学”理论所示：通过传播活动改变一个人的观念、认知和态度不仅要从其个人身上着手，更要从其所在团体的价值规范上突破。团体动力学关注的是个人在团队中的行为表现，用公式表示为：

$$B=f(P,E)$$

其中，B 代表行为，P 代表个人，E 代表环境。该公式表明个人和环境对行为有决定作用。不同的人对同一环境可产生不同行为，同一个人对不同环境可产生不同行为。

企业文化建设就是要为员工形成同质高效的行为模式提供好的环境。只有大家都有归属感并积极参加团体互动时，团队的作用才能更强大。知音集团崇尚目标管理和全员参与管理的模式，注重员工与组织之间的交流互动。将知音文化运用到管理，造就一种基于自愿、信任、承诺、情感以及对“人情美、人性美”的共同观念而产生的知音关系。可以断言，30 年来一直持续快速发展和扩张，从一本期刊发展成为一个颇具规模的传媒“帝国”，如果没有优秀的企业文化是不可想象的，《知音》也不可能成为今天的《知音》。

20 世纪 80 年代初，哈佛大学教授特伦斯·迪尔和麦肯锡咨询公司顾问艾伦·肯尼迪在《企业文化——企业生活中的礼仪与仪式》一书中全面阐述了企业文化的概念，他们认为成功的企业都有强有力的企业文化，即为全体员工共同遵守，往往是约定俗成而非书面的行为规范；并有各种各样用来宣传、强化这些价值观念的仪式和习俗。本章在考察知音传媒集团的企业文化建设时，借鉴该理论[①]，试图从企业环境、价值观、英雄人物、文化仪式、文化网络等方面对知音传媒集团企业文化建设各个环境和步骤进行分析。

---

① 特伦斯·迪尔，艾伦·肯尼迪．企业文化——企业生活中的礼仪和仪式［M］．李原，译．北京：中国人民大学出版社，2008：13.

第一节 企业环境：人文关怀和社会责任

“知音”，出自伯牙、子期以高山流水的琴曲彼此结缘、倾心的美丽传说，经过千百年的流传已经演变为一个文化符号，象征着人与人之间志趣相投、心心相印的关系。知音成为人际关系的最理想境界。每个人的内心都有知音情节，人们借助知音形象来追慕那种和谐美好的人际关系，这就是源远流长的知音历史文化资源。知音文化是人之最根本的现实需求，无处不在，无时不在。[①]知音传媒集团之所以成为一个全国有影响力的文化产业集团，其中一个重要的原因是以文化历史资源为依托，将“知音”典故的文化资源转化为文化产业。将人人皆有的知音情结来建构知音的企业文化，本身就是一种非常巧妙地将历史文化资源转化为文化力、生产力的有效方式，让知音文化产业发展的同时也让“知音”这一历史文化资源重新焕发青春和活力。知音是一个精神概念，是一个文化概念，“知音”精神和文化精神有待我们去挖掘。

时任中共中央委员、全国妇联副主席郭力文在给《知音》创刊号撰写的发刊词就以《愿〈知音〉成为姐妹们的挚友》为题目，写道：“我希望《知音》杂志也能像钟子期那样，做千千万万读者的知音，让几千年前动人的故事在《知音》和她的读者中重放异彩，并焕发出新的时代色彩来。”[②]知音主要创始人将知音精神概括为“人情美、人性美”，并以此作为企业发展的灵魂。知音创始人认为这六个字是中华文化的传统美德，也是人性深处最美好的情感，其内涵可以从三个方面理解：一是探索创造，包括人的追求、奋斗、创业，并以此实现人生价值。二是无私奉献，包括人与人之间、人与社会之间的各种美好关系，如友情、亲情、爱情等。三是对生命的尊重关怀，包括对生命本身的感悟、体验和诗意表达等。

传媒企业理论认为企业核心目标是追求利润，而知音作为传媒企业，始终坚持社会效益第一，注重人文关怀，传播正能量。这也是为响应社会主义精神文明建设和讲好中国故事“以正确的舆论引导人”的要求。30年来，知

① 徐彦平．知音文化管理五讲：怎样打造知音伙伴式团队［M］．上海：复旦大学出版社，2011.
② 郭力文．愿《知音》成为姐妹们的挚友［J］．知音，1985（01）.

音经久不衰，即使在新媒体迅猛发展的今天，传统纸媒已经进入了寒冬，国内外很多纸质大众期刊纷纷宣告停刊，而《知音》依然是最畅销的大众期刊之一，部分子报刊甚至逆市上扬，可见不管新媒体技术如何发展，优质的内容依然是核心竞争力。《知音》以人文关怀为标尺是保持长久生命力的秘诀，也是知音长远发展的生存之道。

一、历久弥新的人文关怀

办刊是一种创造性的劳动，也是一场长途跋涉。文化是一定社会政治和经济在观念上的反映。“人文关怀就是从人文主义出发，肯定人的价值，尊重人、关怀人，使个体得到发展、价值得以实现。”[①]《知音》的人文关怀理念是在改革开放的社会主义中国环境下，30 多年来的发展历程中一步步总结提炼出来的，一批批感动时代的典型草根人物通过知音的报道而走向千家万户，也有无数的读者通过知音收获了爱情、友情或者得到了社会的关注和帮助。一定意义上说是人文关怀成就了《知音》今天的地位，也蕴藏着一本期刊的光荣和梦想。《知音》的人文关怀汲取了人本主义、人文精神和以人为本等古今中外的先进思想精华，也融入了当代社会主义精神文明的内容，既坚持主旋律又满足大众文化消费和精神诉求，使得期刊呈现多元化格局，创造了一个成功的关注“人情美、人性美”的大众文化样本，读者范围较广，其作用在一定程度上缓和了转型社会时期大众对现实生活的心理紧张和内在焦虑。一是坚持关注和尊重人性的立场。人性的东西才可以征服人心，《知音》的文章都是现实生活中的情感故事，对人性的展示和刻画是“知音体”的主要特征，通过展示人性的优点和缺陷帮助读者更好地提升自身的能力，完善健全的人格和培育健康的生活方式。二是尊重各种文明的立场。知音的文章对于多彩世界多元文化都是持以尊重的态度，并倡导文明的生活方式。三是笔墨随时代。知音坚持正面报道为主，以“情”制胜，注重人与人、人与社会、人与自然的和谐关系，讴歌真善美，鞭挞假恶丑，唱响时代主旋律。

知音创刊初期就播下人性的种子，宣传健康的生育知识和婚恋新风气，创刊号曾被举报差点夭折，但最终审查者认为知音大多数文章是健康积极的，

---

① 彭长城.《读者》的人文关怀［M］.北京：中华书局，2004：11.

可以边整顿边提高不用停刊。创刊初期所刊登的很多文章具有启蒙的人文关切，具有开阔的视野和现代眼光。“人情美、人性美”“期期精彩，篇篇可读”“期期有重点，篇篇是美文”“原创、独家、有影响力”，知音30多年来一直与时代同行，弘扬中华传统美德、爱国主义，关注时代发展，与读者的审美需求同步提高，注重文化关怀、情感关怀、实现人生价值的关怀和对社会发展的关怀。

在版本的开发上为了适应小众化、个性化需求，知音陆续推出了一系列子报刊。延伸出来的子刊都沿袭《知音》的人文关怀理念，只是因为面向不同群体的读者，在内容和审美上有所侧重。30年的发展，《知音》影响力不断提高，得到了社会各界的认可。在国家层面多次获得各级出版大奖，成为全国文化产业体制改革先进单位和标杆企业，品牌效应非常突出。其深远的社会影响力获得各级领导支持和关心，成为中国期刊界的一张名片。

此外在内部管理上，也倡导人文关怀以凝聚员工向心力，将人文关怀贯穿集团治理的细枝末节。一是要求员工遵纪守法、坚持职业道德，服务广大受众。二是要求员工具有较高的个人素养、知识素养，坚持与时俱进和人文关怀。三是关爱员工，加强学习型组织能力建设，丰富企业文化生活。四是领导以身作则，实行扁平式管理模式，加强员工民主管理。五是以人为本，尊重创新，尊重劳动和价值。知音传媒的员工来自五湖四海，多种文化交融沟通，形成“知音”独特的氛围和风格。“知音人”一起创造了融合的知音文化，也是知音文化的实践者。与其说《知音》这本期刊感动了读者，不如说知音传媒全体员工的文化意境、日常娱乐、审美观念、价值取向及道德观念等感染了千万读者。在社会转型和市场体制深化改革大背景下，知音坚守的“人情美、人性美”始终未变，知音故事依然清新脱俗，深入人心。

二、社会责任：知音传媒的坐标

企业社会责任（Corporate Social Responsibility，CSR）是西方企业管理中广泛使用的概念。最早由英国学者欧利文·谢尔顿提出来，他认为企业社会责任包含道德因素应该与其经营者满足企业内外各类人需要的责任联系起来。[①] 出版活动社会意义重大，有着不同一般的企业社会责任。我国传媒企业实行“事业单位、企业化管理”以来，大众期刊人的文化理想不断受到市场经济的冲击，“文化与市场的矛盾始终贯穿在文化的生产与消费过程中”。[②] 一方面文化传媒企业由于政府的“断奶”面临生存的现实问题，另一方面传媒企业承担社会文化传播使命，其经营活动必须“有所为，有所不为”。坚持社会效益和经济效益相统一是我国出版传媒活动的基本要求。在这种情况下，大众期刊传媒有没有固定的、适应社会平稳发展的价值标准和理论坐标呢？答案就是社会责任。大众出版物的社会责任就是“丰富人民群众精神文化生活，以缓解社会压力，避免精神荒芜，维护社会稳定”[③]。对于出版传媒企业的社会责任概念界定，众说纷纭，王建辉[④] 认为体现在六个方面，即坚持为人民、为社会主义服务；做出经济贡献；提高质量；打击非法出版物；热心公益事业；善待员工。蔡翔等[⑤] 认为出版传媒企业从事业单位转为企业以后，随着市场主体的确立、利益相关方的明确，社会责任标准取代原来的社会效益标准更加符合企业发展规律。

知音传媒集团作为改革开放大背景下特殊社会发展时期成长的大众传媒企业，改革创新的氛围，开放包容的平台激发了知音人对事业执着的理想和狂热的激情，强烈的社会责任感和专业精神得到最大限度的激活和迸发，营造了一个“以发展求生存，以实力求地位”的充满活力的内在机制和精神气质，使事业的发展、个人的发展形成良性互动，造就了一个独树一帜的品牌传媒集团和一批有着明显个性的知音办刊人，造就了知音传媒独特的企业文化。“做好企业，履行好养活自己这一基本的社会责任是履行其他社会责任的前提。”知音作为国内期刊传媒文化体制改革的先锋，在国内同类期刊企业率先进行多元化、跨媒体的发展，率先完成转企改制，并进行了股份制改造，完善了法人治理结构，使得企业成为真正的市场主体。

---

① Crroll A.B., Corporate Social Responsibility: Ecolution of a Definitional Construct, Business and Society, 1999, 38 (3), p.268-295.

② 蔡翔，陆颖 . 理想与市场之间：出版单位转企改制后社会责任研究［M］. 北京：中国传媒大学出版社，2013：1.

③ 辰目 . 论出版的社会责任［J］. 出版发行研究，2005（04）.

④ 王建辉 . 出版企业的社会责任［J］. 中国编辑，2007（03）.

⑤ 蔡翔，陆颖 . 理想与市场之间：出版单位转企改制后社会责任研究［M］. 北京：中国传媒大学出版社，2013：42-50.

《知音》从诞生以来走的就是市场化道路，作为一个自负盈亏的市场主体，重视和利用产品市场、产权市场和人权市场，积极履行对利益相关者的责任，在创造利益的同时也为社会创造价值，实现经营活动与文化责任的良性互动。

（一）提供负责任的文化产品

“知音文化”始终抓住人性这个主题，高擎“人情美、人性美”的旗帜，以“知音体”独特的表达方式通过感人的情感故事弘扬对生命的终极关怀，使读者从中得到领悟、抚慰、净化、认同和关爱。在社会转型大背景下由于现代生活的忙碌，往往忽略真性情，知音注重挖掘爱心、感恩、励志等主题新闻的内涵和品位，从人文的视角思考和关注中国民众的生存、生活和发展，这些浸透着人性理念的、闪烁着人性光芒的真实故事触摸到人类心灵的深处，向读者传达着各种健康积极的爱情观和价值观，通过阅读主体和客体之间的和谐对话，引人入胜、扣人心弦、发人深省，通俗而不媚俗，给读者以久违的真情和感动及留下深刻而弥久的印记。

《知音》30多年来特别是近年来纸媒发行量日益下降的情况下依然平稳健康发展，一如既往深受海内外读者的欢迎和青睐，靠的是品位和质量。湖北省新闻出版局审读中心专家认为：①

《知音》始终坚持正确的办刊方针，积极反映现实生活和时代精神，无论形势如何变化，他们始终坚持内容和风格的特色，坚持篇篇文章好读的办刊理念。《知音》作品内容丰富，文字优美，知识面广，题材新颖，独家专稿，读起来感人至深。阅读《知音》是一种享受。比如2011年上半年，《知音》共刊载文章342篇，其中富有时代精神、讴歌社会主义主旋律的正面宣传文章205篇，占总篇数的60%；有40%即137篇从内容上看为负面报道，但这些文章也不乏积极因素，有不少警世之作。

《知音》除了有大量人情美、人性美的文章，励志、奋进的文章，还有突出宣传社会和谐、人间大爱的文章。《知音》在大量的亲情、友情、爱情的文章中，突出了母慈子孝这类弘扬中华民族优良传统的文章。如：《妈妈用驼奶

① 湖北省新闻出版局第38期《审读快报》。

喂大你，10年泣血还娘一个站立》(1月上半月版)，讲述一位患严重高血压病的母亲对被专家认为终生瘫痪的早产儿倾心救治，每天走20多里取驼奶喂养并坚持按摩，终使早产儿在4岁时奇迹般站起来，然而当母亲因脑出血成为植物人时，7岁的儿子开始十年反哺，也终于让母亲苏醒和站立。这篇文章在读者中引起强烈反响，认为该文最能体现这个时代的风貌。还有《草原聋女“中国梵高”：母爱那最动听的“唇语”》(4月下半月版)也是同样的好文章。除此之外，《知音》还有一些警世之作也是广受欢迎的。如：《送子赴港读书输光人生，悲情父亲武汉跳楼》(1月上半月版)，特别引起人们关注，读者来信认为这是为望子成龙的家长们注入了清醒剂，认为爱子、教子要有方，不能把事业乃至人生全部赔了进去。另外，《知音》里也有明星报道，但无绯闻，无奇谈怪论。《知音》不但传达了各种信息给人们，还能给人以启示。这也符合正确引导人民群众尤其是青少年的人生观、价值观及道德观的要求。

导向决定生存，市场决定发展。《知音》始终坚持正确的舆论导向，既客观反映了社会现实，又将人文精神和社会责任融于新闻传播，将大众目光往更高层次上引导，以可靠的质量和品位赢得了一大批铁杆粉丝的支持，共同造就了《知音》30多年来持续增长，成为经久不衰的神话。

(二)全方位服务读者和社会

除了注重稿件的内容和质量以外，知音本着对读者负责的态度在其他方面也进行了很多考虑。一是在纸张的选取上，和印刷厂专家一块研制了知音专用期刊纸，并申请专利，被国内众多期刊纷纷采用，为读者提供更好的纸张服务，也节省了成本。二是亲民的定价路线。从经济学上看，同一媒介产品价格较低时比价格较高时销售更多。《知音》坚持走亲民大众的定价路线，通过成本导向、竞争导向和需求导向的分析，知音始终控制印刷成本，并于1996年开设了自己的印刷公司。从1985年创刊时的每册0.35元，到2016年的每册5.5元，始终保持在同类期刊高品质低价位的状态，让读者觉得物有所值，也同时照顾了分销渠道等方面的利润需求。三是为读者提供多方面的公益服务。《知音》在创刊号就刊登广告邀请读者做《知音》的知音，积极提供新闻线索和欢迎向《知音》倾吐心事，反映问题，提供意见，并承诺“每稿必看，每信必回”。四是设置“红娘组”，表示“决心竭尽所有潜力帮助您早日觅到知音，喜结良缘”①。后来陆续开展了“知音热线”，知音缘网站，并成立了知音爱心基金，搭建公益平台，为读者提供爱心帮扶。此外，知音大量爱心报道为主人公赢得了社会各界的支持，改变了很多平凡人物的命运。此外，在1998年抗洪及2008年汶川大地震等重大灾难面前，知音传媒集团积极开展爱心捐款，并派记者深入一线采访和帮扶，在知音期刊开辟专栏或打造专刊，第一时间做好重大新闻题材的宣传报道，发挥舆论导向作用，维护社会公德、唤醒社会良知，为实现伟大复兴的中国梦提供思想保障。为了更好地服务读者和社会，知音传媒集团也在积极转型，努力适应读者个性化和数字化阅读需求，搭建更多的服务平台，依托知音品牌资源跨界发展，为读者提供更优质的服务。

第二节　“知音人”的企业家精神

“所谓企业文化，企业精神，企业气质，其实都与领导者的个人性格、气质和风格有关。企业家的风格和个人魅力是影响企业战略实施、影响企业文化的重要因素。在企业初创阶段，企业家的信念和追求可以直接主导和影响企业文化的形成和表现；在企业成长发展阶段，企业家在处理重大事件、进行重大决策时表现出来的风格和艺术又成为企业文化的重要注解。”②迪尔和肯尼迪在《塑造企业文化》一书中指出企业文化的第一要素是价值观，而价值观本身是不会发生作用的，只有当其被全体员工所认同并加以实践才能奏效。那么如何才能让价值观弥漫在企业的各个角落，这就需要企业文化的其他要素发挥作用，其中，企业英雄人物的榜样作用一马当先。大众期刊作为一种产业尽管有着精神文明生产特征，但产品特征极为突出。20世纪80年代以来，一大批优秀大众刊物不仅产生了较好的社会影响，而且由于发行量较大，获得了极为可观的经济效益。“这些刊物和报社的社长（主编）可以算得

① 《知音》1985年第1期。
② 范以锦．南方报业战略：解读中国一流报业传媒集团［M］．广州：南方日报出版社，2005：316—318.

上成功的文化产业企业家。”①

经济学理论将企业家看作是经济增长的决定性因素。管理学大师彼得·德鲁克认为“企业家就是赋予资源以生产财富的能力的人”。传媒企业家是期刊市场化的必然产物，是决定大众期刊发展和转型成功的关键。计划经济体制时代，媒体主要承担党的“喉舌”功能，是党和政府的战斗工具，是国家机器的组成部分，属于政治家办刊的时代；而市场经济时代，大众期刊作为文化产业其灵魂应该是“出品人”②，即期刊传媒企业家。企业家精神是引领传媒健康发展的重要因素。改革开放以来，我国大众期刊传媒企业一直作为“事业单位，企业化管理对待”，始终以意识形态管控为主，坚持社会效益和经济效益的统一。《新闻出版业“十二五”时期发展规划》第一次正式提出了造就一批企业家的目标。③传媒企业家也称媒介领军人物，是企业的主帅和传媒产业发展的灵魂。正如知名媒体人秦朔所言：“没有企业家的经济，就像《王子复仇记》的舞台上少了哈姆雷特。如同一部马力强劲的汽车需要性能优良的发动机，一个优秀的企业家必然拥有强劲的、从内心源源不断涌出的驱动力。”④

英雄人物发挥作用主要有两个途径：一是通过英雄人物的人格魅力感动其周围的人，并内化为这些人的实际行动和组织行为模式；二是通过宣传其先进事迹、荣誉授予仪式及通报表扬等方式使得先进人物成为组织内所有成员的行动榜样，激发大家向先进人物学习。当然企业塑造英雄人物要以客观事实为依据，对事不对人，多强调英雄人物的团队精神，挖掘英雄人物的精神特质并将其内化为企业的精神特质和运行机制。

传媒的产业地位是随着市场化的发展而不断提升的，计划经济体制时代作为意识形态的工具，谈不上对国民经济本身有直接作用。虽然媒体市场化改革已经进行多年，但到目前为止有些传媒企业负责人依然保持国家机关式的管理，在双轨制的环境运行下，意识形态功能往往大于产业功能，垄断的格局导致创新精神的匮乏，传媒依然无法成为真正的企业。但从另外一个层面来说，企业家精神可以概括为两个方面，即创新精神和科学管理。改革

① 黄永林.20世纪中国大众文学的现代转型及其品格［M］.武汉：华中师范大学出版社，2013：99.

② 杨洪祥.中国期刊的出路［M］.广州：新世纪出版社，2002：51.

③ 国家新闻出版总署：《新闻出版业“十二五”时期发展规划》（新出政发〔2011〕6号）。

④ 秦朔.企业家精神到底是什么［J］.资源再生，2015（10）.

和创新是企业家精神的核心。彼得·德鲁克在《创新与企业家精神》一书中指出，创新与企业家精神就是指市场经济体制中商业机构和公共服务机构等社会组织自主运行、独立发展，积极应对社会变迁，整合组织资源，开拓新市场和消费群体为他们创造价值。有人认为，具有企业家精神的企业家应该“有一个梦想和意志，要去找到一个私人王国，有一种对胜利的热情和冲动以及通过创造获得一种快乐和满足的心理需求”，也有人把企业家精神明确界定为社会创新精神，认为企业家精神是企业家区别于一般经营者和职业经理的根本特征。传媒产业已经成为我国经济的重要增长点，中国需要大量的传媒企业家来整合传媒资源和提升传媒集团的核心竞争力。吕尚彬教授认为：“无论是中国还是西方，社会效益和经济效益双丰收的传媒企业大多是德鲁克所谓‘企业家精神’的实践者。中国传媒企业进行的探索，《知音》《读者》等市场化期刊的探索也证明了管理创新和企业家精神是市场竞争的动力和活力。”①英国思想家柏林曾经说过：“在关键的时刻，在历史的转折关头，当各种因素大体平衡出现的时候，个人及他们的抉择行动，本身不一定可被预见，但却能决定历史的进程。”②

传媒的本质是理想主义者的事业。“出版活动的文化本质和出版历史实践证明没有文化襟怀的人跻身该行业乃是国之不幸。出版人既要脚踏实地又要仰望星空。”③领导者创新的人格对于一个组织创立能力起着非常关键的作用。《逆势前行 铸造辉煌——湖北报刊品牌建设概述》一文指出：“千军易得，一将难求。每一个成功报刊都离不开一个出色的领军人物。《知音》的发展离不开出色的领军人物和紧密团结的编辑、经营团队。但站在这个领军人物和优秀团队后面的是支撑他们发挥优势和潜力的人才机制。”④著名管理学家熊彼特曾经指出，企业家是支持和创造经济发展的主体。期刊界的“湖北现象”离不开一大批传媒企业家的远见卓识。

（一）创始人的辉煌与悲情落幕

胡勋璧是《知音》杂志的创始人，在2014年8月由于裸官原因被免职，

① 吕尚彬．转企后报刊：用企业家精神克服“事业惰性”［J］．中国报业，2012（04）．

② 拉明·贾汉贝格鲁．伯林谈话录［M］．杨祯钦，译．南京：译林出版社，2002：33.

③ 范军．出版本质上是理想主义者的事业［J］．现代出版，2013（04）．

④ 邵明义．逆势前行 铸造辉煌——湖北报刊品牌建设概述［J］．中国期刊年鉴，2012.

2016年2月，涉嫌违纪被“双规”。2016年11月，经湖北省委省直机关工作委员会批准，决定给予胡勋璧开除党籍处分。胡勋璧以悲情的方式落幕，给“《知音》现象”增添了新的复杂因素，使得对于其的评价和研究显得更为慎重。一方面作为中国现代期刊传媒产业的先行者和领军人物，《知音》的主要创始人和前三十年发展团队的领头人，对知音传媒和中国期刊传媒产业的贡献，人们不会忘记他，历史也不应该埋没他。另一方面近年来广州日报集团的黎元江、戴玉庆，湖北日报传媒集团原总经理杨步国，安徽广播电视台原党委书记、台长张苏洲、知音的胡某等一大批传媒人悲情落幕也是国有文化企业集团治理中值得深思的问题。

1984年，湖北省妇联为了响应中央提倡兴办经济实体的要求，开始筹办期刊，当时在省妇联机关内刊做编辑的雷一大推荐了胡勋璧。30岁的胡勋璧非常珍惜这个平台，为了实现自己的想法开始了长达30年的实践。

这个时期正是中国传媒和中国社会大转型、大变革的时代，知音创始团队以企业家精神和战略眼光，带领《知音》不断整合资源，改革创新，提升核心竞争力。一是以专业水准提出了“人情美、人性美”这一具有哲学思想的办刊宗旨。针对当时大众期刊大多以文摘为主的局面，坚持走原创纪实的道路，办一本真实记录老百姓人生的刊物，故事要能够震撼读者的心灵，人物和故事要体现对读者人性的关怀。不断发现和挖掘时代的人情美、人性美，坚持正确的舆论导向，不同时期提出了不同的发展战略和侧重点，使得《知音》30多年来感染力和吸引力不减，洪战辉、黄来女等从知音走出来的人物感动中国，成为时代精神的标杆。“创新不是另类的、怪异的、猎奇的东西，而是要及时地、真实地、密切地反映和联系现实生活，不能简单化、表面化，必须从深层次揭示生活的真、善、美。”二是打造了一个核心团队，聚集了一批传媒家。核心人物和核心团队是传媒集团核心竞争力的重要因素。三是追求完美，始终坚持“质量是核心竞争力”的观点。稿件强调“深入生活，深入家庭，深入心灵”，制定严格的质量标准，实行绩效工资，将稿件选用率和工资待遇挂钩。稿件百里挑一，优中选优。同时，给予国内同类期刊最高的稿费，并通过评比以举行海外笔会和佳作评选重金奖励等方式奖励优秀稿件。四是以战略家的实业情节为知音长远发展布局。从20世纪90年代中期开始，知音利用前十年的积累开始延伸产业链，2000年1月成立知音集团的时候，特别在单位名称中间加了“实业”二字，成立“湖北知音期刊出版实业集团有限责任公司"，即湖北知音传媒集团的前身。知音集团从大众文化生活类期刊扩展到时尚期刊、动漫期刊、图书出版、高等教育等多领域发展，从国内市场跨越到国外市场，从传统媒体到影视、新媒体，从出版、教育到平台经济的打造，知音的布局让期刊的全产业链发展到极致，为中国期刊市场化可持续发展提供了可以借鉴的范式。五是重视学习。积极关注国内外同行，取长补短，并不断总结经验教训。

知音传媒的三大改革为知音的发展奠定了坚实的基础。一是体制和薪酬收入改革。分配制度的改革永远是知音体制机制改革的核心。从创刊之日起知音就在国家规定的工资标准以外实行奖金浮动制，以一个版面几元钱的差别调动编辑积极性。1992 年在全国期刊界率先实行经营目标责任管理制。打破了以往"大锅饭"的做法，实行按劳分配，多劳多得。陆续实施了"编辑按版面计酬制""后勤人员封闭式奖金发放制"和"承包经营责任制"，被视为知音三大法宝，也被业界称为"知音模式"。[①] 2000 年开始在全国报刊界率先转企改制，成立知音期刊出版实业集团，按照市场规律进行经营和管理。2006 年 8 月进一步转企成立湖北知音传媒集团。2011 年 1 月湖北知音传媒集团有限公司、湖北知音文化投资有限公司、湖北知音传媒股份有限公司同时挂牌，实现了最终的整体改制，为上市扫清了体制障碍。二是发行改革。率先进行发行改革，20 世纪 80 年代开始探索自办发行，实行发行双轨制。三是用人改革，打破干部、工人界限，敢为人先，不拘一格广揽优秀人才。"以发展求生存，以实力求地位"，这是知音传媒集团的企业文化理念。知音的发展史就是一部体制改革与创新的历史。正是从收入、发行、用人等方面进行了诸多改革，使得知音逐渐挣脱了体制的束缚，创造了中国期刊市场的传奇。此外，"人情美、人性美""篇篇可读，期期精彩""期期有重点，篇篇是美文""多元发展""一体两翼""三代论""走出去合作办刊""一托六"等知音集团发展转型的一系列重大编辑和产业发展的战略思想，为知音的持续发展和中国期刊产业的发展指明了方向。

（二）雷一大现象——期刊界"老黄牛"

作为《知音》主要创始人之一的雷一大，从《知音》创刊起长期担任知

① 叶铁桥 . 知音：吃改革饭 走创新路［N］. 中国青年报，2012-09-17（05）.

音集团二把手。2014 年 8 月底，雷一大被组织指定为代理董事长主持知音集团的工作，直到 2016 年 2 月退休。这位和《知音》一路走来的功勋同样为知音集团的发展作出了不可磨灭的贡献，在集团内部被称为勤奋耕耘在期刊事业上的“老黄牛”，也被很多下属亲切地称为“雷头”。

雷一大于 1955 年 6 月出生在湖北省武穴市广济县一个小村庄，1966 年刚刚小学毕业的他由于“文化大革命”被迫终止了学习，开始在生产队从事劳动。后来被大队干部安排在村里教扫盲班（夜校）。1973 年 2 月至 1975 年 3 月在武穴市龙坪朝阳小学任教师。1975 年 3 月至 1978 年 1 月被抽调到武穴市龙坪公社任通讯干事秘书。雷一大始终没有放弃学习，1977 年 9 月恢复高考的消息燃起了雷一大上大学的梦想。只有小学基础的雷一大虽然数学还是考了 0 分，但以总分超过录取线 9 分的成绩被黄冈师专录取。1978 年到 1981 年在黄冈师专（现黄冈师范学院）学习获得专科文凭，1981 年 1 月被选调到湖北省妇联担任机关秘书和内刊编辑，成为湖北省妇联的“一支笔”。1984 年作为《知音》的创始人，在《知音》期刊社工作。1984 年 7 月至 2011 年 2 月任知音杂志社编辑部主任、副主编、副总编、知音期刊集团常务副总经理；2011 年 2 月至 2014 年 9 月任知音传媒集团总经理、知音传媒股份有限公司副董事长，编辑委员会执行副主任委员，2014 年 9 月任湖北知音传媒股份有限公司总经理，从 2016 年 1 月开始兼任知音编辑委员会主任委员，2016 年 2 月退休。

雷一大为人极其低调。30 年来各大媒体聚焦知音传媒集团，但鲜有雷一大的新闻，其个人也极少接受采访。《荆江文学》主编张俊纶 2008 年在《致〈知音〉总编雷一大书》中这样描述：“《知音》由小而大，由杂志而集团，来之匪易，吾常思胡社长、雷总之为人，意其飘然脱去世俗之乐而自乐其乐者。昨日一面，见雷总布衣草履，边幅未修，而汲汲忘我于事业，果如此也。”① 从 1984 年开始筹备《知音》，并开始了长达 30 年的合作创业历程。2014 年 12 月黄冈师范学院校史馆建设专班对其进行了专访，在该校相关媒体刊发了《儒商之道 ——77 级校友雷一大访谈记》一文，文中讲述了雷一大的儒商之道和对母校的情节。20 世纪 90 年代，知音转企改制，雷一大将人事和工资关系转到企业，个人职业和身份发生了根本性变化。儒商通常是指那些有着较高的文化素养的企业经营者，其本质即在于这些有着较高文化素养的经营者对于中国传统知识分子的价值观的坚守。作为一个从事文化产业和经营管理

① 张俊纶网易博客：http：//zhangjunlun1983.blog.163.com/blog/static/44408662200878106275l6/.

的文化人，雷一大坚守着当代中国知识分子的核心价值理念。

从经营管理方面来看，雷一大作为长期负责编辑业务的领导，和同事亲密合作，打造了“知音体”“知音美文”这种风靡全国的具有个性的纪实稿件风格，创造了当代大众传媒界的多个奇迹。根据笔者对知音三十年来文本的叙事研究，在《知音》创刊号中，雷一大亲自采写的《兽行，肆掠在新婚洞房》，讲述了湖北某农村一个包办婚姻不懂法所引发悲剧的真实故事，悲剧令人痛心，引人思考，无论是从标题还是内文的叙事方式可以看作是知音后来长期坚持的“知音体”风格的原型。2002 年雷一大专门撰文从三个方面阐述知音的编辑特色，其中讲到内容上深入生活、深入心灵、深入家庭，用纯洁的心灵感染人，美好的情操陶冶人，奋进的精神鼓舞人；在表现形式上适应现代生活的快节奏，调动一切手法加强文章可读性，并对“知音体”标题做过详尽阐述；编排艺术上，每期的内容高潮迭起，重点突出，篇篇精彩，长短相宜。[①]面对市场的激烈竞争和利益驱动的企业法则，雷一大作为知音稿件的主要把关人积极探索编辑规律，积累编审经验。

企业的发展与领导人的器量和人格相匹配。雷一大的为人之道也是值得称颂的。30 多年心无旁骛，作为《知音》传媒集团的开创者和建设者，被员工称为集团的“老黄牛”和一丝不苟的“雷头”。雷一大更是保持一贯的低调，工作严谨务实，为人谦和，衣着朴素，积极培养编辑队伍，提高编辑素质，发展作者队伍，扎扎实实工作，干干净净做人，将热爱知音、扎根知音、献身知音作为毕生的追求，不为金钱物利所动。1997 年德国鲍尔集团在上海投资某期刊，准备挖雷一大去做主编，给予高薪、房子、解决全家人的上海户口、工作关系及轿车等优厚待遇，并承诺送其去德国学习半年。面对如此优厚的条件，雷一大毫无所动，并公开表示他的事业在《知音》。

作为《知音》期刊的创始人之一，雷一大的工作也得到了上级的肯定。1988 年雷一大光荣加入中国共产党，1997 年被中共湖北省委组织部、湖北省人事厅批准为湖北省有突出贡献中青年专家；2000 年被中共湖北省委组织部、湖北省人事厅授予湖北省新闻工作先进个人称号；2002 年获得中共湖北省委宣传部、湖北省新闻出版局授予的“湖北出版名人”称号；2004 年获得中国出版工作者协会授予的“全国百佳出版工作者”称号；2011 年被湖北省人力资源和社

① 雷一大. 深入生活、深入心灵、深入家庭——谈《知音》的编辑特色［J］. 新闻前哨，2002（04）.

会保障厅、湖北省新闻出版局评为“全省新闻出版系统劳动模范”；2013年获得新闻出版广电总局评选的第三届“中国出版政府奖”和“优秀出版人物奖”。

（三）从态度和从众理论看英雄人物的示范作用

态度是指个体对一定客体所持有的相对稳定的心理反应倾向，是一种认识上的评价、情感上的感受、心理上和行为上的倾向。态度曾是社会心理学研究的热点，目前并没有公认的定义。影响态度的因素有很多，比如社会环境的影响、个体的需要、个体所具备的知识和经验等。霍夫兰认为态度由认知、情感和行为三个部分构成，其中认知是对态度对象的了解认识，情感是对态度对象的反应，行为是由态度对象所引发的行动。[①]形成态度的基础是认知成分。劝导者、劝导信息和情境等都是影响态度改变的外部刺激，态度主体自身的特点则是内部因素。（见图6.1）

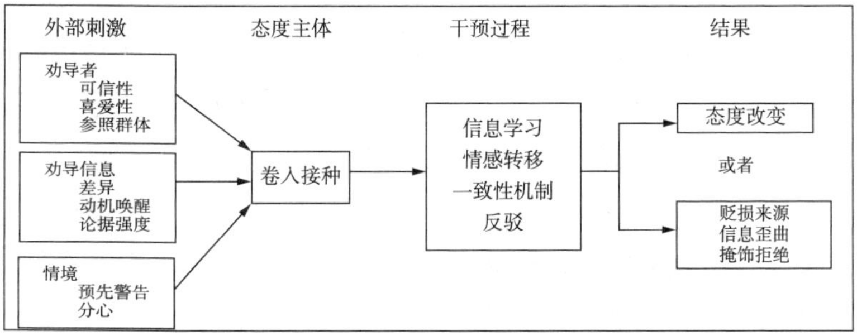

图6.1　霍夫兰劝导模型图

知音创始人几十年如一日，以编辑部为家，不顾一切的工作态度和勇往直前乐观向上的精神赢得了全体员工的尊重和爱戴。广东电视台嘉年华摄制组曾在知音集团采访时发现，九月的下午，武汉的高温达到36℃，而知音主要负责人竟然在办公室穿着厚厚的毛背心和深色外套。社里人已经司空见惯，作为创始人每天要处理数十万字的审稿及子刊、广告、各子公司、学校等各项行政工作，长期的超负荷劳动使得其积劳成疾，“早已将整个人赔给了这本期刊”，头疼、畏寒，需要长期服药。一辈子只做《知音》这一件事，为了方便工作，把家安在距期刊社大门不到十米的地方，在家不在家都是工作。工作几乎到了忘我的境界，连生日都从来没过过，几次自己生日都在参加下属

① 郭庆光.传播学教程［M］.北京：中国人民大学出版社，1999：91.

的婚礼中或公司的活动中悄然度过。“几年前生病住院，编辑们将稿件送到病房，主要负责人坐在病床上听编辑读稿，一篇稿子读完，湿透了三条擦汗的毛巾。”[①]《知音》创刊的那天起，雷一大就作为“一线指挥员”与编辑们摸爬滚打在一起。《知音》的编辑换了一茬又一茬，可他对《知音》编辑事业的热爱和追求仍然是那样的执着。每个月要为《知音》审读修改数百个选题方案和200多篇稿件，几乎是连轴转，没有节假日和星期天，早已由满头青丝到双鬓斑白。长期的劳累使他落下了颈椎病，大夏天还套着厚厚的围巾给颈部保暖，经常头晕甚至昏倒。可他从未停下工作的脚步，总是那样认真勤勉和富有激情！他的执着精神，激励着编辑们奋发向上，勇攀高峰！[②]

在刊物取得成功的背后，是知音人近乎疯狂的精力和心血的付出。创刊领导身先士卒、先人后己，为知音奉献一切的精神赢得了知音全体员工的认可，让员工对领导发自内心的敬佩。“情动于中而形于外”，进而引起了员工行为模式的变化，纷纷效仿领导的工作作风。当员工开始仿效主要负责人的工作模式，又必然引起周围的人学习和遵循，使得组织成员行为模式趋向一致。此时便出现所谓的从众现象。从众是指个人观念和行为受到外界群体影响与多数人趋于一致的现象，在企业文化管理中利用从众心理积极的一面，发挥企业管理者的先导作用，培养团队精神，提高团队凝聚力和工作效率。为了追求高质量的刊物内容，知音编辑几乎没有周末和节假日。时任《知音》月末版编辑宗时杰，从小是个孤儿，几年前与他相依为命的爷爷去世了，而当时月末版截稿在即，他忍着巨大的悲痛，紧急料理完爷爷的后事，就直奔单位编稿。坐在办公桌前他眼泪止不住往下流！他擦干眼泪，平复心情后接着编稿；泪又涌出来了，再擦干，再编稿——在截稿的前一晚，他在办公室熬了个通宵，终于把手头的稿子全部编完了。时任《知音》副总编王应鲲，由于长期劳累患上了严重的痔疮，医生要她尽快手术，可她为了不让稿件质量降下来，连续几个月推迟手术时间，忍受着痛苦坚持带编辑出差，坚持紧张地组稿，看稿，编稿！2012年，其公公、母亲、老公三人同时住院，为了不耽误发稿和工作，她求其父亲一人去照顾三人，甚至其老公手术都是委托

① 甘丽华.《知音》美文是如何炼成的［N］.中国青年报，2012-08-27（05）.

② 中国出版网.知音传媒集团：深化改革创新 推进知音文化产业科学发展［EB/OL］.［2011-07-28］.http://www.chuban.cc/cbfxyj/jt/gz/201107/t20110728_91433.html.

其父亲签的字。①类似的拼命三郎还有很多。知音编辑每个月都要出差十天以上，联系作者寻找稿源等，如出差回来上报的选题没有通过，当月还得打起背包再出发。《知音》的每篇稿件均是千挑万选，工作繁复，历尽艰辛！

知音创始人的行为模式作为一个信源，借助身体力行和组织宣传两个渠道传播到受众（即知音员工），独特的企业文化造就了知音编辑的群体境界和职业情怀！

第三节　明确的核心价值观："人情美、人性美"

企业价值观属于企业文化的精神层，主要指企业在追求经营成功过程中所推崇的基本信念和奉行的目标。从哲学上看，价值观是对象对主体有用性的一种观念。而企业价值观是企业全体或者多数员工一致赞同的关于企业意义的终极判断。②价值观是企业文化的基础。技术、高科技可以学，制度可以制定，但企业员工追求这样一种企业文化、企业伦理层面上的东西是很难移植和模仿的。从这个意义上说，价值观是第一核心竞争力。组织中的管理者和其他人都非常关注企业价值的核心内容；通常来说，真正的管理者往往会作出更好的决策，因为他们受到共享价值观的指导；人们之所以加倍努力，是因为他们有更好的理由去这样做。

西方企业价值观发展历程中经历了多种演变，其中典型的企业价值观有最大利润价值观、经营管理价值观和企业社会互利价值观。最大利润价值观主要指企业全部管理决策和行动都围绕如何获取最大利润的标准来评价企业经营好坏。经营管理价值观指企业在扩大规模、组织复杂、投资巨额而投资者分散的情况下，管理者受投资者委托从事经营管理而形成的价值观。企业社会互利价值观是20世纪70年代兴起的一种西方社会企业价值观，它要求在确定企业利润水平时，把员工、企业和社会利益统筹起来考虑，不能失之偏颇。当代企业价值观最显著的特征就是以人为本，以关心人、爱护人的人本主义思想为导向，把人的发展作为目的而非手段。

---

① 秦璟.52位"女将"撑起《知音》"大半边天"［J］.知音传媒，2013（03）.

② 刘光明.企业文化［M］.北京：经济管理出版社，2006：192.

一、价值观决定现代传媒的追求

价值观决定一个人的追求，同样也决定一个传媒企业的追求。价值观的改变必然导致传媒追求的改变。传媒的价值观必须为民族和社会所认同，并与整个人类社会协调一致，即维系我们的社会、民族乃至整个人类的稳定和可持续发展，以及维系这个社会所需要的社会规范、道德秩序和精神理念。否则经济的繁荣可能掩盖巨大的人文危机，而人文危机积累到一定程度将给民族带来毁灭性灾难。因此，传媒号称“社会公器”，传媒企业必须有“铁肩担道义”的责任精神。①

以现代信息技术为依托的现代传媒，在追求传播效益最大化时，一是必须始终坚持社会责任第一，自觉承担社会责任、时代责任和历史责任。同时作为传媒产业，社会效益和经济效益做到有机结合，重视人文关怀和社会文化建设，重视社会主义核心价值观的宣传，只有两者同时兼顾才能让传媒产业健康发展。二是坚持报道客观性和真实性。三是注重正确的导向，坚持导向和市场并举的原则。“导向决定生存，市场决定发展”，这是传媒的双重属性决定的，二者相辅相成，互相促进。四是坚持民族利益和人民共同利益相统一，为民族大团结营造良好的舆论氛围。五是注重人文关怀和道德价值的认知原则，维护各阶层、各群体读者和新闻当事人的尊严。六是坚持高雅的审美情趣，引导积极健康的社会风气。七是坚持理性颂扬和冷静批判相结合，积极宣扬符合社会主义核心价值观的先进典型，同时做好舆论监督。八是坚持正确的政治方向。媒体报道要与党中央保持一致，防止“政治化”和“去政治化”倾向，秉承新闻报道宗旨，不偏不倚，坚持客观冷静理智的态度。

二、知音“人情美、人性美”的价值观解读

“知音文化”的核心是“人情美、人性美”，这是从知音传说的历史资源中挖掘出来的文化符号，是《知音》期刊的创刊理念和发展追求，不仅是期刊的内容要求，同时也是对知音所有员工做人做事的要求。“人情美、人性美”作为知音文化的核心价值观已经成为知音最大的特色，也引起数以亿计

① 廖梦君．现代传媒的价值取向［M］．长沙：湖南人民出版社，2005：292—293.

的读者的共鸣。

关于“人情美、人性美”的价值内涵，知音创始人认为，“人情美、人性美”，是中华民族的传统美德，是中华文化的精髓，也是人类共有的人性深处最美好的精神和情感。他认为体现在三个方面：一是探索创造，包括人的追求、奋斗、创业，并以此实现人生价值。二是无私奉献，包括人与人之间、人与社会之间的各种美好关系，如友情、亲情、爱情等。三是生命的尊重关怀，包括对生命本身的感悟、体验和诗意表达等。①

知音传媒集团提出了“以发展求生存，以实力求地位”的企业精神，同时时刻提醒和鞭策全体员工，艰辛努力与开拓拼搏才能生存发展，唯有发展壮大才能在行业、在集团获得应有的地位，这也是一种“平等”和“公平”的价值观。知音 30 年以来，坚持以原创纪实新闻为特色，通过真实的新闻故事向社会宣扬人性美、人情美，这些故事有探索创业的成功故事、有无私奉献的情感故事和体验生命的哲理故事，为了获取高质量的稿件，知音编辑付出了极大的心血。曾任知音全媒体公司副总经理的阚娟曾说：“知音的编辑记者所到城市之多、采访对象之多及采访对象交流沟通之多，是国内期刊社编辑无法企及的。”

“人情美、人性美”不仅体现在稿件中，向国内外播撒这个美好的价值观的同时还作为一个系统工程，融合在知音的实物文化、制度文化和精神文化等各层面，成为知音发展的核心竞争力。知音所延伸的很多品牌子刊，均和“人情美、人性美”有着直接的品牌血缘关系。比如知音最大的子刊《知音漫客》，其刊魂“年少有梦，青春有爱”也是知音“人情美、人性美”的延续，注重原创、注重人文关怀以及对于新时代人的本身的关注，使得《知音漫客》及其动漫刊群异军突起，很快发展成为青少年首选的精神读物和知名动漫品牌。

① 文心，李艳华 .《知音》杂志发展的三大战略探讨［J］. 编辑之友，2005（01）.

第四节　持之以恒的文化仪式

任何一种文化都有相应的仪式。仪式作为一个分析性专门术语出现在 19 世纪，早期仪式研究主要集中在宗教范畴，随着人类社会文化的发展，仪式渗透到了人类历史文化和社会生活的各个方面。企业文化仪式是企业文化的重要组成部分，是指企业按照一定的标准和程序将企业中某些生活戏剧化、固定化和程式化，以宣传企业价值观念、企业精神和强化企业文化，促进企业员工对企业话语体系的接受，从而增强对企业文化和价值观的认同，提高企业生产效率。

本章节以知音传媒为例，通过对企业仪式的分析，探讨仪式在企业组织传播中的特征和效力。

一、知音传媒的企业文化仪式

特伦斯·迪尔和艾伦·肯尼迪认为美国企业中常见的仪式主要有：问候仪式、表扬仪式、工作仪式、管理仪式、庆典、研讨会或年会等。[①]王中义在《企业文化与企业宣传》一书中将企业仪式主要分为以下几类：工作仪式、生活仪式、表彰仪式、庆典仪式和交往仪式。企业仪式是丰富多彩的，各企业一般都根据自己的组织目标的文化采用不同的仪式。工作仪式和表彰仪式是比较正规化的严肃的仪式活动；生活仪式和庆典仪式多属于非正式传播，具体也要根据企业文化的风格；交往仪式一般是大型企业比较重视，通过规训使员工和企业保持一致，提高组织传播效力。

《知音》在文化仪式建设方面比较具有优势，经常卓有成效地开展形式多样的文化仪式，增加企业管理中的仪式感。一是工作仪式，即日常经营管理活动中举办的常规性工作仪式，比如新员工入职会、退休会、签约仪式、奠基仪式、职代会及培训会等。二是生活仪式，指工作之余企业开展的与生活相关的各种活动，比如联欢会、茶话会、团拜会及聚餐等。三是表彰仪式，即表彰先进集体、个人等，比如庆功、职务任命仪式，职称晋升、表彰大会，

① 特伦斯·迪尔，艾伦·肯尼迪.企业文化——企业生活中的礼仪与仪式［M］.李原，译.北京：中国人民大学出版社，2008：19.

最佳月度、季度、年度稿件奖，新作者奖，一、二级笔会等。四是庆典仪式，即企业节日、公共节日等举行的庆祝活动，比如劳动节、国庆节庆典，新产品开发庆典等。五是交流类仪式，即体现企业风格、文化和员工素质的仪式，比如读者见面会、介绍与被介绍、称呼与被称呼、交谈用语、肢体语言、服饰、姿势、问候等。

二、知音传媒企业仪式特征和效力

知音传媒企业仪式中蕴含的角色意识①、文化表演和符号象征，使其成为独具魅力的知音文化盛宴。仪式的特点之一就是能赋予组织成员各种角色，并且不断强化其角色意识，让大家各司其职，增强组织工作效率。比如，知音的新员工入职后经过新员工培训及由老编辑进行传帮带等仪式，让新成员在兴奋和难忘的情绪中获得了一种角色意识。通过职位授予、嘉奖等仪式塑造英雄人物，为员工在企业中发展树立目标和榜样。仪式的特点之二就是天然具有文化表演特征。即融娱乐性与文化性于一体，比如各种颁奖典礼、新年联欢活动等，仪式参与者通过行动、舞蹈、吟唱、演奏等表演活动，以及对象、场景等实物安排建构了一个被赋予意义的情境，“参与者从这种仪式情境中感受仪式所传达的价值观与期望，并从这些意义中得到心灵的满足与精神的需求”。② 通过颁奖、娱乐表现、竞赛、抽奖等元素的狂欢，给员工留下难忘的印象，组织文化被渲染烘托到极致并获得了成功的传播。知音还拥有自己的企业歌曲。1985 年，社歌《觅知音》：“你也年轻，我也年轻，人生的路上我们同行！……”到 2015 年新的社歌《知音颂——知音传媒企业精神礼赞》：“我们是知音的主人，自豪的我们重任在肩，我们是一群有梦想的人，梦想把爱洒满人间，人情美、人性美，人间大爱在这里彰显……为实现共同的中国梦，为着梦中那个灿烂的未来。”无不激励着知音人不断追寻梦想。仪式的特点之三是具有较强的符号特征。马歇尔·萨林斯将文化定义为人和物有意义的秩序。“有意义的秩序”指的是通过符号来反映社会群体中复杂的过程和关系。人类创造符号，并用其来进行传播。罗伯特·李万认为“无论人

---

① “角色”一词原是戏剧学中常用的概念，指演员根据剧本扮演某一特定人物。20 世纪初，美国著名社会学家 G. 米德把“角色”一词引入社会心理学领域，以此来说明人的社会化行为。

② 朱知 . 企业组织传播中的仪式研究［D］. 武汉：华中师范大学，2010.

们的行为和态度在其他方面是如何不同，每一个人类社区都在与构成他们社会生活的传播所使用的符号意义的团队共识共同起作用”①。知音传媒通过日常盛会的语言、行为、物件，在认可员工工作成果的同时塑造并强化员工的价值观。

企业仪式是企业文化的外在表现。知音传媒集团领导者在仪式方面花费大量的时间，他们不仅设计仪式，而且积极参与其中，营造良好的仪式氛围，使员工从中受到充分的教育和感染。此外，知音传媒注意保持各种仪式的持续稳定性，使广大员工产生一种企业的文化习惯，增强员工的归属感，强化了企业的凝聚力。仪式在企业文化中是一种有效的传播方式，使员工获得更多的参与感和体验感，减少了组织传播中的“对立解码”，进一步清晰角色的动力，提升了员工的归属感，同时也强化了企业的凝聚力和企业文化的持续活力，最终对于企业生产效率的提升产生较大的促进作用。

三、务求实效的仪式实例

知音传媒企业仪式是比较追求务实发展的，除了以上提到的相关特点和仪式以外，知音还注重将党的思想政治工作与企业文化建设融为一体，来推动企业各项工作的开展。知音传媒集团作为我国期刊传媒企业的领头羊，重视集团党建工作并将其与公司企业文化、业务发展相结合，与企业人才培养、学习培训、企业公益活动、企业仪式等结合起来，充分发挥党员模范的先锋作用，有力地促进了仪式的实效性。一是注重上级精神的学习，及时开展专题民主会等集体学习活动；二是积极创建文明单位和先进党组织，开展党员标兵评比和学习活动；三是通过开展丰富多彩的红色文化体验活动，增强集团的凝聚力和战斗力；四是鼓励企业员工积极参与社会公益活动。

以 2011 年知音传媒集团召开的庆祝建党 90 周年大会为例，一是领导重视，集团党委书记、董事长等集团主要领导、全体党员和入党积极分子一同出席；二是过程具有隆重庄严的仪式感，会议在庄严的《国歌》声中拉开了序幕。首先新党员在火红的党旗下举起右手高声宣誓，表示愿为党的事业贡

---

① 埃里克·M. 艾森伯格，小 H. L. 古多尔 . 组织传播——平衡创造性和约束［M］. 白春生，译 . 北京：中国传媒大学出版社，2004：107.

献自己的一切。接着集团党委副书记兼副董事长宣读了集团党委《关于表彰先进基层党组织、优秀共产党员和优秀党务工作者的决定》。随后，李金保、张志夏、沈晓红等8位来自知音集团各部门的同志进行了“践行承诺，我为集团作贡献”主题演讲。他们结合工作实际，围绕党员的公开承诺，阐述了对新时代党员的认识，并表示做好本职工作，回报党和集团给予他们工作上的肯定和支持。先进党员们激情四射的演讲，深深地感动了在场的每一个人。演讲结束后，集团党委书记、董事长作了重要讲话，对新党员的加入表示热烈的欢迎，对党员代表的发言进行了充分肯定，表扬他们的发言激情澎湃，充满活力。同时要求，在公司发展的关键时刻，党员们要带头做出榜样，勤奋努力，扎实工作，为集团产业健康快速发展而努力奋斗。最后，集团党委副书记、副董事长作了会议总结，在对本次会议予以肯定的同时，希望全体党员及入党积极分子，在集团的改革和发展中，在各个不同的岗位上，更加积极地发挥党员的先锋模范作用，为知音的美好明天作出新的更大的贡献。大会在催人奋进的《国际歌》声中圆满结束。[①]

第五节　知音传媒集团的企业文化网络

文化网络是指企业文化信息传递的主要渠道和路径，是承载公司价值观和英雄模范轶事的“载体”。20世纪30年代，哈佛大学教授梅奥等人从霍桑实验中发现企业除了“正式组织”以外，还存在“非正式组织”，前者以效率逻辑为标准，为了有效实现企业目标，规定组织成员的职责范围及相互关系，形成一定的组织体系；后者以感情逻辑为主要标准，主要是指通过个人爱好、业余活动、相互来往、感情沟通等影响组织每个成员。[②]文化网络是文化企业中基本的沟通方式，包括官方信息的传播及公司内部以故事、猜测等非正式的文化信息。企业文化网络的多元化有利于相互验证其信息的真实性和企业文化的沟通。

---

① 知音网．知音传媒集团庆祝建党九十周年［EB/OL］．［2011-06-22］．http：//www.cnzhiyin.com/index.php?m=content&c=index&a=show&catid=27&id=24.

② 石丽明．企业文化构建中的文化网络［J］．政策与管理，2003（02）．

一、企业文化网络存在的意义和作用

企业无论大小、强弱都存在着一定的文化网络。正式性的文化网络功能形式正规，内容健全，注重企业家和企业的形象。一般是发挥公司权力作用或强制性手段，进行灌输和教育。比如，公司通过正式网络以文件、制度、政策等方式自上而下对其发展使命、战略、价值观、企业精神等方面进行宣传和教育，并通过会议、培训、公司内刊、内部网站等具体形式的渠道对全体员工和外部相关者进行传播。非正式网络主要是指那些非建制的信息传播渠道。企业中的非正式组织大量存在主要是与人们同时扮演多重的社会角色有关。每个人在企业岗位上扮演着一个角色，但在组织结构和体制之外又同时担任着各种不同的角色并构建着一个隐形的文化网络。这一文化网络把企业各种关系联系在一起，常常影响着企业的决策和协调。文化网络通过习俗、爱好和感情等礼仪进行交流和传递信息，有着较为畅通的自由渠道。企业的决策表面上是由各种大小会议作出的，实际上形成意见的过程往往是会前或会后。因此对信息的收集和处理，积极引导非主流网络是现代企业管理必须注重的环节。

文化网络是一个矛盾的统一体，其内部各种问题的存在和发展是不以人的意志为转移的。①因此管理者要积极发挥文化网络的正面作用。一是文化网络有效传递企业文化信息。正式的网络主要传播主流文化，正式的渠道畅通，文化信息的传播就能取得好的效果，反之则会通过非正式网络引发各种猜测。即使正式网络渠道畅通也依然会有一些小道信息进行“诠释”，这些多角度的解释和传递为决策者检讨决策程度和方法，及时纠正对文化理解的偏差等问题。二是积极发挥其疏通功能。企业非正式组织的存在为员工的“自由宣泄情感”提供了较好的场所。人的任何一种具体实践活动会受到特定的精神指导和支配。若传播的小道信息越多说明企业正式组织的群体压力越大，企业组织没有形成民主机制。文化网络是企业注入活力的通道，有利于缓解员工的对抗情绪，也方便管理者借助非正式网络进行劝说、诱导和纠正。企业内部的文化网络一方面传播企业文化信息，另一方面营造着企业轻松活泼的生活氛围。管理者可以有意识地参加文化网络，使自己成为“情绪领袖”，及时

① 李鹏飞，王徽．论企业管理中的文化网络［J］．长江论坛，2001（03）．

了解员工的看法和感受，作到科学民主决策。

二、知音集团的文化网络建设和对文化网络的有效利用

企业文化网络的建设对于现代企业治理的重要性不言而喻。企业要有意识地进行文化网络建设，保证文化传递的渠道畅通。知音传媒集团对于文化网络的建设主要通过以下方式：一是语言沟通渠道。管理者通过开会等方式与员工进行语言交流，建立了面对面的语言交流网络，从而传递文化信息。知音的老总办公室，员工随时可以进去交流，企业举行新闻发布会、员工大会，与员工谈心、恳谈，等等。二是实物沟通渠道。比如通过知音出版的一些书刊，其品牌、商标、包装、造型、色彩都有整套的标识和标准，内在质量和售后服务都有规范的制度和标准，这是企业文化的外在显现。从企业内部看，知音一楼大厅的显示屏、指示牌和文化墙等形式都为文化网络传递着企业文化信息。三是通过内刊《知音传媒》进行文化信息传递。四是运用电子科技设备制作，打造数字化的渠道网络。比如，通过知音视频、录音、网站、BBS、QQ 群、微信等，不受地理空间影响，数字化立体式的组合传播，使得文化信息更为生动和富有感染力。

企业文化的建设即企业使命的确定、价值观的形成和战略目标的实现，关键是全体员工的认同和拧成一股绳朝着同一个目标努力。知音的管理者从创刊开始就非常重视有效利用文化网络这一特殊的沟通渠道。一是坚持“人情美、人性美”的管理哲学，让文化网络真实体现人性底蕴。比如与员工真诚交朋友，及时了解员工疾苦，解决员工学习、工作和生活中的实际问题，通过对员工的关心和团结赢得人心。二是私下以多种方式接触下属，尊重员工的尊严和感受。比如知音创始人雷一大就非常善于和员工保持感情上的沟通，经常在与员工私人沟通中开启员工智慧，使其才能得到充分展示和发挥。《知音》已故资深编辑丁少颖曾在博客中记载过很多这样的例子，雷一大晚上请员工去家里下军棋放松等，让员工看到老总亲和力的另一面。[①] 三是扩大与群众“情绪领袖”的交往，调动一切可以团结的因素。知音集团领导者通过各种方式加强文化网络建设，尊重“情绪领袖”，大胆起用有实力的“怪

---

① 《知音》丁少颖的博客：http：//blog.sina.com.cn/s/articlelist_1296155255_0_2.html.

人”，使他们的作用方向与集团发展目标一致。

企业文化的发展对于现代人的思维方式和行为习惯产生了巨大影响，信息沟通渠道的畅通是构建企业文化的重要因素之一。知音集团一方面积极建立企业领导与不同层次员工的沟通制度，让文化网络为企业发展发挥作用，同时也积极进行对外传播企业的核心价值观、愿景、经营理念等，积极有效利用文化网络为集团的发展服务。

第七章　知音传媒的发展思考

自2008年美国金融危机爆发后，全球经济增长乏力、债务危机加深、社会失业大量出现，全球进入新一轮经济周期，中国也步入了以产能过剩、经济放缓、结构调整为标志的经济新常态。在此背景下，文化产业凭借独特的产业价值链、快速的成长方式及广泛的渗透力、影响力和辐射力，不仅成为全球经济和现代产业发展的新亮点，也成为我国经济结构调整和转型发展的重要方向。[①]大众期刊传媒作为文化产业的核心层，我们在分析知音期刊传媒文化产业现象的同时，不得不考虑其面临新的时代背景、发展困境和转型挑战，还有中国大众期刊传媒产业在新的国际国内文化产业大发展的背景下如何实现转型和融合发展，其未来发展的趋势和前景是亟待关注的现实难题。

第一节　知音传媒发展模式分析

《知音》作为中国期刊产业的翘楚，无论是考核社会效益还是经济效益指标，知音传媒集团都是国内期刊产业化的成功典范。从社会效益来看，《知音》30多年来坚持“人情美、人性美”的办刊宗旨，坚持弘扬社会主义核心价值观，打造了《知音》文化生活类、时尚类、动漫类三个报刊群，多次获得全国读者最喜爱的十大名刊、双十佳期刊、中国期刊方阵“双高期刊”、全国优秀社科期刊奖、全国文化体制改革工作先进单位等，涌现了大量的优秀文化精品，如《知音》报道的典型人物田世国、洪战辉、谢延信、范子盛、谭纪雄等人成为时代的标杆，《知音》采写的关于道德楷模谢延信、优秀教师豆洪波等稿件被中宣部点名表扬。根据《知音》2009年第23期文章——《谭纪雄与博士妻：那一种爱浓烈而悲壮》改编的电影《特警英雄》获得湖北省

① 王京生 . 经济新常态下文化产业发展的机遇与路径［N］. 光明日报，2015-05-14.

第八届精神文明“五个一工程”优秀作品奖,《知音漫客》以“文化品位高尚、艺术格调高雅，期刊整体设计艺术效果和制作工艺与技术和谐统一”而获评 2015 年“中国最美期刊”。《知音》也成为被国内媒体转载最多、跟进报道最多、改编成电影电视剧最多的期刊之一。从经济指标来看,《知音》从创刊开始的 3 万元起家，由“单兵种”到“集团军”，发展到如今“总资产 12.3 亿元的一家集纸媒、网媒、影视制作、动漫产业、地产、会展和高校等综合发展于一体的拟上市的大型传媒集团”[①]。如此骄人的成就，找到其中的核心要素对《知音》的自身发展及中国期刊集团化、产业化发展都有着很好的借鉴意义。

一、战略与时俱进：赢得发展先机

回顾知音集团 30 多年来的成长历程，发现其在发展规划中非常具有战略眼光。在许多领域总是先人一步，积极抓住了发展的先机，在关键时间点做出了正确的抉择，奠定了《知音》在国内大众期刊传媒的翘楚地位。

第一个关键点是 1985 年创刊开始市场化管理的选择，消除了发展羁绊。《知音》是湖北省最早实行市场化经营机制的文化事业单位，如何办一份受市场欢迎的期刊是知音创刊开始就面临的选择。从刊名的选定，到“人情美、人性美”和“深入生活、深入家庭、深入心灵”的精准定位赢得了读者认可。在管理体制上、分配方式上、发行渠道上率先进行了一系列改革，通过市场机制的引入，大大激活了期刊发展的生产力，使得《知音》迅速崛起。

第二个关键点是 1996 年开始的扩张之路。当我国首个传媒集团广州日报报业集团被国家新闻出版总署批准成立，标志着大众传媒产业化进程进入了新的发展阶段。《知音》积极抓住机遇开始围绕核心产业《知音》创办子刊和相关实体公司两方面扩张，成立广告、印刷、发行、物业等公司，并扩展了《知音・海外版》等子刊，逐步成长为一个集房地产开发、职业教育、期刊图书出版于一体的综合性期刊传媒集团。

第三个关键点是 20 世纪 90 年代中后期到 2005 年间的期刊并购。这一时

---

① 知音网 . 知音会展再推重磅力作,“湖北幼教展”将横空出世［EB/OL］.［2015-05-18］. http：//www.zhiyin.cn/2015/zhiyindongtai_0508/507026.html.

期知音抓住了省直机关整顿和报刊调整的机遇，在相关部门支持下，兼收和兼并了省内七个报刊，为知音集团发展壮大赢得了宝贵的刊号资源和充实了人才队伍。改变了知音生活类期刊的单一结构，为形成知音多元产业群拓展了成长空间。

第四个关键点是2005年开始做出发展知音动漫期刊产业的战略决定。2005年，北青传媒、《京华时报》、广州日报集团等营业收入大幅下滑，业界和学界提出“纸媒的寒冬论”。知音集团此时由于政策的限制，导致海外扩张、跨媒体、跨区域发展之路难以走通，时政新闻《新周报》、时尚期刊《好日子》、财经期刊《商界名家》等子刊及新媒体发展并不顺利。在这种情况下，知音集团在分析了国内外传媒市场情况后，做出了进军动漫产业的决定。自2005年10月启动以来，发展迅速并形成了以《知音漫客》为核心的动漫全产业链，成为知音集团最强劲的新的增长点，2013年围绕《知音漫客》的出版物销售收入，已超越《知音》杂志，占到知音传媒总营收的六成多。《知音》及时抓住了发展机遇，并在不同的关键点提出了不同的战略，从打造核心产业、一体多元、一体两翼、三代论到目前“一托六”融合发展战略，知音以战略的发展眼光引领着中国大众期刊传媒的发展方向。

二、体制机制改革：释放传媒生产潜能

体制机制问题是阻碍我国期刊产业发展的最大障碍，这已成为学界和业界的广泛共识。和众多期刊传媒单位不同的是，《知音》一直以来对现有传媒体制并不是一味抱怨和消极对待，而是在既定的传媒制度下，在集团内部微观运行机制方面不断创新体制，改革管理，增强自身产业发展的内在推动力。在人事制度、内控管理机制、经营机制等方面做了很多改革和创新，被业界称为“知音模式”。狠抓内容质量管理，知音集团提出质量就是竞争力，《知音》的突破关键在于解决编辑管理的瓶颈，通过建立“以内容支持品牌，以品牌强化内容的互促机制”，实行编辑工作立体化管理，将刊物内容作为刊物竞争力、生产力和生存力根本问题来抓。此外不拘一格招人才，坚持品质第一，唯才是用，培养金子般的编辑，业绩激励，比如大胆起用只有小学文化的赵美萍，并创造条件使其迅速成长为优秀编辑。

三、做大核心产业：夯实对外扩张基石

从世界主要传媒企业成长历程来看，发展中坚持以主业为先导和主体是国际惯例。比如默多克的新闻集团，虽然涉及所有媒体行业业务并遍及世界主要国家，但战略重点始终在报刊、电视、电影等传媒媒体业务的经营上。进行多元化的前提条件是主业要有足够的品牌影响力，多元化的产业要与主业密切相关，辅助产业的发展要能扩大主业的品牌影响力。知音传媒集团目前涉及网络、会展、职业教育、影视等多个领域，但报刊始终是集团的主业和核心产业。

四、多元化发展：降低运营风险

实施相关多元化发展战略有利于企业通过营销、研发、生产和采购等专业化职能部门之间的相关性来实现经济利益。知音传媒集团利用品牌优势带来四个层次产业格局，第一个层次为核心层的品牌产品《知音》，第二个层次为从第一个层次延伸出来即《知音》系列报刊，第三个层次是与报刊出版密切相关的系列子公司，第四个层次为战略性投资项目。通过发挥品牌资源优势，以品牌资源延伸来实现产业多元化经营的方式，大大降低了投资风险和经营成本，实现低成本扩张，较快达到产业发展目标和效益预期。事实证明，正是因为多元产业逐步成长，才能在传统媒体断崖式下滑的时期，保持了整个集团受益并持续稳定上涨的态势，通过延伸产业反哺主业的转型与升级。

五、资本化运作：实现跨越式发展

知音集团不断创新体制机制，增强集团发展活力。2004 年 4 月，集团将下属的广告、发行、印务等三个子公司加以整合，按上市公司标准组建了湖北知音传媒股份有限公司。并率先进行整体改制，2011 年 1 月全面完成整体改制，挂牌成立“湖北知音传媒股份有限公司”，建成了一个股份规模适度、股权结构合理、经营机制灵活、法人治理结构完善的、全新的股份制文化企业，彻底解决了知音文化事业、文化产业的发展瓶颈，并积极推进上市，立志将知音打造为“双百亿”国际级航母级文化产业企业集团。

六、“企业家精神”的领导团队：集团成长的核心灵魂

熊彼特认为企业家精神特征就是“存在有一种梦想和意志，要去找到一个私人王国，常常也是一个王朝；存在有征服的意识；存在有创造的欢乐，把事情办成的欢乐，或者只是施展个人能力和智谋的欢乐”①。企业家精神就是一种敢于创业和冒险的精神，在文化产业发展中是一种稀缺的“生产要素”，也是文化企业持久成功的核心要素。知音传媒集团之所以能不断创新，在许多方面始终走在大众期刊传媒企业的前列，与其拥有一批具有“企业家精神”的企业家是密不可分的。

知音传媒集团的成功能否成为一种模式，“《知音》现象”到底是什么，为我国大众期刊产业发展能带来哪些启示？通过对知音集团的企业发展史的梳理，我们不难发现所谓的《知音》传媒集团发展模式就是一批拥有企业家精神的传媒企业家，以战略家的眼光，通过不断的体制机制改革和创新，采取坚持核心产业为主并围绕核心产业打造品牌延伸产业链开展相关多元化经营的策略，成功打造出的中国期刊传媒集团的现代化发展模式。知音模式＝拥有“企业家精神”的传媒企业家＋战略眼光＋持续的改革创新体制机制＋围绕核心产业的相关多元化经营。知音模式的启示：一是具有“企业家精神”的传媒企业家是传媒集团的统帅和灵魂，是企业发展的关键要素；二是改革创新体制机制是企业符合现代市场竞争的制度保障，是企业发展的源泉；三是围绕核心产业开展市场化、多元化经营，是集团可持续发展的秘诀；四是知音坚持“内容为王”，突出“原创才是核心竞争力、原创才有版权和拥有话语权，原创才是产业链高端”的理念，为知音稿件的IP开发和后续多次售卖奠定了良好基础；五是知音的成功也是文化资源产业化的典范，知音创造性地利用了伯牙子期的传说，将“高山流水觅知音”的典故演绎为“人情美、人性美”的新时代知音精神，让历史文化资源焕发了新的活力，使得高山流水的“知音文化”和《知音》品牌相得益彰。

① 约瑟夫·熊彼特．经济发展理论［M］．何畏，译．北京：商务印书馆，2000：103—104.

第二节 知音传媒的内生态失衡和品牌危机

从20世纪80年代以来，在传媒企业化、市场化和产业化浪潮推动下，大众期刊开始注重品牌建设和市场化产业化发展，包括《知音》在内的很多期刊都取得了可喜成绩，但也存在很多问题。本节将对“《知音》现象”进行反思并对中国期刊集团化的现状进行审视。

一、“《知音》现象”的内生态失衡考察

生态学认为生物和环境构成一个自组织的系统，其自主涨落和调节、自我发展形成一个多元有序、良性有序的生态圈。大众传媒所处的生态圈和人与自然一样，也是相互依存、互为条件的。传媒生产传播的能量来自传媒资源。资源在市场配置和整合中能量巨大，而传媒正是能量的助推器。在二者共同作用下，传媒对社会生活和公众产生巨大影响。事实上，传媒生态系统呈现复杂趋势。特别是在市场发育不成熟、资本运营不成熟的环境中，若无大手笔运作、大思路谋划，大众期刊的生存空间和发展空间并不乐观。[①]生态学家皮安卡指出：“一个生物单位的生态位（包括个体、种群或物种生态位）就是该生物单位对资源的利用和对环境适应性的总和。”[②]媒介生态位就是指媒介中媒介种群及媒介个体在媒介生存环境下对受众、广告主等资源的利用和媒介生存环境适应性的总和。对传统大众期刊来说，报道内容的版面纸张即期刊以占据空间位置为主。期刊传媒只有把握好个体和媒介种群的生态位，才能对媒介的生存发展之道奠定良好基础，为提高其核心竞争力提供支持。生态位的重叠和僵化，是制约其生存发展的第一要害。

《知音》的产业发展就是从经营期刊到经营资源的过程。由于战略决策的失误和客观环境条件的制约，知音传媒集团的发展并非一帆风顺，其生态系统中能量流动始终处于“平衡—失衡—平衡”的状态。

---

① 吴玉兰．中国财经类媒体发展研究［M］．北京：中国社会科学出版社，2010：103.

② 尚玉昌．普通生态学［M］．北京：北京大学出版社，2002：285.

（一）限制因子造成的生态失衡

“一个传媒企业的成长的过程是促进发展和限制其发展的、负反馈机制共同作用的结果，其成长的动态特性受到促进成长的因子和限制成长的因子两个作用力的影响。当促进传媒成长的正反馈起主导作用时，传媒快速增长；而当限制传媒成长的负反馈起主导作用时，传媒增长放缓，直到停止。”[①] 知音在成长的过程中遭遇过许多限制因素，有过很多失败的教训，某些项目进展减缓甚至停滞。

一是《知音》国际化战略进展缓慢。《知音》早在1991年就开始申请创办海外版，三年后获中央外宣办批准，成为国内首个海外版大众期刊。曾一度计划通过在海外注册公司、组建海外组稿编辑网络和销售网络、出版英文版和其他语种版本三个步骤打入欧美主流传媒市场。但由于发行渠道、竞争力弱小、国有资产授权经营、资本输出、传播体制和人员输出体制等原因，境外生产的国际化步伐缓慢。根据知音最新的招股说明书显示，2002年3月成立的加拿大知音传媒有限责任公司迄今并未开展实际业务。2009年在香港成立的亚太国际传媒有限公司自成立以来一直未开展实际业务并于2012年5月撤销注册。2007年11月开始和加拿大《环球华报》合作《知音新女性》时尚期刊，此外还通过中国国际图书贸易有限公司向境外销售《知音》《知音》（海外版）等期刊。2011年到2013年，《知音》境外销售期刊的收入分别是20.84万元、25.12万元和24.54万元。海外市场的开拓并未有实质性突破。

二是报业经营的曲折。2004年知音集团为避免生态位的重叠，突破现有的产品模式和经营理念，决心进军报业，创造新的生态位空间，创办时政新闻类周报《新周报》，并决心打造成武汉的“南方周末”，立志做“中国第一新闻周刊”“面向主流社会，关注社会主流生活，定位于中国报业市场最具影响力的主流大报”，以寻求新闻的力量，探求事实的真相。“为改革开放鼓呼呐喊，为社会进步推波助澜”，极具传统文人兼济天下的办报情怀。同时避开了武汉地区报刊竞争的同质低效。知音集团高薪聘请资深媒体人冯小平担任社长、赵世龙担任主编，投资5000万元开始创办《新周报》，《新周报》坚持“品牌+渠道”的策略，迅速强势覆盖全国，从2004年10月26日创刊到2004年12月8日出刊七期，共刊发了61篇时政社会新闻，40篇社会民生

---

① 陈瑞群．传媒成长的生态学分析［D］．武汉：华中科技大学，2012.

新闻，其中批评性时政新闻占 67%，很多稿件在国内引起了强烈的反响。第七期出版之后，《新周报》便休刊，之后编辑团队解散，至于原因却是扑朔迷离，有人将其归结为政治环境的原因、知音撤资的原因、内部纷争的原因等，其遭遇被认为是报业江湖的传奇，即“存在时间最短但同期影响力最大的报纸”。[①]《新周报》的失败标志着知音集团从经营期刊到经营报纸的首战失利。2005 年知音集团打造了一份以时尚潮流为主要内容，以武汉白领为受众的周报《第 1 生活》，运营多年来，目前主要靠广告维持，该报纸发行一直处于亏损状态。2006 年 9 月，《新周报》复刊，但定位完全改变，改为以“与智者对话”为宗旨，深度解读国内外热点新闻事件，解密鲜为人知的文史档案资料，讲述充满哲理温情的人生故事为主打内容。打造成适合办公室和家庭阅读的综合性文摘周报，类似《特别关注》的风格，内容、装帧和时效性等生态维度不同，自创了一种比普通期刊大，比四开报纸小的开本，形式上富有个性，这种风格后来被广为模仿，称为“报型刊”。内容上倡导和践行知识性传播，迎合大众对文化回归的需求。另外剪辑和编排方式独特，属于整合式文摘，即对原有素材进行二次创作。一系列的创新使其内容在竞争上优势明显，很快成为知音集团继《知音》《知音漫客》之后的第三个百万大刊，月发行量最高超过 200 万份，2011 年利润达到 600 万元。但 2012 年以来发行量分别较上年减少 16.68%、28.65%、4.46% 和 28.48%（年化），销售收入分别较上年减少 15.14%、26.85%、9.98% 和 20.97%（年化），开始断崖式地下滑。2014 年 3 月知音集团入主长江传媒集团旗下《长江商报》，出资比例为 82%，定位为“长江流域主流财经媒体”，准备打造长江经济服务平台。资深媒体人赵世龙重返武汉任执行总编辑，组建深度报道部，做“有见度，有深度，有解读，有含金量的新闻”，陆续刊发了《成都金牛区政协会议抓捕委员》《四川南充贿选窝案》《茅台百年金奖证伪系列》等多篇独家报道，引起社会很大反响和争议，被地方和当事方指责为“失实报道”。2015 年 5 月 12 日，相关主管部门派工作组进驻《长江商报》并宣布调整报道和人事，取消时政评论版，执行总编辑赵世龙宣布休假，常务副主编接管相关业务。中国独特的媒介规制使得知音的“南周梦”再次成为幻影。

三是媒介融合和转型喜忧参半。《知音》作为纪实类新闻期刊，其主要法

---

① 沈明涛.《新周报》存亡现象暨中国舆论环境分析［D］. 武汉：华中科技大学，2006.

宝就是售卖具有“人情美、人性美”的感人故事。故事就是传播力，通过故事让读者感动和认同，制造了知音畅销的传奇。然而，随着电视、网络、都市报等类似故事栏目和情感节目的大量涌现，《知音》作为纸媒其视觉感和直观性肯定不如视听媒体。面对媒体格局的深刻调整和舆论生态的重大变化，知音集团积极加快新媒体布局，用互联网思维拓展产业布局，进行新技术与内容生产的融合，打造全媒体，走跨媒体和多元化经营是必经之路。从2000年开始打造网络传播体系，决心充分利用新工具实现内容价值最大化。建立了全国知音的网站群、知音公众号、知音App、打造了《知音网络周刊》、尝试开展网上付费阅读业务、与多家运营商和出版商合作数字移动出版，打造了知音头条、知音视频、动漫等，但十多年来花费较大，收效甚微，直到近两年才实现微利，2013年新媒体收入约占3%，2014年占8%。值得欣慰的是2006年创刊的《知音漫客》，成功打造了民族动漫产业全产业链，《知音漫客》及其动漫图书以读者需求为导向，打造品牌期刊群体化和粉丝经济，已经成为知音集团目前主要收入来源。《知音漫客》以“年少有梦，青春有爱”为办刊宗旨，打造全彩原创连载漫画期刊，坚持“故事第一、爆笑优先、大众意识、生活原味和时尚互动”的办刊方针，很快形成了品牌效应，短短两年时间就成为知音集团的第二个百万大刊，2011年到2013发行量较上年分别增长80.86%、48.24%和25.82%。2013年月发行量由创刊开始的10万册增加到648.35万册，读者群超过700万人，成为国内第一，世界发行第二的动漫期刊。《知音漫客》借鉴国际动漫产业发展的规律，以内容产业为核心，打造了“动漫原创→期刊及数字出版→图书出版→动画、游戏研发与运营→动漫周边产品开发→动漫形象授权”的动漫产业链，成功突破了纸媒（平面媒体）的局限，形成了巨大的品牌效应，积累了大量优秀原创资源，创立崭新的商业运营模式，被业界称为“知音漫客现象”，并朝着网络方向、主题体验馆、手机终端及国际化道路发展，打造动漫行业高端平台。

四是上市之路的曲折和高层的变动。知音创刊二十年之际，即2005年就提出了登陆香港资本市场的构想。此时知音集团认为内部改革发展潜力已经挖掘到极限，要继续扩大产业规模，进一步做大做强知音的文化产业必须继续深化体制改革，建立现代集团的法人治理结构。另外项目投资急需大量的资本，而企业上市不仅可以募集到大量发展资金，还可以促进企业的规范化、法治化运作，提高企业管理水平降低运营成本。然而由于国有企业股权改制、大宗土地资产产权归属、新闻出版业引进外资的政策限制等问题，管理部门和审批部门保持观望，知音上市一再耽搁。2007年时任中共中央政治局常委李长春同志到知音视察，明确表示希望知音早日上市。2009年，知音集团被列入武汉市8家重点推荐的上市后备企业。知音按照上市企业的要求积极转企改制。2010年4月，“知音集团改制上市实施‘管理及业务骨干持股’方案”通过，但2011年湖北省文化体制改革小组和湖北省财政厅以不符合国家相关政策为由收回股权，高管持股计划失败。2011年1月，知音传媒集团改为股份制公司并挂牌成立，建立董事会等现代企业治理体系。2012年初《知音》向证监会递交上市申请，知音即将上市的消息在2012年掀起轩然大波，有关知音上市即将成为“中国期刊第一股”的报道和转载量一个星期就达到上千篇，支持和质疑之声不断，虽然人民网舆论监测显示70%网友支持知音上市，但最后上市失败，媒体普遍认为失败的原因是被道德绑架，也有媒体认为是资本市场并不看好纸媒竞争加剧等风险因素所致。2014年再次申请上市，由于领导层变化和业绩持续下滑等原因，上市再次遭遇失败。2015年4月知音传媒上市申请被证监会终止审查，意味着知音要想在主板上市，就需要再次向证监会提交申请开始排队。[①]知音高层早就意识到上市是文化大发展大繁荣的必由之路，西方的期刊集团大多是上市公司，年产值几百亿美金。而知音面临技术的更新换代，需要在各地建设采编网络，建立更为发达的发行体系及打造高端动漫产业平台需要大量资金的注入，此外上市可以让知音成为公众公司，真正完全按照市场规律来管理，意义重大。时至今日，《特别关注》《读者》均已上市进入资本市场，知音集团依然在追求上市的道路上奋斗，之前想通过上市实现“十二五末双百亿”的目标也只能往后推移。

（二）生态因子匹配不当、生态位宽度陷阱等原因造成的生态失衡

大众期刊的分众化趋势是《知音》创办子刊的主要原因之一。由于社会环境、科技发展、政策变动、文化观念等外部环境因子的变化，企业内部治理改革必须跟上，以确保内外因子平衡。此外，子刊的精准定位是根据市场变化来调整的。《知音》创办的一些子刊由于陷入生态因子和生态位宽度的陷

---

① 新浪网. 知音漫客母公司上市再遇挫，中国漫威在何方［EB/OL］.［2015-04-07］. http：//news.sina.com.cn/m/2015-04-07/162131689436.shtml.

阱，未及时调整，导致逐步走向边缘化，甚至死亡。知音体的模式化也使得部分受众感觉故事的泛滥和模式的陈旧，失去了新鲜感。而知音主要创始人接受笔者采访时坚持认为是没有选对人等原因导致部分子刊的失败。

1.《商界名家》和《知音女孩》的终结

2002年1月，知音集团创办了第一份财经类期刊《商界名家》，制作和定位均高端、大气、上档次，主要面向企业家、职业经理人和高层管理人员。办刊宗旨是倡导诚信原则，提倡人文精神，凸显商海规则，推动建立商海的“法治长城”和“道德基石”，并尝试将“人情美、人性美”运用到财经期刊当中，运用“知音体”进行财经报道。但事实证明其受众定位“企业家”的目标读者过于宽泛；内容定位“在商言商”，展现商界人物情感生活使其更像一本大众生活期刊而非财经新闻期刊；企业家在经济学上定义为“经济人”即假定的“理性人”，财经报道理性特征和“人情美、人性美”并不搭调，其中的内容“有故事无财经”几乎还是《知音》的翻版，内容也并不符合企业家的胃口。没有精准市场、精准受众导致生态因子匹配失衡，发行上不去，影响不入流，创刊后一直亏损，2007年被迫停刊。[①]

2004年1月创刊的《知音女孩》办刊宗旨是倡导文明时尚健康恋爱观和提升唯美浪漫情感智慧，推崇崇高的人生理想和率性的人格力量，打造现代鲜活的美丽心灵，为广大年轻读者提供最佳生活资讯及服务。目标人群是16岁到25岁的正处于情爱萌动季节的青春男女。当年底改为半月刊，即上半月《知音女孩》（情感版）和下半月《知音女孩》（智慧版）。凭借知音强大的品牌优势，该子刊创刊不久发行到5万册，2004年底达到8万册，广告费实现80万元。创建初期由于纪实故事为主的内容与同类青春刊还是有差别，因此第一年还是赢得了一点市场。出于成本和诸多因素的考虑，从2005年开始增加了策划和时尚资讯，从单纯的以青春纪实故事为主扩展到青春策划、时尚咨询等，生态位的扩大和国内知名时尚期刊《女友》《女孩时尚》等同质化，发行量顿时下滑，再加上互联网、手机等新媒体移动阅读的兴起，市场竞争不断加剧，《知音女孩》没有显示出其内容和广告优势。此外，受众定位也过于宽泛，16~25岁中存在很多阶段，每个阶段心理和精神需求并不一致，很难精准定位市场和受众，广告商也望而却步。后来情感版调整为“大学毕业

---

① 陈瑞群.传媒成长的生态学分析［D］.武汉：华中科技大学，2012.

后结婚前”的成熟群体，与刊名青春女孩已经脱节，同样未能得到读者认同，原有的市场也进一步丢失。由于未能充分了解用户基础便进行改革，下半月版重新改版后又回到了之前上半月的风格，导致上下半月均没有得到健康的发展。由于内容跟不上读者的需求，最终从盈利走向亏损，到2011年11月停刊。此外，《知音》（励志版）等也有类似的遭遇，虽然目前尚未停刊，但从打工版改为励志版，虽然生态位扩展了，但由于缺乏精准受众和市场，发行量迅速下降，2013年月发行量只有3.79万册，发展已经举步维艰。

2.“知音体”模式化的泛滥与困境

李希光教授认为新闻学的核心就是讲故事的艺术和学问。新闻学传授的是寻找故事和写作故事的一门学问。[①]因此一份成功的新闻期刊不仅要有“读者定位”，还要有“写作定位”。

国内主流媒体都逐渐形成了自己的风格，比如《南方周末》的“南周体”、《环球时报》的“环球体”、新华社的“新华体”。

《知音》的“知音体”自2007年天涯网的帖子“让人们用无敌、优雅、冷艳的知音体标题来给熟悉的童话、寓言故事命名”以来，对名著、名人及各种社会现象、新闻等调侃和搞笑的类似知音体标题层出不穷。很多煽情的类似知音体风格的文章和段子，也成为被调侃的对象。比如，网上流传的很多知音体标题：《西游记》= 浪子回头，善良的师傅指引我重返求学之路《诗经》= 苦命的痴情女啊，用千百篇诗歌也换不回薄情郎；《白雪公主》= 苦命的妹子啊，七个义薄云天的哥哥为你撑起小小的一片天等。一方面说明知音体达到了一种境界，老百姓也喜欢这样的直白。但另一方面知音体不断被戏仿，也说明“很多读者对某种僵化语文形式的反感”[②]。“知音体”数十年固守的叙事模式，已经让读者非常熟悉甚至由于千篇一律的程式，很多故事虽然主人公和场景不同，但题材、内容和主题反复重复，即叙事模式有了较为固定的模板，多年来因循守旧，不免让读者审美疲劳。在当今多元化信息爆炸、注意力稀缺的时代，很难再凭知音体来吸引读者的注意力。

《知音》作为消费文化领域的一个王者，多年来在纪实类刊物中稳居国内第一，但随着时代的变迁，大众生活理念、文化消费观念和经济收入等都有

① 李希光 . 新闻学核心［M］. 广州：南方日报出版社，2002：2.

② 夏钟 .“知音体”的思考：如何形成与怎样突破［J］. 知音传媒，2008（03）.

了较大的变化。大众传媒的迅速发展，使得文化生产已经不是20世纪80年代品种较少，内容贫乏的状况。外界生态因子的变化倒逼《知音》必须适应社会环境的变化和读者需求的变化。“期刊反映环境文化和社会特征，当读者的需求和生活方式改变之后，期刊也要随之变化。”① 如果内容和形式没有创新必然会失去很多市场和读者。知音集团负责人最近几年反复强调，内容创新是在现有内容框架内围绕“人情美、人性美”的刊物特色，围绕提升人生，充实人生的使命这个框架创新；突破现有内容框架能将读者关心的时事政治、民生问题、国际形势热点也纳入我们的视野，但必须在内容质量上达到《知音》现有文章的标准，可读性、贴近性的标准不能降低。同时指出虽然受新媒体的冲击很大，但质量下滑是重要因素。知音的现状就内容质量上来看远远谈不上创新，是在苦苦维持的一个局面。

（三）生态位重叠陷阱造成的生态失衡

作为一个主要依靠发行获取收入的大众期刊传媒集团（2011年到2013年，发行收入占公司营业收入的比重分别是76.53%，83.27%和84.31%），期刊市场的发行量关系到公司的生死存亡。《知音》目前虽然拥有《知音》《知音漫客》《新周报》三个百万大刊，但剩下的十个刊物目前都处在“苦苦挣扎的过程中”。从2013年的发行数据来看，除了三个百万大刊以外，其余的刊物月发行最低的只有3.79万册（《知音励志》），最高的也只有29.97万册（《漫客·小说绘》），且逐渐呈下降趋势。究其原因，主要是生态位的宽度和重叠度，即定位的重叠加剧了稿件同质化趋向。目前，知音的主要三个报刊群即大众文化报刊群、时尚报刊群和动漫期刊群，其中大众文化报刊群和动漫期刊群的子刊都是分别从主刊《知音》和《知音漫客》延伸出来，以优质报刊为孵化器，通过复制转移其核心能力，共享其内部资源和外部发行渠道。比如《知音》《知音海外版》《知音集结号》《知音励志》等，均秉承“人情美、人性美”的办刊宗旨，刊登的也都是纪实类情感故事，装帧、纸张也都低端朴素且非常相似。广西大学陈瑞群博士带领学生将《知音海外版》《知音集结号》等子刊与《知音》进行实证研究后发现，其文章的主题和题材相似度非

① 雪莉·贝尔吉.媒介与冲击——大众媒介概论［M］.赵劲松，译.大连：东北财经大学出版社，2000：75.

常高，表明生态位严重重叠，相互替代性高。[①] 甚至一些栏目文章重复使用，比如《知音》2013 年开始也增加了“知音集结号”栏目，其内容风格甚至很多文章与子刊《知音集结号》高度重合。《知音》2015 年 10 月月末版的“名人明星”刊登的文章《三起三落“小白龙”：没有什么能够阻挡》（作者 陈家忠），在 2016 年 1 月《知音励志》（纪实版）“特别报道”重复出现，仅仅是把题目改成了《北漂“小白龙”：蹚过没有鲜花的旅途》。《知音海外版》和《知音》题材接近，均是以纪实特写为主要内容，虽然前者以国际开本大 16 开呈现并侧重海外华人的人与事，后者以正度 16 开侧重国内的故事，但主题和风格并没有较大差别，由于知音集团海外发行渠道受阻，《知音海外版》主要也在国内发行，因此和《知音》的相互替代性较高，随着《知音》从 1999 年开始陆续改为半月刊和旬刊并随着互联网新媒体的发展，《知音海外版》发行逐年下降，2013 年月发行 20.75 万册。

二、知音品牌建设存在的问题

时任中国期刊协会会长石峰指出，因为管理体制和期刊人才的缺乏，我国期刊品牌少，国际性品牌更少，这是一个不争的事实，这与我国的国际地位和提升我国文化软实力的要求很不相称，加强期刊品牌建设迫在眉睫。《知音》从创刊以来就非常注重品牌建设，并取得了骄人的成绩，但同时其中很多的文章、广告等也引发了很多争议、质疑，甚至引发了新闻侵权等很多法律纠纷，给知音品牌带来了负面影响。

（一）新闻侵权及刊登违法广告等公信力问题

社会赋予媒体的使命是监督社会，媒体的立场是代表广大公众，真实性是新闻的生命和道德底线，是马克思主义新闻观的基本要求。一个高质量的媒体应该在社会转型过程中对各种权势、商业势力、政府和非政府利益集团起制衡作用。然而，目前国内很多媒体在实践中出现很多不正常的文体，比如太多的煽情报道，过分追求娱乐化和阅读率；过多的负面报道；过多的主

① 陈瑞群 . 传媒成长的生态学分析［D］. 武汉：华中科技大学，2012.

观色彩；急于下结论做判断；报道片面等。[①]《知音》作为纪实类新闻期刊，其报道均源自真实的人物和事件，不仅有正面的宣传报道，也有部分文章是对于社会上负面事件的揭露与鞭挞，且《知音》注重在深入采访基础上的细节描写，因此在报道内容与相关利益主体对事件的认知和具体表述上可能产生差异，出现过言辞不当，义愤陈词，落人话柄的情况较多，从而形成潜在的法律纠纷风险。从20世纪末，知音传媒通过成立法务部并建立了"编辑—编辑部—执行副主编—总编—法律事务部"的严格审稿制度等多项措施对作品的真实性进行核验，但由于管理疏漏等原因仍出现很多假稿侵犯了读者和当事人权益，导致侵权纠纷持续不断，且多次败诉，其中的负面效应严重影响了《知音》的公信力和品牌建设。

《新闻侵权法律辞典》中对"新闻侵权"的定义为："新闻单位或个人利用报纸、刊物、广播电视、新闻电影等新闻传播工具，以故意捏造事实或过失报道的方式向公众传播有损公民、法人及其他社会单位合法权益的不当内容或法律禁止的内容，从而破坏了公民或社会组织的真实形象，降低对他们的社会评价，影响公民个人宁静的生活和尊严的违法行为。"对于《知音》的虚假报道问题，截止2015年底在百度搜索"《知音》虚假新闻"，显示的信息有164000多条。其实早在2000年8月17日，《南方周末》因为刊登《读者告〈知音〉索赔89元一审败诉》一文而与《知音》期刊引发了"笔墨官司"，虽然双方各执一词，但文中提到的《民主与法制画报》《长江日报》《羊城晚报》《北京市场导报》《文汇报》及《文学报》都曾发表过反映《知音》一些纪实作品失实的报道，并提到了12篇虚假之作，举例分析了其中3篇让人"悲愤、感动、流泪、思索的新闻故事"存在编造的事实，比如1999年第9期报道的《1999年以前，那个物理博士还是落榜青年》报道了一个农村青年经过奋斗成为美国知名大学物理学博士的励志故事，而事实上那个青年并没有成为博士而只是一个流浪的卖报郎。以上这些侵权事实《知音》并没完全否认。2009年中国作协发表声明为毕淑敏、周国平、史铁生三位作家维权更是引发了社会的关注。同年7月，《人民日报》就《知音》作品对毕淑敏、周国平、史铁生三位作家侵权事件发表文章，称媒体报道《知音》杂志假以作家名义发表不实纪实作品问题后，国家新闻出版署已责成有关部门核

① 李希光.新闻学核心［M］.广州：南方日报出版社，2002：28.

查处理，对确实存在不实报道的，要求公开道歉，严肃处理，并要采取有效补救措施挽回影响。[①]后来的结局是知音公开道歉，并被毕淑敏母子等人分别告上法庭，赔偿了相应的精神损失。《知音》在2009年给三位作家的公开道歉信中写道：

《知音》创办的《大家情怀》栏目刊发了一批精美可读的大家作品，尤其是加强了对作家的关注和宣传，致力于提高整个社会对文学的重视，提高人们的文学品位和审美情趣，在读者中产生了热烈反响，并获得了众多好评。《知音》像爱护自己的眼睛一样珍视文章的真实性，常怀着敬畏之心。但最近刊登的有关毕淑敏、周国平、史铁生的三篇文章，因作者及编辑的疏漏和失误，未征得三位作家本人的亲自授权同意和签字，且内容多有作者的主观臆想、与事实不符的语句和情节：其中作者摘编而成的《毕淑敏母子环游世界114天：眺望更高远的人生》一文还不恰当地署名毕淑敏。本刊出现以上错误，编辑部及相关负责人、相关编辑难辞其咎。为此，我们特向毕淑敏、周国平和史铁生三位作家诚恳致歉。同时本刊承诺今后不再发生类似事件，加大稿件的审查把关力度，严格执行相关审稿制度；加强主编和编辑的严谨自律意识，没有深入采访和未获主人公在稿件上授权同意的文章，《知音》一律不予刊发。我们有信心经过《知音》全体编辑人员的努力，真正打造一份健康精美、富有感染力地屹立于世界期刊之林的民族期刊精品！

然而，这种局面并没有得到遏制，据知音集团2014年招股说明书显示，2011年以来《知音》涉及与他人名誉权和著作权的纠纷达到24起，其中法院判决或协调解决知音赔偿当事人的费用累计达到近50万元。

《知音》刊登一些软广告也涉及侵权，比如2010年4月曹晓丽状告《知音》刊登的绿瘦减肥茶广告侵犯其著作权。曹晓丽在新浪博客所写的《惊叹老公的小三竟然如此纯净魅惑》的博文被刊登到《知音》杂志上，被改名为《幸福坍塌，如仙的钢琴老师让我落荒而逃》，成了减肥品广告软文并被多家媒体转载。"原文照搬后，结尾还多了一段情节。说文中的女主人下定决心离婚，然后用了广州绿瘦公司生产的绿瘦D款减肥品，竟然女性魅力焕发，身

① 张贺.《知音》杂志涉嫌侵权，文化生活类期刊被重点审读［N］.人民日报，2009-07-22.

边追求者趋之若鹜。”后经法院查明并于2012年1月判决《知音》立即停止出版、发行含有涉案作品的《知音》杂志；当事的减肥公司在《知音》上刊登致歉函，向曹女士公开致歉，并赔偿2万元经济损失。[①]知音网也涉及大量的侵权，曹晓丽、周俊鹏等多人状告知音网转载其作品也侵犯著作权，其中2013年4月曹晓丽提起诉讼148起，要求知音网赔偿未经允许转载其148篇文章的侵权损失，后来法院于2014年2月判决赔偿12万元。

除了刊登软广告以外，涉及刊登虚假广告的问题也时有发生。2009年12月2日，河北中唐医药有限公司请求法院认定发行人在《知音》杂志上刊发的有关广州市绿瘦商贸有限公司销售假冒“中唐轻爽丸”的保健食品广告为虚假广告。要求《知音》与广州市绿瘦商贸有限公司刊登《致歉声明》，召回并销毁涉案杂志并连带赔偿其经济损失及必要费用。根据知音集团2014年招股说明书显示，自2011年以来知音集团多次因违反《广告法》受到工商部门的行政处罚情况如下：比如2012年4月28日，湖北省工商行政管理局作出《行政处罚决定书》（鄂工商处字〔2012〕16号），对公司在2011年在《知音》杂志（包括上下半月版、月末版、海外版）发布的“绿瘦”产品广告、“斯柔”防脱生发广告、“N倍高”“美力100”“美研坊”和“斑光一吸光”等广告为违法广告，责令发行人停止发布上述广告，没收广告费共计7.001万元，并处以2倍罚款共计14.002万元。虽然每次处罚以后，知音集团积极采取整改措施，通过学习政策法规、成立专门的广告审核小组加强事前审核和通过多种方式进行事后监督，但夸大其词的减肥、养生及妇女保健品等方面的广告依然大量存在。

高艳、黎海滨认为纪实期刊“非驴非马”的文体特征是容易引发名誉权的根本原因，激烈的市场竞争和高额的稿酬诱惑是引发侵权的外在原因。近年来，知音极少数作者为了追求轰动刺激，不断猎奇猎艳，使得真实性缺失，为追求故事的精彩，人为地在纪实文章中掺杂了许多想象的成分，甚至将假故事、假情节以及将广告穿插在美文中赚取商业利益等做法与“人情美、人性美”的要求离得越来越远，给《知音》品牌建设带来了极大的不良影响。

---

① 王玮皓．女博主状告《知音》一审胜诉［N］．大河报，2012-01-17（A16）．

（二）格调的低俗化问题

《释名》对于“俗”的解释是：“俗，欲也，俗人之所欲也。”[①] 在这里“俗”和“欲”是相同的。欲望作为一种与生俱来的客观存在，古今中外的论述很多，比如孔子的“饮食男女，人之大欲存焉”[②]。孟子的“食色，性也”。柏拉图在《理想国》中提出人的灵魂由理性、激情和欲望构成。满足欲望是制造快乐的最便捷方式，是人的最基本的需求。如何对待欲望，怎样看待“理”与“欲”的关系，这也是情感类期刊需要考虑的问题。文化产品不应一味迎合人的各种低层次感官欲望，要有文化自觉。在情绪情感和感官欲望的表达方面要受理性引领即“适度原则”，在内容方面更是要受社会政治法律制度和伦理规范的约束。戈公振先生的《中国报学史》曾提到在 20 世纪 30 年代，我国少数大众报刊受海外文化影响，描写社会间趣味事件或致力于“风月”。这些供人消遣的小报显示了很强的市场引导力和竞争力。比如，美国的《太阳报》等以“煽情主义新闻”的面目出现，雇请善于采访地方新闻、社会新闻、犯罪新闻及相关具有“人情味”的故事的记者去寻求新闻趣事，用耸人听闻的新闻内容故事吸引读者，成功打造了廉价期刊的影响力。[③]“求异求奇”在美国近代报刊业向现代报刊业过渡中主要以“黄色新闻”的面目出现，内容多为华而不实、骇人听闻和刺激人心的新闻，19 世纪末 20 世纪初在美国达到顶峰。英国 19 世纪中叶开始的“新新闻业”也存在类似的现象，大众内容的基础是“强调谋杀、处决、私奔和生活琐事的星期日报纸”[④]。上述中外新闻史上一些现象并不陌生，“求奇求异，色情暴力，低级趣味”等在今天大众传媒当中很容易找到翻版。

在大众文化产业化发展的背景下，大众传媒在一定程度上是一种“俗”文化，用工业化、大规模的生产方式去生产某种意义上的标准化的产品，为了迎合大众需求尽量采用通俗形式，有时甚至主动迎合低级趣味。在政治伦理等重大问题上采取谨慎态度，呈现大众化的“保守”色彩。[⑤] 从文化史、新

---

① 刘熙．释名［M］．北京：中华书局，1985：57.

② 孟子．四书五经“礼记”篇［M］．北京：中华书局，200：346.

③ 埃德温·埃默里．迈克尔·埃默克．美国新闻史·大众传播媒介解释史［M］．展江，译．北京：中国人民大学出版社，2009：100—102.

④ 凯文·威廉姆斯．一天给我一桩谋杀案：英国大众传播史［M］．刘琛，译．北京：中国人民大学出版社，2009：100—102.

⑤ 苗棣．电视艺术哲学［M］．北京：北京广播学院出版社，1997：92.

闻史和媒介特点来看，大众传媒长期以来一直存在为满足人的感官欲望的表达方式，这种客观存在具有合理性，虽然这种“低俗”招致高层次欲望文化载体的负面评价。赵昱认为低俗的每种特征都处于特定位置的内核“圆心”即价值内核，“色情”价值内核在于性的快感；“暴力”价值内核在于破坏快感；“窥视”价值内核在于得到优越的快感；“解构”价值内核在于反抗权威的快感；“煽情”价值内核在于猎奇的快感；“同质”价值内核在于追随的快感；“浅白”价值内核在于轻松的快感。低俗化根植于人的种种快感中，具有很强的生命力。其中色情暴力是低俗化显性特征，窥视解构煽情是灰色特征，同质浅白是隐性特征。产生低俗化的原因，他认为与转型时期的社会价值观、大众文化消费和大众文化生产相关。①

《知音》作为一本大众文化期刊，从一开始就定位于“人情美、人性美”，并没有走中外大众文化产业化的老路子，而是追求格调和文风的健康，商业和文化的平衡。《知音》一直弘扬正义，倡导爱心，既坚持正面报道又反映现实生活，很多爱心和励志方面的正能量报道引起社会巨大反响，不少报道中的人物成为时代先锋。《知音》作为一本面向渴望改善物质和精神生活的平民群体的大众期刊，其关注弱势群体，彰显人文关怀，成为社会群体的黏合剂和减压阀。史占旗在《应当什么样的“知音”——读〈知音〉杂志有感》一文中提道：封面就是脸面，知音封面上的标题诸如《姐姐悲愤跳楼背后：房产大亨“通吃”孪生姐妹》《驴友混居奸杀案，暧昧背后多少危险涌动》《眼泪与斧头问你：恩人大哥为何要占小弟妻》等来看，“脸面并非高雅正派”。而其中的内容他认为“低俗的格调和文字令人瞠目”，比如《房产大亨“通吃”孪生姐妹》讲述的是一个由婚外恋最后导致血淋淋的杀戮悲剧。房产大亨伍元达娶了双胞胎中的姐姐余娜后，又“试孕”妹妹余菲的丑恶行径。文章叙述了伍元达由错认小姨子、蓄意玩弄，到使其怀孕、妻子跳楼身亡的过程。《富翁放荡的心跌入桃花陷阱》讲的是千万富翁罗某从吃喝嫖玩，被坐台小姐的男朋友绑架，到撕票被活埋的案件。文章详细而又具体地细述了案件的犯罪过程，文章对绑架杀人细节和过程的展示，在一定程度上可能会对读者产生教唆作用。《中学生“卖淫”大案》一文充斥着露骨的性描写，对未成年少女的性行为进行展示，既不符合未成年人保护法，也容易误导青

① 赵昱．中国当代电视低俗化问题研究［M］．郑州：河南人民出版社，2012：29—38.

少年。[①]“这些内容或许可以吸引不少低端读者，但会失去很多中高端读者。”[②]因此如何保持通俗而不低俗，既感人又不失格调的高雅是《知音》必须解决的问题。

（三）品牌延伸的困境

随着文化产品的丰富和人们对于文化精神消费需求质量的提升，大众传媒已经步入了小众化时代。一本期刊打天下的时代不复存在。大众化的刊物必然受到更大的挑战，由于受众定位模糊，有效受众不明确，印刷质量低劣，使得广告主更加偏爱小众化和专业化的期刊。《知音》从20世纪末就开始扩展子刊，化解小众化带来的挑战。由于受众对《知音》品牌的原本认知已经固化，延伸的子刊多伴有母刊的影子。中国期刊协会前任会长张伯海曾经说过：国内子刊都没有形成太大影响，名刊与子刊应该统一风格，不要轻易涉足不熟悉的领域。知音集团曾打算打造一本高端财经类期刊《商界名家》，但由于跨行太大，人力资源缺乏等原因，这次跨领域扩张的尝试以失败告终。

之后，知音集团又在时尚期刊等方面进行扩展，但除了动漫期刊实现了突破，时尚期刊等仍未实现较好的发展。其他方面的延伸，比如影视产业及新媒体业务等，虽然起步超过十年，由于人才和资金等方面的不足，也未能研发出核心终端技术和构建起有效的立体化传播体系。

（四）传媒集团公司治理的困境

在市场经济体制下，传媒企业的公司治理对于做强做大传媒产业关系重大。随着互联网技术和新媒体时代的到来，在全球一体化背景下，顺应中国经济体制和文化体制改革的实践需要，中国传媒集团的治理已经成为具有重大现实意义和前瞻性的课题。由于中国传媒体制的特殊性和投资的复杂性，传媒产业公司的治理要比其他任何产业公司治理更为复杂。一是因为传媒产业横跨信息服务业和文化产业，具有经济组织和公共事业的双重属性；二是因为中国经济政治制度的特殊性决定了我国传媒集团治理模式的特殊性，其

---

① 史占旗．应当什么样的“知音”——读《知音》杂志有感［J］．传媒，2007（09）．

② 孙燕君等．期刊中国［M］．北京：中国社会科学出版社，2003：32.

治理结构与英美等发达国家和地区传媒集团运作模式完全不同。① 知音集团30年以来坚持经营管理的不断创新，体制机制改革一直走在前列，并在国内期刊传媒企业较早完成了企业改制，建立了现代企业制度，并于2011年1月18日变更为股份制公司，引进了武汉润信投资有限公司和武汉黄鹤楼漫天游文化投资有限公司两个战略投资者，成立了董事会及战略委员会、审计委员会、提名委员会、薪酬和考核委员会及编辑委员会等五个专门委员会、监事会，通过了相关章程和制度，做到了资产、人员、财务、机构、业务独立于控股股东（湖北省妇联），具有完整独立的生产经营系统，具备面向市场的自主经营能力，并建立了规范的内部控制体系。2011年到2014年8月20日，公司召开了9次股东大会，19次董事会。股东大会制度的建立及执行，对完善公司治理结构和规范公司运作发挥了积极作用。但和国内大多传媒集团一样，知音传媒集团在治理结构及治理机制上依然存在着一些困境。

一是高层激励投诉机制存在的问题。目前，我国大众传媒集团发展起来的原因大多离不开第一批引领传媒改革潮流的人，他们观念超前，具有市场意识，既熟悉编辑业务又懂得经营管理，在一定程度上充当了期刊传媒企业"职业经理人"或"出品人"的角色，在媒体成长中功不可没，可以说每一家成功的传媒企业都打上了其掌门人的管理风格与个性烙印。国外期刊经营管理者一般为"职业经理人"或"期刊出品人"，只对经营业绩负责。管理人员报酬与经营状况相联系，多采取股份为报酬。而我国尚未形成竞争性的职业经理人市场，期刊经营管理者一般由管理机关和主办单位任命，他们的工作主要对党的新闻宣传事业负责，经营状况和收入联系不是很大，成为非常无奈和尴尬的群体，基本无法按照明确的规定拿到与其贡献相匹配的报酬，只有暂时的支配权。传媒集团壮大实力以后，其依然只是行政体系中的一个国企"官员"，有朝一日若调动或离去，所创造的辉煌业绩也就随之远去。知音传媒集团在激励机制方面做过很多改革，有效提升了集团人力资源的活力。2010年《知音集团改制上市实施"管理及业务骨干持股方案"》获得湖北省文化体制改革领导小组通过，按此方案胡勋璧、雷一大、周未水等13名高层及骨干受让知音传媒的3.633%的股权，由于政策原因2011年12月该方案取消。

二是高层变动的问题。随着高层的变动，集团治理存在的问题进一步显

① 常永新 . 传媒集团公司治理［M］. 北京：中国传媒大学出版社，2006：1.

现和暴露，知音传媒品牌遭遇重大的危机。如何优化集团治理，重塑知音的良好品牌形象，是知音传媒集团亟须思考的问题。

第三节 机遇与策略

大众期刊传媒的变迁和发展与外部环境所提供的条件息息相关。《知音》30年来的发展历程，每一次大的发展和跨越都是与改革开放的历史进程相伴相生的。知音集团发展的每一个成就都离不开外部环境，特别是改革开放经济体制和文化体制改革的大环境。在信息技术高速发展的今天，全球一体化步伐加快，我国文化体制改革面临进一步深化，数字媒体的崛起使得传媒产业的竞争也面临着空前激烈的局面。中国大众期刊传媒迎来了文化大发展大繁荣的新的时代机遇，但也面临着纸媒消失的生死存亡之挑战。外部环境的公开性、复杂性和时效性特点要求大众期刊企业通过认清时代背景，或调整发展战略把外部市场机会转化为现实的发展机遇，以迎接挑战规避风险。对于国内外政治、经济、社会和文化的宏观环境保持清醒认识，对未来趋势发展做出正确判断，并以此确定未来的发展方向和制定相关的发展战略。

一、面临的时代背景

（一）大众期刊传媒面临新的国际背景

“文化是生产力系统、社会关系和意识形态的综合结构，文化的发展和变化常常是伴随着生产力的延伸而进行的。”[①] 21世纪，中国大众文化的发展面临全球范围内各民族文化相互激荡与交融、各国经济激烈竞争和先进科技飞速发展的国际背景。

一是文化软实力成为国家软实力的核心，文化与经济的合流成为世界各国经济发展的新源泉与新形态。文化产业成为世界经济崛起到文化再造的必然发展路径。2007年，美国知名智库兰德公司研究报告《衡量国家软实力》

---

① 黄永林. 20世纪中国大众文学的现代转型及其品格［M］. 武汉：华中师范大学出版社，2013：169.

已将“软实力”作为评估国家实力的重要指标。文化软实力不仅是意识形态的重要方面，而且是经济领域的重要贡献产业。文化战略的竞争力已经成为21世纪继资源、管理、科技和人才竞争之后的世界第五轮竞争。[①]大众传媒产业作为国家意识形态的重要领域是构成国家竞争软实力的重要组成部分，也承载着讲好中国故事，弘扬中华文化和维护国家文化安全的重任。

二是经济实力将成为世界竞争的新潮流。自苏联解体，冷战结束以后，和平发展成为世界的主题。这种形式既推动国际体系朝着合作共赢的方向发展，同时也为经济强国通过经济优势谋求政治霸权提供了新的机遇。经济实力成为各国综合国力和国际竞争力的关键因素，各国政府将发展经济作为国家的首要战略。随着中国经济的崛起，中国文化对世界文化的影响力不断增强。

三是科技进步成为世界发展的主要动力。21世纪以来，科技作为第一生产力的重要性更为凸显。世界各国现代化都以科技为先导，并以科技支撑起社会发展的方方面面。人们对于科技和信息成果的消费需求不断扩大，互联网和数字化技术将使任何文化的封闭和阻隔成为历史。国际电信联盟（ITU）发布的全球互联网使用情况报告显示，到2015年底全球网民数量从2000年的7.38亿增加到了32亿。中国互联网络信息中心（CNNIC）发布的《第36次中国互联网络发展状况统计报告》显示，截至2015年6月，我国网民规模达6.68亿，占全球22%以上。数字化、移动化多媒体技术的兴起，给大众传媒带来巨大的冲击。

此外，伴随着对外开放步伐的加快，中国大众期刊传媒面临着新的环境，国际竞争推动着中国期刊传媒往产业化、集团化方面发展。自1980年《计算机世界》期刊进入中国以来，《时尚》《瑞丽》《世界时装之苑》等国外期刊以版权合作等形式突破中国政策管制，纷纷登陆中国，以灵活的资本运作模式和先进的办刊理念，赢得了中国市场。虽然我国WTO有关条款并没有直接涉及中国报刊市场的开放时间表，但期刊传媒产业的改革提速和竞争加剧是一个不争的事实。垄断竞争中的行政干预逐渐减少，多元化的市场竞争主体不断得到培育，为即将面临的国际传媒竞争做准备。

① 刘洪顺.关于国家文化软实力的几点思考［J］.理论学刊，2008（01）.

（二）体制改革背景下中国期刊传媒产业的发展

传媒产业的发展有着自身的规律。传媒产业的发展史告诉我们，全球性市场经济的发展是推动现代传媒产业发展的基本动力。1978 年，党的十一届三中全会将党的工作重心转移到经济建设上来，开始实行经济上的对外开放。“经济上的变化对中国传媒业产生了间接影响，慢慢地改变了自 1952 年底以来完成的社会主义改造后形成完全国有化、相对封闭的传媒业格局。”①

期刊传媒产业作为文化产业的核心组成部分，国际的政策和扶持起着重要甚至决定性的作用。特别是承认其商品属性。2003 年，党的十六届三中全会正式通过《中共中央关于完善社会主义市场经济体制若干问题的决定》，提出要按照社会主义精神文明建设的特点和规律，适应社会主义市场经济发展要求，逐步建立党委领导、行业自律、企事业单位依法运营的文化管理体制。文化产业的属性得到国家层面的认可，文化体制改革成为我国传媒产业发展的重大政治背景。改革开放以来，我国期刊传媒产业体制变革主要经过以下阶段：

一是文化体制改革的起步和探索阶段的增量发展（1978 年到 1992 年）。“文革”十年，期刊业遭到严重破坏，人民群众阅读需求受到极大遏制。1979 年 12 月全国出版座谈会在长沙召开，座谈会以十一届三中全会精神为指导，重新确立了出版工作“为社会主义服务、为人民服务”的基本方针，这次会议引发了我国期刊出版结构调整和出版生产力的解放。1983 年 6 月，中共中央国务院发布《关于加强出版工作的决定》明确指出要进一步办好各类期刊，对全国期刊进行必要的调整，出版物要把社会效益放在首位，同时注重经济效益。1984 年 12 月，中共中央国务院发布《关于对期刊出版实行自负盈亏的通知》。1985 年，国家统计局提出三大产业的划分标准，流通部门和服务部门被列为第三产业，其中包括新闻出版和教育文化等。1987 年 1 月，国务院决定成立国家新闻出版署，并设立期刊管理司，为期刊深化改革、加强宏观管理提供了有利条件。这一阶段改革极大解放了生产力，带来了期刊品种和数量大幅度提升，奠定了新时期期刊业发展的基本格局。

二是文化体制改革推进阶段的结构优化（1992 年到 2002 年）。1992 年邓小平南方视察谈话，党的十四大召开揭开了我国社会主义市场经济体制的

① 周天增 . 报刊准入分类管理和产业化研究［M］. 呼和浩特：远方出版社，2005：68.

序幕，中国改革进入了社会主义市场经济的新阶段，这一时期对文化体制改革的认识进一步深化。伴随着组织资源的逐渐退出，大众期刊传媒迎来了新的发展机遇。1992年，国务院办公厅综合司编著的《重大战略决策——加快发展第三产业》一书，文化部已经明确提出“文化产业”概念。[①] 1993年中共中央国务院发布了《加快第三产业发展的决定》明确将报刊经营归为第三产业范畴，标志着国家对文化事业的管理逐渐由限制性变为引导性。1996年1月，全国首家报业集团广州日报报业集团成立，成为报刊传媒文化体制改革的突破口。《知音》等大众期刊传媒正是从这一时期开始逐渐迈向多元化发展，并开始拓展海外传媒市场。1997年，党的十五大报告进一步提到“深化文化体制改革，落实和完善文化经济政策”。2000年10月，中共十五届五中全会首次在中央文件中提出“文化产业”这一概念。2001年8月，中共中央发布了《关于深化新闻出版广播影视业改革的若干意见》后，到2002年初全国共组建了文化产业集团70多家。《知音》《家庭》也成为期刊行业最早成立集团的大众期刊传媒。这一时期，国家对报刊业进行了治理，优化了结构，并出台了相关政策和法规。期刊业得到较大发展，从1990年到2002年我国期刊由6078种增加到8899种，增长了46%。

三是文化体制改革深化阶段（2003年至2014年）。这一时期进一步明确了文化体制改革的任务。党的十六大报告明确提出了深化文化体制改革的任务，要求继续推进文化体制改革。2003年10月召开的中共十六届三中全会通过《中共中央关于完善社会主义市场经济体制若干问题的决定》强调经营性文化事业单位要创新体制转换机制，面向市场，壮大实力。健全文化市场体制，建立富有活力的文化产品生产经营机制，鼓励多渠道资本投入促进文化产业发展，形成一批大型文化企业集团，增强文化产业整体实力和国际竞争力。同年，国务院办公厅转发《关于印发文化体制改革试点中支持文化产业发展和经营性文化事业单位转制为企业的两个规定的通知》。2005年颁布的《关于深化文化体制改革的若干意见》明确划分了“产业”和“事业”的界限。2005年10月，党的十六届五中全会通过的《中共中央关于制定国民经济和社会发展的第十一个五年规划的建议》强调“发展文化事业和文化产业”。2006年《关于进一步做好文化系统体制改革的意见》和《关于深化出版发行

① 韩永进. 中国文化体制改革35年历史叙事与理论反思［M］. 人民出版社，2014：34.

体制改革工作实施方案》标志着国有文化单位改革进一步深化。2007 年 11 月，中共十七大提出“大力发展文化产业，实施大文化产业带动战略”。2009 年通过的《文化产业振兴规划》鼓励文化与科技融合发展。2009 年 4 月，新闻出版总署发布的《关于进一步推进新闻出版体制改革的指导意见》提出要推进联合重组，加快培育出版传媒骨干企业和战略投资者。

2011 年 5 月，中共中央办公厅、国务院办公厅下发《关于深化非时政类报刊出版单位体制改革的意见》部署了非时政报刊的转企改制工作。2011 年党的十七届六中全会通过的《中共中央关于深化体制改革推动社会主义文化大发展大繁荣若干重大问题的决定》对深化文化体制改革提出明确要求和任务，即深化国有文化单位改革、健全现代文化市场体系、创新文化管理体制、完善政策保障机制。2012 年，党的十八大将“文化产业要成为支柱性产业”写入报告，2014 年 2 月，中央全面深化改革委员会通过的《深化文化体制改革实施方案》提出“提高文化产业规模化、集约化和专业化水平”。2014 年，《国务院办公厅关于印发文化体制改革中经营性文化事业单位转制为企业和进一步支持文化企业发展两个规定的通知》（国办发〔2014〕15 号）发布，指出国有文化企业要健全企业法人治理结构，探索实行特殊管理股试点和股权激励试点，进一步扩大文化产业发展专项资金规模，经营性文化事业单位转为企业后免征所得税。

国家一系列促进文化产业发展的政策措施为我国期刊传媒产业发展开辟了道路，提供了强有力的政策支持。对于我国高度分散弱小的期刊产业带来了发展的契机，另外文化产业整体的发展进步和文化消费市场的培训也为大众期刊传媒发展带来新的机遇。

二、他山之石——国内外期刊传媒集团发展的经验借鉴

要实现期刊大国向期刊强国的转变，需要借鉴世界期刊强国和大型期刊传媒集团的经验。目前，我国大众期刊的数量规模、社会影响力、盈利模式、产业经营和期刊发达国家相比还存在较大的差距。知音传媒集团虽是我国的期刊传媒巨头，但和世界主要期刊传媒集团相比还有很大的差距。本节选取国内外部分有代表性的传媒企业集团作为案例，阐述其发展的经验和创新路径，以期为知音传媒集团及我国大众期刊传媒的转型发展和媒体融合提供一

些翔实的参考经验。

（一）国外期刊传媒产业发展经验

1. 美国大众期刊传媒产业的坚守与拓新

美国被称为“期刊王国”。作为现代期刊的发源地，美国也是当今全球期刊市场最成熟的国家之一。一方面美国期刊业规模大（共有期刊约 1.94 万种），而且期刊种类齐全，市场经营体系完善，期刊集约化规模化程度高，生存能力较强。[①] 其中大众消费类期刊占 35%，15% 以上发行量达到百万份。[②] 从期刊集团化规模来看，美国大约有 500 家“期刊集团”。每个期刊集团经营至少十多种杂志，最多的经营上百种期刊。发行量最大的前十种期刊每年销售量可以达到 15 亿册。美国大的期刊公司多数是多媒体的。另一方面美国期刊市场高度饱和，种类繁多，号称“人们有多少兴趣爱好，期刊就有多少种”。期刊市场竞争异常惨烈，每年都有数百种新的期刊诞生，也有数百种期刊消失。期刊作为大众传媒中最专门的一种，反映了大众文化的变化。另外，美国科技高度发达，广告收入较高，期刊创新的动力强劲。

美国的“大众期刊”（geneal magazine）有时也称“消费类期刊”（consummer magazine），它们常常被放在报刊亭、商场超市交款台旁边的货架上销售，也可以通过网络、邮局等多种方式订阅。美国大众期刊至少可以分为女性类、男性类、文艺类、质量产品宣传类、道德类、新闻类、体育类、旅游类、探索类、幽默类和家具类等 11 类。[③] 美国期刊产业发达，有着美国文化产业的一般性特征，如强大的品牌经营和延伸、注重知识产权和创意，注重消费者导向和营销，重视科技的应用、人力资源和知识管理等。美国的《时代》周刊及其年度封面人物、《读者文摘》《商业周刊》《财富》及其论坛、《国家地理杂志》等，都享有世界性的声誉。美国期刊都有明确的所有者和股东，有明晰的产权关系。

为应对数字媒体和媒介融合的挑战，近年来美国期刊业也正在积极转型，在一片“纸媒已死”声中探索生存之道。一是向小众化发展，细分后的目标

---

① 吴锋，田田 . 坚守与拓新：美国期刊业最新变革与发展趋向——基于“期刊媒介 360”方案的解读与评析［J］. 出版发行研究，2015（10）.

② 尹农 . 中外消费类杂志比较研究［J］. 南京社会科学，2010（09）.

③ 陈凤兰 . 美国期刊理论研究［M］. 北京：中国传媒大学出版社，2009：7.

受众依然市场巨大，新创期刊数量不减。期刊朝着多功能方向发展，满足受众的个性化需求。《芝麻街》与《新闻周刊》的陆续复刊也为期刊业营造出了一片乐观的前景；二是高品质的内容依然是制胜的王道；三是纸媒依然有着资源和品牌的优势，高品质的内容是纸媒的竞争力和影响力，特别是深度报道的优势使得读者浏览网站的新闻后会花费更多时间在期刊上；四是数字化期刊的上线和全媒体平台的打造让读者依然保持对期刊的忠诚度。期刊利用多媒体平台、社交平台的全媒体展示形式和互动形式为读者提供更丰富的内容和服务，提升自己的关注度，将流失的读者拉回来；五是多渠道资本的介入带来期刊发展的新思维。很多具有科技头脑的投资者正在积极投资媒体行业，不断改变着传媒行业的游戏规则，将科技思维带入传媒领域。美国《政客》等数字媒体机构开始转向纸质期刊行业。密西西比大学期刊创新中心的创始人和负责人萨米尔·侯赛因认为现在正是新闻业的伟大时刻，尤其是对于期刊业来说。

期刊的转型还在继续。2015 年 2 月，美国期刊协会正式提出“期刊媒介 360”方案，试图从方法论层面实现对期刊产业的“再定义”，将“期刊”提升为“期刊媒介”；从价值层面实现对期刊受众的“再发现”，将纸媒读者变为全媒体读者；从愿景层面实现对期刊发展的“再规划”，将“平面愿景”提升为“立体愿景”。

案例分析：时代公司期刊经营策略及现状。美国很多大型传媒集团最早都是由一本期刊或者一张报纸发展出来，遵行“一专多能”的多元发展逻辑，然后进行多元化的扩张，进行品牌延伸和多元化发展。比如《读者文摘》和《时代》杂志等。我们以《时代》杂志为例。时代公司是全球规模最大、范围最广的互联网、媒体及娱乐集团时代华纳的源头之一。时代公司目前是美国最大的传统纸媒公司，“年收入 56 亿美元，在全球范围内拥有新闻、体育、人物、时尚、美食、个人理财、娱乐、住房、商业等范围在内的 154 种期刊”。公司不仅拥有《时代》《人物》《财富》《体育画报》等著名的畅销期刊，还在世界数十个国家出版其国际版，进一步扩大其市场和影响力。《时代》期刊最早是 1923 年亨利·R. 卢斯和布里顿·哈登创办的《事实》期刊，后改名为《时代》，起初一直以期刊为主。1930 年创办《财富》期刊，1931 年，《时代》开办了电台新闻节目《时代的前进》(March of Time)，并作为期刊语音版在 CBS 上播放。此外，他们还制作成电影短片在电影院播放。1936 年创办《生活》期刊，20 世纪 40 年代开始，《时代》推出海外版，以多种文字形式出版和发行。1968 年，时代并购小布朗出版公司，进军图书出版业。1973 年，时代并购家庭影院有线电视网（HBO），开始涉足有线电视和娱乐业，开始向综合性媒体业转型。20 世纪 80 年代，因为出版业发展遭遇瓶颈，时代开始全面向媒体与娱乐业转型。1989 年，已经成为媒体巨头的时代公司以 140 亿美元收购音乐和有线电视业的霸主华纳公司，形成时代华纳公司。1996 年，时代华纳又以 76 亿美元的价格收购 CNN 的东家 TBS，从而使时代华纳成为世界上最大的娱乐传播集团。2000 年，时代华纳与互联网巨头美国在线合并，筑成世界最大的传媒帝国。[①]时代公司作为时代华纳集团一个子公司，多年来主要以期刊为重心，是世界上最受欢迎的大众期刊出版公司，对人们的生活产生了重要影响。“据统计，三分之二的美国成年人都阅读时代公司的期刊，每个月全球 1.73 亿 18 岁以上的人阅读时代公司的期刊，次数达到 3.4 亿。”[②]

时代周刊的成功主要得益于品牌化的经营策略、准确的市场定位、良好的盈利模式和多媒体的互动性合作。《时代公司》是美国第一份用叙事体报道新闻时事的大众性期刊。一是通过独特的叙事方式、报道的分类化和国际化、报道的深刻性和权威性，赢得了全球读者的喜爱；二是创新出版品牌经营，通过期刊品牌延伸，创办国际版、小众群体的子刊、语言版、举办论坛和会议等实现期刊经营的新的增长点；三是准确定位市场，以读者为导向，用期刊的实质内容赢得顾客和广告商的青睐；四是通过三次售卖（见图 7.1），即第一次售卖刊物（内容），第二次售卖读者，通过对读者来源、爱好、性别、年龄、兴趣等大数据的分析选择广告商或让广告商选择，第三次售卖相关延伸产品及服务。通过三次售卖，立体开发，使得商业利益最大化。时代公司长期的办刊实践形成了一套完整的管理体系和盈利模式；五是多新媒体的互动融合。互联网和新兴媒体的崛起给期刊带来了新的机遇，期刊正在成为和其他类型的交流形式发生互动影响的新工具。时代公司借助传统媒体品牌优势与美国有线（CNN）合作策划电视节目，打造纸媒新媒体、网络电子期刊、在线期刊、期刊手机移动阅读平台、期刊随身听广播节目等。

① 徐升国，刘彦．主业的基石与多点支撑——美国期刊多元化经营给我们带来的启示［J］．传媒，2008（09）．

② 叶新．美国杂志出版个案研究［M］．北京：人民日报出版社，2014：4—5.

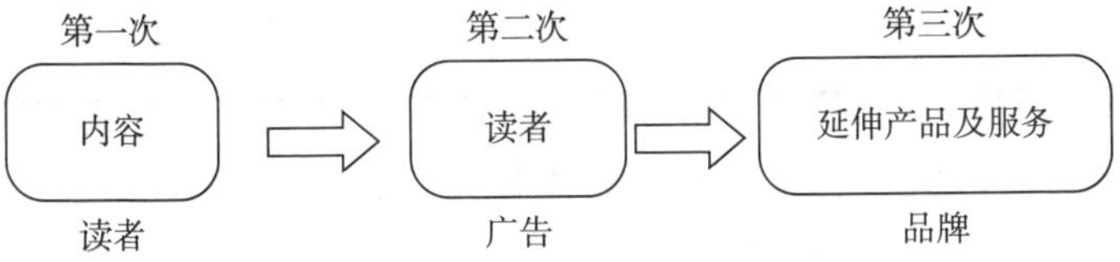

图 7.1　大众期刊的“三次销售”模式

近年来，美国媒体融合一方面在全方位地迅速推进，另一方面媒体拆分逆流速度也在加快。互联网对传统媒体产业的解构与重组使得纸媒整体呈现衰落的势头无法阻挡。时代华纳集团作为美国媒体集团推进媒体融合的先锋，时代华纳先是在 2009 年把 AOL 业务（2000 年合并，全球互联网服务系统，通过多个频道向用户提供新闻、理财、购物、健康和邮件等信息和服务，内容非常丰富）剥离了出去，接着又把时代华纳有线业务分离了出去。2014 年 6 月 9 日，杂志集团即时代公司（Time Inc）被分拆，时代公司作为一个独立的上市公司开始挂牌交易。这个曾经不可一世的期刊“帝国”面临着前所未有的挑战。2006 年的时候时代公司盈利 10 亿美元，2012 年收入下滑 7%，2013 年和 2014 年收入均下滑 4%。2014 年盈利已经降为 3.7 亿美元。2013 年时代集团期刊在整个美国期刊市场占据 24% 的份额，《人物》《体育画报》*Instyle* 广告收入全美国排名分别是第一、第三和第四的期刊。其中，《人物》杂志占据了时代集团收入的 19%。2015 年下半年，为了降低运营成本，这个创造了现代期刊产业“帝国”的时代公司，将搬离已经住了五十年的洛克菲勒中心时代生活大厦（Time & Life Building）。曾经作为时代华纳集团利润与名望“宝石”的期刊产业在目前这样一个视纸媒为“过去式”的市场中亟须进行第二次创业和全媒体转型。根据美国调研机构 Media Finder 发布的数据，2014 年，美国市场共有 190 种新刊创刊，同时，停刊的刊物为 99 种，两组数字对比，刊物净增量为 91 种，可见纸媒依然呈现出一种相对积极的迹象。

2. 充满活力的英国期刊传媒产业

英国期刊出版不仅是作为文化产业发展的商业行为，而且出版物对英国的教育、文化、经济、政治等社会生活具有较大的影响。英国出版业是创意产业最大的子行业。从英国政府和立法机构对于期刊等出版物征税、内容是否涉及隐私和绯闻、个人信息数据的保护力度等诸多问题的管理谨小慎微中可以反映出来。[①] 英国作为一个人口不足 6000 万、土地面积只有 24 万平方公

① 徐春莲，何海林 . 英国期刊产业前沿报告——办最成功的杂志［M］. 广州：南方日报出版社，2007：4.

里的国家，其面积和人口仅相当于我国一个中等省份，但其2014年GDP总量达到2.94万亿美元，位居世界第六。强大的经济实力和英语在世界的统治地位，使得英国期刊产业得以持续健康快速发展。英国期刊出版公司有400多家，每年出版期刊9000余种（含代理出版的客户期刊），其中近40%为大众消费型期刊，女性期刊占据半壁江山，后劲十足。英国大众期刊为人们提供新闻、娱乐和休闲资讯等各种内容，期刊品种丰富，贴近大众和生活，深受读者喜爱，成为人们重要的日常文化消费内容。英国人均期刊拥有量位居世界前列，大众期刊的阅读率达成年人的77.4%，比全国性报纸高出36个百分点。全国平均每人每年消费期刊22册，人均期刊消费量仅次于丹麦（25册）。期刊年产值占英国整个出版产业的1/3。

作为全球期刊出版强国，英国拥有*Vogue*（时尚）、《大都会》（*Cosmopolitan*）、《魅力》（*Glamour*）等国际知名大众期刊和IPC传媒（IPC Media）、Emap传媒集团、国家期刊出版公司（National Magazines）、BBC期刊公司（BBC Magazines）、Haymarket集团、康泰纳仕国际出版公司（Conde Nast）、励德商讯集团（Reed Business Information）、鲍尔出版公司（H. Bauer）等众多国际知名期刊传媒集团。英国期刊的编辑内容、封面设计和市场营销每个环节均注重完美，期刊行业人才培养和培训体系较为完善，具有企业家精神的期刊主编人才丰富，英国7%的英国版大众期刊销往海外，很多优秀人才担任英国期刊的主编。英国的期刊出版集团通过并购重组海外出版公司等渠道打入国际期刊市场，英国期刊出版正在走向全球化。

英国大众期刊产业的盈利模式主要靠广告和发行。近年来，随着互联网等新媒体的崛起，英国报业呈现衰落迹象，但人们对期刊依然持有热情。英国期刊业近年来保持了繁荣有序的发展态势。尽管如此，2012年上半年，英国期刊发行量总量相比上一年同期降低了2.1%；其中妇女类周刊以及汽车类期刊的降幅严重，分别达10.9%和11.5%。同时，一些兴趣类杂志却逆势上扬：新闻时政类增幅为5.4%、学前教育类增幅达11.9%、女性瘦身类增幅达10.5%、音乐类增幅达14.5%、家庭娱乐类则更是达到了惊人的25%。[①]很多期刊集团将旗下期刊业务和娱乐业务进行拆分以谋出路。

“数网合一”是近年来英国传媒市场最显著的特征，使得英国读者获取数

---

① 彭一，马浸．走近英国期刊［N］．中国出版传媒商报，2013-10-16.

字传媒服务费用更低廉更便捷。[①] 随着移动互联网的增长，英国期刊近年来数字业务发展迅猛“叫好”但不“叫座”，期刊品牌数字化延伸向智能手机、iPad 以及电子书等各种移动终端注入资本，随着读者在平板电脑、移动手机等方面的支出与日俱增，期刊数字阅读平台不断丰富，但目前数字期刊占整个期刊收入的比例不到 5%。

案例分析：Emap 集团从地方性小报到跨媒体巨头的华丽转身。Emap（East Middleland Alied Press，中东部联合新闻公司）集团是英国主要的期刊传媒集团之一，是从 1947 年英国的一家地方性小报发展起来的。目前已经成为国际知名的跨媒体传媒集团，拥有 100 多种大众期刊、200 多种 B2B 媒体产品、48 家电台和 7 个数字音乐电视频道，在不同的业务系列均拥有不少品牌，且在各自市场中位居前列。其中，在英国、美国、法国、澳大利亚、南非等国家和地区出版 150 多种畅销的大众期刊，包括特殊兴趣期刊、娱乐与潮流期刊、音乐期刊、汽车期刊、名人与女性期刊、《男人装》、年轻女性期刊及国际期刊等。其中在英国出版 70 多种期刊，如《男人装》《更亲密》等多次获得英国最佳大众刊物，市场占有率位居全国第二。其中《男人装》在全球有 30 多个版本。Emap 在世界各地拥有 5000 多名员工，是一支具有创造性的团队。

Emap 集团不断加大对主要品牌的投资，促进公司业务增长，不断推出新的期刊满足消费者不断变化的需求，积极进行文化传媒产业的并购，扩大市场份额，巩固市场优势，实现集团跨越式发展。在创办新刊之前，Emap 都要通过集团市场调研部门及调查公司对市场信息进行调查和评估。随着互联网时代的到来，各种“互联网连接设备”纷纷进入普通家庭，英国的期刊产业也迎来巨大的发展机遇和严峻的挑战。虚拟化、数字化和消费者对网络产品及服务的认同已经逐步赶上甚至超越实体产品。因此质量的竞争就成为重中之重。

Emap 一直以来坚持以广告业务为核心的纸媒运营发展战略，近年来积极挖掘并审视企业的核心使命，探索集团转型之路。尝试把专业的内容通过网络、会议会展、读者见面会或是户外活动等形式呈现于读者眼前，并采取行之有效的销售和市场运行策略，确保各个平台上的编辑内容具有统一的质量

---

① 崔保国．传媒蓝皮书 2012 年：中国传媒产业发展报告［M］．北京：社会科学文献出版社，2012：359.

和品牌高度。2012年以来，B2B期刊的订阅数不断增加。一是提供以用户需求为导向的产品和服务。比如，为了迎合企业用户及行业需求，Emap推出了健康保健类期刊*Intelligence*并取得了较好的社会效益和经济效益，这本定价12英镑的刊物每年为集团带来400万英镑收入。该期刊主要是为英国卫生保健行业提供相关经济数据及产业发展结构分析信息，里面的所有数据和行业专家点评内容都出自Emap编辑团队之手。二是组织开展会议会展及品牌活动。目前这些活动收入已经达到集团总收入的四成之多；并继续保持两位数以上的增幅。数字化创新及组织各类品牌活动将成为集团未来新的收入增长点。英国Emap媒体集团首席执行官娜塔莎·克瑞斯蒂娜·米勒说："处在强势产业中拥有忠实读者群的老牌B2B媒体品牌是很难被新媒体所模仿的。只要认清自己的核心业务方向和目标，就能够继续在B2B领域中保持盈利。"①

3. 日韩期刊产业发展经验

日本作为老牌的世界出版王国，期刊产业一向是日本出版产业的主体，销售高于书籍，因此在日本出版业有"刊高书低"的说法。日本大约有3500种期刊，其销售额和广告是日本出版产业的主要收入来源。日本的期刊发展主要开始于第二次世界大战结束以后，日本的管理体制追随美国模式，宪法明确规定"主权在民，言论出版自由"。第二次世界大战后，日本竭力发展资本主义，很快成为世界经济大国。1947年日本制定《反垄断法》，从制度上规定生产者不能干预产品价格，鼓励市场竞争，防止产业垄断。1953年，日本对其中影响报刊发行的条款进行了修改，为了防止期刊市场化的恶性竞争，"对于公平交易委员会指定的特殊例外商品实行零售价格维持制度"，不得为了促销采取降价或变相降价的手段。② 此外1957年开始，日本要求所有期刊社加盟ABC，即发行量审计局（Audit Bureau of Circulations），确保发行数据的准确性。随着经济的发展、人口的城市化、教育的普及和人才的培养，"大众传媒"的快速发展构成了"第四权力"，出版业产业化发展很快，综合性期刊、妇女期刊和大众娱乐期刊印数从几十万份升至几百万份，期刊成为日本出版产业的轴心。日本期刊的发行数量从1972年的20.7亿册到2000年增长到48.8亿册。受互联网和移动终端的冲击，2000年以后连续十五年，日本期

① 中国期刊协会．英国Emap媒体集团：以杂志订阅为主线，开展多平台品牌服务和线下活动［EB/OL］．［2015-03-30］．http：//www.cpa-online.org.cn/web/ArticleShow.aspx?artid=001003&cateid=A0401.

② 崔保国，钱丽花．日本报刊发行的价格体系管理［J］．中国报业，2015（10）．

刊的发行量和广告收入持续缓慢下滑，PIA 等知名期刊也停止纸质版的发行，但纸媒的生命力依然顽强。此外日本期刊积极拓展海外市场，比如 1995 年开始，日本主妇之友社在中国推出《瑞丽服饰美容》，很快打开中国市场，发行量 40 万册。2000 年开始，讲谈社陆续在中国推出 *ViVi* 期刊中文版，2001 年推出 *Oggi* 中文版，2002 年日本四家期刊社相继开展中国业务主要经营时尚类和信息类期刊，很快形成了一定规模。此外，日本漫画期刊还登陆韩国、美国、德国获得较好的经济效益。2010 年，日本经济产业省成立的新的部门——“酷·日本（Cool Japan）”，旨在帮助日报报刊、时装、动漫等文化商品走向海外市场。

日本的期刊有着良好的口碑，期刊文化的“人情，义理”使其具有强大的根基。一是日本人从小就被培养读书看报的习惯，小学和中学大多配有媒介素养教育的专职辅导员，对孩子实行媒介启蒙教育，指导如何办报刊。日本的主流报刊都会留有“儿童专业”，使得两代人可以共读一份报刊；二是报刊投递员不仅负责送报刊，还为当地社区提供各种服务，填补政府职能的空白。这些举动赢得了民众的尊重，也为报刊赢得了受众；三是以邮局订阅为主的特殊发行模式，全日本有两万个发行站，触角遍及全国每个角落。①

20 世纪 90 年代，日本确立了 21 世纪文化立国的发展战略，在政府的主导下，依靠市场大力发展文化产业。2008 年以来，日本期刊业加快媒体融合的步伐，积极整合资源，建立联合报刊网络，拓展多元数字化创新模式，开发新形式的电子阅读载体，加快数据库建设和期刊平台建设，拓展收入渠道，数字化等一系列转型为日本纸媒带来了新的前景。

韩国期刊产业是韩国政府重点支持的文化产业。目前共有期刊 4400 多种，涵盖时尚、女性、教育、体育、文学、旅游等多个类别。②为了更好地建设和提升韩国经济、文化等综合实力，韩国政府采取多种措施提升产业竞争力，20 世纪 90 年代末开始确立将文化产业作为韩国 21 世纪最重要的产业，组建了文化产业局，提出“设计韩国”战略和“文化立国”方针，制定和出台了《文化产业前景 21》《文化产业促进法》《文化产业发展推进计划》等一系列政策法规，增加文化产业发展经费，并在税收等方面采取扶持策略。为

① 蒋丰．日本纸媒发行量不掉的秘诀［J］．环球人物，2014（15）．

② 邹韧．韩国 650 种期刊亮相刊博会［N］．中国新闻出版广电报，2015-09-21．

了符合新闻、广播、通信、网络等传媒环境的变化，应对国际化市场的开放潮流，加强广播电视业等传媒的竞争力，2009 年韩国新修订的《媒体法》允许报刊相关行业有条件的可以兼营广播电视，韩国的主要报刊企业纷纷进军广电领域，并开始探索与国外媒体的合作。报刊、广电、通信三网融合的大媒体产业逐渐成为市场的主角。

近年来，期刊的创新变革速度加快，政府也积极支持期刊社进行转型与融合。一是积极打造电子期刊和涉足新媒体市场。韩国期刊目前一般采取纸质期刊和电子版期刊同时发行，为了避免电子版期刊对纸质期刊的冲击，通常是在纸质期刊发行一周后，才上线电子版期刊的方式。电子期刊一般分为两种形式，一种是 PDF 格式即下载后直接阅读，内容和纸质版一致。另一种是网络版，包括网页版和移动终端版，大约 50% 的纸质内容再加上多媒体视频等元素。为了加强与读者的互动，用户可在电子期刊的文章底下进行点评和留言。二是期刊市场细分更为专业化。比如 2011 年，Freedom house 出版社创办了离婚类专门期刊《离婚故事》，以离婚案例和“历史中的结婚和离婚”等话题为卖点，关注社会焦点，成为韩国第一本以离婚为主题的期刊。韩国部分明星在网上开办个人电子期刊，成为期刊市场出现的新现象。三是期刊市场竞争更加激烈，“优胜劣汰”的周期缩短。除了专门的期刊社发行期刊之外，传统日报社也发行不同类型的期刊。比如，韩国最大的期刊出版传媒集团之一中央日报出版局就是从《中央日报》独立出来的书刊出版企业。

（二）国内期刊传媒产业发展经验

1.“《读者》现象”

《读者》创刊于 1981 年，是我国发行量最大的文摘类期刊之一。发行量从创刊号的 3 万册上升到 2006 年的 1000 万册，一度位居美国的《读者文摘》《国家地理》和《时代周刊》之后，世界第四，亚洲第一。这本诞生在西北甘肃兰州的文摘期刊，30 多年来坚持正确的办刊导向，遵循“选择《读者》，就选择了优秀文化”的办刊理念，以“博采中外、荟萃精华、启迪思想和开阔眼界”为宗旨，走“高雅、清新、隽永”的路线，被誉为“中国人的心灵读本”，30 多年来长盛不衰，成为中国近万种期刊的翘楚，取得了经济效益和社会效益的双丰收。读者传媒集团截至 2014 年底，总印刷数接近 16 亿册，

2014 年营业总收入约 7.59 亿元，营业利润 1.38 亿元。“读者传媒”在 2015 年成功挂牌上市，成为国内第二家上市的期刊企业。《读者》的成功无疑是中国期刊界最大的神话之一，由此而产生的“《读者》现象”，发人深省。《读者》现象受到很多领导和学者的关注，其发展之路和成功之道对于国内大众期刊的发展很有借鉴意义。

从一本期刊到上市传媒集团，《读者》的发展主要经历过三个节点：第一个节点是 1981 年到 2000 年，《读者》作为核心品牌竞争力的打造和发展。20 世纪 80 年代初，由于“文革”形成的知识断层，人们对优秀精神文化的渴求开始爆发，期刊界正处于复苏时节，大众期刊如雨后春笋般崛起。1980 年 12 月，在时任甘肃人民出版社总编辑曹克己的支持下，胡亚权、郑元绪开始筹备一本文摘期刊。从创刊到第五期只有胡亚权、郑元绪两个人，再到第五期，有兰州大学历史学专业毕业的彭长城加盟。《读者》率先开辟介绍西方文化的专栏，很快引起读者的兴趣，创刊第三年发行量突破 136 万册，并形成了追求“真善美”的风格。而后《读者》根据形式的要求，适时对编辑思想进行调整。1988 年 4 月开始在武汉等地设置了 15 个分印点。20 世纪 90 年代初，提出“贴近时代，贴近生活，贴近读者”的口号，1991 年到 1994 年期刊发行每年增加 100 万册，1994 年突破 400 万册，成为国内发行量最大的期刊。1994 年开始，《读者》开始经营广告业务，当年实现收入 130 万元，占总收益的 1/4。1998 年，时任《读者》主编胡亚权认为单靠一本《读者》打天下已经力不从心，决定扩版子刊。

第二个节点是 2001 年到 2008 年，《读者》积极战略扩展，转企改制，走多元化集团化发展道路。一方面不断调整办刊思路和整合期刊内容，改革市场经营和品牌方略，陆续推出《读者》乡村版、《读者欣赏》《老年博览》《西部人》《读者》原创版、盲文版和维吾尔族版等，并开发了合订本、精华本、系列图书、明信片和多媒体光盘等，不断延伸读者品牌的价值链条。2006 年 1 月，《读者》由甘肃人民出版社的一个编辑部升格为读者集团，管理体制机制由事业单位向企业改制。体制改革纵向扩展压缩了市场成本，带来了发展活力，加快了读者集团的发展速度。转制后两年的时间，读者出版平均年利润增长率达到 6.92%，资产总额达到 69617 万元，增长 23.97%，净资产总额增加 1.47 亿元，增长 31.8%，人均年利润 28 万元，人均净资产达到 257 万元。

第三个节点是 2009 年到 2015 年，组织结构形式发生变化，集团进行股份制改革，呈现跨越式发展并成功实现上市，成为西北地区首家上市出版企业，开始全面进入资本市场。2008 年开始，读者启动上市工作。2009 年 12 月，经国家新闻出版署、甘肃省委文化体制改革领导小组和甘肃省政府批准，读者出版集团与中国化工集团公司、时代出版传媒股份有限公司、甘肃省国有资产投资集团有限公司、酒泉钢铁（集团）有限责任公司共同发起设立读者出版传媒股份有限公司，体制机制改革迈出了关键步伐，为进一步市场化产业化扫清了障碍。改制以来，读者股份公司加强战略规划，依靠文化与科技的融合，合理调整产业结构，打造全媒体产业，推动传统出版向综合性现代出版传媒企业转型升级。读者集团开始涉足报纸、动漫产业、网络传媒、数字出版、教材教辅发行、影视，并陆续推出《明周刊》《漫品》和《华夏理财》等新刊，逐步发展成为一个拥有 7 家专业出版社和 1 个教材出版中心，《读者》杂志社等 9 家期刊社（编辑部），1 个全资子公司（北京读者天地文化发展有限责任公司），1 家控股子公司（读者甘肃数码科技有限公司）的大型出版传媒集团。经过 6 年的精心准备，2015 年 12 月 10 日，读者出版传媒股份有限公司在上海证券交易所成功挂牌上市，成为西北地区首家在国内主板上市的出版传媒类企业，也是我国 A 股中唯一拥有著名期刊品牌的概念股。

《读者》的超常规发展多年来成为人们关注的焦点。张伯海在 1995 年接受 CCTV“焦点访谈”栏目采访时，从“文化现象”对其进行解读，他说：“我观察《读者》已经多年了，这是一个值得深思的文化现象。”一直关注并出版过三本研究《读者》的专著的师永刚在《〈读者〉现象》一文中写道：《读者》现象是一个很有意思的经济话题，也是一个神秘的刚刚开始的新故事。[①]

中国期刊协会会长石峰认为，《读者》与读者的“黏合剂”是人文关怀，其长盛不衰的法宝是“与时俱进”，经营有道使《读者》不断拓宽市场。时任中宣部部长刘云山 2007 年视察《读者》集团时指出：“不管在出版界还是期刊界，甘肃的《读者》可以称之为一个现象，我叫它《读者》现象，其成功的经验主要有三条，一是改革，二是创新，三是编刊精益求精。”[②] 孙燕君、康建中等人声明无意宣传英雄史观的同时指出：最出色的人办出色的杂

---

① 师永刚．读者时代［M］．上海：上海人民出版社，2001：16.

② 彭长城．《读者》的人文关怀［M］．北京：中华书局，2014：1.

志。揭示一本杂志所需要的两个重要因素是市场和主编，其次才是资金、团队和机制。《读者》的奥秘要更多地从创始人和负责人胡亚权、郑元绪、彭长城的身世、阅历、才学、人品、性格、境界和眼光入手，非如此，不能揭开读者之谜。[①]可见其内涵非常丰富，不仅是一个传媒现象，还是一个文化现象、社会现象和经济现象，对于我国期刊传媒及文化产业的发展具有较好的借鉴意义。

2.《家庭》期刊集团

《家庭》是我国知名品牌期刊，是改革开放后国内第一本以恋爱、婚姻、家庭为报道和研究对象的大众文化综合类期刊。创办《家庭》是在时任广东省委书记任仲夷的关怀和提议下才开始的。1981 年 6 月，广东省妇联开始筹备成立《广东妇女》杂志社。1982 年 1 月试刊，4 月正式创刊，1983 年 1 月更名为《家庭》。1984 年成为我国首家发行量超百万的女性期刊。1999 年 1 月起改为半月刊，2004 年 12 月改为旬刊，2002 年 1 月 25 日，家庭期刊集团经中宣部和国家新闻出版署批准挂牌成立，成为中国首家经中央批准的期刊集团。目前，集团拥有《家庭》《财讯》《孩子》《尚流》《赢未来》5 本期刊。其中，核心刊《家庭》目前月发行量 200 多万份，在文化综合类期刊中保持着较高的市场占有率；此外集团拥有网站、影视音像制作公司，并涉足图书出版、电子商务、移动媒体、房地产等领域，是国内第一家拥有光盘生产线的期刊单位，形成了较强的品牌优势和影响力。

2004 年，时任新闻出版总署副署长的石峰等人专程到家庭期刊集团考察和指导工作，对家庭期刊的改革和发展给予高度肯定，并总结出四点成功经验：良好的改革与发展环境、团结拼搏、革新奋进的领导班子、广泛社会影响力的优势品牌和切合实际的综合产业战略规划。

此外，《家庭》期刊的发展和壮大离不开主要创始人及《家庭》品牌打造者徐春莲。徐春莲是湖北人，1956 年出生，1972 年高中毕业，1973 年至 1977 年作为知青下乡，1977 年至 1980 年在中山大学中文系读书，1980 年毕业后分配到广东省妇联。1981 年 6 月参与筹备《家庭》期刊，1985 年进入期刊社领导班子，先后担任编辑部主任、副总编辑、总编辑，广东省妇联副主席兼《家庭》期刊社社长、总编辑，广东省妇联副主席兼家庭期刊集团管委

---

① 孙燕君，康建中，刘再兴 . 期刊中国［M］. 北京：中国社会科学出版社，2003：13.

会主任、家庭期刊集团有限公司董事长、党委书记。2010年调离期刊集团。作为《家庭》期刊的主要创刊人之一，徐春莲在期刊社工作30年与《家庭》一同成长，为《家庭》取得的巨大成绩做出重要贡献。

一是注重文化含量，地跨三界，创出品牌。为了使刊物办出特色，《家庭》从一开始创刊就地跨文学、新闻和学术界三界，聚集了一大批作家、专家和学者。1987年提出"家庭文学"的概念，营造出一块"家庭文体小说"的文学生态区，得到了王蒙、碧野、徐迟、张贤亮、柯岩、王安忆、张抗抗等上百位作家的积极响应。同时注重对婚姻家庭问题的研究，1984年5月，《家庭》组织召开了国内首次专题讨论家庭问题的学术会议，出版了第一本家庭问题论文专辑，发表了第一个"家庭宣言"。之后类似研讨会每三年召开一次，并成立了国内首个"家庭文化研究中心"，并请专家为期刊撰写学术概念自然语言的文章，使《家庭》"似俗而不俗、似有还无"，档次、特色、品牌得到了彰显。

二是推行"一体两翼，全面发展"的战略。《家庭》从20世纪80年代中后期，开始拓展与期刊密切相关的经营活动，注重利用品牌优势，开展多种经营，并逐步完善了"一体两翼"的办刊方针，即一方面在广州、东莞、珠海等地创办经济实体，增强经济实力。比如，在东莞合资营建了一座来料加工厂，在珠海创办了集餐饮、住宿、娱乐于一体的家庭大厦。1992年成立家庭实业公司，成为国内第一家由新闻单位牵头的规范化股份制企业。此后还创办了广告公司、报刊发行公司等一系列经济实体，壮大了期刊社的经济实力。《家庭》商标价值2000年提升到2.68亿元。[①] 另一方面与独资或与文化企业联合开展各种社会公益事业，在社会上产生了广泛的积极影响。比如"全国美好家庭""全国优秀教育世家"等重大评选活动，资助出版学术著作，资助贫困女大学生，成立救助苦难家庭基金，和中国妇女发展基金会、广东省妇联联合举办"举千万《家庭》读者之力，建大地之爱母亲水窖"等一系列公益活动，为《家庭》树立了良好的社会形象。

三是追求刊物特色，力促文化精品。坚持正确的办刊方针，注重突出"贴近时代、贴近生活、情理相融、潇洒温馨"的特点，弘扬真善美，鞭挞假恶丑，把握好优秀传统和现代文明，"雅"和"俗"之间的尺度，注重形式和

① 徐春莲．我和《家庭》的春华秋实［M］．广州：花城出版社，2015：89.

内容，思想性和艺术性的统一。使刊物做到雅俗共赏、思想性与可读性、新闻性与文学性、科学性与趣味性、学术性与通俗性融为一体，以独特的韵味和魅力赢得市场的认可。

四是注重稿件内容的真实性，居安思危，开拓进取。20 世纪 90 年代中后期通过开展头条和重头稿征文活动，狠抓重头文章，提升刊物质量。注重稿件内容的真实性，经常开展读者调查、市场调查、专家和读者评刊会、读者座谈会等活动，建立读者调查网络，聘请读者作为评刊员，注重读者来信。举办读者沙龙、征文大赛和抽奖等活动，积极主动与读者互动，使得《家庭》在激烈的竞争中脱颖而出。

五是大胆探索，走集团化、多元化科学发展之路。2002 年成为中宣部、国家新闻出版署批准的国内首家期刊集团，坚持走以刊为本、多业并举的发展方针，在办好核心期刊《家庭》的基础上大力实施多元化发展战略，积极延伸产业发展，不断壮大综合实力。先后成立子刊、网站及影视制作公司，2000 年首期投资 2500 万元参与筹建广东省唯一的女子大学——广东女子职业技术学院。2006 年成立首个和谐家庭论坛，举办高级别学术会议，打造集团影响力。此外，不断进行文化体制改革，2008 年 6 月经广东省政府批准，正式组建家庭期刊集团有限公司，成为广东省第一家成功实现转制的期刊单位，当年 11 月正式挂牌。《家庭》期刊集团进入按照现代企业制度发展管理的新时期。

近年来，数字化新兴媒体、激烈的市场竞争和金融危机等因素叠加，传统纸媒面临前所未有的冲击。《家庭》期刊集团董事长、党委书记文建明表示，集团正在积极探索转型突围之路。一是主动改革体制机制，实施全方位的创新战略，提升创新能力。改革和优化现有机构设置，大力开展制度建设，健全各项管理制度。同时实行人才强企战略，推行中层干部竞争上岗和员工双向选择。二是坚持“内容为王”，报道内容和形式适应读者变化的需求，坚持“回归家庭、回归新闻和回归主流”的办刊理念，增强刊物在家庭生活领域的舆论引导力和话语权。三是改革发展战略，在坚持做好主营业务的基础上，多元化发展努力盘活存量，培育增量。提高现有项目的盈利能力并积极拓展新项目。比如，《赢未来》作为广东省第一本全媒体刊物，为大学生就业打造全媒体服务平台。积极探索在数字出版、移动媒体、品牌延伸方面的项目，增强集团产业增值能力。四是积极进行新媒体数字化转型，构建集团持续发展力。坚持转型升级为上策，立足主业，加快产品结构调整，及时推出新的期刊产品，走跨媒体、跨区域和跨行业发展之路。

此外，积极利用广东省妇联的资源优势，借助《家庭》的品牌影响力，拓展相关产业的发展。同时深化体制机制改革，形成高效民主科学的集团治理体系，由刊办集团向集团办刊转变，单一经营向多元经营转变，传统经营向创新经营转变，粗放经营向集约经营转变，打造以传媒业为主的，跨媒体、跨区域和跨行业的大型现代文化产业集团。

三、创新与转型——期刊传媒产业发展的永恒力量

社会系统中的活力源自其运转中持续产生的创新因子。传媒产业是社会系统中一个始终充满活力的朝阳产业，创新构成了传媒产业发展不竭的动力，是传媒产业发展的永恒力量。传播过程的复杂性和系统性，要求我们始终将传媒发展视为一个复杂而有机的综合性动态系统，将传媒产业科学发展建立在系统发展之上。社会其他系统的供应和需求决定着媒介生态的演变。①伴随着我国经济持续健康快速的发展，人民对期刊精神文化需求日益增长，我国期刊传媒产业迎来新的发展机遇。“首先，中国梦赋予了期刊业发展的强大动力；其次，小康社会建设为期刊业提供了广阔的发展空间；再次，数字化增强了期刊业的传播力；最后，体制机制改革将为期刊业焕发生机和活力。”②而期刊产业的创新能力不足已经成为制约期刊产业尤其是期刊创意产业发展的“瓶颈”因素。提升创新能力和顺应时代潮流积极转型，这不仅是“《读者》现象”带给我们的启示，也是中国期刊产业未来发展的战略和方向。

（一）创新理论对大众期刊业发展的启示

创新是一个民族进步的灵魂，是一个国家兴旺发达的不竭动力。有没有创新能力，能不能进行创新是当今世界经济与科技竞争的决定性因素。随着信息技术和通信技术的发展，传统媒体的分界线逐渐消失；新闻采编和出版方式不断革新，纸媒数字化生存成为传媒业的发展趋势。在竞争日趋激烈的多媒体时代，无论是管理、改革、内容、经营还是技能等方面的创新能力

① 吴玉兰．中国财经类媒体发展研究［M］．北京：中国社会科学出版社，2010：158.

② 人民网．中国期刊业路在何方？［EB/OL］．［2013-09-14］．http://media.people.com.cn/n/2013/0914/c120837-22921692.html.

都将成为影响传媒企业发展的决定性因素。[①]《中国期刊年鉴》原常务副主编段艳文指出："只有创新才能完成期刊行业的1.0到2.0的升级，才能与时俱进。"[②]

关于传媒创新的研究，围绕体制改革、新技术带来的挑战和机遇、传媒业全球化趋势及媒介融合等近年来出现了大量的研究成果。美国著名大众传播学者威尔伯·施拉姆指出："如同国家发展的其他方面一样，大众传播媒体发展只有在适当的法律和制度范围内才能最合理和最有秩序地进行。"[③]李良荣在《WTO背景下，中国新闻媒体正面临新一轮改革》中指出，新一轮改革将是一个从边缘到中心的渐进过程，从资本市场到信息市场再到意见市场逐步推进体制的改良，尚无真正涉及新闻体制的改革。在《关于传媒业新闻改革的若干特点》中，他进一步指出我国改革开放以来，传媒的改革"仅仅在新闻业务方面的改进"[④]，喻国明在《解析传媒变局》中指出，传媒业进入战略先导时代，主要的"创新市场"演变趋势是由规模人群转向主流人群，突破注意力经济，形成影响力经济。"媒体英雄是超出个人层次的一种创新结构、创新机制或创新体制。"朱春阳在2009年中国传媒产业发展述评中指出中国传媒产业创新表现出三大特征：创造接触点，构建财富快车道；拟合能力缺口，合作创新主导成长战略；传媒改革新的动力机制正在形成。其中，第一个特征是传播技巧层面的，是传媒创新的实现方式；第二个特征是传媒战略层面的，是传媒创新的方向所在；第三个特征是传媒制度层面的，是传媒创新制度保证与效率生成机制所在。时任国家新闻出版总署副署长石峰在首届中国传媒创新年会上指出"内容是传媒业创新的根本，载体创新是传媒创新的手段，经营创新是传媒业创新的关键"。黄永林在《从资源到产业的文化创意——中国文化产业发展述评》中指出："目前是我国新闻出版、版权业发展的重要战略机遇期，要充分认识文化产业在经济转型发展中的作用，全面贯彻'创新驱动，转型发展'的总要求，加强内容建设、推进改革创新、着力增强内容创新能力、产业创新能力和管理创新能力，切实加强版权保护力度，

---

① 高景春. 文化大发展背景下的报业产业战略［M］. 北京：九州传媒出版社，2012：187—193.

② 笔者2015年12月7日与中国期刊协会常务副会长、《中国期刊年鉴》主编段艳文先生的微信对话。

③ 张国良. 新闻媒介与社会［M］. 上海：上海人民出版社，2001：237.

④ 李良荣. 当前中国传媒业新闻改革的若干特点［J］. 采与编，2005（01）.

不断健全版权服务体系，为提升我国文化影响力做出更大贡献。”① 目前影响着我国大众传媒业发展的决定性因素主要有三个方面：“一是制度安排；二是产业逻辑；三是技术进步。”② 2014 年 8 月 18 日，中央全面深化改革委员会通过了《关于传统媒体和新兴媒体融合发展的指导意见》，作为文化产业核心层的大众期刊产业迎来了重大战略转型机遇，如何创新融合发展，突破重围，优化期刊内外生态，成为当前文化产业的热门课题之一。

1. 创新期刊体制机制

目前，我国期刊业调整结构、构建市场主体、兼并重组、媒体融合甚至于激发从业者的积极性、创造性，一个共同的障碍都指向管理体制的问题。虽然近年来文化体制改革步伐加快，大众期刊出版单位大部分进行了转企改制，但法人治理结构还不完善，市场主体地位还没有真正确立，期刊编辑出版单位依附于行政事业单位的情况还比较严重，不利于期刊业面向市场发展，期刊经营单位分散集约化程度很低，经营方式、管理方式、管理手段有待于变革、创新。对于大众期刊传媒，在坚持党管媒体，有利于正确舆论导向和有利于调动期刊从业人员积极性的原则下，一是要积极转变政府职能，改革宏观管理体制，建立行业自律体系和适合大媒体产业融合的管理机制。二是要改革微观管理体制，区分文化产业和文化事业，进行分类管理。属于文化消费类的大众期刊要鼓励按企业化运作，建立现代企业制度，明晰产权关系，健全经营机制，政企分开，权责明确，成为自主经营、自负盈亏和自我发展的法人实体和市场主体。三是健全文化市场体系，优化期刊产业结构，建立期刊管理法律体系，出台《期刊法》。创新期刊准入制度，建立既能与国际接轨又能有利于调整期刊产业结构、满足和公众需求的科学、规范、高效的期刊准入制度。发挥市场在资源配置中的决定性作用，鼓励有实力的个人或机构进行期刊创业。健全期刊出版退出机制和科学的期刊质量评估体系，改进舆论监督机制，打造期刊刊号等资源的市场合理规范流通机制。打破长期以来行政垄断造成的条款分割、地区封锁、城乡分离、部门保护的市场格局，鼓励期刊跨地区、跨媒体、跨行业及跨国经营，扶持开拓和培养农村地区、

① 黄永林．从资源到产业的文化创意——中国文化产业发展述评［M］．武汉：华中师范大学出版社，2012：189.

② 喻国明．“碎片化”语境下媒介营销价值的构建——从“售卖”到“分享”的商业哲学转型［J］．广告大观，2007（02）．

经济欠发达地区和少数民族地区期刊传媒市场，构建城乡一体化的开放、竞争、有序的期刊发行市场体系。建立期刊内容交易市场，健全版权法规。四是提高期刊产业化、规模化、专业化水平，支持有实力的期刊企业进行集团化、多元化和全球化经营，逐步形成有活力的期刊产业集群。五是要加强人才培养，打造适合传统媒体和新媒体融合的创新性、复合型期刊人才，并设置期刊出品人或期刊职业经理人制度，构建传媒生产者的生产机制和评价体系。总之，创新体制的目的就是要“打破体制障碍，实现内容、渠道、平台、经营、管理的融合发展，共享内容创新和技术发展的成果，把资源、内容、技术、平台、渠道、利益统一到一个共同体里”。

2. 创新经营模式走产业化集团化之路

期刊产业化发展的突出现象就是集团化，根据市场经济规律和国内外经验可知，集团化发展不仅可以取得最大的边际效益，还可以扩大品牌影响，把无形资产尽可能转化为经济效益。西方期刊集团大多都是集团化规模化经营，少则几十种期刊，多则上百种。比如，全球著名传媒企业——贝斯塔曼2011年全年收入达到153亿欧元，旗下拥有欧洲领先的娱乐内容制作和传播公司RTL集团、全球最大的大众图书出版商兰登书屋、欧洲最大的期刊出版商古纳雅尔、全球最大的互联网媒体和沟通服务供应商之一的欧唯特等诸多业务，是一个跨媒体、跨行业、跨国界经营的大型传媒集团，其中期刊就拥有80多种。

我国期刊产业市场化程度低，大众文化消费类期刊所占比例小，期刊经营生产效益低下，组建产业集团，调整产业机构是必由之路。正如李频先生指出：“中国期刊产业化集团化是大势所趋，虽然实践中仍面临种种困难。然而事物总是在发展的，当历史选择了中国，中国选择了市场经济，这就注定了新世纪期刊人要在困惑与希望中不断求索，在峰回路转中走进柳暗花明的新天地。”① 一是要积极进行市场改革，大众期刊等市场化期刊要尽快去除行政化色彩，明晰产权，创造有利于资本市场兼并、收购和纵向一体化发展等战略性并购的市场环境；二是积极发展多元化产业，实施跨媒体、跨行业经营，改变长期以来受传统条状行政分割影响造成的单一经营模式；三是积极引进战略投资者，有实力的期刊争取整体上市主动融入资本市场；四是创新

① 李频 . 中国期刊产业发展报道［M］. 北京：社会科学文献出版社，2005：9.

公司治理，建立现代企业制度，完善董事会治理功能，健全法人治理结构和母子公司的治理创新，加快投资产业布局，推动股权多元化，加强文化建设、人才队伍建设，建立期刊传媒集团激励机制，允许员工以现金、管理和知识等多种要素入股。

3. 供给侧改革和中国期刊的全球化战略

2015 年 11 月 10 日，“供给侧结构性改革”成为我国深化经济体制改革的主流。同样，在新的业态下积极推进文化产业供给侧结构性改革，也是当前文化产业发展的重要任务。[①]文化产业的发展首先需要不断扩大文化消费，促进文化产业升级。另外，要培育新的供给，要加快文化新业态的融合壮大发展。供给侧改革给文化产业转型升级带来了新的机遇，文化产业供给侧改革必将成为我国经济发展的新亮点。“供给侧改革”强调从供给角度优化结构，增加有效供应。有专家认为，目前我国存在“供需错位”的矛盾格局，供给侧改革的任务就是要形成一个“供需相匹配”的新经济结构。当前期刊产业同样存在“供给跟不上需求”“供需不匹配”“产能过剩”等问题。[②]同质化、雷同化、库存过大等早已成为期刊产业的痼疾，期刊策划能力低下，导致劣质期刊充斥着市场。目前，真正市场化并受大众欢迎的期刊凤毛麟角。解决问题的关键在于用高质量的期刊来满足读者不断增长和提高的高层次需求；在于用全新的理念，在“供给侧”开发新的阅读潜能，激发新的阅读兴趣，创造新的阅读需求。

中国人均期刊不到 3 册，距离世界发达国家相差甚远，还有很大的增长空间。特别是随着文化强国战略的要求和“讲好中国故事”的需要，西方国家对中国文化需求的增大，市场的全球化、出版和经营的全球化、要素的全球化和制度的全球化给中国期刊走出去提供了新的机遇。作为文化产业的重要组成部分，期刊的全球化不仅可以使期刊传媒企业获得全球性商业收益，而且可以通过文化传播提升中华文化软实力。目前，中文期刊在海外市场中处于非常边缘的地位，在国际媒体竞争中处于下风，中国声音在国际舆论中处于弱势。特别是在内容质量、翻译水平、发行渠道和经营运作能力等方面与我国对外开放战略的要求很不适应，与建设文化强国的目标很不匹配，与

① 涂丹. 新业态下文化产业的供给侧改革与调整［J］. 学习与实践，2016：5.

② 李晓晔. “供给侧改革”与出版创新［J］. 出版发行研究，2016（12）.

我国日益提升的国际地位很不相称。探寻和拓展中国期刊“走出去”的路径显得非常迫切。一是要加强期刊产业国际化的战略思维，借鉴“一带一路”战略思想。积极采取策略，提升期刊质量、主动出击，建立海外发行销售渠道，拓展海外市场。中国期刊不仅可以积极拓展中文市场还可以利用当地文字出版相关刊物，做到生产国际化，企业国际化。二是培养具有国际视野的期刊经营管理人才。世界一流的期刊传媒集团无不拥有全球一流的人力资源，中国期刊走出去的关键是人才。国际市场的开拓需要通晓全球性市场运作的期刊职业经理人和版权经纪人，他们不仅需要突破语言障碍、了解外国文化、善于与外方打交道，更需要有全球化意识的编辑出版和经营才能、密切关注读者阅读变化趋势、熟悉国际出版规则和贸易规则等。三是要拓展资本融合和国际合作新形式。积极探索投资合作新模式，通过跨媒体经营整合资源，提升活力，开展期刊纸质产品、版权、资本或数字化产品等多元化的盈利空间。四是要加强我国文化管理特别是期刊管理体制创新，转变政府文化管理职能。美国麻省理工学院教授康纳德·雷萨德认为，国家管制是产业化全球化主要驱动因素之一。在发达国家的期刊产业发展中，政府的引导起到了至关重要的作用。期刊走出去必然要调动政府、企业、非政府组织等多方面的力量，是一个涉及文化内容、科技研发、对外贸易、法律政策等方面的系统工程。政府要积极修改相应的法律法规以和国际公约接轨，政府的角色是行政管理，将文化产业交给市场主体去经营。鼓励文化企业跨行业经营形成协同效应。依法行政，增加贸易政策和投资政策透明度，并加大对文化企业走出去的产业政策和金融支持。

（二）《知音》的内生态优化及改革发展建议

邵培仁指出：“保守封闭的大众媒介犹如温室里的花草，它的自我调节功能往往不强，对外界环境的一些生态因子常常只有很窄的耐受范围，一经风雨即可能危及生命；而创新开放、久经风雨考验的大众传媒，由于它有很强的自我调节能力和市场竞争力，对各种生态因子的忍耐范围较大，其生命力就强、分布就广。”[①]《知音》传媒集团目前面临着一系列问题，比如，“知音体”的真实性问题和格调问题、期刊小众化、跨领域扩张、数字出版技术带

① 邵培仁．论媒介生态的五大观念［J］．新闻大学，2001.

来的风险、纸质媒体竞争加剧带来的风险、传统纸媒经营业绩大幅下滑、高层管理人员变动及人才流失等问题。虽然《知音》具有较强的生态耐受度、对市场经济和特殊环境的适应性较强，但如何在新一轮媒体融合中继续发扬自身优势，根据新的生态环境拓展自身发展领域做强做大文化产业，依然是知音传媒集团亟待解决的问题。因此，知音传媒集团全体员工要强化危机意识，坚定发展信心，加强创新观念，虚心地学习国内外的先进办刊理念、经营方式、管理方式，继续坚守"人情美、人性美"的办刊特色，坚持独特的新闻视角，鲜明的叙事风格等，精心塑造自己的品牌形象。

一是要重新审视集团各大众期刊的定位，实施生态错位竞争和种群间互惠共生战略。努力了解目前受众媒介功能的新需求，为更广阔的人群服务，在期刊功能设置、内容选择、形式定位和市场运作等方面不断革故鼎新，贴近现代受众的生活和实际，满足不同小区域和小群体的信息需求。同时与境内外同类媒体在竞争与合作中互惠共生。

二是加快媒介融合，走融合发展之路，主动拥抱新媒体，打造与互联网逻辑相吻合的"平台型媒体"①，实现价值创新，为自己增添腾飞的翅膀。纸媒与互联网此消彼长的态势表明，纸媒寻求新的出路已经成为非常紧迫的事情。目前，大众传媒已经进入多媒体融合阶段，建立新的盈利模式，实现媒体利润最大化成为当务之急。知音传媒集团在与新媒体融合过程中要注意建立自己的核心信息价值，将传播内容进行整合创造经新媒体传播，通过制造"互动"和"交换"，使新媒体具有更强的"黏性"，在与新媒体融合过程中建立自己的核心信息价值。另外整合更多信息来源，打造更权威更专业的信息平台，原创纪实内容要实现一次采集、整合利用、多次发布、资源共享，实现新闻资源最大化利用，再造全媒体流程。通过全媒体流程再造，以"动态新闻管理"的媒介融合策略实现知音内容价值增量。在搭建全媒体数字化平台过程中，媒体记者要从之前的单一文字工作者向综合型传媒人转型，编辑要学会对多媒体资源进行策划报道，最大限度利用集团内部多媒体资源，通过深加工实现新闻事件价值最大化。媒介融合使受众变为用户，需要创新经营模式，延长价值链。把企业客户关系管理观念引入读者关系管理中，实现受众中心制向客户中心制的转变。通过建立读者信息数据库，通过了解读者需

① "平台型媒体"是指既拥有媒体的专业编辑权威性，又拥有面向用户平台所特有开放性的数字内容实体。

要，有针对性地开发信息产品，并用读者客户精确数据说服和维系广告客户。在全国各主要城市建立工作站、记者站，将纸媒和新媒体业务垂直整合，建立一个跨媒体统一平台并积极加强需求和终端的互动，让传播的产品特色对应市场的需求。知音在动漫产业链的开发方面已经取得了较好的成绩，大量原创的内容也为视频开发提供了充足的资源，可以进一步做强做大优势项目。

三是坚持“人情美、人性美”的核心价值理念，继续注重品牌塑造打造核心竞争力。媒介市场的竞争逐渐成为品牌的较量，知音作为大众传媒的知名品牌要继续坚持核心价值理念，将社会责任感放在首位，注重品牌战略，将无形资产作为媒体维护品牌、增加盈利的增长点，构建良好的媒介内生态。受众需求的变化是传媒品牌化外在动力。传媒短缺的年代，传媒消费多基于物质性需要，而精神需要如马斯洛讲到的归属、尊重、地位以及自我观念越来越成为现代受众的传媒消费动机。知音的品牌战略建议通过专业机构进行全方位策划和包装。倾力打造一批品牌子刊，通过开发衍生产品进行品牌深度营销，目前《知音漫客》在这方面已经有了较好的经验，但其他子刊尚待深度开发衍生产品。一些国际知名传媒企业的无形资产大于有形资产，比如ELLE就利用自身品牌开发了一系列“ELLE”命名的产品。迪斯尼公司由卡通形象标贴的特许经营发展到依照卡通形象制造玩具的特许经营，并以“迪斯尼专卖店”向市场销售与迪斯尼相关的各种产品。

四是继续坚持稿件真实性和广告经营合法性原则，打造《知音》传媒的公信力，加快向主流媒体跃进。“媒体的公信力就是一家媒体的信任度和忠诚度。”[①]“新闻传媒的公信力是新闻传媒能够获得受众信任的能力，反映了新闻传媒以新闻报道为主体的信息产品被受众认可、信任及赞美的程度。”[②]大众传媒公信力构成的要素包括真实性、在重大问题报道上的权威性、媒介与大众的水乳交融，怀有浓厚的关怀意识，等等。传媒公信力是传媒在受众和社会中长期形成的信誉度、权威性和影响力。《知音》一直以来坚持以真实性为生命，并设置了法务部等机构专门审核稿件的真实性，然而依然有部分报道内容与相关利益主体在对事件的具体表述上引起极大争议，甚至造成法律纠纷。因此继续坚持报道的真实性原则，增强“把关人”意识，确保稿件真实

---

① 李良荣．新闻学导论（修订版）[M]．北京：高等教育出版社，2006：272.

② 郑保卫．试论新闻媒介的公信力[J]．新闻爱好者，2004：3.

性、原创性，打造《知音》影响力，积极推进其向主流媒体迈进。

《知音》《知音海外版》等主要刊物为生活情感类期刊，其内容定位决定了期刊所承接的广告中较多涉及保健食品、医疗服务、药品等类别。上述商品广告不仅需遵守《广告法》的相关规定，还需按照《药品广告审查办法》《医疗广告管理办法》《保健食品广告审查暂行规定》等法律法规的规定履行相关审核备案程序，并在广告内容上有较严格的限定，进一步加强对广告业务的管理和审核，避免广告业主刻意欺瞒、消费者对产品效果不认同等原因导致违规风险或引起法律纠纷，也是今后必须重视的问题。

五是继续改革体制机制，加强集团管理的顶层设计和注重人才队伍建设。《知音》虽然率先进行管理体制机制改革并建立了股份制期刊传媒集团。但目前存在一股独大的情况，知音文化投资公司持股95%，具有绝对控股权，股东、董事会和监事会之间尚未能形成合理的制衡关系，董事会功能不完善等诸多问题，行政治理思维依然占主导地位，现代意义上科学、规范的公司制治理结构尚处于初级阶段。从人员组成来看，董事会实质依然是企业经营班子联席会议，不能真正起到董事会的作用。因此继续深化改革打造科学有效的公司治理机制势在必行。“科学有效的集团公司治理机制要求实行决策与执行机构相分离，明确决策机构、监督机构和执行机构的职责权限，形成有效的制衡机制。”[①] 具体到知音传媒集团，要加强制度化的顶层设计，进一步完善董事会功能，完善党企（董）合一的治理模式，继续引进战略资本，董事组成可以更多元化，构建更为有效的约束和激励机制，健全和完善子报刊公司治理的配套措施，让子报刊成为真正的公司。此外，《知音》未来的发展关键是人才，随着社会的进步和科技的迅速发展，消费者对差异产品需求增加，知音的高端编辑人才、经营管理人才、动漫人才和发行人才的缺乏导致无法满足集团发展的需要，因此要继续保持行业领先的薪酬水平，制定更有吸引力的人才激励机制，打造学习型组织，加强员工的职业培训、注重员工自身价值的体现，敞开胸怀从国内外招聘一流传媒专业人才。

六是搭建文化产业发展平台，以创新发展文化产业。借鉴近年来电影、网络剧、小说、韩流、日本动漫等文化现象，它们共同的特点就是集中一个主题，颂扬真善美，批判假恶丑，这与知音的主题和人文是一致的。美国的

① 郭全中．传媒经营变革［M］．广州：中山大学出版社，2009：216.

迪斯尼、好莱坞及《时代》《财富》等期刊引领世界文化产业的发展，而知音有着大量的资源。目前，主要是通过积极推进上市战略和“一托六”战略来实现。通过上市进一步规范企业运作和体制机制改革，并为集团发展获取金融支持，创新发展文化产业，将知音做成跨媒体、跨行业、跨国的大型文化产业集团。

七是建立中国大众期刊传媒“内容高地”和传媒智库。刘勇在《大追寻——美国媒体前沿报告》一书中写道：“新闻高地就是那里媒体声音有相当强的辐射力，能够产生跨区域的影响。”一个城市是否能够成为媒体业内的新闻高地或内容高地主要取决于这个地方有无具有跨区域影响力的传媒群体；有无一个在全国市场竞争中充满创新活力的媒体。[①]湖北大众期刊发展走在全国前列，而且各有特色矩阵前行，《知音》作为全国发行最大的纪实类期刊，《知音漫客》是国内发行最大的动漫期刊，《特别关注》成为期刊界的黑马和中国期刊第一股，《今古传奇》传媒集团是中国最大的通俗文学生产基地……中国唯一一个国家级、国际化、综合性期刊交易博览会——中国（武汉）期刊交易博览会（刊博会）落户武汉，期刊业的“湖北现象”广受业界学界的关注。作为知音传说发源地的武汉，知音传媒集团是湖北省期刊的翘楚，在复兴大武汉、建设国家中心城市和国际化大都市的征程中可以发挥更大的作用，打造城市信息服务体系，构建一个集电视、期刊、广播、报纸和网络于一体的多媒体互动平台和立体化传播体系。鉴于政策的原因，目前期刊集团尚无法直接进入电视、广播等媒介，但可以依托相关资源，利用互联网实现相关功能或通过资本运作，积极和国内外相关机构合作，打造大众传媒“内容高地”，联合国内外传媒专家打造大众传媒高端智库，更大范围参与到国际文化产业的竞争中并掌握大众期刊传媒发展的话语权。

八是注重期刊的公益性和公共性。比如，积极响应政府关于切实维护农民工基本生活文化需求的倡议，注重公益性和公共文化服务方式创新，适应人民群众多方面、多层次和多样化的文化需求，积极创办适应各种人群的子刊。《知音》之前的打工版曾经做过相关尝试，由于 2008 年金融危机很多农民工返乡，打工版改为励志版，发行反而进一步下滑。建议在期刊刊名、宗旨、性质和内容方面进行创新，满足这部分读者的需求，争取以政府购买、

① 欧阳国忠．中国媒体大转折［M］．北京：团结出版社，2003：8.

补贴等方式向基层、低收入和特殊群体提供免费文化服务。

九是继续加大版权资源保护和开发力度。版权资产是文化传媒企业重要的资源，也是核心竞争力的具体体现。《知音》坚持原创的特色，打造版权高端产业链是几十年来长盛不衰的重要秘诀。由于知音内容和原创性在市场受欢迎的程度较高，多年来成为改编影视最多、被盗版印刷最多的期刊之一。因此要尽快建立版权经营管理机构，进一步规范版权管理和开发，防止和打击各种侵权行为，并加强对版权的全产业链开发，使其不断增值。

参考文献

一、译著及英文文献

[1][美]阿瑟·阿萨·伯格.通俗文化、媒介和日常生活中的叙事[M].姚媛，译.南京：南京大学出版社，2002.

[2][美]艾莉森·亚历山大.媒介经济学：理论与实践（第三版）[M].丁汉青，译：北京：中国人民大学出版社，2008.

[3][韩]安春根.杂志出版论[M].张明惠，译.北京：东方出版社，1993.

[4][美]克里斯·安德森.长尾理论[M].乔江涛，译.北京：中信出版社，2006.

[5][美]大卫·赫斯蒙德夫.文化产业[M].张菲娜，译.北京：中国人民大学出版社，2007.

[6][美]大卫·爱格.品牌经营法则[M].沈云骢，译.呼和浩特：内蒙古人民出版社，1999.

[7][英]丹尼斯·麦奎尔.受众分析[M].刘燕南，等，译.北京：中国人民大学出版社，2006.

[8][美]戴卫·赫尔曼.新叙事学[M].马海良，译.北京：北京大学出版社，2002.

[9][美]戴维·波普诺.社会学（第10版）[M].李强，译.北京：中国人民大学出版社，1999.

[10][英]多米尼克·斯特里纳蒂.通俗文化理论导论[M].阎嘉，译.北京：商务印书馆，2001.

[11][法]拉热尔·热奈特.叙事话语：新叙事话语[M].王文融，译.北京：中国社会科学出版社，1990.

[12][美]亨利·詹金斯.融合文化：新媒体和旧媒体的冲突地带[M].杜永明，译.北京：商务印书馆，2012.

[13][美]理查德·E.凯夫斯.创意产业经济学[M].孙绯，等，译.北京：新华出版社，2004.

[14][美]伦纳德·孟格尔.期刊经营（第4版）：传媒人丛书[M].朱启文，崔人元，译.石家庄：河北教育出版社，2004.

[15][美]罗伯特·G.皮卡德.媒介经济学[M].赵丽颖，译.北京：中国人民大学出版社，2005.

[16] [法] 罗兰·巴特. 符号学美学 [M]. 董学文，王葵，译. 沈阳：辽宁人民出版社，1987.
[17] [英] 迈克·费瑟斯通. 消解文化：全球化、后现代主义与认同 [M]. 杨渝东，译. 北京：北京大学出版社，2009.
[18] [美] 梅尔文·德弗勒，桑德拉·鲍尔 - 洛基奇. 大众传播学诸论 [M]. 杜力平，译. 北京：新华出版社，1990.
[19] [美] 曼昆. 经济学原理：微观经济学分册（第 4 版）[M]. 梁小民，译. 北京：北京大学出版社，2006.
[20] [美] 米克·巴尔. 叙述学：叙事理论导论 [M]. 谭君强，译. 北京：中国社会科学出版社，2003.
[21] [美] 苏珊·S. 兰瑟. 虚构的权威——女性作家与叙述声音 [M]. 黄必康，译. 北京：北京大学出版社，2002.
[22] [法] 让·鲍德里亚. 消费社会 [M]. 刘成富，全志钢，译. 南京：南京大学出版社，2008.
[23] [美] 萨梅尔·约翰逊，帕特里夏·普里杰特尔. 杂志产业 [M]. 王海，译. 北京：中国人民大学出版社，2006.
[24] [日] 小林一博. 出版大崩溃 [M]. 甄西，译. 上海：上海三联书店，1999.
[25] [美] 约翰·菲斯克. 解读大众文化 [M]. 杨全强，译. 南京：南京大学出版社，2001.
[26] [奥] 约瑟夫·熊彼特. 经济发展理论 [M]. 何畏，易家详，译. 北京：北京出版社，2008.
[27] Aaker, David A. (1996).Building Strong Brands. New York: The Free Press.
[28] Bernd Schmitt, Alex Simonson: Marketing Aesthetics: The strategic management of brand, identity, and image, New York: Free Press, 1997.
[29] Jacob Jacoby and Robert W. Chestnut, Brand Loyalty Measurement and Management, New York: John Wiley & Sons, 1978.
[30] Kress, G.&van Leeuwen, T. (2nd Edition) Reading Images: The Grammar of Visual Design [H] London: Routledge, 2006.
[31] Levy, Sidney J. (1981), "Interpreting Consumer Mythology: A Structural Approach to Consumer Behavior," Journal of Marketing, (Summer), 49–61.
[32] Olsen, Barbara (1993), "Brand Loyalty and Lineage: Exploring New Dimensions for Research," in Advances in Consumer Research, Vol. 20.
[33] Stephen Quinn, Convergent Jouralism: the Fundamentals of Multimedia Reporting, New York: Peter Lang, 2005.
[34] Jian Liu. Development of Cultural and Creative Industries in China and Its Impacts on Urban Renovation [J]. China City Planning Review, 2013 (03).
[35] Tang Yuankai. Cultural Consumption Boom [J]. Beijing Review, 2016 (08).

[36] Liu Xinwei. Chinese Economy to Step into "New Normal" [J]. China' s Foreign Trade, 2015 (01).

二、中文专著

[1] 鲍立泉. 技术视野下媒介融合的历史与未来 [M]. 武汉：华中科技大学出版社，2013.
[2] 柏定国. 文化品牌学 [M]. 长沙：湖南师范大学出版社，2010.
[3] 陈凤兰. 美国期刊理论研究 [M]. 北京：中国传媒大学出版社，2009.
[4] 陈建宪. 文化学教程 [M]. 武汉：华中师范大学出版社，2004.
[5] 陈丽萍. 教育类期刊可持续发展研究 [M]. 北京：教育科学出版社，2013.
[6] 陈清贫. 写稿赚钱 18 技 [M]. 桂林：广西师范大学出版社，2009.
[7] 陈仁风. 现代杂志编辑学 [M]. 北京：中国人民大学出版社，1995.
[8] 陈少峰. 文化产业战略与商业模式 [M]. 长沙：湖南文艺出版社，2006 年.
[9] 蔡骐，蔡雯. 美国传媒与大众文化 [M]. 北京：新华出版社，1998.
[10] 蔡敏，韦文杰. 媒介融合胜出战略 [M]. 北京：中国书籍出版社，2012.
[11] 蔡尚伟. 文化产业导论 [M]. 上海：复旦大学出版社，2006 年.
[12] 崔保国，杭敏，赵曙光. 传媒经济与管理研究前沿 [M]. 北京：清华大学出版社，2012.
[13] 段从清，张凯，詹一虹. 管理学 [M]. 武汉：湖北人民出版社，2011.
[14] 范建华. 文化与文化产业发展新论 [M]. 北京：人民出版社，2011.
[15] 范军. 中国出版文化史论稿 [M]. 武汉：华中师范大学出版社，2011.
[16] 范军，等. 出版文化与产业专题研究 [M]. 武汉：华中师范大学出版社，2012.
[17] 范以锦. 南方报业战略：解密中国一流报业传媒集团 [M]. 广州：南方日报出版社，2005.
[18] 范周. 中国文化产业新思考 [M]. 北京：光明日报出版社，2010.
[19] 冯天瑜，何晓明，周积明. 中华文化史 [M]. 上海：上海人民出版社，2010.
[20] 方卿，曾元祥，敖然. 数字出版产业管理 [M]. 北京：电子工业出版社，2013.
[21] 费孝通. 乡土中国 [M]. 南京：江苏文艺出版社，2007.
[22] 傅泽. 文化想象与人文批评——市场逻辑下的中国大众文化发展研究 [M]. 北京：中国传媒出版社，2007.
[23] 高丙中. 日常生活的文化与政治：见证公民性的成长 [M]. 北京：社会科学文献出版社，2012.
[24] 葛非，付海晏. 文化与科技融合初探 [M]. 武汉：华中师范大学出版社，2014.
[25] 顾江. 文化产业经济学 [M]. 南京：南京大学出版社，2007.
[26] 郭庆光. 传播学教程 [M]. 北京：中国人民大学出版社，1999.
[27] 郝振省，魏玉山.2004—2005 国际出版业状况及预测 [M]. 北京：中国书籍出版社，2005.

［28］韩永进. 中国文化体制改革35年历史叙事与理论反思［M］. 北京：人民出版社，2014.
［29］何明星. 中国图书与期刊的世界影响力研究［M］. 北京：国家行政学院出版社，2013.
［30］侯姝慧.20世纪新故事文体的衍变及其特征研究［M］. 北京：中国社会科学出版社，2014.
［31］胡惠林，李康化. 文化经济学［M］. 太原：山西人民出版社　书海出版社，2012.
［32］胡惠林. 文化产业学［M］. 北京：高等教育出版社，2006.
［33］胡惠林. 国家文化治理：中国文化产业发展战略论［M］. 上海：上海人民出版社，2012.
［34］胡亚敏. 叙事学.［M］武汉：华中师范大学出版社，2004.
［35］胡适. 胡适文存［M］. 合肥：黄山书社，1996.
［36］胡正荣. 媒介市场与资本运营［M］. 北京：北京广播学院出版社，2003.
［37］花建. 区域文化产业发展［M］. 长沙：湖南文艺出版社，2008.
［38］黄金. 媒介融合的动因模式［M］. 北京：中国书籍出版社，2011.
［39］黄健. 出版产业论［M］. 南宁：广西人民出版社，2005.
［40］黄先蓉，罗紫初. 数字出版与出版教育［M］. 北京：高等教育出版社，2012.
［41］黄晓鹂. 我国期刊管理工作研究［M］. 北京：北京图书馆出版社，2003.
［42］黄孝章，张志林，陈丹. 数字出版产业发展模式研究［M］. 北京：知识产权出版社，2012.
［43］黄永林. 中国民间文化与新时期小说［M］. 北京：人民出版社，2007.
［44］黄永林. 从资源到产业的文化创意——中国文化产业发展现状评述［M］. 武汉：华中师范大学出版社，2012.
［45］黄永林. 文化传承与文化创新探析［M］. 武汉：华中师范大学出版社，2013.
［46］黄永林. 20世纪中国大众文学的现代转型及其品格［M］. 武汉：华中师范大学出版社，2013.
［47］杨振兴，唐惠虎，朱英. 武汉近代新闻史（上）［M］. 武汉：武汉出版社，2012
［48］黄瑚. 中国新闻事业发展史［M］. 上海：复旦大学出版社，2011.
［49］皇甫晓涛. 文化资本论［M］. 北京：人民日报出版社，2009.
［50］蒋建国. 消费文化传播与媒体社会责任［M］. 北京：中国社会科学出版社，2011.
［51］蒋述卓，李凤亮. 传媒时代的文学存在方式［M］. 桂林：广西师范大学出版社，2010.
［52］金元浦. 文化创意产业概论［M］. 北京：高等教育出版社，2016.
［53］金雁，王宁. 专业报刊品牌经营［M］. 北京：中国人民大学出版社，2007.
［54］姜毅然，张婉如，王海澜. 以市场为导向的日本文化创意产业［M］. 北京：人民出版社，2009.
［55］江作苏. 责任造就公信力——党报改革探索与创新［M］. 北京：新华出版社，2007.
［56］李怀亮，刘悦笛. 文化巨无霸——当代美国文化产业研究［M］. 广州：广东人民出版

社，2005.
［57］李彬. 传播学引论［M］. 北京：新华出版社，2003.
［58］李频. 大众期刊运作［M］. 北京：中国大百科全书出版社，2003.
［59］李频. 共和国期刊60年（1949—2009）［M］. 北京：中国大百科全书出版社，2010.
［60］李岚. 电视产业价值链理论与个案［M］. 北京：社会科学文献出版社，2006.
［61］厉无畏. 创意产业：转变经济发展方式的策动力［M］. 上海：上海社会科学出版社，2008.
［62］李良荣. 新闻学导论［M］. 北京：高等教育出版社，1999.
［63］李思屈，李涛. 文化产业概论［M］. 杭州：浙江大学出版社，2010.
［64］李思屈. 传媒产业化时代的审美心理［M］. 杭州：浙江大学出版社，2008.
［65］李武. 开放存取的两种实现途径研究：OA期刊和OA知识库［M］. 上海：上海交通大学出版社，2012.
［66］李炜. 中国大众文化叙事研究［M］. 武汉：华中师范大学出版社，2010.
［67］李炎. 西部文化产业理论与实践［M］. 昆明：云南大学出版社，2011.
［68］李小曼，张金海. 中国十五大传媒集团产业发展报告（1996—2010）［M］. 北京：人民出版社，2014.
［69］李向民. 中国文化产业史［M］. 长沙：湖南文艺出版社，2006.
［70］李希光. 畸变的媒体［M］. 上海：复旦大学出版社，2003.
［71］李勇. 湖北文化产业文化市场研究［M］. 武汉：湖北人民出版社，2008.
［72］林如鹏. 广东报业竞争三十年［M］. 广州：暨南大学出版社，2008.
［73］刘洁. 主导·协作·博弈——当代媒介产业与政府关系［M］. 武汉：华中科技大学出版社，2006.
［74］刘吉发，陈怀平，李雯. 中西方文化产业比较研究［M］. 北京：中国社会科学出版社，2013.
［75］刘京林. 新闻心理学概论［M］. 北京：中国传媒大学出版社，2006.
［76］刘世剑. 小说叙事艺术［M］. 长春：吉林大学出版社，1999.
［77］刘守华. 比较故事学［M］. 上海：上海文艺出版社，1995.
［78］刘人锋. 中国妇女报刊史研究［M］. 北京：中国社会科学出版社，2012.
［79］刘勇. 媒体中国［M］. 成都：四川人民出版社，2000.
［80］刘玉堂. 湖北文化掠影［M］. 武汉：湖北人民出版社，2011.
［81］陆小华. 整合传媒［M］. 北京：中信出版社，2002.
［82］陆学艺. 当代中国社会阶层研究报告［M］. 北京：社会科学文献出版社，2002.
［83］罗钢. 叙事学导论［M］. 昆明：云南人民出版社，1994.
［84］吕尚彬. 中国大陆报纸转型［M］. 上海：上海交通大学出版社，2009.
［85］吕逸新. 汉代文体问题研究［M］. 济南：齐鲁书社，2011.
［86］马敏. 中国文化教程［M］. 武汉：华中师范大学出版社，2007.

[87] 马群杰. 台湾地区文化产业与文化营销 [M]. 北京：科学出版社，2011.
[88] 梅红.《读者》的品牌及审美分析 [M]. 成都：西南交通大学出版社，2009.
[89] 欧阳宏生. 电视文化学 [M]. 成都：四川大学出版社，2006.
[90] 欧阳友权. 数字媒介下的文艺转型 [M]. 北京：中国社会科学出版社，2011.
[91] 皮明庥，张侠. 高山流水，知音江城——伯牙和钟子期的史事·传说 [M]. 武汉：武汉出版社，2007.
[92] 彭长城.《读者》的人文关怀 [M]. 北京：中华书局，2004.
[93] 齐峰. 书业观澜 [M]. 北京：人民出版社，2013.
[94] 石磊. 分散与融合——数字报业研究 [M]. 北京：中国社会科学出版社，2010.
[95] 宋革新. 当代中国大众文本价值考——兼从商业杂志变迁管窥文化产业前途 [M]. 北京：社会科学文献出版社，2013.
[96] 宋应离，朱联营，李明山. 中国期刊发展史 [M]. 开封：河南大学出版社，2004.
[97] 孙洪军. 日本出版产业论 [M]. 北京：中国传媒大学出版社，2009.
[98] 孙燕君，康建中，刘再兴. 期刊中国 [M]. 北京：中国社会科学出版社，2003.
[99] 孙永平.2007 湖北文化改革发展蓝皮书 [M]. 武汉：湖北人民出版社，2008.
[100] 王桂科. 媒介产业经济分析 [M]. 广州：广东人民出版社，2006.
[101] 王国华，贾国伟. 文化产业热点问题对策研究 [M]. 北京：国家行政学院出版社，2011.
[102] 王润珏. 产业融合趋势下的中国传媒产业发展研究 [M]. 北京：中国书籍出版社，2011.
[103] 王素娟. 文化创意产业发展中法律问题研究 [M]. 北京：中国人民公安大学出版社，2013.
[104] 王玉德. 文化学 [M]. 昆明：云南大学出版社，2006.
[105] 王岳川. 中国镜像：90 年代文化研究 [M]. 北京：中央编译出版社，2001.
[106] 邵培仁，陈兵. 媒介战略管理 [M]. 上海：复旦大学出版社，2003.
[107] 施惟达. 文化与经济：民族文化与产业发展 [M]. 昆明：云南大学出版社，2011.
[108] 师永刚. 解密《读者》：1981—2008 [M]. 北京：华夏出版社，2008.
[109] 谈国新，钟正. 民族文化资源数字化与产业化开发 [M]. 武汉：华中师范大学出版社，2012.
[110] 汤莉萍，殷俊. 世界文化产业案例选析（第二版）[M]. 成都：四川大学出版社，2009.
[111] 陶东风，徐艳蕊. 当代中国的文化批评 [M]. 北京：北京大学出版社，2006.
[112] 陶喜红. 中国传媒产业市场结构演变研究 [M]. 北京：中国社会科学出版社，2013.
[113] 唐亚明，王凌洁. 英国传媒体制 [M]. 广州：南方日报出版社，2007.
[114] 唐亚阳，公益创业学概论 [M]. 长沙：湖南大学出版社，2009.
[115] 涂晓华. 报刊创意与策划 [M]. 北京：中国广播电视出版社，2009.

[116] 吴定勇. 都市报崛起之谜 [M]. 成都：四川人民出版社，2005.

[117] 吴玉兰. 中国财经类媒体发展研究：以媒介生态学为视角 [M]. 北京：中国社会科学出版社，2010.

[118] 肖东发，张文彦. 出版创新与中国文化软实力 [M]. 北京：中国社会科学出版社，2011.

[119] 向飒. 期刊数字化发展及品牌延伸 [M]. 北京：中国传媒大学出版社，2013.

[120] 向勇. 全球视野下的产业融合与文化振兴 [M]. 北京：金城出版社，2011.

[121] 谢耘耕. 传媒资本运营 [M]. 上海：复旦大学出版社，2006.

[122] 新京报传媒研究院. 新京报传媒研究 [M]. 广州：南方日报出版社，2013.

[123] 徐春莲，何海林. 英国期刊产业前沿报告 [M]. 广州：南方日报出版社，2007.

[124] 徐金龙. 从资源到资本：民间文学与国产动漫的整合创新研究 [M]. 武汉：华中师范大学出版社，2013.

[125] 徐彦平. 知音文化管理五讲：怎样打造知音伙伴式团队 [M]. 上海：复旦大学出版社，2011.

[126] 许清茂. 杂志学 [M]. 厦门：厦门大学出版社，2006.

[127] 熊澄宇. 文化产业研究：战略与对策 [M]. 北京：清华大学出版社，2006.

[128] 熊澄宇. 世界文化产业研究 [M]. 北京：清华大学出版社，2012.

[129] 杨洪祥. 中国期刊的出路 [M]. 广州：新世纪出版社，2002.

[130] 杨洪祥. 经营期刊 [M]. 广州：新世纪出版社，2003.

[131] 叶继元. 期刊信息资源建设研究 [M]. 北京：北京图书馆出版社，2007.

[132] 姚林青. 版权与文化产业发展研究 [M]. 北京：经济科学出版社，2012.

[133] 姚伟钧. 从文化资源到文化产业 [M]. 武汉：华中师范大学出版社，2012.

[134] 易飞. 憨的智慧——《特别关注》15 年传奇 [M]. 北京：中国和平出版社，2015.

[135] 游梦华. 制度变迁与新时期广东报业发展研究 [M]. 广州：暨南大学出版社，2008.

[136] 喻国明. 变革传媒——解析中国传媒转型问题 [M]. 北京：华夏出版社，2005.

[137] 余也鲁. 杂志编辑学 [M]. 香港：海天书楼出版社，1944.

[138] 余阳明，朱纪达，肖俊崧. 品牌传播学 [M]. 上海：上海交通大学出版社，2005.

[139] 张伯海. 期刊思考录 [M]. 天津：天津人民出版社，1996.

[140] 张京成，沈晓平，张彦军. 中国文化创意产业政策研究 [M]. 北京：科学出版社，2013.

[141] 张昆. 大众媒介的政治社会化功能 [M]. 武汉：武汉大学出版社，2003.

[142] 张平. 妇女期刊发展述评 [M]. 北京：中国大百科全书出版社，2003.

[143] 张新华. 转型期中国出版业制度分析 [M]. 北京：中国传媒大学出版社，2010.

[144] 张胜冰. 文化产业与城市发展 [M]. 北京：北京大学出版社，2012.

[145] 张晓明. 拓荒者的足迹——中国文化产业改革发展十年路径与政策回顾 [M]. 北京：社会科学文献出版社，2013.

[146] 赵化勇.中央电视台品牌战略[M].北京：中国广播电视出版社，2008.
[147] 郑祥福.大众文化时代的消费问题研究[M].北京：中国社会科学出版社，2008.
[148] 周劲.传媒治理——理论与模式的中国式建构[M].北京：人民出版社，2008.
[149] 周振华.信息化与产业融合[M].上海：上海三联书店，上海人民出版社，2003.
[150] 周蔚华.数字传播与出版转型[M].北京：北京大学出版社，2011.
[151] 钟敬文.话说民间文化[M].北京：人民日报出版社，1990.
[152] 朱春阳.现代传媒产品创新理论与策略[M].济南：山东人民出版社，2005.
[153] 朱建纲.文化产业发展战略研究[M].长沙：湖南教育出版社，2006.
[154] 庄晓东.文化传播：历史、理论与现实[M].北京：人民出版社，2005.
[155] 左惠.文化产品供给论——文化产业发展的经济学分析[M].北京：经济科学出版社，2009.
[156] 左晶.大众文化视野下的畅销书研究[M].北京：知识产权出版社，2013.

三、研究报告、年鉴、论文集及硕博论文类

（一）研究报告、论文集及年鉴类

[1] 陈少峰，张立波，王建平.中国文化企业报告[R].北京：清华大学出版社，2015.
[2] 陈昕.美国数字出版考察报告[R].上海：上海人民出版社，2008.
[3] 崔保国.中国传媒产业发展报告（2015）[R].北京：社会科学文献出版社，2015.
[4] 郝振省.2009—2010中国数字出版产业年度报告[R].北京：中国书籍出版社，2011.
[5] 郝振省，魏玉山.2012—2013中国出版业发展报告[R].北京：中国书籍出版社，2013.
[6] 湖北省出版工作者协会.湖北省出版资料选编（1970—2006）[G].武汉：湖北人民出版社，2009.
[7] 胡惠林，陈昕.中国文化产业评论（第13卷）[G].上海：上海人民出版社，2011.
[8] 胡惠林，王婧.2013年中国文化产业发展指数报告（CCIDI）[R].上海：上海人民出版社，2013.
[9] 黄曼君.反思与超越——20世纪中国文学与理论批评国际学术研讨会论文集[G].武汉：华中理工大学出版社，2000.
[10] 黄永林，袁堃.武汉市文化创意产业发展报告（2013）[R].北京：社会科学文献出版社，2013.
[11] 黄永林.武汉文化创意产业发展报告（2014）[R].北京：社会科学文献出版社，2014.
[12] 柳斌杰.论文化体制改革[G].北京：人民出版社，2013.
[13] 李频.中国期刊产业发展报告NO.1——市场分析与方法求索[R].北京：社会科学文献出版社，2005.
[14] 李频.中国期刊产业发展报告NO.2——区域发展与类群分析[R].北京：社会科学文

献出版社，2007.
［15］欧阳友权. 中国文化品牌发展报告［R］. 北京：社会科学文献出版社，2015.
［16］冉华，周丽玲. 传媒风云来自武汉传媒市场的报告［R］. 武汉：武汉大学出版社，2007.
［17］石峰. 书人、书事、书话［G］. 北京：中国书籍出版社，2014.
［18］叶朗. 2013 中国文化产业年度发展报告［R］. 北京：清华大学出版社，2012.
［19］熊澄宇，金兼斌. 新媒体研究前沿［G］. 北京：中国书籍出版社，2014.
［20］中华人民共和国新闻出版总署出版产业发展司. 新闻出版体制改革案例汇编［G］. 北京：中国人民大学出版社，2009.
［21］中华人民共和国国家统计局. 中国文化及相关产业统计年鉴（2011—2015）.
［22］文化部财务司. 中国文化文物统计年鉴（2011—2015）.
［23］中华人民共和国国家统计局. 中国统计年鉴（2011—2015）.
［24］中国期刊协会 / 中国期刊年鉴杂志社. 中国期刊年鉴（2002—2015）.
［25］中国期刊协会 / 中国期刊年鉴杂志社. 中国品牌期刊报告.

（二）硕博学位论文

［1］陈婷. 郭敬明现象的出版传播学解读［D］. 湖南师范大学，2011.
［2］陈瑞群. 传媒成长的生态学分析［D］. 华中科技大学，2012.
［3］陈苏. 顶新集团（康师傅）企业史研究［D］. 南京大学，2011.
［4］丁倩.《意林》杂志研究［D］. 华中师范大学，2014.
［5］丁智才. 边疆民族地区文化产业发展与民族特色文化保护研究［D］. 华中师范大学，2015.
［6］冯婷.《特别关注》的特色研究［D］. 华中师范大学，2007.
［7］胡春秀.《三联生活周刊》研究［D］. 四川大学，2007.
［8］胡璇. 赵本山现象论［D］. 华中师范大学，2013.
［9］黄佳利. “易中天现象” 研究［D］. 华中科技大学，2008.
［10］姜文斌. 政治、文化、经济目标之平衡. 加拿大广播电视产业政策演变及其启示［D］. 华中师范大学，2013.
［11］李国秀. 我国期刊盈利模式的品牌经济分析——以《读者》为例［D］. 山东大学，2009.
［12］李淑媛. 从期刊内容看家庭价值观之变迁——以《知音》,《家庭》为例［D］. 暨南大学，2014.
［13］刘英.《今古传奇》品牌创新理念［D］. 华中师范大学，2004.
［14］李杨. 凤凰电视文化现象研究［D］. 中国艺术研究院，2004.
［15］罗融融.《中国国家地理研究》研究（1950—2013）［D］. 复旦大学，2004.
［16］梁劲鹏.《知音》杂志营销策略研究［D］. 广州大学，2013.

[17] 梁雪莱. 大众文化视角下的《知音》文本研究 [D]. 兰州大学，2013.
[18] 陆丹. 我国期刊集团化发展研究 [D]. 华中科技大学，2005.
[19] 马德永. 国际传媒集团的成长与变革——贝塔斯曼个案研究 [D]. 复旦大学，2011.
[20] 钱广贵. 中国传媒体制改革研究：从两分开到三分开 [D]. 武汉大学，2009.
[21] 屈济荣. 故事化新闻的叙事策略与技巧研究 [D]. 四川大学，2007.
[22] 王睿. 文化体制改革背景下的中国妇女期刊发展战略研究 [D]. 安徽大学，2013.
[23] 王伟杰. 文化产业开发过程中的文化价值冲突与选择问题研究 [D]. 华中师范大学，2014.
[24] 史丽萍. 阿多诺的文化工业批判理论及其对我国发展文化产业的启示 [D]. 中山大学，2009.
[25] 陶海洋.《东方杂志》研究（1904—1948）[D]. 南京大学，2013.
[26] 魏晋雪.《知音》中的男性形象研究 [D]. 南开大学，2010.
[27] 向翠林. 讲述“真”“情”故事 缔造期刊神话 [D]. 华中师范大学，2006.
[28] 杨慧娟. 传统出版向数字出版的转型及创新研究 [D]. 郑州大学，2013.
[29] 俞朝阳.90 年代以来大众文化语境下的《知音》研究 [D]. 西南交通大学，2008.
[30] 余淑君. 浙江横店文化产业现象解读 [D]. 中南大学，2008.
[31] 张海沙. 当下中国文化期刊的符码研究 [D]. 华中师范大学，2008.
[32] 张涵. 经济社会发展中的文化产业问题研究——兼谈中国文化产业发展 [D]. 山东大学，2009.
[33] 白石. 不同社会制度视角下对中美杂志的对比研究 [D]. 内蒙古大学，2011.
[34] 周明亮. 基于比较视角的“湖南文化现象”分析 [D]. 湖南师范大学，2013.

四、报刊类

（一）期刊论文

[1] 蔡雯，李亚丽. 传媒媒体如何决胜数字时代——对英国三家著名媒体的调查与思考 [J]. 国际新闻界，2007（09）.
[2] 曹晋，徐婧，黄傲寒. 新媒体、新修辞与转型中国的性别政治、阶级关系：以“绿茶婊”为例 [J]. 新闻大学，2015（02）.
[3] 崔景华，李浩妍. 韩日数字出版产业发展现状及扶持政策 [J]. 出版发行研究，2012（10）.
[4] 曹鹏. 传媒业正视经营管理人才短缺危机 [J]. 新闻记者，2001（11）.
[5] 崔保国. 技术创新与媒介变革 [J]. 当代传播，1999（06）.
[6] 辰目. 怎么表述出版业核心价值观 [J]. 出版发行研究，2011（11）.
[7] 陈少峰. 互联网文化产业环境下文化国企发展对策分析 [J]. 北京联合大学学报（人文社会科学版），2015（01）.
[8] 陈祖君. 论作为文化传播媒介的 1980 年代文学期刊 [J]. 文艺理论与批评，2006,

(05).
[9] 程蔚. 期刊盈利的第三条道路 [J]. 新闻记者，2004 (02).
[10] 邓志龙、黄孝章. 数字时代我国出版业版权资源开发利用状况思考 [J]. 大学出版，2009 (02).
[11] 丁竞男. 美国期刊多元化经营启示 [J]. 青年记者，2011 (02).
[12] 段京肃. 社会发展中的阶层分化与媒介的控制权和使用权 [J]. 厦门大学学报，2014 (01).
[13] 范军. 小众化品牌：期刊发展的必由之路 [J]. 编辑之友，2005 (06).
[14] 范军. 期刊名与读者定位 [J]. 出版科学，2000 (03).
[15] 范军. 晚清民国时期上海的出版企业集群 [J]. 现代出版，2012 (06).
[16] 范军、欧阳敏. 论近现代杰出出版人的企业家精神 [J]. 华中师范大学学报 (人文社会科学版)，2013 (06).
[17] 范玉刚. 当下语境中的“大众”与“大众文化”[J]. 中共中央党校学报，2007 (03).
[18] 冯越. 是新闻，也是文学——从《知音》杂志的发展看中国纪实文学的崛起 [J]. 今传媒，2005 (04).
[19] 费孝通. 对文化的历史性和社会性的思考 [J]. 思想战线，2004 (02).
[20] 傅才武. 国有文化企业管理体制改革：从主管主办制度到出资人制度 [J]. 华中师范大学学报 (人文社会科学版)，2014 (03).
[21] 高江波，武明乾. 大众文化期刊的兴起、发展和提高 [J]. 中国出版，1995 (09).
[22] 古月. 大众文化生活类期刊：伞下蕴藏着广阔空间 [J]. 出版参考，2003 (31).
[23] 郭力文. 愿《知音》成为姐妹们的挚友 [J]. 知音，1985 (01).
[24] 何道宽. 媒介即文化——麦克卢汉媒介批评理论 [J]. 现代传播，2000 (06).
[25] 何静. 期刊产业化：市场经济的必然选择 [J]. 东北财经大学学报，2000 (05).
[26] 胡惠林. 论文化产业的公共责任 [J]. 社会科学，2009 (10).
[27] 胡启文. 期刊改革的成功之路——谈《知音》改革的基本思路 [J]. 湖北师范学院学报，1998 (05).
[28] 黄端. 中国大众期刊发行市场供需现状及未来十年走势 [J]. 中国出版，2010 (22).
[29] 黄永林. 中国文化产业发展战略的历史选择及其特征与经验 [J]. 同济大学学报 (社会科学版)，2015 (05).
[30] 黄永林，纪东东. 湖北省文化体制改革现状分析与对策研究 [J]. 中国地质大学学报 (社会科学版)，2015 (04).
[31] 黄孝章，张志林，王亮. 新媒体发展中的“长尾效应”探析 [J]. 北京印刷学院学报，2008 (01).
[32] 姜圣瑜. 采写新闻就是“采写故事”[J]. 新闻战线，2004 (06).
[33] 江作苏. 网络的审美介入与底线意识——对网络信息传播与信息消费的再审视 [J]. 中国出版，2013 (14).

[35] 康亮芳，杨文全. 网络背景下“XX 体”现象的模因论解释 [J]. 华中师范大学学报，2013（02）.
[36] 雷绍锋. 图书封面设计的十大特征 [J]. 编辑之友，2005（05）.
[37] 雷一大. 深入生活、深入心灵、深入家庭——谈《知音》的编辑特色 [J]. 新闻前哨，2002（04）.
[38] 雷一大. 知音传媒集团转型发展之探索与实践 [J]. 决策与信息，2016（02）.
[39] 李凤亮. 文化产业提升文化软实力的战略路径 [J]. 南京社会科学，2011（12）.
[40] 李林，谈国新，佘明星. 试析国产动漫品牌的发展路径——以武汉动漫产业品牌为例 [J]. 西南民族大学学报（人文社会科学版），2014（08）.
[41] 李频. 求解连续出版的伴随效应和累积效应——以“《读者》现象”为例 [J]. 河南大学学报（社会科学版），2014（03）.
[42] 李频. 期刊创新摭谈 [J]. 科技与出版，2015（07）.
[43] 李晓樱. 于平实中凸显时代主旋律——《知音》以正面宣传为主的报道艺术 [J]. 出版广角，2001（01）.
[44] 刘冰，卢冬娅. 期刊的产业化发展和职业经理人 [J]. 中国科技期刊研究，2006（06）.
[45] 刘昶，陈文沁. 融媒大发展的前提是遵循新闻传播规律 [J]. 新闻战线，2014（11）.
[46] 刘玉堂，黄南珊. 湖北文化资源转化策论 [J]. 湖北大学学报（哲学社会科学版），2006（06）.
[47] 刘玉堂，袁北星. 推动湖北文化产业跨越式发展的路径选择 [J]. 湖北大学学报（哲学社会科学版），2012（06）.
[48] 柳斌杰. 关于出版业改革与发展的若干问题 [J]. 出版发行研究，2003（04）.
[49] 罗忻，黄永林. 我国文化消费存在的问题及引导对策研究 [J]. 兰州大学学报（社会科学版），2013（01）.
[50] 骆正林. 金陵文化与《莫愁》品牌的相得益彰 [J]. 出版广角，2013（05）.
[51] 吕文棣. 浅薄煽情内容媚俗《知音》是不是垃圾媒体？[J]. 时代人物，2012（06）.
[52] 梅学书，江国志，叶汉雄. 文化产业改革发展的一匹“奇骏”——湖北知音集团发展壮大的经验与启示 [J]. 政策，2012（05）.
[53] 栗玮. “知音体”的语言风格及其影响 [J]. 山西师范大学学报（社会科学版），2013（S3）.
[54] 彭兰. “圈地运动”—“产品革命”—“支点设置”：媒介融合三部曲解析 [J]. 新闻与写作，2010（02）.
[55] 彭劲松. 用更多的精力制作信息标题 [J]. 秘书工作，2005（01）.
[56] 彭蕾. 杂志营销策略研究——以《知音》为例 [J]. 商业，2015（23）.
[57] 钱学森. 社会主义精神文明建设与文艺工作 [J]. 文艺研究，1987（01）.
[58] 冉然. 兴文化大业 建报刊强省——湖北省报刊业发展纪实 [J]. 传媒，2013（09）.
[59] 沈伟东. 超以象外得其环中——期刊集团产业化发展战略思考 [J]. 出版发行研究，

2013（12）.
［60］石峰.当代中国期刊人的担当［J］.编辑之友，2014（09）.
［61］孙发友，李铁锤.期刊“四大名旦”的情感表达透视［J］.编辑之友，2004（01）.
［62］宋革新.当代大众文本评价期待［J］.文艺理论与批评，2005（02）.
［63］谈国新，郝挺雷.科技创新视角下我国文化产业向全球价值链高端跃升的路径［J］.华中师范大学学报（人文社会科学版），2015（02）.
［64］陶喜红.论媒介融合在中国的发展趋势［J］.中国广告，2007（06）.
［65］唐亚阳.论实现“中国梦”的精神状态［J］.思想政治工作研究，2013（05）.
［66］王玉玲，陈训明.谈文化产业竞争力视域下青年期刊的发展［J］.出版发行研究，2011（09）.
［67］韦文杰.知音传媒集团的媒介融合策略及启示［J］.出版发行研究，2012（09）.
［68］卫玲.关于我国期刊产业化的论析［J］.西北大学学报（哲学社会科学版），2006（06）.
［69］文心，李艳华.《知音》杂志发展的三大战略探讨［J］.编辑之友，2005（01）.
［70］吴成福.论国外期刊出版趋势与我国期刊发展方向［J］.中国出版，2003（04）.
［71］吴峰.从边缘到中心——《洛阳日报》发行20年回眸［J］.传媒，2005（10）.
［72］吴乐平.对我国期刊产业化问题的若干思考［J］.编辑之友，2001（01）.
［73］夏一鸣.期刊市场定位新探［J］.编辑之友，2003（04）.
［74］徐向林.采得百花酿甘蜜——谈谈通讯报道“知音体”的写作要点［J］.写作，2012（21）.
［75］向勇.文化产业发展与企业文化建设［J］.福建论坛（人文社会科学版），2010（04）.
［76］熊澄宇.整合传媒：新媒体进行时［J］.国际新闻界，2006（07）.
［77］薛永武.关于文化与文化产业研究的几个理论问题［J］.中国海洋大学学报（社会科学版），2008（03）.
［78］姚伟钧，任晓飞.中国文化资源禀赋的多维构成与开发思路［J］.江西社会科学，2009（06）.
［79］叶新.美国杂志的分类［J］.出版发行研究，2003（04）.
［80］喻国明.中国传媒“拐点”的现实困境与发展契机［J］.市场观察媒介，2005（10）.
［81］喻国明，樊拥军.传媒产业集成经济平台的建构——兼论集成经济下的复合经济效益［J］.当代传播，2015（01）.
［82］于继勇.大众期刊定位分析［J］.新闻世界，2008（08）.
［83］詹一虹，周雨城.文化与科技融合视角下文化产业竞争力评价体系研究［J］.广西社会科学，2014（11）.
［84］张伯海.喜看我国期刊步入品牌成长期［J］.出版科学，2003（02）.
［85］张国祚.加强智库建设是重大而紧迫的战略任务［J］.理论参考，2015（01）.
［86］张昆，周钢.都市报裁员与媒介融合变革——以《楚天都市报》2015年改革为例［J］.

新闻记者，2015（11）.
[87] 张晓明. 把握好文化产业发展的阶段性特征 [J]. 求是，2013（15）.
[88] 张泽青，于建生. 我国期刊市场缺什么 [J]. 出版广角，2001（06）.
[89] 赵国妮. 让读者“恋”上你的标题 [J]. 青年记者，2010（18）.
[90] 郑保卫. 事业性、产业性：转型期中国传媒业双重属性解读 [J]. 今传媒，2006（08）.
[91] 周光明，郑昱. “杂志”近代含义的生成 [J]. 武汉大学学报（人文科学版），2008（05）.
[92] 周鸿飞. 试谈期刊产业化 [J]. 编辑之友，1998（05）.
[93] 朱静雯，李靓. 我国期刊集团内生核心竞争力形成机理研究 [J]. 中国出版，2014（12）.
[94] 朱玉祥. “期刊黑马”奔驰的五年 [J]. 今传媒，2006（03）.
[95] 邹玲. 知音啊，你是谁的知音？ [J]. 中国企业家，2012（15）.

（二）报纸类

[1] 段久惠. 刘玉堂：在传统文化中寻找武汉精神的根 [N]. 长江日报，2014-08-23.
[2] 甘丽华.《知音》美文是如何炼成的 [N]. 中国青年报，2012-08-27.
[3] 韩晓玲. 面向“互联网 +”时代觅知音 [N]. 湖北日报，2015-08-13.
[4] 蒋海军，王译. 互联网文化产业中的版权保护 [N]. 中国知识产权报，2015-03-27.
[5] 晋雅芬. 期刊业发展呈现六种新常态特征 [N]. 中国新闻出版报，2015-02-02.
[6] 来扬. 从《知音》走下来的典型人物 [N]. 中国青年报，2012-09-10.
[7] 李国生. 知音传媒：用互联网思维拓展产业布局 [N]. 中国新闻出版广电报，2015-08-12.
[8] 李晓亮. “格调”不应是《知音》上市障碍 [N]. 新华每日电讯，2012-05-04.
[9] 李尤驹. 红安旅游产业开发又遇“知音”[N]. 黄冈日报，2012-05-07.
[10] 厉无畏. 文化资本与文化竞争力 [N]. 文汇报，2004-05-24.
[11] 刘启涛.《知音》读者群及其接受的调查 [N]. 中华读书报，2015-07-22.
[12] 刘伟. 文化企业：发展勿忘社会责任 [N]. 人民日报，2012-05-25.
[13] 卢欢. “一托六”战略助力“传媒融合发展”[N]. 长江商报，2014-09-20.
[14] 聂春林，光辉. 总算晓得知音传媒上市路：高管持股方案被否 [N]. 21 世纪经济报道，2012-03-30.
[15] 石峰. 期刊品牌建设迫在眉睫 [N]. 中国新闻出版报，2012-10-30.
[16] 苏晓芳，欧阳友权.《知音》品牌的核心叫“感动”[N]. 中国文化报，2007-01-08.
[17] 万建辉.《知音》副主编谈知音体：百姓需要这种直白的表达 [N]. 长江日报，2014-10-20.
[18] 谢方，程龙华. “知音头条”正式上线 [N]. 长江商报，2015-09-25.
[19] 叶铁桥.《知音》鲜为人知幕后故事：创刊号险些胎死腹中 [N]，中国青年报，

2012-08-18.
[20] 叶铁桥. 知音：敢领风气之先 [N]. 中国青年报，2012-08-17.
[21] 尹聪. 知音传媒原副总朱家君被批捕 [N]. 新京报，2014-11-18.
[22] 赵新乐，晋雅芬. 向集群要力量　向改革要未来　湖北省报刊业发展综述 [N]. 中国新闻出版报，2013-09-12.
[23] 赵新乐. 让传统期刊和新媒体实现利益融合 [N]. 中国新闻出版报，2015-09-15.
[24] 钟敬文. 文学狂欢化思想与狂欢 [N]. 光明日报，1999-01-28.

附录 1：知音传媒集团历年主要获奖情况

（截至 2015 年）

1985 年至 1991 年（略）

1992 年，在湖北省开展的第一届优秀期刊评选活动中，《知音》被评为湖北省优秀期刊。

1995 年 12 月，在 1995 年全国首届社会科学期刊评奖活动中荣获优秀社科期刊奖。

1995 年，《知音》被评为第二届湖北省优秀期刊。

1997 年 8 月，《知音》荣获第二届全国“百家优秀报刊”奖。

1998 年，《知音》被评为全国百种重点社科期刊。

1998 年 8 月，《知音》记者分赴湖北抗洪前线，组织采写了大量抗洪抢险的报道，并及时出版《知音·抗洪特刊》，受到湖北省委宣传部表扬；《知音》抗洪前线记者荣立二等功。同年 8 月，《知音》杂志社向灾区捐款 220 万元，受到湖北省政府表彰。

1999 年 6 月，《知音》获第三届湖北省优秀期刊。

1999 年 10 月，《知音》被评为首届中国期刊奖和第二届全国百种重点期刊。

2000 年 11 月，知音杂志社被湖北省委宣传部评为湖北新闻工作先进集体称号。

2001 年，《知音》被评为首届“湖北十大名刊”“湖北双十佳期刊”。

2001 年，《知音》入选“中国期刊方阵”社科双高期刊。

2002 年，在第二届“全国国民阅读与购买倾向抽样调查”中，《知音》被评为“读者最喜爱的 11 种杂志”之一。

2003 年，《知音》杂志社被评为“全国妇联系统先进集体”“全国三八红旗集体”。

2005 年 1 月，《知音》荣获第三届国家期刊奖。

2006 年 6 月，在第四次“全国国民阅读与购买倾向抽样调查”中，《知音》被评为“读者最喜爱的 10 种杂志”之一。

2008 年，集团荣获中国首届出版政府奖。

2008 年 5 月，《知音》杂志被评为 2008 中国 10 大女性媒体品牌。

2008 年 9 月，集团荣获湖北省直年度失业保险申报缴费诚信单位。

2009 年，集团被评为全国文化体制改革先进企业。

2009 年 6 月，《知音》杂志被评为 2009 中国 10 大女性媒体品牌。

2009 年 12 月，《知音》杂志荣获新中国 60 年有影响力的期刊。

2010 年 5 月，《知音》杂志荣获第三届湖北十大名刊。

2010 年 11 月，集团荣获首届全国新闻出版行业文明单位称号。

2010 年 12 月，集团荣获 2010 年中国最具影响力企业奖。

2010 年 12 月，《知音漫客》被评为湖北综合文艺生活优秀精品期刊奖。

2011 年 1 月，湖北知音期刊集团公司被评为武汉市创新型示范企业。

2011 年 2 月，集团荣获全国新闻出版系统先进集体奖。

2011 年 6 月，集团荣获湖北省残联 2010 年按比例安排残疾人就业工作先进单位奖。

2011 年 11 月，集团被评为湖北省为老区做出突出贡献的先进单位。

2011 年，知音动漫公司研发的《高考 2 进 1》网络游戏获得首届“湖北省优秀原创网络游戏奖”。

2012 年 2 月，集团荣获 2011 年度湖北省新闻出版突出贡献奖先进单位。

2012 年 9 月，集团获“全国文化体制改革工作先进单位”。

2012 年，集团获“2010—2011 年度湖北省纳税信用 A 级纳税人”称号。

2013 年 11 月，《知音漫客》获第二届湖北出版政府奖期刊奖。

2013 年，《知音》《知音漫客》荣获第四届湖北省“十大名刊”奖、“2013 年最受读者欢迎的五十种期刊”。

2013 年 3 月，知音集团投资拍摄的电影《特警英雄》获湖北省第八届精神文明建设“五个一工程”优秀作品奖。

2014 年 1 月，《知音漫客》荣获中国首届创意工业创新奖。

2014 年 5 月，《知音漫客》入选“湖北省十大特色文化品牌”，知音集团被评为“湖北十佳文化产业跨越发展领军企业”之一。

2014 年 10 月，“知音”被国家工商总局认定为国家“驰名商标”。

2015 年 2 月 1 日，《知音漫客》入选第五届湖北省十大名刊，主要创始人入选“湖北期刊领军人物”。

附录 2:《知音》调查问卷

（注：本调查不做任何商业用途，仅限于学术研究使用）

1. 您最喜欢的三种媒体？ A. 期刊　B. 报纸　C. 电视　D. 网络　E. 手机　F. 广播

2. 您经常阅读的期刊有哪些？ ____________________

3. 您喜欢《知音》的哪些栏目？ A. 爱心行动　B. 名人明星　C. 生命之歌　D. 特别主题创意　E. 人生直击　F. 围城风景　G. 蓝盾新闻　H. 人情大世界　I. 知音集结号　J. 特别调查　K. 人在旅途　L. 爱情岁月　M. 生活新闻　N. 寻梦季节　O. 初恋时分

4. 写出您最喜欢以上栏目的原因：____________________

5. 您最喜欢《知音》上的三篇文章是：____________________

6. 您对《知音》封面的评价是：A. 很好　B. 好　C. 一般　D. 不好

7. 您对《知音》印刷和包装质量的评价是：A. 很满意　B. 满意　C. 比较满意　D. 不满意

8. 您通过什么途径阅读期刊？ A. 购买　B. 订阅　C. 借阅　D. 传阅　E. 网络在线付费阅读

9. 您阅读《知音》有什么收获？ A. 启迪人生　B. 了解社会　C. 娱乐消闲　D. 其他

10. 您对《知音》的评价、建议、批评等（写不完可另附纸）

____

____

11. 您的基本情况：

姓名：

性别：A. 男　B. 女

年龄：A.18 岁以下　B.18−25 岁　C.26−35 岁　D.36−45 岁　E.46−60 岁

F. 60 岁以上

职业：

学历：A. 初中及以下　B. 高中　C. 中专　D. 大专　E. 本科

F. 硕士及以上

您的月收入（单位：元）：A. 1000 及以下　B. 1000—2000　C. 2000—3000　D. 3000—5000　E. 5000—8000　F. 8000 以上

您目前婚姻状况：A. 单身　B. 已婚

您的联系电话：

通讯地址：

邮编：

附录3：新路径　新业态　新格局

——创新赋能助推知音传媒集团全产业链发展

汤广花

编者按

2022年1月21日，中国新闻出版广电报刊发了《新路径 新业态 新格局——创新赋能助推知音集团全产业链发展》一文，报道了知音集团近年来聚焦传媒主业，始终坚持媒体融合转型发展的成果，以及围绕主业，结合知音既有资源特点，探索出一条出版与教育深度融合、相互赋能的发展之路。

04 专版
中国新闻出版广电报
新路径 新业态 新格局
——创新赋能助推知音集团全产业链发展
聚焦资本市场
《长江商报》逆袭为报业改革提供借鉴
坚持融媒体发展
期刊老品牌焕发新活力
延伸产业链
出版与教育相互赋能

原文如下：

《长江商报》及时转变报纸定位，确定融媒体发展思路，由区域性综合类都市报成功转型为具有全国性影响力的大财经类全媒体，深耕资本市场，一举扭转了创刊以来连亏 10 年的局面，实现净利润 5 年连续增长。

老品牌《知音》杂志，继续发挥内容优势和品牌优势，走线上转型、融合发展之路；《知音漫客》不断提高原创内容生产能力，打造拥有全版权的 IP 内容，版权和图书两大核心业务板块发展态势良好。

围绕传媒主业，结合知音既有的资源特点，探索出一条出版与教育深度融合、相互赋能的发展之路。目前，知音的教育产业布局初具规模，形成了从幼儿教育到职业教育到老年教育的完整产业链条。

……

2016 年 2 月，刘学明被任命为湖北知音传媒集团党委书记、董事长，宋以超被任命为湖北知音传媒集团党委副书记、总经理。面对纸媒大幅下滑的严峻局面，新一届集团党委带领知音开启了二次创业、转型发展的艰难历程。6 年来，逐渐探索确定了“传媒 + 教育 + 物业 + 多元化产业”的“3+N”发展战略，并在坚持社会效益首位的基础上，实现了经济效益年年增长的良好成绩：截至 2021 年年底，集团资产总额从 2015 年年底的 13.82 亿元增长到 23.15 亿元，现金总额从 6 亿元增长到 14.79 亿元，年净利润从 2200 余万元增长到 6000 余万元，营业利润达 2013 年以来的最高值。

聚焦资本市场

《长江商报》逆袭为报业改革提供借鉴

《长江商报》自 2006 年创刊后，因经营不善，连年亏损，累计亏损 2 亿元。然而，从知音集团托管后的 2017 年起，这份报纸开始一举扭亏为盈，实现了净利润 5 年连续增长。数据显示，2017 年至 2021 年 5 年间，《长江商报》的营收、净利和现金流不断交出亮丽的成绩单，自 2019 年实现净利 1500 万元后，在 2020 年和 2021 年新冠疫情之下经营业绩仍不断企稳和突破，凸显了极强的市场抗风险能力。

在传统媒体整体发展低迷的大背景下，《长江商报》为何能逆势上扬，取得阶段性业绩？在刘学明看来，办报思路、定位的转变起到了决定性作用。

《长江商报》原是一份区域综合类的都市日报，当时武汉有《楚天都市报》《楚天金报》《武汉晚报》《武汉晨报》等多种同类报纸，竞争激烈。2016年2月，知音集团党委开始调整报纸定位和办报思路，决定商报应该姓“商”，定位由区域性综合类都市报转型为面向全国的专业财经报，走“大财经”定位的垂直细分路线，报道内容专注资本市场和证券股市，精准服务资本市场。

“这其实是置之死地而后生。”宋以超坦言，让《长江商报》从原来的定位中跳出来并不是一件容易的事，颇有背水一战的意味。与此同时，知音集团所进行的公司化、薪酬体制、主业驱动等系列改革，对包括《长江商报》在内的13家经营单位实现了授权到位、责任到位和监管到位，创新活力逐渐释放出来。相应地，《长江商报》也进行了大刀阔斧的机构改革和卓有成效的成本管控，裁减冗员，将员工总人数从300多人控制到100人以内，不断提质增效。

令人欣喜的是，这一调整取得了立竿见影的效果。6年来，《长江商报》坚持正确的政治方向和舆论导向，围绕服务湖北经济建设中心工作和我国资本市场的大局开展财经分析报道，已跻身全国严肃主流财经媒体阵营。

不仅如此，为了突破传统经营模式的瓶颈，《长江商报》积极探索和开拓，由过去单纯的新闻内容提供商转变为可以为企业赋能的综合服务提供商，由过去的单向信息输出转变为双向的资源交互。目前已形成以高峰论坛、公益联盟、品牌管理和垂直定制等为主体的“非报经营”运营模式。其中，由长江商报资本战略研究院承办的“中国公司责任高峰论坛”和系列“中国上市公司社会责任报告发布”等活动，已成为资本业界具有一定影响力的年度盛会和品牌发布会。

公益联盟是《长江商报》“非报经营”模式下又一较为成功的探索。2019年，《长江商报》以公益联盟为平台，携手上百家知名上市公司和企业家拓展全国性社会公益实践，一方面，开展云南户威灰叶猴保护等公益项目，进一步引导上市公司关注我国生态文明建设；另一方面，以新闻扶贫、科技扶贫和消费扶贫等方式助力精准脱贫和乡村振兴。据了解，公益联盟团队先后9次自驾奔赴陕西、云南和湖北三省，历时50多天，行程超2.7万公里，通过直播和新闻宣传等形式直接带动当地农产品销售800多万元，受到当地政府、农业合作社和农户的赞誉。

A06　长江公益　2020.11.26

中午12点钟正在树干上晒太阳的灰叶猴。

正在吃树上花蕊的灰叶猴。

云南户威灰叶猴生存状况存隐忧　长江商报启动公益保护计划

让灰叶猴远离“自生自灭”状态

启动公益保护重建灰叶猴栖息地

△ 2020 年 11 月，长江商报公益联盟在永德启动“云南户威灰叶猴生态保护项目”。

“我们通过为上市公司提供‘公益外包’专业化一站式服务，已初步摸索出了一套流程和方法，力争成为中国上市公司社会公益项目的综合服务商。”《长江商报》董事长姚海鹰向记者透露，“公益联盟活动截至目前报社的总投入价值已过千万，赢得了近 100 家上市公司对《长江商报》品牌传播价值的关注和广告投放，广告合同打包金额超过 1800 万元，是《长江商报》‘非报经营’实现品牌价值向市场价值转换的一次成功尝试。”

2021 年 5 月，随着新媒体品牌客户端“奔腾新闻”的上线，《长江商报》的融媒体传播再次实现进阶，真正实现了24小时滚动发稿和全媒体播发流程。

如今，《长江商报》已成为具有全国性影响力和话语权的财经全媒体。

融媒体转型发展一直是传统纸媒的热点、难点和痛点，几乎所有的传统媒体都在转型的道路上苦苦奔走，但真正成功者寥寥无几，这充分说明了转型之艰难。而在全国报刊面临经营下滑甚至难以为继的大环境下，《长江商报》能够扭亏为盈，逆势上扬，一路行稳致远，从某种程度上来说，《长江商报》的逆袭之路为各地报业改革发展提供了有益的借鉴。

坚持融媒体发展
期刊老品牌焕发新活力

媒体融合创新是知音发展的重点之一，经过 6 年的谋篇布局和深耕不辍，集团新媒体项目规模化发展取得了一定成效。

"《知音》杂志是知音集团的母刊，如何转型是困扰我们多年的一个课题。近几年，经过反复讨论，我们认为像《知音》这样的老品牌杂志，还是应该发挥其内容优势和品牌优势，走线上转型、融合发展之路。"刘学明深知，线上转型的基础是要有流量和用户。按照这一发展思路，《知音》杂志先后搭建了"知音真实故事""知音""知音微刊"等新媒体平台，形成微信公众号矩阵，9 个月内粉丝增长到 250 万。2021 年年初搭建的"东湖路 · 暖心工厂""伯牙叔来了"等短视频矩阵也发展迅速，目前粉丝数超过 130 万，总播放量达 1.8 亿、点赞总数超过 350 万。

据知音全媒体公司总经理陈宝岚介绍，抖音号"东湖路 · 暖心工厂"主要面向年轻受众，用温暖的原创动漫故事展现人情美、人性美；"伯牙叔来了"侧重讲述家庭关系。"老品牌在新市场也要有好品相，高质量作品是账号运营的先决条件，持续生产高质量作品是涨粉的重要环节。"陈宝岚举例说，"东湖路 · 暖心工厂"发布的一条视频《恋爱中最好的状态是什么样的？》，播放量 502 万，增粉 9.1 万。

知音还推出了知识付费品牌"知音课堂"，教授故事写作技巧、阅读变现等内容受到欢迎，2021 年用户规模比 2020 年扩大了近一倍，课程推广曝光量 580 万次以上；与有赞平台合作推出的知音生活馆，2021 年带货收入 100 多万元，较去年同期增长了 180%。至此，《知音》杂志已初步完成了以原创公众号为中心，内容电商、短视频、知识付费等多平台多次变现的全媒体经营布局。

粉丝流量的扩大，带来了商务广告和电商运营的活跃。“举个例子，以前我们新媒体平台接的都是硬广，但去年下半年开始，包括阿里、京东在内的品牌商开始来接洽合作，这也反映出我们的新媒体平台逐渐形成了传统媒体该有的公信力。”陈宝岚表示。知音的新媒体矩阵已形成了孵化故事、短视频、电商、中篇、“剧本杀”等多种原创内容的功能，以传统《知音》杂志内容为源头的格局，初步实现向新媒体平台的战略转移。2021 年是知音全媒体规模化发展的一年，未来将继续做大做强新媒体转型的规模化发展项目。

与《知音》杂志相似，在纸媒的黄金时代，《知音漫客》及系列刊也曾风光无限。但是，随着新媒体的强势崛起，知音动漫公司陷入巨大困境。“长期以来，期刊承担的是平台的功能，主要工作是来料加工并进行分发，但当这个平台的功能被网络平台取代，我们突然发现我们能够拥有的核心资源少得可怜。版权在作者手里，而我们对作者几无掌控力；读者被网络分流，越来越多的读者远离了我们。我们还有什么？”刘学明说，痛定思痛之后，动漫公司逐步确立了转型的思路：即建立在全媒体语境下的，以内容聚合、生产为核心，打造纸质出版、数字出版、动画、游戏、影视等版权增值的融合运营体系。其核心转变，就是将以前的期刊作为内容传播平台转变为原创内容生产和聚合平台，不断提高原创内容生产能力，打造拥有全版权的 IP 内容，增强核心竞争力。

据湖北知音动漫有限公司董事长王应鲲介绍，近年来，动漫公司把《知音漫客》等期刊定位为内容展示平台，不再依靠发行量来赚取利润，而是将版权输出和图书出版两大核心业务作为主攻方向。

2018 年，知音动漫公司成立原创部，自己开发、生产全版权作品，在人员、政策上予以保证。截至 2021 年年底，已生产 106 部全版权原创作品，并全部在腾讯等国内知名平台连载，多部作品实现全网付费、全面盈利。值得一提的是，2012 年开始在《知音漫客》上连载的漫画《斗破苍穹》，过去一年，其动漫系列全年播放量超过 3 亿，高居榜首。这一成功探索，为公司多维度开发版权合作，深度挖掘版权价值提供了可能。2021 年动漫公司有 20 余部作品成功“出海”：《斗破苍穹》《元尊》法文版图书成功出版，并在网络上线连载；21 部全版权漫画作品在日本上线。2021 年公司版权收入 3438 万元，连续 3 年保持稳中向好趋势。

动漫公司的图书出版势头同样迅猛。青春小说强势 IP 继续辉煌，畅销图书不断涌出，文艺少儿产品线持续盈利，以文学美书系列、成长读书课系列为代表的图书多点开花。2021 年图书总收入约 6047 万元，比 2020 年同期增幅 40.3%。“我们在畅销书的基础上，注重打造常销书，内容涉及中华传统文化、科普等主题。”王应鲲说，已有《季羡林：人间岁月长》等 6 部图书入选《2021 年农家书屋重点出版物推荐目录》,《小巴掌童话》等 27 部图书入选《教育部基础教育课程教材发展中心中小学生阅读指导目录（2021 年版）》,《原来科学这么好玩》等多部作品入选各地新华“进校园”推荐书目，社会影响力持续扩大。

延伸产业链

出版与教育相互赋能

大力发展高等职业教育，努力做强知音幼教托育品牌，知音老年大学越办越火……教育产业是知音近年来重点发展的板块之一。作为一家老牌的传媒集团，知音为何“不务正业”，深入教育产业？

“出版传媒的本质就是教育，两者本来就有天然的联系。”刘学明说，近几年来，知音一直在思考二次创业、转型发展的方向和路径。经过努力，逐步探索出一条出版与教育深度融合、相互赋能的发展之路。

武汉信息传播职业技术学院是知音 2000 年创办的一所高等职业专科学校。2016 年以来，集团投入近 8000 万元，对学院基础设施和办学硬件全面改造升级，连续 3 年招生人数突破 3500 人，目前在校学生 1 万余人。学院坚持“互联网 + 信息传播”办学特色，精准对接知音集团全业态，聚焦文化传媒业需求，重点打造了融媒体传播、智能印刷包装技术、现代信息技术、智慧电商物流等 4 大特色专业群，形成了鲜明的文化传媒办学特色。此外，学院立足培养高技能型人才，不断深化校企合作，引企入校，与阿里、京东等知名企业合作共建了工业机器人、新能源汽车、云计算、信息安全与管理等一批产教融合实训基地，已拥有全国新闻出版行业院校示范专业 1 个、省级品牌专业 1 个、省级重点专业 3 个、省级特色专业 3 个。

为了实现“幼有所育”、释放人口红利，近年来国家陆续出台相关政策，鼓励社会机构尤其是国有企业开展托育服务。知音敏锐地抓住这一机遇，以落地民生工程、解决家庭刚需为切入点，与武汉市武昌区卫健局、东西湖区卫健局等政府部门密切合作，开启了“政企合作”之路，探索“托幼一体化”“托育专业化”等模式。

△知音托育园老师带领幼儿开展手工活动。

2021 年 3 月 24 日，武昌区卫健局与知音教育公司共建的武昌妇幼知音托育中心试开园。这是武汉市第一家公办普惠托育示范园，托位预订消息对外发布仅 3 天报名人数就已过百，迅速满园。

知音教育复制这一“政企合作”模式，实现园所连锁发展快速裂变。2021 年 9 月 1 日，知音托育园开园，这是湖北省第一家托幼一体化示范园。2021 年 10 月 12 日，武汉市东西湖区第一家大型专业化公办普惠园——径河知音托育园开园，该区第二家托育园也即将开园。每所园所一开园就得到社会各界尤其是二胎、三胎家庭的欢迎，入园人数快速增加。2022 年上半年，位于武汉市江夏区的第二所托幼一体化园也将开园。知音 2016 年开始试水幼教产业，已拥有 2 所幼儿园及 4 所托育园。

知音之所以果断进军幼教领域，一方面是把住了市场的脉搏，即立足市场刚需，贴近政府需要，走资源共享的轻资产发展之路，确保幼教业务能够顺利实现品牌连锁规模运营；另一方面，更重要的是在办好实体园所同时，知音教育研发托育“养、教、保”专业化标准体系和《托育实操手册》，向市场输出课程、教玩具等一系列内容产品及管理服务，最终回归到传媒，形成独具知音托育特色的全产业链模式，引领托育行业高质量发展。目前，湖北多个地市州，武汉市各区陆续邀约知音教育，商谈合作事宜。

知音老年大学创办于2018年秋，是一所新型公益性老年大学。目前已建成旗舰校区1个、社区分校7个、外研（游）学基地2个，主要招收45岁以上有精神追求和学习能力的中老年人士，开设有舞蹈、声乐、书画、摄影等30多门课程。2021年全年在校生数达到6000多人次。接下来，在学员实现规模增量的基础上，知音老年大学将整合资源，为学员提供更高质量的文化体验和康养服务。

“转型的路径选择至关重要。必须结合既有的资源特点，选择适合自己的转型路径。既要有发展前景，又要有现实可行性。”刘学明认为，知音的转型并不是“病急乱投医”，而是在集团现有资源基础上的自然延伸。例如，知音老年大学由综合类文摘周报《新周报》延伸而来。《新周报》读者以中老年群体为主，随着纸媒的衰退，《新周报》主动跳出“舒适区”谋划转型，为中老年读者群提供文化服务，经过调研，最终将转型方向锁定在创办老年大学上。

可以说，近年来知音的发展并没有越界，传媒仍是主业，且各业态间相互赋能。如武汉信息传播职业技术学院与知音动漫公司、知音教育公司共建了生产性实训基地，为传媒发展提供人才；反过来，这些人才又进一步促进集团传媒产业的发展。又如，知音教育公司在建设幼儿园及托育园的同时，办好聚焦家庭生活和亲子教育的生活读本《第1生活报》，及重点面向学前教育和托育服务工作者的知音托幼学术期刊，将实体办园与媒体平台两者融合发展。

在宋以超看来，知音从最初的一本《知音》杂志，发展到十刊三报“期刊群”，再到融书报刊出版、教育、现代服务业为一体的产业格局，其实是由产品到产品线，再到产业链，最终形成生态圈的发展过程，符合产业发展的内在逻辑和市场运行的基本规律。据介绍，目前，知音的教育产业布局已初具规模，形成了从幼儿教育到职业教育到老年教育的完整产业链条，基本具备了可持续发展的产业基础。2021年，其教育板块收入同比2020年增加2300万元，利润同比2020年增加900万元。

当今社会发展瞬息万变，挑战无处不在，但机遇始终与挑战并存。知音集团领导班子表示，未来，知音将继续谋发展促转型，在危机中育新机、于变局中开新局，不断创新赋能助推知音集团全产业链发展，增强集团的生存力、竞争力和发展力，努力实现高质量发展。

后记

眼前的这部书稿源于我的博士学位论文，掐指一算从进入华中师范大学国家文化产业研究中心攻读博士学位确定这个选题至今即将付梓，已走过了十余年历程。“十年磨一剑”，拙作几经周折终于要和读者见面了，我既感欣慰和期待，又仍心存敬畏。

“生活的精彩远远超出你的想象”，这是知音传媒流传的一句名言，现在想来确实如此。本世纪初我有幸从边远的湘西南边陲山区来到繁华的大都市武汉求学和工作十多年，从珞珈山到桂子山，博士毕业之后辗转长沙、贵阳等地工作，二十多年弹指一挥间。数十年的学习和工作生涯，或疾步匆匆或漫步悠然，或踱步思索或驻足而观，脚下的路在变，路上的人也在变，酸甜苦辣唯有自知。一路走来，虽无大功大喜，但命运的垂青所获点滴足以让我在诸多方面都有所成长，除心存感激之余，夫复何求？

首先谨以最诚挚的敬意感谢我的博士导师黄永林教授，作为时任华中师范大学的副校长和国家文化产业研究中心主任，导师虽然校务繁忙，但依然给予我严父般的关爱。从最初选题到以优异的成绩顺利答辩，再到如今公开出版，每一个阶段都凝结了导师的心血和智慧，并贯穿始终，尤其是选题和框架的讨论和确定，几次调整并在细节上弥补了诸多缺憾。导师大家的气度、深邃而富有创新的思维、广阔的视野，严谨的治学态度、渊博的知识、高尚的人格和勤奋努力的作风给我们留下了深刻的印象，使我深受教益，这份恩情将永远铭记在心。

我还要感谢刘守华教授、范军教授、姚伟钧教授、詹一虹教授、谈国新教授等专家，在开题和写作过程中的悉心指导和帮助，许多观点的点拨让我如醍醐灌顶。感谢国家文化产业研究中心纪东东副教授、黄宁老师和徐金龙副教授等老师们在我博士学习期间给予的帮助和支持。博士期间，除了中心的课堂以外，我还有幸在桂子山上聆听了刘守华教授、王玉德教授、刘固盛教授、陈建宪教授、孙正国教授、张立荣教授等专家的授课，多学科的熏陶让我受益匪浅。感谢三位匿名评审专家，尽管我尚不知道他们的名字，但他们的敬业精神和评鉴水平使我备受激励，终生受益。感谢我的博士论文答辩主席刘玉堂教授、答辩委员范军教授、雷绍锋教授、詹一虹教授、谈国新教授、姚伟钧教授等专家的指导，感谢各位专家将国家文化产业研究中心当年唯一的优秀论文名额授予了我，诸位专家的的点评直指要害，为该书的修改完善和本课题的进一步研究指明了方向。

感谢《中学生英语》杂志主编肖正清教授、华中师大肖异清处长、武汉大学李新天教授等老乡多年来给予我在武汉工作、学习和生活方面的宝贵支持。感谢我的硕士导师华先发教授及华师外国语学院各位老师多年来给予的关爱。老师们身上所散发出来的人格魅力让我深刻感受到了知识的力量和“忠诚、博雅、朴实、刚毅”的华师精神，这也是鞭策我不断向前的动力。

感谢贵州日报报刊社、贵州日报当代融媒体集团的各位领导和同事给予的帮助和支持。感谢赵宇飞先生拨冗做序，作为中国期刊界很受尊崇的前辈，老社长谦恭温和，诱掖后进，其人格魅力和学养才气光彩照人。书籍是跨时空交流的媒介，2017 年的暑期有缘从岳麓山千年学府来到相宝山入职报业集团，这本书稿客观上也充当了媒介。此外还要感谢在复旦大学新闻学博士后流动站期间，我的博士后合作导师、德高望重的童兵先生给予我的特殊关爱和指导，纽约州立大学终身教授洪俊浩先生在我被国家公派美国访学期间给予的悉心关照和指导。感谢北京文景珍本期刊博物馆馆长严真友先生、中国传媒大学李频教授、龙源期刊创始人穆广菊女士、经济日报贵州记者站王新伟站长等领导和专家的支持与鼓励。

本书写作和出版均得到了知音传媒集团的大力支持，并应出版社要求慷慨授权出版。知音传媒主要创始人、相关领导、办公室主任陈霜青、资深编辑夏志军等给予了指导和鼓励。知音传媒集团采编管理部主任杨继宏组织该部门老师进行了认真审读，认为“书写的不错，独一无二，对知音进行了深入研究，作为老知音人也受益匪浅”，并对文中少数地方提出了修订意见，授权书给出了“条理清晰、论据真实，具有较强的实用性和可读性”的评价，在此一并深表谢意。

本书的出版同样凝聚了家人和亲朋好友的支持。感谢我的父母及家人一路走来对我求学和工作默默的支持和无私的付出。父母用勤劳的双手养育了包括我在内的三个子女，并让我们都接受了高等了教育，走向了更广阔的天地。感谢在我人生经历每一个阶段给予我关爱的师长，同事，朋友，同学……感谢你们用点点滴滴的关爱之光温暖和照亮了我成长的旅途。

本书的出版还要特别感谢经济日报出版社的领导和编辑，尤其是王婧女士、张琦女士等细致的编辑工作为本书增添了光彩。在此，我衷心地向她们表示感谢！

知音传媒创造了多项中国期刊传媒文化产业发展的奇迹，是中国知名文化品牌，被誉为“知音”现象。本书试图从文化产业视角关注知音传媒，以多学科、多维度的学术视野关照该集团前三十年的发展历程，以期为当下期刊等传统媒体的转型发展起到抛砖引玉的作用，为相关部门在优化期刊体制机制方面提供参考。中国新闻出版广电报记者汤广花关注了知音近期改革探索与转型实践，经作者授权作为附录以飨读者。书中参考和援引了众多专家学者及同行的研究成果，虽然尽可能作出一一注释和说明，但也难免挂一漏万，囿于学养所限，书中缺失、讹谬和不妥之处定然孔多，尚请有识不吝赐教。

新时代知音传媒的故事正在不断书写新的传奇，中国期刊在数智时代迎来了新的机遇和挑战，本书的付梓不仅仅是一个时代的结束，更是开创新篇章的开始，我坚信只要不忘初心、勉励勤学，努力追求思想的光芒和泥土的芳香，继续将论文写在大地上，未来在学术研究和工作上必将取得更大的进步！

作者

2022 年冬于贵阳东安新苑